国家社科基金重点项目“任继愈哲学文献整理与研究”成果

任继愈哲学文丛
中国哲学总论编

李 申 主编

REN JIYU ZHEXUE WENCONG
ZHONGGUO ZHEXUE ZONGLUN BIAN

GUANGXI NORMAL UNIVERSITY PRESS
广西师范大学出版社
·桂林·

图书在版编目（CIP）数据

中国哲学总论编 / 李申主编. --桂林 ：广西师范大学出版社，2021.11
（任继愈哲学文丛）
ISBN 978-7-5598-4079-0

Ⅰ. ①中… Ⅱ. ①李… Ⅲ. ①哲学－中国－文集 Ⅳ. ①B2-53

中国版本图书馆 CIP 数据核字（2021）第 150838 号

广西师范大学出版社发行
（广西桂林市五里店路 9 号 邮政编码：541004
网址：http://www.bbtpress.com）
出版人：黄轩庄
全国新华书店经销
三河市三佳印刷装订有限公司印刷
（河北省三河市杨庄镇杨庄村 邮政编码：065200）
开本：880 mm × 1 240 mm 1/32
印张：20.375 字数：475 千
2021 年 11 月第 1 版 2021 年 11 月第 1 次印刷
定价：98.00 元

《任继愈哲学文丛》编委会

《任继愈哲学文丛》出版说明

这套《任继愈哲学文丛》（以下简称“《文丛》”）收集了任继愈先生全部哲学论著。《文丛》编委会诸位编委分工负责，补充了已经出版的文集或单行本未收录的论著，认真校勘了文字，根据其内容编入对应分册。

依据内容，《文丛》分为《中国哲学总论编》、《天人之际编》、《儒家与儒教哲学编》、《道家与道教哲学编》、《诸子哲学编》、《佛教哲学编》（上、下）、《宗教学与无神论编》7种，共8册。

收入《文丛》的著作基本上保留原名，个别著作的名称适当地做了一些调整，其原名在脚注中予以说明。

收入《文丛》的著作一般采用作者亲自校阅订正的最后版本进行校勘工作，对文中出现的错字、别字、漏字，以及引文中的误植、标点符号错误等问题，均按出版规范做了订正。

《文丛》所收著作，编者于每篇篇名后增加一条注释并用“*”注明，在脚注中介绍该篇著作的出版或发表情况。

《文丛》中一些引文的方式和引文出处等与现在都有或多或少

的差异，此次整理和编辑时，参照文物保护“修旧如旧”的原则，一仍其旧，一般不做变动。

限于编者的水平，整理、编辑和校勘过程中可能有一些疏漏和错误的地方，诚望读者批评指正。

《任继愈哲学文丛》编委会

2021年5月6日

目 录

学习中国哲学史三十年*

我从事中国哲学史的教学、研究工作，按时间累计，约有四十年。抗战时期，在昆明西南联大时，就开始讲授中国哲学史和从事有关这方面的专题研究。但是，真正用科学方法来研究中国哲学史，应当说是从 1949 年开始的。实际上，中国哲学史作为一门科学，是解放后在党的关怀下逐渐建立起来的。这个科学在发展中，一方面是取得了很大的成绩，另一方面也走过不少弯路。如何恰如其分地估计这门科学的历史和现状，促进它的进一步发展，是每个从事这门科学的同志都十分关心的问题。

解放前的中国哲学史研究

现代意义的“哲学”这个概念，在封建时代并不存在，因为那时还没有现代科学的分类和社会分工，还不曾有过现代意义的“哲学”这样的学科，只有约略相当于哲学的一些部类。中世纪的欧洲

* “三十年”指1949—1979年。本文原载《哲学研究》1979年第9期。

只有神学一门学问，其他门类都是神学的仆从，哲学包括在神学里面。古代中国主要是“经学”一门学问，它不像欧洲中世纪神学那样挂出神学招牌，是一门经天纬地、无所不包的学科。中国古人认为一切原则、规律以及解决问题的具体办法，经学中都讲到了，有什么疑难问题，只要到“五经”或“六经”中去找，都能找到答案。中国的经学不具神学之名，而有神学之实。

封建社会的哲学史名著，如《明儒学案》《宋元学案》，其中大部分讲的是中国哲学问题（也包括经济学、伦理学、教育学、历史学以及其他学科的内容），但不具哲学和哲学史之名。严格地说，进入现代后，才有近代含义的哲学和哲学史。

近代中国出现了资产阶级，到了“五四”时期，开始了波澜壮阔的新旧思想交锋。这时期中国哲学史也有了新的发展。

“五四”前夕，胡适出版了《中国哲学史大纲》（上）。这部书得到当时提倡新文化的进步人士蔡元培的赏识，随后又得到社会上的广泛重视，胡适也自称它是开山之作。这部书在1954—1955年全国性的批判胡适实用主义运动中受到了批判。批判了他的唯心史观，驳斥了他的实用主义观点，并指出了他的其他方面的错误，很多文章的意见是对的，这里不再重复。现在要指出，胡适这部书的确有胜过以前封建学者的地方。胡适打破了封建学者不敢触及的禁区，即“经学”。“经”是圣贤垂训的典籍，封建社会的一切成员，只能宣传它，解释它，信奉它，不能怀疑它，不准议论它，更不能批判它。尧、舜、禹、汤、文、武、周公、孔子都是圣人，只能膜拜，不能非议，这是封建社会的总规矩（西方中世纪对《圣经》也是如此）。据当时人的印象，读了胡适的《中国哲学史大纲》，使人耳目一新。

作为一部哲学史，表达方式有条理，这只是形式，当时人认为“新”的地方主要在于它不同于封建时代哲学史书的代圣贤立言，为经传做注解，而敢于打破封建时代沿袭下来的不准议论古代圣贤的禁例。他把孔丘和其他哲学家摆在同样的地位，供人们评论，这是一大变革。至于胡适标榜的“明变”“求因”等，所谓寻找中国哲学史的规律的狂言，不过是空洞的议论，没有什么价值，二十多年前人们已批判过了，可以存而不论。只要把胡适的哲学史与封建时代的《宋元学案》《明儒学案》对比一下，显然可以看出两者的差异。黄宗羲被认为是封建社会第一流的学者，他的两部学案汇集了相当丰富的资料，今天仍然不失为研究宋明理学的有用的参考书，但它有一个致命的弱点，就是不敢大胆非议圣人。而资产阶级的学者胡适的《中国哲学史大纲》则敢于非议圣人，这是时代赋予研究者的胆识，不单是胡适的功绩。只有当时社会进入资本主义时代，才能用批评的态度评论封建社会的人和事。处在封建社会里面的人，大都是看不清也不允许去看清封建社会的。这就是所谓历史的和阶级的局限性吧。

继胡适之后，冯友兰先生写的《中国哲学史》，是一部完整的著作，不像胡适的著作有头无尾，资料也丰富。这是沿着胡适开辟的道路继续向前走的书。这部书出版后，也对社会影响了若干年。这部书对封建主义采取妥协的立场，不像胡适的第一部书问世时那样给人以新鲜感觉了。继胡适的《中国哲学史大纲》以后，出现的性质相近或相似的其他著作，有梁启超、萧公权、钱穆等人的政治思想史、学术史等。这些著作，比封建时代的哲学史都不同程度地有所前进。但是，总的说来，这些都不能算作阐明中国哲学史发展规律的科学著作。中国哲学史虽在大学及学术界有此一门科目，但是没有能够成为一门科学。

解放前，在历史学领域内，有几位前辈开拓荒地的功劳是不可磨灭的。郭沫若、范文澜、翦伯赞、侯外庐、杜国庠等同志都在不同的方面运用历史唯物主义的观点和方法，对中国的古代社会、古代历史以及古代思想进行了卓有成效的探索。材料虽也是人们常见的“五经”“二十四史”，但经过一定的科学分析，使人们透过各种现象的迷雾，看到了一些真相，或者说更接近于真相。我不是说这几位前辈们的著作毫无可以讨论的地方，已成定论，而是说，即使他们的著作有些缺点和错误，但他们走的方向道路是一条阳关大道，他们的作品是运用历史唯物主义进行探索的教材，具有示范作用。如果没有这些前辈们解放前的一些著作作为标本，解放后的一些新手在学习并运用马克思主义进行探索的路上不知要遇到多少困难，要走多少弯路。

学习用马克思主义研究中国哲学史

解放后，党十分关怀知识分子的成长，积极帮助他们学习马克思主义的基本理论。解放初期北京大学、清华大学哲学系的教师和一些马克思主义哲学工作者，定期（每两周一次）举行讨论会。当时北京大学哲学系教师们过去基本上都未曾接触过马克思主义，这样的讨论会是一个很好的学习方式。经常参加的，北京大学有汤用彤、贺麟、郑昕、洪谦、朱光潜、胡世华、齐良骥、任继愈等人，清华大学有金岳霖、冯友兰、张岱年、任华、邓以蛰、王宪钧等人。当时研究马克思主义多年的艾思奇、胡绳、侯外庐、何思敬等同志常来参加，徐特立同志有时也来参加。讨论会人数不多，自由参加，不拘形式，每次都有一人做中心发言，其他人围绕这个中心问题自由发言。金岳霖同志讲过形式逻辑，胡世华同志讲过数理逻辑，郑昕同志讲过康德，贺麟同志讲过黑格尔。发言多的是艾思奇、胡绳、何思敬几位同志。他们除了介绍马克思主义、毛泽东思想，还给大家解答一些问题。当时我们没有接触过马克思主义，什么是历史唯物主义还很不清楚。通过这样的学习、交流，获益很多。后来，艾思奇、胡绳同志还兼任北京大学哲学系的教授，系统地讲授马克思列宁主义、毛泽东思想。当时，还成立了一个新哲学会，会长是李达同志。在这个学会里分中国哲学史、外国哲学史、逻辑、中国近代思想史、辩证唯物主义与历史唯物主义等几个组。这个组织除了举行大型的报告会，也为北大、清华两校的哲学系编写教学大纲，编选资料，后来出版的《中国近代思想史资料汇编》，就是这时开始编选的。龚自珍和魏源开始被写进中国哲学史，在这以前对刘逢禄、廖平还有人讲，龚、魏则被忽视。

当时我们的学习，基本上是用从延安带来的办法。马克思主义者从来不采取教训人的态度，一些旧社会过来的唯心主义者，也没有顾忌地提出问题讨论。那时还没有提出过“不戴帽子、不抓辫子、不打棍子”的口号，但大家实际上做到了“三不”。记得艾思奇同志曾主张形式逻辑就是形而上学，但与会的逻辑学教师都提出不同的意见，争执了很久，讨论了若干次。最后艾思奇同志放弃了他的意见，也认为形式逻辑不等于形而上学。

学习马克思主义，光讨论不行，更重要的是必须系统地阅读、钻研马克思主义的经典著作。解放前，在国民党统治区里，这些书是被禁止的，不得公开发行。解放后，学习条件变了，我们有充分的时间，也能够读到马、恩、列、斯的重要著作。那时全集还没有译出来，但也可以读到一些外文本（如英、德、俄文本）。

除了书本的学习，还参加了社会活动、群众工作。经常在京郊参加一些农村的社会活动，还到全国各地参加土地改革运动，上述北大、清华的教师们除年老体弱者，差不多都参加过这类社会实践活动。作为一个中国哲学史研究者，不了解中国的农民，不懂得他们的思想感情，就不能理解中国的社会；不懂得中国的农民、中国的农村，就不可能懂得中国的历史。我自己深切感到，由于参加了土地改革运动，与农民共同生活在一起，思想感情有了很大的变化，从此真正感到过去儒学家讲的“修身、齐家、治国、平天下”以及“天地万物一体之仁”“亲亲而仁民，仁民而爱物”都是假的。即使古人真正这样想的，也救不了天下，救不了人民，只能把旧中国拖向苦难的深渊。解放后不久，我对多年来最敬重的一位教授，也是我的老师说：你讲的儒家、佛教的那套哲学，我不相信了，我要重新学习。

经过了三年恢复时期，国民经济有了发展，国家开始大规模、有计划地建设。文化教育事业有了大的调整。1952 年院系调整，全国各大学的哲学系都取消，合并到北京大学，组成一个哲学系。这时的哲学系教授、副教授共有四十多人，人才济济，前未曾有。教材建设也在这时开始。

苏联派了不少哲学专家来我国，学制也进行了改革。他们的教材、教学方法、教学组织机构介绍过来，我们一齐接受了。北京大学哲学系先后来过几位苏联专家。我们今天哲学系四十岁以上的教师大都听过苏联专家讲课。苏联那时还没有系统的中国哲学史教材，而西方哲学史的教材却系统地介绍到我国来了，并发生了广泛的影响。

我们可以读到马、恩、列、斯的全部著作，也有了辅导、解释这些著作的一些书籍，使人们对马列主义有了更多的了解。但是也不能不指出，苏联的学风也给中国的学术界、哲学界带来一些消极影响：

第一，苏联对欧美的传统哲学有偏见，特别是苏联在卫国战争后，对德国的古典哲学有偏见，因而不能客观地对待，不那么实事求是。

第二，苏联教学中只讲正面的，不讲反面的，参考书也只限于正面的，导致学生思想简单化，只讲唯物主义，少讲唯心主义甚至不讲唯心主义。用这样的方法，讲马列主义已经不行，讲哲学史就更加不行。

第三，苏联学术界的习惯，只允许有一种讲法。遇到学术界有争论的问题，由政治局派人来做出结论，学术界按照结论来执行。最明显的例子如日丹诺夫在西方哲学史讨论会上的发言，成了研究哲学史的唯一指导方针，不允许讨论商榷。这是用行政手段来解决学术问题，把学术问题当成政治问题来对待，对科学发展有害无益。而这些消极影响，也波及中国的学术界。

总起来说，通过解放初期这段系统认真的学习，历史唯物主义被广大学者接受，并把它运用于一切社会历史领域内。中国哲学史这个阵地也被历史唯物主义所占领，逐渐地成为一门崭新的社会科学。

中国哲学史研究的成就

三十年来，就作品来说，出版了通史、断代史、专题研究、论文集等，但纯属中国哲学史范围的不到十种。就人力来说，专业队伍不到二百人，与我们的任务相比，研究中国哲学史的专业力量还是十分薄弱的。尽管这样，我们的成绩还是很大的。

首先，我们毕竟有了一支研究中国哲学史的专业队伍，也拥有一大批业余爱好者。建国以来有几次关于中国哲学史的讨论，如对孔丘的评价问题，除了专业人员，社会上很多人参加了讨论。这样一支队伍，在解放前是不可想象的。这支队伍也正是今后进一步发展中国哲学史的主力军。

同时，中国哲学史作为一门科学，在马列主义、毛泽东思想指导下建立起来，已得到全国的公认。从孔丘到孙中山，进行了初步的描绘。不同的研究者分别做出了不同的甚至相反的结论，应当承认这是科研工作的正常现象。人们对从古到今各个时代的重要哲学家和流派进行了初步的分析，虽然这种分析是粗略的，有时是片面的。对几个重要的哲学家还进行过比较广泛的讨论，比如对孔丘、老聃、庄周、王夫之等人都开展过全国性的讨论，对哲学史方法论也进行过多次讨论。这些讨论虽然不可能得到一致的结论，却进一步确立了马克思主义的立场、观点、方法的领导地位，开阔了人们的眼界，使参加者从不同的意见中吸取营养，无疑能够推动学术研究的深入。

对各个重要的哲学家或学派摸了摸他们的特点、性质以及他们的基本主张，是唯心主义还是唯物主义，在当时是进步还是保守、反动，他们的自然观、认识论、方法论、社会历史观有些什么内容，等等。如果把这种工作看作研究哲学史的最终目的，当然不对，但为了进一步开展研究，摸清上述情况，则是不可缺少的。可能分类分得不妥当，可能把性质看错了，这不但是可能的，而且是不可避免的。常常看到对同一个哲学家或学派持有相反的意见，在研究中出现分歧，这不是混乱，恰恰是这一门学问兴旺发达的标志。

解放后的中国哲学史打破了旧哲学史的框框，把军事辩证法和自然科学中的哲学思想，如医学、农学中的哲学思想吸收进了哲学史，不但丰富了中国哲学史，也为自然辩证法的历史提供了可备参考的材料。

三十年来，中国哲学史不能不受中国的政治经济发展的总形势的影响。中国政治上的安定团结或动荡不安，马列主义的原则是否得到正确的贯彻，直接关系到中国哲学史的发展、停滞，甚至倒退。

国民经济正常发展的时期，也正是我国政治生活正常进行、党的政策较能得到正确贯彻的时候。这时，学术上可以开展正常的争论，学术活动可以比较健康地进行。相反，人为地制造紧张，打棍子、扣帽子的时候，也就是学术停顿的时候。

建国以来，在全国范围内发动了几次大论战，直接与中国哲学史有关的，有对电影《武训传》的批判，有对胡适实用主义的批判。通过这些批判使人们把学到的理论武器用到战场上，历史唯物主义与历史唯心主义开展正面的交锋，不论是参战的还是观战的，都受到马克思主义的教育，锻炼了理论队伍，也提高了识别历史唯心主义的能力。

1957 年以后，国内国际形势起了变化，把反对修正主义当作头等大事来抓。马克思主义与修正主义水火不相容，真正的马克思主义当然要反对修正主义。问题是不能把不是修正主义的东西当作修正主义来批判、斗争。今天回顾一下，至少可以说有把政治问题与学术问题弄混的情况。有时候往往把人民内部的不同意见当作敌我问题来处理，由此造成的损失是惨重的，甚至是无法弥补的。有些全国性的大批判，如关于思维与存在的同一性的问题、关于合二而一的问题、关于人口论的问题等，都是以政治运动代替学术讨论，以讨论开始，以批判告终的。

这种风气造成了学术界的不安定、不团结。学术界（中国哲学史也在内）出现了极不正常的现象，有一派人“一贯正确”，是专门批判别人的；另一派人则是只能受批判，无权答辩，成了学术上被专政的对象。关锋的《反对哲学史方法论上的修正主义》一书，集中表现了这一时期的恶劣学风。

全国范围内从 1957 年以后直到“四人帮”的垮台，近二十年来，一贯反右倾机会主义，不反对“左”倾机会主义。于是“左”倾思潮泛滥成灾。三年困难时期，学术界又有点复苏。这时中国哲学史和社会科学的其他学科一样，也有些前进。由中共中央宣传部领导的教材编写工作开始了，这时大学文科教材有二百多种上马，有教科书和教学用的资料，中国哲学史也在内。这一时期举行过山东的孔子讨论会，湖南的王船山讨论会，都是主办单位邀请全国哲学史界的人士参加的。这一时期，学术空气比前些年大批“右倾”时期活跃，批判孔丘和赞成孔丘的言论都得到发言的机会。

“四人帮”在“文化大革命”中大搞影射史学，为其篡党夺权的阴谋服务。这十多年，中国哲学史的研究处于混乱、倒退的局面。这是有目共睹的，这里不再多说。这是前进中的逆流，历史终归要前进的。

除了上面所说的一些情况，关于哲学史方法论方面的论文，三十年来，发表了不少。比如像关于哲学史的对象与范围的问题，关于唯物主义与唯心主义在人类认识史上的作用问题，关于推动哲学思想发展的动力的问题，关于自然科学在哲学中的重要作用问题，等等。像这些重大问题，解放前不可能提到研究的日程上来，而今天则受到哲学史工作者的普遍关心和重视。能够提出这类问题，本身就意味着研究工作的深入，理论水平有了普遍的提高，表明面临着新的起点。

存在的问题

三十年来，中国哲学史的研究虽然取得了很大成绩，但也有不少问题，其中有些问题的性质甚至是严重的。这些问题如果得不到应有的重视，将会给这一科学带来严重的后果。

首先，我们对中国哲学史的研究应该批判封建主义的任务重视得不够。中国哲学史的研究范围绝大部分是封建时代的意识形态，这些意识形态当然是有着进步与落后、唯物与唯心之分。过去我们在研究中坚持哲学史的党性原则，一般地注意了赞扬进步的、唯物的，批判落后的、唯心的，但却忽视了具体地分析和批判这些意识形态中的封建主义的糟粕。“四人帮”炮制的“法家进步、儒家反动”的公式就是钻了我们工作中的这个空子，他们以赞扬法家为名，贩卖封建专制主义的私货，大搞封建法西斯专政。现在看得很清楚，阻碍我国社会主义发展的，除了资本主义，还有大量的封建主义的东西。封建主义的根子更深，危害更大，甚至用马克思主义伪装起来，构成中国修正主义的特殊形式。过去由于没有认清中国的这个历史特点，往往在批判资本主义的口号下给封建主义留下了后路，甚至错误地把封建主义的东西当作社会主义的东西。我们搞中国哲学史的人好些是专门或者主要研究封建时代意识形态的，应该自觉地把批判封建主义的任务担负起来。当然，这种批判不是简单从事，而是在详细占有资料的基础上做出科学分析。只有这种以科学分析为特征的批判才有助于人们认清封建主义的实质，也才能使中国哲学史这门科学在促进“四化”中发挥应有的作用。

其次，在我们的研究中形式主义、教条主义相当严重。教条主义几十年来十分顽强，很难根除，应当看到有它的历史根源和社会根源。中国封建主义流毒深广，它弥漫于各个角落，也影响到学术界。在学术界，人们往往不自觉地用对待封建帝王那样诚敬的态度来对待无产阶级革命领袖，马、恩、列、斯代替了尧、舜、禹、汤的地位，写在本本上的绝不敢有疑问，本本上没有写的更不敢多想。思想停止活动，就是僵化的开始。我们这些年来，习惯于在马列主义经典著作中找现成的答案，不少文章和著作，缺少有说服力的具体分析。天长日久，也逐渐安于这种多引用少分析，甚至不用分析的做法。习惯于用马列主义著作中的结论代替作者的分析，实际上是背离了马列主义的根本原则——对具体问题做具体分析。这样的学风不改变，将使我们的中国哲学史研究思想僵化，不能有力地开展学术讨论和国际学术交流。历史唯物主义是马克思主义的划时代的贡献，但是，如果脱离了具体分析，不顾时间、地点、条件，把几条原则或个别词句生搬硬套，把马克思主义的词句当成包医百病的灵丹，或当作驱疫防邪的符咒，那不是尊重马克思主义，而是糟蹋了马克思主义。这种思想上的懒汉作风不仅使这门科学的发展受到影响，也使研究者本人在一定程度上丧失思考和辨别的能力，容易受骗上当，被别有用心的人牵着鼻子走。“四人帮”搞的那一套儒法斗争史居然欺骗了不少人，教训是深刻的。

前些年，“四人帮”横行时期，制造了一种“恐古病”，一提到“古”，就好像犯了大罪。实际上在“四人帮”横行以前，早已有了这种苗头。当时错误地解释和滥用了“厚今薄古”的口号。在研究问题时不要当古人的奴隶，不要颂古非今，这当然是正确的。但是如果把这一原则不看对象、不加分析地在研究历史、哲学史的广阔领域中当作法律来采用，则有害无益。因为历史总是“古”的多，今的少。对“古”的东西一概不予重视，那只能导致文化虚无主义，否定了我们的文化优良传统。应当实事求是，如实地总结历史经验。历史经验多就多写，少就少写，有多少算多少。不能因为它是“今”的，就硬把它拉长，也不能因为它是“古”的，就硬把它压缩。有些哲学史著作在写作之前就规定，近代部分不得少于一半篇幅，这种不从实际出发的做法显然是错误的。

还有“古为今用”这个口号也被歪曲和滥用了。全面地、正确地理解这个口号，可以避免一些脱离实际的空谈。如果把它作为一条法律，也会把狭隘的实用主义当作马列主义来“用”。“四人帮”横行时期的很多文章，都是打着这个旗号来贩卖实用主义货色的。他们把历史看成百依百顺任人打扮的女孩子，好像历史不是客观存在，而是主观的东西，又走上了六十年前胡适走过的那条邪路。影射史学也经常是躲在“古为今用”的大旗下，进行鬼蜮活动的。

中国哲学史的研究工作，三十年来在马克思主义指导下取得了巨大成绩。但也应看到，三十年的光阴，人们的真正工作时间还不到十五年，有一半的时间浪费了，大家干了一些无效劳动，甚至比无效劳动更坏，出现倒退。已经取得的成绩距离科学的哲学史的要求还差得远。我们仅仅对重要的哲学家和流派做了初步的普查工作，简单地分类，并没有深入研究。不仅是重大的专题、详尽的断代史，有待于进一步努力，就是对某一问题、某一人物、某一学派、某一部书等，也都缺乏深入的研究。经验表明，没有广泛的、深入的普查，就不可能准确地总结出规律来。断代史是通史的基础，对各个断代摸不透、看得不准，要想写出一部有科学性的哲学通史，是不可能的。衡量一部哲学史有无价值及价值大小，不在于篇幅的长短，而在于它揭示的哲学史发展的规律性的深度和广度。

中国各个历史时期的哲学的发生、发展，不是孤立的，不是与它同时代的其他学科没有关系。一个时代的思潮，反映了时代的脉搏，比如研究魏晋时代的哲学，与当时的文学、艺术，以至宗教，都相互关联、相互渗透、相互影响。如果哲学史与它同时代的其他上层建筑、意识形态对不上号或格格不入，这样的哲学史即使它自身言之成理、持之有故，也不能算作科学的哲学史。

今后努力的方向

用这样的标准来衡量我们过去所做的工作，深深感到摆在我们面前的任务还很艰巨。例如资料工作还得加强。今天我们研究中国哲学史手头必备的资料本来就很少，基本上依靠解放前商务印书馆、中华书局出版的书籍，解放后出版的原始资料很少，就是这些出版物，在“文化大革命”中由于受到破坏，也已经为数不多，靠这极其有限的原始资料开展科学的研究，那是太困难了。由于没有进行原始资料的积累和整理工作，连整理资料的人才也没有得到充分锻炼的机会。今天我国四十岁以下的研究人员和大学教师，对原始资料的鉴别、校勘、训诂的基本功，比起老一辈的专家要差得多，即使是阅读和理解能力也低得多。这一差距要花相当长的时间才能弥补起来，短期是不行的。此外，三十年来新发现的考古发掘的对哲学史有用的资料，还未来得及整理，有的则未消化。旧的资料，有些过去认为是伪书的，今天已可证明其不伪。即使是伪书，只要断定其确切年代，仍然是可靠的资料，要给它重新估价。近三十年来，国外学者对中国哲学史也有不少的研究成果，有的有重要参考价值，我们还未能及时吸取其有用部分。

理论的准备也要加强。三十年来我们的理论界有很大的进步，马克思主义已深入人心，但也应当看到我们的理论水平还不大高，对真假马克思主义，对唯物主义和唯心主义还缺乏科学的鉴别能力。我自己深感没有学好，不善于运用马克思主义作为指导来解决中国哲学史的具体问题。哲学史研究者不能不受全国理论风气的影响。1957 年以后，理论界的极“左”思潮和各种混乱，不能不影响到哲学史界。例如，把阶级斗争当作历史发展的唯一动力，在哲学史界也有反映。学术界长期以来不大习惯于心平气和地讨论问题，一有争论就说是两条路线的斗争。“恐古”“恐修”达到神经衰弱的程度。这些多年来积累下来的顽症，不是一年两年可以治好的。这些缺点都不利于马克思主义理论的正常发展，理论水平决定了哲学史的水平。理论水平不高，哲学史水平也高不了。

有了理论，有了资料，还要有锻炼以理论驾驭资料的本领。三十年来，我们也吃尽了理论与资料脱节的苦头。50 年代有个时期学术界曾流行过“以论带史”的口号，它的用意大概是提倡用理论统帅历史资料。记得在北大文科各系曾出现过“以论代史”的倾向，空论太多，史料不足。往往用马列的词句代替科学的论证和分析。这种做法，有时可以取得一时的胜利，但不能说服对方。50 年代我们批判胡适的实用主义的烦琐考据时，强调理论的重要。任何时候强调理论的重要都是对的，但从此出现了轻视资料的偏向，任何时候史学工作者轻视资料的偏向都是错的。因此，把材料与理论有机地统一起来，是我们长期努力的方向。

试论中国哲学史的对象和范围*

照道理讲，对于一门科学，如果不明白它的对象，就不能研究它，也就没有这一种科学的存在。中国哲学史这一门科学，目前研究的情况很不够正常，现在对于中国哲学史的对象还没有取得一致的认识。

“五四”以来，已出版的关于中国哲学史的著作有哲学史、思想史、政治思想史、学术史、学术思想史等等，名色不同，它们所涉及的对象倒是差不多的。这些著作中，有用资产阶级的立场观点写的，也有用马克思主义的观点写的。这些著作使人们看了有对象不明确的感觉。

现在我们正从事于编写中国哲学史教科书的工作，觉得有必要把中国哲学史这门科学的对象搞清楚。否则，就很难保证写出来的必然是中国哲学史，而是中国的其他科学的历史。

为什么对象不明确呢？追溯上去，是有事实根据的。中国从春秋到现代，中间只经历了奴隶制社会和封建制社会，资本主义只有过一度萌芽，但没有得到发展。这一特殊的社会历史条件，就决定了中国哲学史的面貌。在古代社会中（这里的古代是指资本主义以

---

* 据《中国哲学史论》，上海人民出版社，1981年6月版。原载《光明日报》，1957年1月11日。

前的各种社会形态），生产方面不需要特殊精密的分工，因而科学部门的分工也不够精密。孔子是当时最博学的学者，墨子会的本领比孔子还要多些。庄子《天下》篇也说过“古之道术有在于是者”，他把“道”和“术”看得没有什么分别。两汉的经学是广阔无际的学术思想的统称。上至天文，下至地理都包括在“经学”的范围内。所以扬雄说“儒者耻一事不知”。唐宋以后的学者，都是除了儒家的“六经”，要精通天文、历算、医药种种知识。像范仲淹、司马光、朱熹、陆九渊这些人都是能文能武的“全才”，大政治家王安石除了他自己的专门的学识，连医卜星相、缝衣服、绣花的本领也要搞一搞。一直到清朝的颜元、戴震都保持了这个传统。这可以说是中国古代知识分子不脱离生产实际的优良传统，同时也表明了中国古代科学分工不细的特点。

以上这种现象不止是中国古代哲学的唯一特点，西欧中古时期也是分工不细的。只有西方进入资本主义社会以后，才把古代无所不包的、浑然一体的经学给打散了，使各种科学开始从古代的经学中独立出来，服从生产的要求，向更专门、更深入的方向发展。由于中国社会缺少了资本主义这一阶段，因而中国哲学史中所接触到的对象基本上就是中国过去的经学所统摄的那种浑然一体的“全牛”。如果根据这种“全牛”不加分别地都写进哲学史里去，这样的哲学史势必成为大而无当的“函牛之鼎”了。

从上述的情况看来，中国哲学史的对象不明确，是有根据的。中国古代的哲学家都兼做其他方面的专家，他们把“格物致知”到“治国平天下”这一系列的知识（实际上包括政治学、经济学、伦理学，也有哲学世界观）都放在一起，就是古人常说的“明体达用”“内圣外王”之学。

古人没有今天我们所理解的哲学的观念。我们不应该勉强古人屈从今人，如照着古人的学术体系写下它的历史，那就势必非把哲学史写成为经学史不可。

从科学的要求出发，我们不赞同把中国哲学史的对象和中国古代学术思想、政治思想浑然不分的经学史等同起来。不然，就不是中国哲学史。

中国哲学史的对象是什么呢？要明确中国哲学史的对象，首先明确哲学的对象。毛泽东同志说过：“自从有阶级的社会存在以来，世界上的知识只有两门，一门叫作生产斗争知识，一门叫作阶级斗争知识。自然科学、社会科学，就是这两门知识的结晶，哲学则是关于自然知识和社会知识的概括和总结。”[①]这个关于哲学的定义是非常全面精确的，比过去的许多哲学家所下的关于哲学的定义都简明扼要。中国哲学史的对象应当是关于自然知识和社会知识的概括和总结的认识过程在中国发展的历史。因此，它的对象就不仅限于自然观和认识论，它必须涉及在一定的社会形态中发生的政治观点、经济观点、美学观点、宗教观点等等。但要注意，以上这些政治、美学、宗教观点并不等于政治学、美学、宗教本身的一些具体的主张。就是说“自然知识的概括和总结”和科学史有区别；社会知识的概括和总结也不是社会史或历史。哲学的对象是自然观、社会观、历史观等等。这个看法表面上和前面所说的“经学史”“学术史”有些相似，但实质上却不相同。因为哲学史是关于自然、社会知识

① 《整顿党的作风》，《毛泽东选集》第三卷，人民出版社，1966年7月版，第773—774页。

的观点的历史而不是自然知识和社会知识的本身。

简括地说，中国哲学史的对象就是研究在世界观方面唯物主义战胜唯心主义的斗争，辩证法战胜形而上学的斗争在中国发展的历史。如果不属于上述的对象，或者超出了上述的范围，就不是中国哲学史所应当研究的。

在实际工作中，我们这几年来从苏联的先进的科学经验中学会了许多东西，其中也包括了哲学史方法的研究。日丹诺夫在西方哲学史讨论会上的发言给了我们很大的启发和指导，几年来，我们用他的发言来作为研究中国哲学史的准绳。近来在工作中逐渐感到，在发言中，日丹诺夫同志给哲学史下的定义有不够全面的地方。我认为，如果仅仅把唯物主义和唯心主义的斗争当作哲学史研究的对象，那就会有以下三方面的缺点：

第一，使人认为研究哲学史，仅仅是唯物主义战胜唯心主义的历史。就会在社会历史观方面留下了空白点，而使人偏重在自然观和认识论方面。如果照目前一般的理解，社会历史观方面，马克思主义哲学以前完全是唯心主义的地盘，没有唯物主义的地盘。特别是在中国哲学史方面感到困难，有些有价值的东西本来应当作为哲学史的对象的，也只能忍心抛弃。因为它没有唯心和唯物主义的斗争。

第二，中国哲学上无数的具体事例表明唯物主义和辩证法思想经常密切地联系在一起的。中国哲学史上无数的唯物主义哲学家同时又是反对形而上学的战士。他们的思想有许多是既唯物又辩证的。而日丹诺夫的发言中对辩证法如何战胜形而上学的斗争这一严重事实重视不够。他没有充分指出哲学史的任务不仅在于阐明唯物主义战胜唯心主义斗争的规律，而且也在于阐明辩证法战胜形而上学思想斗争的规律。

第三个缺点，日丹诺夫的发言没有给哲学史上的唯心主义的哲学流派以应有的历史地位，使人认为唯心主义哲学流派的出现不过简单地为剥削阶级服务，唯心主义哲学流派的存在，就是为作为唯物主义所要克服的对手而存在的。这样就使得许多哲学史上的现象不好说明。其实，唯心主义的哲学流派也有它出现的历史必然性。唯心主义哲学学说的产生，一方面有它的阶级根源，另方面也有它认识论的根源。对于哲学上的某些问题，在一定的历史阶段内只有唯心主义的没有唯物的观点。这在哲学史上是常有的事。它在中国哲学史的全部发展过程中是不可缺少的材料。它不是多余的，而是必要的。

中国哲学史是中华民族几千年来在世界观方面逐渐成长的一面镜子。它中间经过了艰苦的曲折的道路，经历了若干年代的反复实践、反复认识的过程，最后找到了马克思主义的真理，并且向着更远大的前途迈进。正如毛泽东同志所指出的："不论对于自然界方面，对于社会方面，也都是一步又一步地由低级向高级发展，即由浅入深，由片面到更多的方面。"[①] 通过哲学史可以说明："人的认识，在物质生活以外，还从政治生活文化生活中（与物质生活密切联系），在各种不同程度上，知道人和人的各种关系。其中，尤以各种形式的阶级斗争，给予人的认识发展以深刻的影响。"[②] 照我个人的理解，我认为过去的中国哲学史工作，有人把政治思想、学术思想本身当作哲学史的对象是不对的。我认为对于哲学史中的韩非和政治史中

① 《实践论》,《毛泽东选集》第一卷，人民出版社，1966年7月版，第260页。

② 同上。

的韩非的讲法应当有所区别；哲学史中的佛教哲学和宗教史中的佛教史应当有所区别；教育史中的孔子，比哲学史中的孔子应当占有更崇高的地位。我反对在哲学史中所涉及的学派和哲学家像目前有些人所采取的一股脑儿都包括在内的方式。这样好像“全面”了，同时也就等于取消了中国哲学史的对象。因为“中国古代学术汇编”，并不就是中国哲学史。

另方面，我也不同意在古人的著作中搜寻一些涉及思维与存在的关系的字句，统计一下孔子用了多少“天”字，来断定孔子是否是无神论者，或统计一下王充用了多少“命”字，来推断他是唯心主义还是唯物主义。这就等于阉割了中国哲学史中最生动、最激烈的唯物主义与唯心主义、辩证法与形而上学实际的斗争，而把它仅仅理解为抽象的斗争。

这两种办法都不能通过中国哲学史这一门科学说明先进的中国人实际经历的认识过程。前一种办法，等于取消了中国哲学的对象，后一种办法等于抹杀了中国哲学史中的矛盾对立的具体内容。

中国哲学史的范围是根据中国哲学史的对象来决定的，包括自然观、认识论，以及社会观、历史观、伦理观、艺术观等等。但不能把艺术创作、政治制度都划归哲学史的范围。这两者不是一回事，但这两者又不是分作两橛，截然没有关联。我们可以通过孔子的教育主张来论证孔子的教育观点，可以通过朱熹的白鹿洞书院的学规来说明朱熹的伦理观点。

范围确定了，并不等于说没有困难了。和西方哲学史的发展比较起来，中国哲学中最丰富的是社会历史观方面的材料。因为这一方面过于丰富，相形之下，显得自然观和认识论方面的材料太少。

社会、历史、伦理方面的材料有许多不属于哲学史的范围，在具体运用时，不免发生困难。比如《孙子兵法》中有丰富的辩证法思想，这是肯定的，但这部书只是运用了某些辩证思想说明战争的问题，而没有从一般的辩证法的原理来说明辩证法思想。有人认为这就不能作为哲学史的对象来讲。比如也有人根据孔子在川上对水的称赞“逝者如斯夫，不舍昼夜”，大大发挥孔子的辩证法思想。也有人反对这种办法。总之，实行的过程中，还有许多功夫要做。

中国哲学史中，关于社会、历史、伦理各方面的材料特别丰富，也有它的社会历史的特点。因为“中国历史上的农民起义和农民战争的规模之大，是世界历史上所仅见的。在中国封建社会里，只有这种农民的阶级斗争、农民的起义和农民的战争，才是历史发展的真正动力。因为每一次较大的农民起义和农民战争的结果，都打击了当时的封建统治，因而也就多少推动了社会生产力的发展”[①]。上述这种特点在中国哲学史上不能不得到反映。在这种多次浴血的斗争中，一方面打击了剥削阶级，另方面也教育了广大人民。起义的成功和失败的经验教训，经历了几千年的积累，它成为中华民族共同的财富。从反复斗争、不断革命的实践中，使得人们对社会、对历史发展的认识逐渐深刻化。农民革命的实践，锻炼了农民阶级，也教育了历代的统治者。“其中，尤以各种形式的阶级斗争，给予人的认识发展以深刻的影响。”这里也说明了在中国哲学史上，关于社会、历史、伦理这些方面文化遗产特别丰富的原因。中国古代的哲学家在严重的阶级斗争面前，在农民起义的教训之下，不得不

---

① 《中国革命和中国共产党》,《毛泽东选集》第二卷，人民出版社，1966年7月版，第588页。

用清醒的头脑来对待人与人的关系的问题。因此，在哲学史上，这一方面的见解就比较丰富而深刻。

总起来说，关于自然观、认识论这些方面的知识，主要是和生产斗争的知识密切相连的，这方面的知识的概括和总结固然是哲学史的对象；至于关于阶级斗争知识的概括和总结，也是哲学史的对象，它是几千年来人们所积累下的精神财富，它也可以说是历史唯物主义的前身。

中国哲学史的任务在于揭露唯物主义世界观与唯心主义世界观的矛盾，揭露辩证法和形而上学的矛盾，并通过这些矛盾来说明唯物主义和辩证法思想逐渐成长发展的过程及其规律。

我自己过去在从事哲学史的工作中，片面地只强调了唯物主义与唯心主义的斗争，而忽略了它们中间也有互相渗透、影响，从而丰富了唯物主义的作用；过去只看到了马克思主义的哲学在人类认识的过程中所做出的根本性的变革，而忽略了马克思主义对过去一切进步的、合理的文化遗产的继承性，从而给自己的工作造成一些困难。毛泽东同志曾指出："在很长的历史时期内，大家对于社会的历史只能限于片面的了解，这一方面是由于剥削阶级的偏见经常歪曲社会的历史，另方面，则由于生产规模的狭小，限制了人们的眼界。人们能够对于社会历史的发展作全面的历史的了解，把对于社会的认识变成了科学，这只是到了伴随巨大生产力——大工业而出现近代无产阶级的时候，这就是马克思主义的科学。"[①] 上面所引用的这一段话，是原则性的指示，我们必须严格区别马克思主义哲学和过去一切旧哲学（连旧唯物主义在内）的根本差异。但是，我

① 《实践论》，《毛泽东选集》第一卷，人民出版社，1966年7月版，第260页。

们在工作中也深刻地体会到马克思主义之所以在中国得到创造性的发展，就在于它能创造性地理论联系实际。它所联系的实际，一方面是伟大的中国革命实践，另一方面是成功地吸取了祖国哲学遗产中极端丰富的对人生、对事物、对社会各方面的正确的因素。二者缺一，我们今天所取得的革命成功是不可想象的。

附注：文中所涉及的中国哲学史的研究的错误和缺点，主要是说我自己工作中所发现的。

在中国哲学史的研究中所遇到的几个困难问题*

几年来，学习马克思主义的哲学，对我们研究中国哲学史起着巨大的作用。对于某些问题，过去不能判断的，现在能判断了；不能分析的，现在能分析了。但是在工作中，由于运用不熟或理解得片面，却遇到了不少的困难。

第一，是阶级分析的问题。哲学是反映一定的阶级利益的世界观的科学。脱离了阶级就没有办法讲哲学史。我们首先感到困难的就是当前中国古代历史分期还没有一个完全可靠的定论，目前至少有三派不同的说法。过去，我们曾采用了范文澜先生的古代历史分期的看法，认为孔子是代表封建领主的。封建社会既然开始了很久，孔子的哲学既然大力宣扬封建伦理观念，那么他的进步性就要少些。最近又采取了郭沫若先生从前的说法，认为封建帝国的形成是由秦汉开始。这样，孔子所处的时期正处在由奴隶制向封建制过渡的时期，他宣扬的封建伦理思想应当看作是进步的。由于历史分期的不同，就不得不影响到我们对于每一个时期的哲学家的评价。孔子的评价问题只是一个例子，对孔子以外的其他思想家的评价也同样存在着

* 据《中国哲学史论》。原载《中国哲学史问题讨论专辑》，科学出版社，1957年7月版。

这样的问题。中国史学家有一派认为中国封建社会是从三国魏晋开始的，这样，三国魏晋的豪门世族就是一个上升的阶级。他们的来源可能是由奴隶主转化过来的。这样，那些反映了豪门世族的利益的思想家，像向秀、郭象的地位就要比现在的估价高一些。他们在世界观方面的唯物主义思想也就有了根据。此外，资本主义的萌芽究竟在明代中叶，还是在清初，这样的问题也会影响到我们对明代或清代的某些思想的评价。

我们研究哲学史，首先要尊重历史家对中国历史的意见；但是我们却不应当等待历史家做出了结论以后我们再动手写哲学史。我们完全有权利从中国哲学思想发展的本身去探索它的基础；而且我们相信，只有哲学家、文学家、艺术家以及其他方面的科学家也认为完全满意时，历史分期的问题才算得到真正解决。以目前的情况来说，我们很难做出肯定而有把握的阶级分析的结论来。很可能我们分析了的思想家，说他代表某阶级，而将来历史证明这个“阶级”根本不存在。

这并不是说历史分期有了结论，我们就会做出完全正确的阶级分析来，而是说我们在进行阶级分析时，处理古代哲学家比处理近代思想家要困难得多。这是在阶级分析方面所遇到的困难之一。

在阶级分析方面还有另外一个困难，那就是照哲学史的一般规律，唯物主义学派经常反映进步的阶级，唯心主义经常反映没落阶级的利益。但在中国哲学史上，也往往出现了例外。比如老子、庄子的思想，是唯物主义的，但他们是没落的阶级；孟子、荀子都反映了新兴的地主阶级，一个是唯心主义，一个是唯物主义；墨子本身是同情劳动人民或接近劳动人民的大思想家，但他的世界观是唯心主义的。这样一不小心，就会使哲学思想（特别是世界观方面的根本分歧）和进步或落后的阶级利益发生脱节的现象。也有的哲学思想家，像宣扬“白马非马”的公孙龙学派，就很难找出他反映的是什么阶级的利益。

当然，也可以对某些现在还不能下结论的哲学家保持存疑的态度，但一部哲学史似乎也不宜存疑得太多。否则就很难从这里发现或说明其中的规律。

现在我认为解决困难的唯一方法，就是更深入地钻研。这些年来在教学和科学研究中所利用的材料几乎完全是十几年前或几十年前所积累下来的。从先秦到鸦片战争这一阶段，没有机会好好检查一下原始资料，对古代历史不够熟悉，对社会经济方面的知识更加缺乏。在过去，这种缺点还不是显得那样突出；今天我们要写成一部科学的中国哲学史，那就感到非补上所缺乏的这些基本知识不可，否则就寸步难行。

第二，是如何评价唯心主义哲学流派的问题。研究中国哲学史的目的首先是阐明唯物主义战胜唯心主义、辩证法战胜形而上学的发展过程及其规律。在辩证唯物主义出现以前，古代的哲学家已经提出了下面一些问题：历史发展的规律性问题（古今之变）、人在历史中的地位和作用的问题（天人之际）、社会上为什么有富贵贫贱的问题（性命之学）、人性是善的还是恶的问题（人性论）、通过什么道路才能够使人类取得幸福美满的生活的问题等等。

关于这些问题，中国古代哲学家们费了几千年的努力，并且认真地、严肃地分别做出了不同的答案。其中有赤裸裸地为反动剥削阶级服务的唯心主义流派；也有许多进步的思想家，怀着善良的愿望，用唯心主义的学说作为武器反对更荒谬的宗教神学的观点。在过去的工作中，我自己对于这种种不同类型、不同内容的唯心主义哲学流派采取了一笔抹杀的态度。主观上以为是在捍卫唯物主义，而实际上是用主观的好恶代替了客观的分析，认为既然是唯心主义，就是主观不符合客观，就是反科学的，因而也就是反动的。这种简单化的处理方法，必然抹杀了过去许多伟大思想家们的巨大作用。比如古人用“性恶”说来反对天赋道德观念说；用“自私”“求利”的观点说明社会的动力，用“人口论”来论变法的客观根据；用“衣食足而后知荣辱”，说明道德观念的起源，等等。这些观点固然都是唯心主义的，但他们的确有其不同程度的进步意义。

问题也就发生在这里。有许多属于唯心主义的观点，但又起过进步作用，这样就有人主张：既是进步的，当然是在客观上符合了历史发展的要求，这就不见得是唯心主义（比如太平天国的宗教观念曾对广大农民革命起了鼓舞和组织作用），而是唯物主义的。我认为这种“放宽尺度”的方法是不对的。因为唯物主义与唯心主义的界限非常分明，不能把宗教思想也算作唯物主义。也有人主张：在自然观、认识论、思想方法方面有唯物与唯心的区别，而在社会观、历史观、伦理观方面只有“进步”与“保守”之争，不能说有唯物和唯心之争。这就等于说，在哲学史上需要另立一个标准，即除了唯物与唯心、辩证法和形而上学的争论，还有“进步”与“保守”之争。这样的问题在哲学史上是普遍存在的，但这一方面所争论的问题应属于哲学思想的范围呢，还是属于社会思想的范围呢？应当首先弄清楚。

我不同意另立标准，我主张只有提高到世界观高度的一些问题才是哲学史的范围以内的问题。其余的问题，不能算作哲学问题。

第三，如何用马克思主义哲学的原则具体区划古代哲学思想体系的问题。中国古代，哲学和其他科学没有严格的界限，哲学思想经常混在自然科学、政治、文学以及其他非哲学的思想之中。这不仅是中国古代哲学的特点，也是全世界各民族的哲学史在资本主义文化以前的特点，所以我们应当说它是“古代思想”所具有的共同特点。

西方哲学史，经过了资产阶级的学者们长期的加工整理，把封建主义以前的、浑然一体的经学体系打散后，重新加以安排过。所以到了我们手里，就很容易区别开哪是自然观，哪是认识论，哪是方法论，等等。

中国哲学史的研究工作，缺少像西方资本主义社会阶段的加工整理。所以，如何把浑然一体的经学科学地分解开来，明确地指出古代哲学家在自然观、认识论、伦理观、历史观等等方面是怎样经过它的胚胎、萌芽、发展的阶段而到了现在的样子，乃是我们目前的重要工作。

在打散经学体系的过程中，在执行时发生了一些偏差。有人以为我们是用几个“框子”（如自然观、认识论等）把古人的哲学生硬地加以割裂，以致失去了古人的本来面目。

使得中国哲学史失去了古人的本来面目当然是不对的，但把古人的经学“和盘托出”也是不对的。因为这样，就等于否认哲学这一独特科学的对象，模糊了中国哲学史的范围的界限，成为经学史的继续，就不是哲学史了。

也有人主张，中国哲学史所讲的，完全和西洋不同，因为中国古人只讲人生修养、道德实践，很少讲到求知的问题，也不大涉及自然观、认识论的问题。这种看法，我不同意。因为这种看法，表面似乎认为中国哲学有它特定的范围，但实质上却是认为中国哲学有它特定的对象。结果，这就会引导到怀疑马克思主义所指出的哲学的对象的问题。我认为哲学只能是有关世界观的学问，正如毛泽东同志所指出的："自从有阶级的社会存在以来，世界上的知识只有两门，一门叫作生产斗争知识，一门叫作阶级斗争知识。自然科学、社会科学，就是这两门知识的结晶，哲学则是关于自然知识和社会知识的概括和总结。"[①]

对于哲学这门科学所研究的对象，毛泽东同志也有过极为重要的指示。在《矛盾论》中，曾指出任何科学都有它特定的对象，哲学的对象包括"唯心论和唯物论、形而上学观和辩证法观"[②]。

如果认为中国哲学所研究的是另外的一套，唯心与唯物、形而上学与辩证法的斗争在中国不存在，这样就会由于强调了中国哲学史的特殊性，以致脱离了哲学的轨道，走入歧途。

如何善于做到既不失去古代哲学家本来的面目，而又能按照哲学这门科学本来的对象和范围来分析中国古代的哲学家，这是我们当前首要的任务，在这一方面到目前为止还没有得到一致的结论。

第四，对于辩证法重视不够的问题。在中国哲学史的发展中，除了有几千年的唯物主义优良传统，也还有着丰富的辩证法传统。过去，我对于唯物主义做了片面的理解，因而在中国哲学史的工作中，

---

① 《整顿党的作风》，《毛泽东选集》第三卷，人民出版社，1966年7月版，第773—774页。

② 《矛盾论》，《毛泽东选集》第一卷，人民出版社，1966年7月版，第284页。

把注意力放在对唯物主义思想方面，而对中国古代辩证法的注意是不够的。而事实上，中国哲学史如果忽略了古代的辩证法，就等于只讲了哲学史的一半。因为辩证法的产生和存在，是和唯物主义哲学的产生和存在，有着同样悠久的历史。因为在人类开始认识客观世界的规律那一天起，辩证法就和唯物主义同样起着决定性的作用。毛泽东同志在《矛盾论》中曾指出："在人类的认识史中，从来就有关于宇宙发展法则的两种见解，一种是形而上学的见解，一种是辩证法的见解，形成了互相对立的两种宇宙观。"[①] 我过去在中国哲学史的工作中，由于忽略了辩证法这一方面，因而不可能正确地认识哲学史上唯物主义成长过程和发展规律。在马克思主义的哲学产生以前，唯物主义和辩证法并没有很好地结合起来。有的哲学家唯物而不辩证；有的哲学家辩证而不唯物；也有的哲学家既有辩证法观点又有唯物主义思想，但它是素朴的，缺少现代科学基础，缺少现代工人运动的革命实践，在理论上不够深，不完备。

哲学史已用事实告诉了我们，有些卓越的唯物主义思想家，由于他缺少辩证法，当他和唯心主义哲学思想做斗争时，有时不得不受到具有辩证法思想的反击，而陷于被动。过去的唯心主义者所犯的错误固然是我们的前车之鉴，而旧唯物主义的缺点也是我们的前车之鉴。

中国哲学史上，从《周易》开始就充满了辩证观点。像《孙子兵法》以及过去许多兵家、医家、阴阳家的著作中也都有丰富的辩证法观点。可是这些好东西，我们在中国哲学史中，有时毫不经心地把它抛弃了。现在检查起来，都是不善于体会马克思主义经典著作的精神，才造

① 《矛盾论》，《毛泽东选集》第一卷，人民出版社，1966年7月版，第275页。

成了以上的错误。

总起来看，以上四点是我个人在过去的工作中所遇到的一些具体困难，同时也在工作中犯了主观片面性的错误。现在已经开始注意到这些缺点，希望同志们的帮助和指教，以便更好地完成我们共同的事业。

中国哲学研究在苏联*

自从苏联共产党第二十次代表大会以后，苏联关于东方问题的研究有了新的发展，但这并不是说苏联在过去对东方各国文化历史的研究就没有成绩。现在只谈谈苏联学术界对中国哲学的研究。这种研究，远在几百年以前就开始了。就以中国古典哲学的翻译来说，像“四书”，从 18 世纪以来，就有许多不同的译本。托尔斯泰也受过老子思想的影响。至于那些著名的汉学家，像罗索赫扬、里昂节夫、比丘里、华西列夫、莫那斯太也夫、波波夫等人，在翻译和介绍中国古代哲学著作方面，都分别做出过不少的贡献。

18世纪，俄国启蒙思想家诺维可夫曾译过一篇程颐《上皇帝书》，宣扬中国哲学家对“圣王”的期望和理想。程子的思想在宋代（11世纪）所引起的实际影响，以及我们如何评价程子的哲学，这是另外一个问题；俄国当时许多启蒙思想家所理解的所谓“圣王”，却是一个符合俄国新兴资产阶级利益、反对封建专制的贵族政治的人物。他们把改良政治的希望寄托在开明的君主身上。因此，程子的哲学本来是为中国封建制度服务的学说，却在俄国起了意想不到的进步

* 原载《北京日报》，1957年4月19日。

影响。这一事实一点也不稀奇。中国在启蒙时期也曾借用过外国的某些学说作为武器，像赫胥黎的《天演论》就是一个例子。

在 18 世纪，俄国革命民主主义者拉吉谢夫曾发表过和中国建立经济联系的论文。华西列夫院士的“论佛教”的著作，对中国的佛教有所阐述，他的著作还影响到另一位革命民主主义者杜波罗留波夫对中国佛教的研究。

车尔尼雪夫斯基的战友初贡诺夫曾发表过一篇“中国文明”的论文。这篇文章根据的材料虽然还不够充分，但是他以革命民主主义者的进步立场歌颂了中国人民的谦逊、勤劳、多才多艺的性格。他非常同情中国人民所遭受的封建主义和资本主义国家的双重压迫。他在他的著作中严正地指责了欧洲殖民主义者对中国内政和对太平天国革命的干涉。他还谈到中国古代的伟大思想家孔子和老子，并且认为老子的哲学是同情被压迫者的。

乌克兰的革命民主主义者谢甫琴珂在被流放的时期，还写了文章歌颂太平天国的起义，并且认为在俄国如果能有这样的农民起义，就可以快一些推翻沙皇制度。

十月革命以后，许多苏联学者对中国的研究被提到新的阶段，因为他们掌握了马克思列宁主义这个武器。比如彼得罗夫关于王充的研究（已由中国科学出版社出版），就是一部值得推荐的书。此外，杨兴顺对中国古代哲学家老子的研究，也曾引起了许多人的重视。谢宁在对孙中山的哲学思想和社会政治思想的研究中，也提出了一些值得重视的看法。

我们中国科学院哲学代表团不久前到苏联访问，经常遇到一些对中国哲学发生兴趣的学者。我们遇到的青年及老年学者中，有的研究管子，并把《轻重篇》译成俄文；“四书”的新译本已经完成初稿；有的青年研究生研究韩非子的哲学思想；有专门研究王船山的哲学的；有专门研究中国古代阴阳五行学说的起源和发展的；也有研究马克思主义在中国的传播和发展的；此外，还有研究中国思想对日本的影响的；还有人研究乌克兰革命运动中中国人的贡献，等等。

更值得提到的是苏联的哲学研究所已经和中国科学院的哲学研究所约定，双方合作，由中国供给资料，由苏联同志把中国从殷周时期的《尚书》到“五四”以后的许多重要哲学著作译成俄文。如果全部译成，约有六卷之多。相信这一工作完成以后，苏联同志们对中国哲学的研究会比过去做出更多、更好的成绩，因为他们已经掌握了许多原始资料。

中苏两国人民的友谊是牢不可破的，我们不但有共同的利益，还有共同的理想，这个理想是建立在马克思列宁主义的思想基础上的。我们今后的任务，就是要比过去更团结、更亲密，双方还要更进一步地互相了解。我们不但要互相了解我们的今天，也要进一步互相了解我们的昨天。在这一意义下，我们哲学史工作者必须担负起这一任务的主要部分。我们相信，经过一定时期的努力，经过双方哲学家的共同合作，将促使两国人民的友谊更加巩固。苏联哲学家对中国哲学史的研究，为我们今后如何进一步研究俄国哲学史提供了一个良好的榜样。

苏联哲学界争论的一些问题*

我们这次访问苏联，时间只有一个月，所见所闻又只限于莫斯科、列宁格勒和基辅三个地方，事实上难免片面。现在只能谈谈我个人的一些观感。苏联哲学界所争论的问题，有些是我们也有的，有些是和我们不同的。这些异同颇值得我们研究。

首先使我们感到和中国哲学界相似的，是辩证逻辑和形式逻辑的关系问题。在过去，形式逻辑有一度被忽视，后来才开始得到正常的发展。在实际上，苏联的大学和科学研究机构里，形式逻辑是属于辩证唯物主义这一组的。到目前为止，大学哲学系还没有设置单独的逻辑教研室，听说暑假后可能在某些大学里设置逻辑教研室。

有许多论文讨论这两者的关系问题，有些苏联同志对我们说，他们讨论辩证逻辑和形式逻辑的“关系”太多了，而对于辩证逻辑和形式逻辑的本身研究得不够，因此很难深入研究这二者是怎样的关系。这一点倒是和中国目前的情况有些相似。

在苏联，对于辩证逻辑这门科学是否有它独立的研究对象，也有争论。有人认为只有辩证法，没有辩证逻辑，有人认为辩证逻辑

---

* 原载《新建设》1957年第5期。

和辩证法的关系也还不明确。有人认为辩证逻辑有它独特的对象，是研究辩证思维规律的科学，和作为研究客观世界矛盾发展的一般规律的辩证法有所不同。到目前为止，辩证逻辑还没有成为一种独立的课程在大学哲学系里讲授。

在这一方面，苏联的哲学家和波兰的某些逻辑学家也有争论。波兰的逻辑学家，有些人不承认辩证逻辑是逻辑，认为逻辑就是形式逻辑和数理逻辑。这个争论还没有结束。

关于辩证法、认识论和逻辑的统一的问题，是列宁提出的，在苏联有不同的理解。有些人认为这三者之所以统一，就是因为这三者本来是一回事，都属于认识论的范围，不论如何，哲学所研究的总归是认识论的问题。有些人认为这三者各有它所研究的对象，不是一回事。它要包括思维与存在的关系、范畴的系统、认识的特殊过程，他们认为只要研究范畴的体系就可以解决认识论和逻辑的问题。关于范畴的研究，在苏联哲学界已广泛展开，虽然这是近二三年的事，预料不久就有很多的著作可以出版。

关于范畴问题的研究，也有些人不仅开始研究范畴的客观性，也注意到范畴的主观性。

关于哲学史，也有过一次规模较大的争论。那是在1956年的6月，全苏联开过一次哲学史的讨论会。比我们中国哲学史的讨论会早了半年。在讨论会上除了检查过去在哲学史工作中所发生的偏差（比如，在哲学史工作中没有很好地说明俄国哲学与西方哲学的关系，没有说明俄国哲学中的唯心主义，因而使得哲学史发展的路线不够分明，等等），还涉及研究哲学史一般的重要问题。他们对俄罗斯自由主义的评价，发生了争论。有人认为俄罗斯自由主义思想有进步作用；

有人持不同的看法。

在会上还讨论到哲学史的对象问题，有人认为哲学史就是要叙述整个哲学思想发展的历史，有时有唯物主义与唯心主义的斗争；有时只有唯心主义在统治着当时的哲学界，没有斗争。因此这些人认为哲学史不能把唯物主义与唯心主义的斗争作为研究的对象。会上多数人反对这种意见，认为日丹诺夫的定义基本上是正确的，即使有些小的不完善之处，但大处是对的，哲学史如果忽略唯物主义与唯心主义的斗争，就会脱离了阶级斗争来讲哲学史。

苏联在哲学史研究方面，也力图摆脱片面化、公式化的偏向。过去他们对唯心主义经常采取不理会或一笔抹杀的态度，近来他们一致认为对唯心主义要做具体分析，不论对唯物主义或唯心主义的哲学，要注意它内部的区别。庸俗唯物主义是辩证唯物主义要批判的，19 世纪 30 年代的柏林斯基虽然是唯心主义者，但他起了进步作用。反对处理问题简单化，这一点，苏联哲学界的见解是一致的。

至于我们目前对于中国哲学史所研究的范围的问题，在苏联的哲学家看来，不成问题，哲学史和一般社会政治思想是不同的。他们最近出版的《俄国各民族哲学及社会政治思想史》，是由于有些民族有丰富的社会政治思想（虽然有的民族没有自己的文字），但是他们没有哲学思想，所以他们的哲学史也包括社会政治思想。苏联的哲学史工作者的这个经验是值得我们吸取的。

在哲学史的讨论中，他们还指出，在唯心主义的哲学体系内，有时包括有辩证法的思想，黑格尔是一个例子，黑格尔以外，还有其他的哲学家。因此，辩证法与形而上学的斗争，也不要忽略。

关于哲学这一门科学的存废问题，在苏联也有过争论。因为有些人看到自然科学进入原子时代，有飞快的发展，而哲学方面进展的速度似乎跟不上。有些人主张把辩证唯物主义这一部门所要研究的问题分门别类地交与自然科学各科学部门去研究，比如物理、化学、生物、数学各部门可以分别进行自己专业的哲学问题的研究，不必由哲学家来做结论。我们遇到许多哲学家反对这种看法，他们说这种看法就等于实证主义的看法。实证主义就是想以科学代替哲学的，实际上就是要取消哲学。这里也反映了一种实际情况：哲学是指导科学研究方法的。如果哲学不能及时提供科学研究方法，也难怪科学家感到不满意，有意见。

苏联哲学界已十分注意如何进一步研究自然科学中的哲学问题。因为现代（特别是当前的资产阶级唯心主义哲学）的唯心主义哲学流派经常利用现代科学成果去歪曲科学的原理，从而对马克思主义哲学进行攻击。这一战场的斗争可以说刚刚开始。今年六月间要举行一次全苏联的自然科学的哲学会议。预计在全体会上有以下的报告：物理学方面有“量子力学的唯物主义解释”“相对论的哲学问题”“初步质点的理论”；生物学方面有“生物化学的哲学问题”“消化的哲学的问题”“遗传学的哲学问题”“生理学的哲学问题”等。在会上还讨论一般的自然科学的哲学问题，有“列宁著作对研究自然科学的作用”“物理的方法如何推广到生物学的研究中去”“各种运动的形式”等题目。

这些问题并没有什么秘密，因为资产阶级的唯心主义哲学家早已在物理、生物各方面对辩证唯物主义肆行诬蔑和曲解了，我们不过是根据科学事实击破他们的进攻，保卫马克思主义的哲学罢了。

在这一新的领域内，中国哲学家的工作刚刚开始，至于如何使我们的科学家进一步精通马克思主义哲学，如何使我们的哲学家进一步掌握一定的自然科学，实在是一个迫切的任务。

苏联在这一方面有许多经验是值得我们学习的。

在历史唯物主义方面，关于基础与上层建筑的问题也有争论，并且这个争论已逐渐深刻。苏联有些哲学家认为上层建筑既然为基础服务，当无产阶级取得政权后，就要把旧的上层建筑一齐推翻，认为上层建筑没有继承性。有些人反对这种看法，认为上层建筑是有继承性的，上层建筑在形成自己的过程中发展了自己。

有人认为既然经济基础即是当时占统治地位的生产关系，在一定的社会内即不可能有另外的生产关系。比如资本主义社会的经济基础即资产阶级的生产关系，问题很简单，似乎不必争论。也有人指出即使资本主义社会也没有纯资产阶级的生产关系，比如个体经济的生产关系、封建的生产关系等。如果把资本主义社会的生产关系简单化，就无法了解个体农民的经济基础。

有人认为上层建筑即统治阶级的机关和思想。也有人认为问题也不是这样简单，认为这样就不能了解别的阶级的思想。这些学者认为，如果只承认资产阶级的思想体系在资本主义社会才是上层建筑，那么工人阶级的思想体系就不算上层建筑，只算作上层建筑的一些现象，这种看法是企图掩盖矛盾。

有的人认为要正确理解经济基础是现阶段所有生产关系的总和的意义。马克思、恩格斯提出经济基础的范畴，是为了一般地研究社会，他们说经济基础是现阶段所有生产关系的总和，但统治阶级的生产关系占主要地位。所以像国家和法律是上层建筑的主要因素。但是必须承认阶级社会在生产关系中是有矛盾的。这种矛盾必然反映到上层建筑中。因此，有一部分上层建筑保护它的基础，也有一部分上层建筑要破坏它的基础。

苏联哲学家还大力研究世界各国从资本主义过渡到社会主义的规律；中国向社会主义迈进是否和平过渡，据我们接触到的哲学家，对这个问题有着不同的看法。此外，对于社会主义国家之间的矛盾、社会主义国家人民内部矛盾的性质（对抗性的或非对抗性的）也和我们有类似的讨论兴趣。此外他们也注意到修正主义与教条主义的问题，什么是修正主义，什么是教条主义，也是苏联哲学家很关心研究的问题。

关于美学问题，和我们所争论的问题差不多，他们也讨论到美的主观性和客观性的问题、美学原理的认识论基础、美学的范畴等等。所不同的，苏联的美学理论的研究和美学实践联系得比我们好些。美学理论家，经常和戏剧、电影、音乐、美术工作者取得关系，我们的美学理论到现在为止，似乎停留在抽象理论方面更多一些；即使联系实际，也多半和绘画、文学有些联系，接触实际的圈子似乎小了一些。我们的美学理论家有的只重在古代，有的对古代了解得很少，这些地方，苏联的工作是值得我们重视的。

总起来看，苏联哲学界所争论的问题，都是当前哲学工作中迫切的问题。对这些问题，我们中国哲学家同样有兴趣，苏联老大哥在许多科学领域内走在我们的前面。苏联革命成功后四十年的辉煌成就，不只表现在经济建设、政治生活方面，也表现在文化生活方面，当然哲学的成就也包括在内。

从苏联哲学界的争论的问题，我们可以看出苏联哲学界正以全力从事三个主要方面的研究：

第一是自然科学中的哲学问题。不但过去几年来有很好的成绩，今后若干年内也将会有更多、更大的力量投入这一新的科学领域。这一方面恩格斯、列宁已经给我们树立了光辉的榜样，可是我们哲学工作者远远落后于实际的需要，列宁以后，这一方面发展得较为缓慢，有些反动的唯心主义者千方百计地从这一方面向唯物主义进攻，如果这个战场上打得好，才能更有效地捍卫马克思列宁主义的哲学。苏联的哲学家们走在我们前面并已取得巨大的成绩，我们中国哲学家为了和苏联哲学家起并肩作战的作用，非赶快开展这一方面的研究不可。马克思主义的哲学是生产斗争和阶级斗争科学知识的总和。就目前的中国哲学家来说，对生产斗争的科学知识还很不够。这样就不能很好地发挥马克思主义的哲学。

第二点值得我们注意的，是苏联哲学界非常注意哲学史的研究，从我们所接触到的哲学家来说，这一方面科学干部的力量在目前苏联哲学界是最强的。苏联的哲学家不仅以全副精力，满怀信心地面向未来的共产主义社会，他们还及时地总结人类过去几千年来思想斗争的经验，探寻它的规律。苏联的哲学家告诉我们，他们曾以十年的时间，集中全国的著名学者为了完成一部世界哲学史而工作。更值得注意的是他们对俄国哲学史的研究，无论从成绩来看，就其政治意义来看，都是头等重要的工作，研究的质量也是很好的。

第三点值得我们注意的，他们非常注意研究当前的实际问题，把当前实际问题的研究提高到理论的高度。他们非常关心从资本主义过渡到社会主义的规律问题，人民内部以及社会主义国家之间的矛盾问题。尽管他们有争论，有意见上的分歧，但是他们保持了马克思列宁主义哲学研究的优良传统：理论联系实际。这一点和我们党所领导的科学研究的学风是一致的。我们很希望两国的哲学家能够经常联系、观摩，共同发展马克思列宁主义的哲学。

除了上述三点苏联哲学界以全力进行研究，还有在目前比较薄弱、有待于展开的部门。这些部门在整个社会主义国家都展开得不够，比如马克思主义的伦理学，在今天全世界范围内还没有深入下去，没有很好地开展研究；比如辩证逻辑与形式逻辑的关系；美学上的许多问题，范畴的问题，以及无神论及马克思主义伦理学原理等科学部门，有待于我们两国的哲学家共同努力、共同开展。逻辑问题和美学问题这一两年来中苏两国的哲学家都很感兴趣，都有过一些讨论。如果能共同讨论、研究，会对这方面的科学研究起推动作用。伦理学方面，苏联还没有很好地展开争论，中国哲学界也有同样的情况。我们要以共产主义的道德原理教育我们的下一代，我们也要经常以这一原理教育自己。而这一方面的讨论和研究很不够。我之所以提出这一问题的重要，主张急起直追，倒不是由于苏联的争论或者由于我们自己的争论引起的，倒是由于中苏两国的哲学界都很少在这个科学领域内展开过争论才提起的。

从中国古代科学与民主思想的发展看五四运动的科学与民主精神*

五四运动提出了“科学”与“民主”的口号。科学与民主本来是西方资产阶级反对中世纪封建主义提出的号召。它斗争的锋芒指向欧洲中世纪封建专制和宗教迷信。

我们今天来看科学与民主的问题，必须打破资产阶级的旧框子。科学、民主思想，绝不是资产阶级的首创，它在古代就有了萌芽，科学与民主精神的贯彻，更非资产阶级所能胜任，要靠无产阶级来最后完成。资产阶级总是自我吹嘘，说什么只有他们才发扬了科学，推行了民主。这和事实是不符的。

远在资本主义制度以前，随着人类的生产斗争和阶级斗争的实践活动，就产生了科学思想和民主性的思想。它们的对立物就是古代的宗教迷信和残酷的阶级压迫。任何宗教迷信，残酷压迫都是妨害科学发展、阻碍人类进步的。

在哲学史上，古代的唯物主义思想、无神论思想、辩证法思想都在不同程度上、不同问题上揭露了科学的秘密，推动了生产的发

* 据《中国哲学史论》。原载《光明日报》，1959年5月3日。

展。任何反抗剥削、反抗压迫的思想，都在于不同程度地减轻人民的重负，把民主生活或多或少地向前推进一步。

古代希腊就有过奴隶主民主派和贵族奴隶主的斗争。在这两派的斗争的基础上，产生了古代希腊唯物主义与唯心主义两派的斗争。中国古代也有相似的情况。据古书的记载，春秋时代住在城市里一些“国人”，就是有民主权利的群众。如“国人不欲”[①]，“国人弗徇”[②]，“国人弗顺”[③]，“国人助公”[④]，“国人始恶之”[⑤]，“国人所尊”[⑥]，“国人皆咎公”[⑦]，“国人杀君，司马将来矣”[⑧]，“国人谤之曰……”[⑨]，“国人逐之”[⑩]。

这些“国人”，他们有权利议论政治、批评政府，有时可以杀掉国君，赶走国君，拥立新君。孟子书中有一段话说得比较明白：

> 左右皆曰贤，未可也；诸大夫皆曰贤，未可也；国人皆曰贤，然后察之；见贤焉，然后用之。左右皆曰不可，勿听；诸大夫皆曰不可，勿听；国人皆曰不可，然后察之；见不可焉，然后去之。左右皆曰可杀，勿听；诸大夫皆曰可杀，勿听；国人皆

---

① 《佐传·僖公二十八年》。

② 《佐传·文公十一年》。

③ 《佐传·昭公十四年》。

④ 《佐传·定公十三年》。

⑤ 《佐传·哀公二十四年》。

⑥ 《佐传·昭公十六年》。

⑦ 《佐传·僖公二十二年》。

⑧ 《佐传·昭公十三年》。

⑨ 《佐传·昭公四年》。

⑩ 《佐传·哀公十一年》。

曰可杀，然后察之；见可杀焉，然后杀之。故曰国人杀之也。[1]

孟子书中曾讲到过“民为贵”的话，“五四”时代，有人认为这是孟子的“民主”思想，我看恐怕是望文生义（孟子的原意不能做这样的解释），倒是上面所引关于“国人”一段议论有几分贵族统治阶级内部的民主味道。

秦汉以后，聪明的封建统治者有时要“广言路”“举贤才”。唐、宋以后的科举制度未尝不可以说是地主阶级内部的“民主”。因为封建地主阶级必须通过这些方式更广泛地吸收他们认为合格的人才，不断充实他们的统治机构。这样就可以更好地集中力量对付人民的革命。

历代的“好皇帝”推行了一些“仁政”，客观上对人民也有些好处。这是古代的民主思想的一个方面。但是这不能算重要的方面。真正能丰富民主思想的内容、丰富哲学思想遗产的是人民的反抗剥削、反抗压迫的阶级斗争。

先秦时代，劳动人民曾用诗歌的形式，向不劳而食的剥削者提出责斥；曾对太阳发誓，诅咒统治者的死亡，“斯日曷丧，予与汝偕亡”，这都是反抗剥削和压迫的呼声。

老子提出“小国寡民”，“甘其食、美其服”的没有剥削、没有战争、没有压迫的社会。尽管他的解决方案提错了，但反对剥削和压迫，反对战争，向往和平的愿望是好的，反映了民主的要求。

《礼运》中的“大同”，也提出“不独亲其亲，不独子其子”，“货恶其弃于地也，不必藏于己；力恶其不出于身也，不必为己”的理想。两汉的农民平均主义思想，晋朝鲍敬言的无君论，唐末有无能子也

① 《孟子·梁惠王下》。

尽力宣扬有君不如无君的好处。北宋末年的康与之，在他的《昨梦录》里描绘了理想的社会，没有压迫，人人自食其力，过安居乐业的美好生活，也都反映了比较原始、素朴的民主倾向的思想。

宋末元初的思想家邓牧也曾提出：

> 天生民而立之君，非为君也。奈何以四海之广，足一夫之用邪？[①]
>
> 废有司，去县令，听天下自为治乱安危，不犹愈乎？[②]

明末清初，江浙太湖区一带，生产特别发达，国际商业交通也很频繁，在这一地区开始出现了资本主义萌芽。在思想上也有所反映。以黄宗羲为代表的、具有一定程度的近代启蒙时期民主思想，并开始提出士绅（地主、工商业者）直接干预政府，选举、监督和提出罢免地方官吏的权利：

> 郡县朔望，大会一邑之缙绅士子。学官讲学，郡县官就弟子列。……郡县官政事缺失，小则纠绳，大则伐鼓号于众。
>
> 郡县学官，毋得出自选除；郡县公议，请名儒主之。

黄宗羲还认为学校不只培养人才，还是议政的机构，主张“天子之所是未必是，天子之所非未必非，天子亦遂不敢自为非是而公其非是于学校”[③]。这里已初步具有近代民主思想的萌芽。

如果认为只有这些先进的思想家反映了民主思想，是不全面的。

---

① 《伯牙琴·君道》。

② 《伯牙琴·吏道》。

③ 《明夷待访录·学校篇》

民主思想的真正的推动者是劳动人民的反抗剥削、反抗压迫的斗争。劳动人民心目中的自由、平等的理想是"有福同享，有祸同当"，消灭等级制度，"八方共域，异姓一家"，"生死相托，患难相扶"[①]。唐朝的黄巢，宋朝的王小波、李顺、钟相、杨么、方腊等都提出了"均贫富，等贵贱"的民主性的普遍要求。

恰恰是由于阶级斗争、农民革命的推动力量，才在不同程度上推动了社会生产力的发展。不管资产阶级写的历史如何力图贬低封建社会在全部历史的积极作用，尽力吹嘘他们的"科学"和"民主"，而实际上在奴隶制、封建制社会并不是没有科学和民主思想。毛泽东同志指出："中国的长期封建社会中，创造了灿烂的古代文化。清理古代文化的发展过程，剔除其封建性的糟粕，吸收其民主性的精华，是发展民族新文化提高民族自信心的必要条件……"[②]

近代资产阶级的民主是在过去封建时期萌芽状态的民主思想的基础上有了进一步的发展，这是事实。他们提出了人人生来平等、人人有政治权利的口号。从口号的字面上看，好像在为全体人民说话。只是由于生产资料的私有，必然不能做到真正的民主。资产阶级为了争取劳动力的自由市场，为了打破封建壁垒对工商业的束缚，为了企业竞争的自由，为了向压迫资产阶级的封建制度争取政治地位，才提出了"平等""自由""民主"的口号。他们把资产阶级一个阶级的愿望和要求硬说成是全人类的愿望和要求。等到资产阶级一旦取得政权，"民主"就成了"告朔之饩羊"，抛在一边了。

---

① 以上见《水浒传》。

② 《新民主主义论》，《毛泽东选集》第二卷，人民出版社1966年7月版，第667-668页。

至于科学的思想，也是源远流长。古代一切唯物主义流派，都具有反宗教，为科学开辟道路的功劳。唯物主义思想，一方面与当时的先进阶级有密切联系，也和当时的生产斗争、科学实践有着密切的联系。它对人类的思想起着解放作用。这是唯物主义必然带来的结果，也是唯物主义的使命。

只是奴隶制社会和封建制社会的生产力不高，科学的成就远不能和资产阶级相比。《共产党宣言》中已指出了，资本主义一百年的成就抵得上过去人类全部成就的总和。资本主义以前即使科学方面的成就不算多，却不能认为没有成就。

科学与民主这两方面又是互相推动、互相影响的，因为阶级斗争和生产斗争有内在的联系。生产力是推动历史前进的根本力量。但是，只要有剥削阶级存在，生产力就不能毫无限制地向前发展。资产阶级为了利润，为了保卫他们的私利，不惜埋葬科学，毁坏生产力，背弃民主。尽管资产阶级当初曾提出了科学与民主的口号，起过历史的进步作用，而在今天，越来越成为历史前进的绊脚石了。

中国的资产阶级情况和西方欧洲当年反封建时期的资产阶级革命还有所不同。中国的资产阶级还没有发育成熟的时候，就遭到帝国主义的摧残。第一次欧战时期民族资产阶级得到暂时的复苏，不久又处在帝国主义的绞索下，苟延残喘，有的索性成为帝国主义在中国的代理人，即买办资产阶级。资产阶级政治上的软弱，造成了他们在思想和文化上的软弱。因此，"五四"时代提出的"科学与民主"的大旗，资产阶级是扛不动的。科学与民主的大旗，必然落到新兴的有无限前途的工人阶级的肩上。

正如毛泽东同志所指出的："五四运动所进行的文化革命则是

彻底地反对封建文化的运动，自有中国历史以来，还没有过这样伟大而彻底的文化革命。”毛泽东同志正确地指出“五四”的文化革命的彻底、伟大，乃是和它以前的文化革命来比较而言，说它是空前，但不是没有缺点。比如，五四运动的文化革命，“当时还没有可能普及到工农群众中去”。这一伟大而艰巨的历史任务，不得不由“五四”以后的中国共产党和先进的工农群众继续完成。

五四运动到今天不过四十年。四十年间，在伟大的共产党的领导下，胜利地完成两次革命，取得震古烁今的成就。我们发展科学，是在党的领导下，专家与群众相结合的路线；这是一条经验，也是今后的方向。广大劳动人民中涌现了成千累万的科学家。这些科学成就有的解决了生产中的重大问题，有的达到国际科学成就的尖端。在生产实践中普及了科学，有多少土专家跨进了科学的宫殿。不久，将会使泱泱中国成为科学智慧的海洋。

工农群众当家做主后，在共产党的领导下，享受了真正的民主权利。在广大工厂、矿山及一切生产部门，工人参加了管理，农村的人民公社实行了管理民主化。在中国每一个部门，领导者与被领导者之间形成了亲密平等的民主关系。人人都是普通劳动者，人人都是政权管理者，人人有权参与管理国家大事。劳动人民，在文化革命中，不但学了文化（还在继续提高和普及），他们为了管好国家大事，开始学习宇宙发展的一般规律的知识即马列主义的哲学。

历史上，世世代代的先进思想家和农民革命所提出的消灭愚昧、向往自由的理想，已逐渐变成现实。多少年来，先进的思想家、革命者所描绘的幸福生活，今天已在日益成长、发展中。

前资本主义社会，在朦胧状态下的科学与民主的要求，在资本主义上升时期，已给以发展。资产阶级上升时期所提出的科学与民主的口号，他们没有完成，也不可能彻底完成，只有工人阶级才可以把科学与民主的要求贯彻到底。

科学和民主的口号，在“五四”时期曾鼓舞人们前进。四十年后的今天，科学与民主的空气已弥漫在六亿人民生活聚集的广阔土地上，沁人心脾。我们是马克思主义者，我们根据历史发展的规律，并不满足现在已经获得的成就，我们还要跨过美好的社会主义奔向更美好的共产主义。那时，我们的物质生活、精神生活、政治生活将比现在更丰富、更生动、更光辉灿烂。

几千年来的历史已证明了，科学与民主的浪潮，是由古代社会中蕴蓄的涓涓细流，到了近代逐渐汇集为汪洋大海的。中间经过了“曼曼修远”的道路，遭遇了无数的曲折，“上下求索”而最后得到的，这是由于人类找到了照路明灯——马克思列宁主义。

今天的巨大成就，值得我们自豪，更应在已有成就的基础上，鼓起更大的干劲，有科学分析的精神为今年的更大跃进创造条件。我们之所以有今日，是由于十月革命给我们带来了马克思列宁主义。

为了人类科学与民主的前途，我们要加强一切爱好和平的国家的友好互助，加强全世界爱好和平人民的团结。我们要向企图发动战争、毁灭人类、玷辱科学、压迫民主的一切帝国主义分子进行斗争！

十年来从事中国哲学史工作的一点体会*

自己对中国哲学史这门学科发生兴趣已有几十年，但是真正说得上研究中国哲学史，只能从建国十年来算起。

在旧中国的大学里都有中国哲学史这门课程。哲学史，顾名思义，应当是哲学发生发展的历史。什么是哲学，资产阶级的大学里根本讲不清楚。资产阶级学者故意掩饰他们为剥削阶级服务的党派性，把哲学说成“超阶级”“超时代”“追求永恒真理”的学问。像这样的“学问”当然是不存在的。在资产阶级唯心史观支配下的哲学史“研究”，必然是非科学的。那些年月里也念了一些书，熟悉了一些资料，但资料总是在一定观点支配下取得的，世界上没有脱离了观点的资料。

旧中国的哲学史说不上是一门科学，不过是旧大学里不得不开设的一门学科。说它不是一门科学，并不意味着它不具备它的特点。因为哲学史和其他上层建筑一样，唯心主义观点的哲学史在旧中国是为封建主义、帝国主义服务的工具。以资产阶级观点写的哲学史著作来说，有的露骨地宣扬买办文化，有的露骨地宣扬封建文化，

* 原载《文汇报》，1959年9月22日。

有的二者兼而有之，也有的自称“超政治”“超阶级”，实际上为反动统治阶级点缀升平，引导青年脱离政治斗争。如果说旧中国哲学史工作者也对中国文化有过一些贡献，也仅仅限于资料整理方面。也有一些资产阶级哲学史的著作中在个别的问题上看到了一些现象，由于他的观点、方法、立场不正确，因而对一些现象所做出的解释总是荒谬的。他们的资料整理工作也是一鳞半爪，远远谈不上科学的整理。

在旧中国，也有少数先进学者以马克思主义观点、方法整理过中国哲学史，如郭沫若、吕振羽、侯外庐、范文澜都曾在极艰苦的条件下在各个方面对中国哲学史的研究有过贡献，他们的努力是值得尊敬的。但在整个学术界，大量泛滥的还是资产阶级唯心主义的哲学史。

彻底改变哲学史这一科学的精神面貌，在哲学史这领域内插上马列主义的红旗，马列主义哲学成为人们普遍相信的真理，那是最近十年来的事。中国哲学史的研究工作十年来也发生了质的飞跃。

全国解放后，广大知识分子开始系统地学习马克思主义，开始知道了哲学是一定阶级的世界观，知道一切哲学流派都有党性，知道马列主义哲学是改造世界的工具。对于哲学有了正确的认识，才有可能把哲学史的研究纳入科学的轨道。

十年来，在党对广大知识分子的亲切关怀下，给知识分子安排了种种学习和锻炼的机会，使他们一步一步放弃唯心主义、认识辩证唯物主义的真理。我个人就是在党的教育、培养下，从接近马克思主义到相信马克思主义的一个。找到了马克思主义的真理后，才知道过去古人所讲的什么“修身、齐家、治国、平天下”的“内圣外王之道”不过是骗人的空话。离开了阶级斗争，空讲什么“万物一体之仁”，完全是假话。只要世界上还有人剥削人的制度，就不会有什么“天地万物一体之仁”。这个道理，劳动人民比知识分子懂得多。农民知道天下人民是一家，但是他们的观念里不包括地主。工人阶级大公无私，但他们知道资本家和工人是两条心。相形之下，知识分子就糊涂多了。今天看来是最简单的道理，十年前，对许多知识分子来说，竟闻所未闻。

马克思主义是真理，它像太阳一样，照亮了每一个角落。十年来，广大知识分子越来越多地接受了马列主义这一放诸四海而皆准的真理。从此，眼界开阔了，思路也清楚了。

自己深切体会到要研究哲学史，首先要学好马列主义的理论。要学好马列主义的理论，必须联系实际，不接触实际，光念书本，是学不懂马列主义的。十年来，亲身经历了许多轰轰烈烈的政治运动，像土地改革、“三反”“五反”、思想改造、肃反、合作化运动、去年的“大跃进”和人民公社化高潮、下放劳动锻炼等等。每一次运动和政治活动都使参加者受到了生动深刻的教育。经过实际的锻炼，对马克思主义的一些基本原理和基本精神的理解就多懂得了几分。回头来再看看哲学史上的许多问题，有的迎刃而解，有的比过去有了较深入的认识，也有些问题从前看不见的，现在看见了。

“史”的工作总是搞的“古”的东西。自己体会到越是研究古代，越需要通晓当前的实际政治斗争和思想斗争。要做到“古为今用”，首先要明白今日要“用”的是什么。不通今不能认识古。马克思曾说过，人体解剖是猴体解剖的钥匙，正是告诉我们不了解当前的社会就无法了解古代的社会，缺少钥匙就打不开研究古代的大门。

建立马克思主义的哲学史，首先要求从事这一工作的人是一个马克思主义哲学工作者。如果缺少实际锻炼、不会做基层工作、不能和劳动人民交朋友的知识分子，一定不能懂得马克思主义的道理；他写出的文章，即使能够引经据典，必然干瘪、空洞，不解决实际问题。这并不是说理论学习、书本知识不重要，而是说，对于长期脱离实际、和劳动人民隔绝的知识分子来说，念书本还算比较容易的。马克思主义的经典著作不允许人们把它当教条来记诵。马列主义的经典著作，脱离实际、只读字句的人是读不懂的。

我还深切体会到研究哲学史，缺少理论是不行的，要学懂理论，必须联系当前实际，如果对当前的人民公社的许多问题茫然无所知或“不感兴趣”，侈言能精通三代两汉的社会、政治、哲学，那是自欺欺人。

旧知识分子自以为观点有时差些，资料总还熟悉。我也感到事情不是这么简单。因为资料不是孤立的，在唯心主义观点支配下搜集的资料，往往是片面的、主观的。有些真正有价值的资料往往看不见。科学地研究哲学史，连资料工作也要虚心当小学生，重新做起，靠“存货”是危险的。

哲学史工作者一般通病是对哲学懂得多，对“史”懂得少，比如对经济史、政治史知识比较欠缺，这也要进行补课。只从概念上分析，即使析入毫芒，也难免不着边际。

十年来，祖国各方面的成就是伟大的，中国哲学史的领域内也获得空前的丰收。其荦荦大者，如在学术界普遍树立了马列主义坚强的领导，衡量是非有了共同的尺度；经过几次大规模的学术批判，提高了辨别资产阶级伪科学的能力，壮大了马列主义的科学队伍；

在“百家争鸣”的方针指导下，有效地推动了学术界的繁荣发展，出现了空前活跃的学术空气；几年来逐渐形成认真读书的风气，在哲学史研究中言之有物、言之有据的专门著作日渐增多。这些哲学界的成就都是马列主义的胜利。

十年来取得的成就是伟大的，但是我们的工作远远落后于客观发展的要求。有许多“荒地”等待我们去开垦，任务是光荣的，也是艰巨的。我们决心在党的光辉照耀下，和学术界同志共同努力，克服艰险，继续攀登科学研究的顶峰。

哲学系在农村进行的科学研究工作*

今年六七月间，在教育路线的大辩论中，全哲学系的师生对教学和科学研究一致感到不能照旧样子做下去了。科学研究工作中也暴露了许多资产阶级观点。这些资产阶级观点是资产阶级的科学研究路线所造成的必然后果。许多教师和一部分同学（高年级同学有科学研究的任务），在科学研究中存在着比如厚古薄今、脱离实际的教条主义倾向。至于少数资产阶级教授借"百家争鸣"的机会替唯心论争地位，企图修正马克思主义的所谓"科学研究"更是有害的毒草。也有些人为研究而研究，科研脱离教学的倾向也十分严重，但是这些缺点比起上述的缺点来说反而显得不算重要了。

只要回顾一下我们所做的科学研究题目就足以发人深思。比如，中国哲学史方面的题目多半集中在春秋战国、两汉魏晋，对于近代现代的伟大思想家和重要思想斗争注意得不够。这里不是说不应研究古代哲学，我们今后到共产主义社会还要研究上古三代、两汉魏晋的哲学思想；现在要指出的是有些人忘记了古为今用，忘记了研究古代的目的是为当前社会主义建设服务。研究西方资产阶级哲学

* 原载《北京大学学报（人文科学）》1959年第1期。

的专家们，由于立场和思想认识的模糊，研究康德的往往成为康德的俘虏，研究黑格尔的成了黑格尔的信徒。就是拿辩证唯物主义这一方面的科学研究来说，也有许多人存在着严重的教条主义现象。研究者没有下乡下厂，只是凭借报纸、杂志、经典著作上的一些词句来写文章。科学研究的题目像“过渡时期的基础与上层建筑”“我国农业合作化的道路”“论资本主义工商业改造”等大题目，由于研究者缺乏下乡下厂的实践，就很难了解当前大变革中劳动人民的思想面貌，只看到一些物质方面的现象，难免陷入见物不见人的片面认识；这里不是说理论性较强的题目不应当研究，而是研究者缺少感性认识，一开始就进行理论分析，不是训练青年进行科学研究的好办法。这样训练出来的研究工作者一定会脱离实际，只会翻书本而不善于解决实际问题。

经过全系师生的红专辩论、教育方针的辩论后，绝大多数师生拥护教育与生产劳动相结合、教育为无产阶级的政治服务的方针。经过一段时期的准备工作，哲学系师生全体三百多人的队伍下放到北京南郊大兴区芦城乡先锋农业合作社。这个社不久即扩大为黄村人民公社。

哲学系师生下放以来，和老乡们同吃、同住、同劳动，学习农民的优秀品质，在劳动中和群众建立了深厚友谊，在所在村的每一块土地上留下了劳动脚印，淌过汗珠，大家就更加热爱亲手参加建设中的农村。知识分子第一步和工农结合了。体力劳动和脑力劳动也开始集于一个人身上。三个多月来的实践证明了党所指出的共产主义教育方针收到了显著的效果。现在只就我个人的见闻和体会，谈谈有关科学研究的一些问题。

学校党委提出要建立教学、科学研究、生产劳动的联合基地。哲学系党总支根据党委的指示的精神和在农村进行教学的情况，提出了“五结合”，即教学、科学研究、生产劳动、社会工作、思想改造相结合。我们下放农村一年中的任务是全面贯彻共产主义教育方针，积极参加劳动和实际工作，虚心向农民群众学习，创造性地学习马列主义的基本原理，运用理论联系实际的方法，学习公社，研究公社，办好公社，为培养有共产主义觉悟的劳动者和优秀的马列主义宣传员而斗争。

三个多月来的实践证明，哲学系师生进行的科学研究的方向是正确的，内容也丰富多彩，质量比过去所进行的一些研究有了显著的提高。

刚下来时，多数同学习惯于查文献，广泛引证经典著作的研究方法，还不习惯、不知道创造性地工作，深入工作，总结经验就有活生生的辩证唯物论，就有科学研究。有些同学一下来就想研究“基础与上层建筑”“生产力与生产关系”等内容宽泛的大题目。而这些题目的研究和当前农村中的建社宣传工作、劳动生产活动、关于农民思想情况的调查了解工作联系不上。因此，有些人认为，下乡来主要任务只能是劳动，教学和科学研究在农村不好搞，有人甚至认为不能搞。

针对这种情况，校党委和中宣部、市委负责同志先后来芦城视察时都及时做了具体指示：不会总结一点一滴经验的人，就不能研究大题目。对同学们来说，首先要学会写有内容的小文章。养猪、刨花生、深翻土地中就有哲学。他们还指出，学社会科学的首先要了解社会、熟悉社会，才能改造社会。马克思主义哲学在于改造世界，如果不参加社会的改造运动（在目前对哲学系师生来说就是把公社的工作做好），就不能算作学哲学。哲学工作者的任务就是参加运动，参与世界的变革。

在党的正确领导下，开过几次现场会议，其中有教学工作的、红专学校的、哲学普及工作的、化肥厂的、食堂工作的，大家都认识到农村中有无限广阔的科学研究园地，科学研究大有可为。科学研究可以从任何工作中总结出经验来。这些经验对于办好公社，改变农村面貌，推动教学，从农民中学习他们的长处进行自我思想改造，都收到了显著的效果。“五结合”成为水到渠成的事。

哲学系的科学研究工作也采用了在其他生产战线上早已采用并行之有效的大、中、小并举，能者为师的办法。

下乡后，曾多次约请当地领导干部给我们做报告。他们分别讲过公社的生产分配情况、当地合作化史、当地某些人民内部矛盾等问题。由于这些同志有过多年的农村工作经验，熟悉情况，立场坚定，他们的报告生动、具体，给同学们的教育启发很大。像这样的科学报告，本来就是有价值的科学研究的结果。

同学们在农村中初步生了根，从农民的日常谈话中不断汲取科学研究的泉源。有一位农民曾经说过“是活怕人，还是人怕活”的问题，同学们从这里体会到人的主观能动作用，向自然斗争的基本规律，它包含着丰富的辩证法。同学就这个问题写出了一篇几百字的文章，简短而有内容。这一工作引起了同学们的兴趣，今后还要陆续进行这样的哲学采风。

为了进行哲学普及和广泛宣传，同学们也试用民间流行广泛的《水浒传》和《三国演义》中的故事，加以哲学分析，做出哲学论证。虽然这一方面的工作刚刚开始，有些故事的情节和企图阐明的哲学道理未必那么紧密合拍，但已收到良好的效果。有的干部学过哲学后开始改进了工作方法；广大群众也开始学会正确地运用“辩证法”“形而上学”“唯心主义”“唯物主义”这些概念。我们也开始培养了几个农民哲学家。

为了服从工作需要，哲学系师生多半是干什么工作就研究他工作范围的有关题目。同样题目可以多人共同研究，比如《黄村人民公社的分配问题》《人民公社的组织原则与民主集中制》《人民公社是向共产主义过渡的最好形式》《如何办好农村幼儿园》《仓库管理工作》《麦田管理》。我们组织了文化革命的调查队，进行一些美学问题的研究等等。

在教学发生争论时就根据争论中的问题展开大字报、鸣放、辩论。在鸣放辩论中，意见逐渐系统化，把它提高到理论认识时，就形成了科学论文。在上一个月进行破除资产阶级法权思想残余的辩论中，关于知识分子的道路，知识分子的地位、作用等问题由大字报的形式逐渐发展成了近百篇的文章。这些文章，尽管在理论分析和观点方法上未必十分完善，但它是现实生活中产生的问题，因而这些科学论文就不是无的放矢，而是有内容的。

我们的科学研究工作的进行，有时在不同的村子里分别进行，也有时由许多村中抽调一部分人集中到一个点进行调查研究。既要来自下面的材料，也要从公社领导角度考查。有些项目要以全系的力量去搞，系总支在公社党委领导下，密切配合当地各级党政组织进行研究。有些题目可以由个人分别着手。小经验的点滴积累可以逐渐构成大问题的重要组成部分；大问题的研究又促使小经验更加成熟，避免陷于片面性。从小到大，从大到小，大小结合，就可以使同学们更加明确公社的各个方面。这对于改进公社、丰富教学都有好处。

哲学系也在某些年级开展了几次科学报告会。由于每人都参加了一定的社会工作，都参加了劳动生产，所以讨论起来很热烈。讨论会上能者为师，大家互相提出批评或补充意见。既发展了报告的内容，又研究了公社有关方面的工作，也提高了理论认识。

通过科学研究，更加使师生们明确了马列主义哲学确实是改造世界的武器。哲学系的师生，过去不是不知道哲学要改造世界。但是坐在书斋里，对改造世界来说，总觉得隔了一层。即使研究的是实际中的问题，由于没有亲身参加变革现实的实践，感性认识不足，做出的理论分析就不容易深刻，更难说解决实际问题。

同样是研究人民公社的分配问题，现在亲身参加到农民的行列里，和农民群众一道生活，就感到研究分配问题，不只是作为一个“题目”来研究它，而是感到这个问题是关系几亿农民的命脉、关系生产、关系生活的大事。在这样的认识下，我们许多从事科学研究的师生，不是在掉书袋、做文章，不是苦心孤诣考虑结构、逻辑性，而是首先考虑如何对公社负责，对农民、对国家有利。这样，无形中就把教条主义挤得没有容身之地。

由于亲身参加了劳动生产，我们都深感到某些方面管理不善就造成窝工，对损失感到痛心，对公社的利益有着深切关怀，就更加认识到研究人民公社的管理制度，研究开展群众政治思想工作的重要。因此，科学研究不得不和教学、生产劳动、社会工作、思想改造息息相关，一环扣一环，形成“五结合”的整体。

工作中、辩论中经常遇到困难，回头再来看书，会产生在学校图书馆死抠字眼时所收不到的效果。有人说，在乡下经过生产劳动，实际工作，经典著作似更好懂了。我们通过学习公社，许多人亲身参加公社里的各项工作，我们再读斯大林的《苏联社会主义经济问题》一书，就一辈子也忘不了马克思以来经典作家所说的社会发展规律不以人们意志为转移这一真理，对生产关系必须适合生产力发展的原则的认识深度也和过去不同了。

在下放到农村以前，许多人对待科学研究的态度是不太严肃的，甚至有人为了“一鸣惊人”而大做文章。现在的科学研究不是在做文章，而是在工作经验的总结基础上，提出哲学理论方面的问题。下来后，能在科学研究中取得发言权的未必是书念得很多的人，首先是肯钻研、能劳动、爱社如家的积极分子。科学研究不允许夸夸其谈，而要求实事求是。由于我们的科学研究和公社的利益、全体人民有着血肉相连的关系，我们的态度严肃了、认真了，看问题不得不深入了，开始树立了踏实的新学风。

取得了这些成就的同时，也随着这些新成就出现了一些问题。有些人由于深入实际后有所收获，克服了教条主义、脱离实际的偏向。因此有人只重实际工作，不肯接触书本，以实际代替理论。总支发现后已及时做了纠正。科学研究工作中由于接触黄村公社的实际较多，又忽略了全国其他的人民公社的发展，如果不及时注意，很容易见树木不见森林。在时间安排上，在乡下随着公社的中心工作学习和研究。科学研究的开始和结束不可能完全和公社的中心工作安排一致。比如说我们关于公社的分配问题的研究，主要是为了公社的分配工作，但是分配问题的科学研究，还有一些重大理论问题、社会主义经济法则的许多问题，要占有更广泛的材料，需要较多的时间，和当前的中心工作有时要脱节。也有时生产任务急迫，教学工作和科学研究在时间上不很容易完全保证。现在这个问题已经初步解决了。此外，集体作用与个人作用如何配合、教师的作用如何发挥，都有待于今后从实践中创造经验来加以丰富。

从一个哲学系来说，也有许多科学研究的题目是不适宜于在乡下进行的，比如关于哲学史的研究、现代资产阶级学术批判、逻辑方面的研究等。如果说，哲学系通过下放就可以完全解决了哲学系的科学研究问题，也是不恰当的。

哲学系下放到农村教学，才短短几个月，有许多经验还有待今后进一步发展，有些看法还不够全面，现在做出结论，还为时过早。总的看来，一个崭新的哲学系在党的正确教育方针领导下诞生了，正确的科学研究道路和方向开始找到了。摆在我们面前的任务是通过实践，学习理论，运用理论指导实践，解决实际中的问题，使哲学出粮食，使哲学出钢铁，使哲学进一步巩固、发展，使哲学在群众中生根。

论哲学史的继承问题*

一

历史科学的任务在于总结出历史发展的规律，古为今用。哲学史的任务在于总结出哲学发展的规律，古为今用。哲学是经济基础的上层建筑，是一定阶级的世界观。哲学史既然是历史科学的一个分支，只要有社会存在，就有历史，历史是不断发展的。哲学史也是一样。它有它的来龙去脉，它有它继承的关系。我们不能割断历史。“每一个时代的哲学作为分工的一个特定的领域，都具有由它的先驱者传给它而它便由以出发的特定的思想资料作为前提。”① 哲学思想有继承，这是无可争辩的事实。但是讲到继承，不能忽略哲学史上的两大阶段：马克思主义以前的哲学和马克思主义的哲学。马克思主义以前，唯物主义和辩证法思想还没能有机地结合起来，只有

* 据《中国哲学史论》。原载《新建设》1959年12月。

① 恩格斯：《致康·施米特的信（1890年10月27日）》，《马克思恩格斯全集》第三十七卷，人民出版社，1971年6月版，第489—490页。

马克思主义哲学才把两者有机地结合起来。因此，我们说马克思主义哲学对它以前的一切哲学思想来说，是质的飞跃。讲哲学史的继承问题，首先要划清这两个时期的哲学的界限。

马克思主义以前的一切哲学流派，对马克思主义哲学来说，都只能算是低级阶段。但是却不能因此把过去的哲学看作错误的世界观的积累。哲学史说明了人们过去的进步思想、唯物主义思想、辩证法思想都企图正确地解释世界。它们就某些问题、某些方面，曾设计过许多方案，走过许多弯路，也提出过许多有益的答案值得后来参考。先驱者的努力和已取得的成绩是不可抹杀的。像列宁所指出的马克思主义的三个来源，都不是马克思主义的，但经过马克思的批判、改造，在总结国际工人运动的丰富经验的基础上，吸取一切先进的科学成果，最后形成了马克思主义的完整的体系。当然，吸取过去的遗产，是一个批判、改造的过程，不是把现成的拿来就用。恩格斯曾指出："每一时代的理论思维……都是一种历史的产物，在不同的时代具有非常不同的形式，并因而具有非常不同的内容。"[①]

哲学史，实际上就是辩证唯物主义世界观的萌芽、发展的历史。它体现了人类的科学的世界观从不大正确到比较正确、从片面到更多的方面的认识过程，也就是唯物主义、辩证法思想不断成长、壮大的过程。唯心主义和形而上学思想不能正确地反映世界、说明世界，因而它不能代表人类的哲学发展。

哲学史的全部发展过程只能是唯物主义的发展史而不能是唯心主义的发展史，只能是辩证法思想的发展史而不能是形而上学的发展史。并不是说哲学史可以不讲唯心主义和形而上学思想，为了深

---

① 恩格斯：《自然辩证法》，人民出版社，1971年8月版，第27页。

入地说明唯物主义和辩证法思想的成长，我们对唯心主义必须给以充分的注意。根据历史唯物主义的原则，我们也不忽略由于历史的局限性只能得到唯心主义结论的那些哲学家所做过的有参考价值的尝试。

我们每一个哲学史工作者，对马克思主义以前的哲学史，不仅要善于科学地区分唯物主义和唯心主义、辩证法思想和形而上学思想，更要坚决捍卫唯物主义、反对唯心主义，捍卫辩证法思想、反对形而上学思想，捍卫工人阶级的利益。坚决地向一切马克思主义的敌人做斗争，进而粉碎一切资产阶级的哲学。这是我们的党性原则。因为只有辩证唯物主义才是正确的，其他哲学都不可能正确，我们的党性原则是建立在科学性基础之上的。

二

哲学史的继承问题和一般文化知识的继承有相同的地方，也有不同的地方。一般文化知识有些是有阶级性的，有些和阶级利益没有什么关系。哲学是一定阶级的世界观，它不是中立的，不是任何人、任何阶级都能接受同一种哲学思想。哲学不是人人可吞服的“万应锭”“仁丹”。

几年来，学术界曾对哲学上的继承问题展开过争论。有些问题还待进一步讨论，也有些看法是由于认识不清而引起的争辩。有些不应属于哲学的继承的范围的，有人也把它算作哲学的继承了。

第一，有人把用以表达哲学观念的工具（语言、文字）看作哲学上的继承的东西。比如从古代到今天，我们表达哲学思想用的是汉字，于是有人把汉字的世代流传看成哲学的继承，这是不对的。这是一般文化知识方面的东西。如果说古代汉字和近代的汉字有继承关系，那仅仅是文化上的继承而不是哲学上的继承。

第二，哲学上的推论方法、辩论方法，如形式逻辑的若干规律的运用，古人使用，现代人也使用。有人认为这是哲学上的继承，其实这也不是。这仍然是属于一般文化知识的继承。

第三，一般的学习方法、生活经验，古人流传下来的一些成语，如讨论继承问题时人们常举的“学而时习之”“温故而知新”等等，这也不能算作哲学上的继承。因为它不属于哲学世界观方面的根本问题，它只能属于一般文化知识的范围。

第四，哲学上的范畴和一般概念，古代哲学家用它，我们也用它。如中国哲学史上历来相沿的“道”“仁”“义”“理”“气”“体”“用”“一”“多”“宇宙”“道德”等等。有人认为这些范畴、概念是哲学上的继承范围以内的东西。如果我们对这些范畴、概念的作用加以分析，会发现这也不能算作继承。

范畴是自然和社会中最一般的、最基本的方面在人类认识中的反映。范畴不能离开一定的世界观单独表达它的意义，它只是表达一定的世界观的工具。唯物主义与唯心主义可以使用共同的范畴，表达的意思不必相同，甚至相反。如对于“道”的理解，唯心主义与唯物主义两派可以完全相反，尽管他们都用了相同的一个“道”字。在伦理方面的一些范畴也是这样，如“平等”“自由”，资产阶级和无产阶级的理解也完全不同。

因此，范畴、概念只是哲学史的思想资料，这也属于一般文化知识方面的继承。

上述这四种所谓“继承”的东西都是为表达一定的世界观服务的工具，它本身不具有唯物主义或唯心主义的性质，它甚至不涉及世界观的倾向性。不涉及世界观的问题，就不是哲学问题。不是哲学问题，当然不是哲学史的问题，也就谈不上是哲学史的继承问题。

有些人似乎忽略了什么是哲学问题，见到前面的某些哲学家用了某一个名词，后一个哲学家也用了某一个名词，就认为他们中间有“继承”关系。一个词，尽管先后两派都用它，但不能说他们有继承关系，比如墨子讲“义”，孟子也讲“义”，不能说孟子继承了墨子的“义”。我们也不能把讲“道”的哲学派别都算作一家，因为它们所指的“道”的内容很不相同，甚至相反。胡适的《哲学史大纲》就是把先秦一切讲到“辩”的哲学家都归为“名辩思想”，结果把唯物主义的后期墨家、荀子与唯心主义的公孙龙、惠施混为一谈，以致造成极大的混乱。稍有哲学史知识的人都能指出他的荒谬、无知。

前些时，冯友兰先生的《四十年的回顾》一书中曾提到他的“抽象继承法”，认为他的看法“在其认识论的根源上是抓住了一些有一些事实根据的现象”。看来，冯友兰先生是“抓住了一些有一些事实根据的现象”，但这些现象似乎都不属于哲学史的继承，多半属于上述四种范围的继承。像“学而时习之”是讲的学习过程的一般方法；“杀人安人”“以战止战”是两句精辟的成语，对它，不同的阶级可以有不同的理解，不带有阶级特点，都不能作为证明有超阶级的哲学观念可以继承的事实根据。

三

哲学史继承的关系虽然是错综复杂的，但万变不离其宗，绝不是没有规律可循：一般说来，唯物主义继承唯物主义，辩证法继承辩证法，这是哲学史上继承的基本规律。如果不是这样，也就很难设想有马克思主义的出现。马克思主义所以成为人类文化发展的最高成就，除了它是世界工人运动的产物，还在于它正确地处理了文化继承问题，它是优秀文化的真正继承者。唯心主义、形而上学也有它们的继承关系，那不过是哲学史发展中的逆流。

马克思主义哲学以前，不可能有完全正确的世界观。这是因为辩证法还没有和唯物主义很好地结合起来，唯物主义中有唯心主义的残渣，辩证法思想中也有形而上学的残渣。因此，唯物主义继承唯物主义时除了吸收它先驱者的合理部分加以发展，还要否定它先驱者的体系中的唯心主义部分。继承中就有否定，继承和否定是辩证的统一。辩证法思想继承辩证法思想也是这样。

唯物主义与唯物主义之间，辩证法思想与辩证法思想之间，唯心主义与唯心主义之间，形而上学与形而上学之间，各有它的继承关系。此外，还有更为复杂错综的情况。

马克思主义以前的唯物主义既然包含有不同程度的唯心主义因素，后来的唯心主义必然会从中吸取、利用其唯心主义的部分并加以发展。从哲学家来说，可能是前一个哲学家是唯物主义的，后一个哲学家是唯心主义的。他们中间继承的关系表面上看来好像唯心主义继承了唯物主义。这种情况，在古代哲学史中不乏先例。

马克思主义以前的辩证法思想与唯物主义虽然没有有机地结合起来，但这两种世界观本质上是互相需要而不是互相排斥的。后来的唯物主义者也可从以前的辩证法思想中吸取营养。在古代哲学史中也不乏先例。

马克思主义以前的唯物主义和辩证法思想相联系，不过是极个别的情况，而且联系得不很紧密。唯物主义和形而上学相联系，也是常有的事。后来的形而上学者从以前的唯物主义者思想中吸取他所需要的东西，在古代哲学史中也不乏先例。

马克思主义以前的辩证法不可能彻底，其中必然包含了不同程度的形而上学因素。因此，后来的形而上学者有意识地从先前不纯粹的辩证法思想体系中寻找他们所需要的形而上学思想以补充自己，这种先例也是有的。

马克思主义以前的辩证法思想也经常不自觉地和唯物主义或唯心主义联系着。后来的唯心主义者从先前的辩证法思想体系中吸取它所需要的唯心主义的东西。哲学史中辩证法思想和唯心主义相联系的先例也是十分明显的。

此外，在哲学史上，唯物主义者继承了唯心主义体系中的某些唯物主义因素，唯心主义者继承了形而上学中的唯心主义因素，形而上学思想继承了唯心主义体系中的形而上学因素，再由于哲学史上某些形而上学的体系中有时也容纳了某些辩证法思想的因素，为后来的辩证法思想所改造、吸收的情况也是有的。

马克思主义以前的一切哲学家，由于剥削阶级的偏见和他们所处的时代的生产规模的狭小，他们不可能取得正确的辩证唯物主义的世界观。但是人类在生产斗争、阶级斗争的知识的概括与总结中，不断从各个方面丰富、深化了辩证唯物主义的世界观的认识。

客观世界的存在是物质的，又是辩证发展着的。因此，彻底的唯物主义世界观，必然要求与辩证法思想有机地结合，因为物质世界只能是运动中的物质世界；彻底的辩证法思想，必然要求与唯物主义世界观有机地结合，因为实际的运动是物质的运动，而不是非物质东西的运动。

马克思主义的经典作家早已指出了，客观世界是物质的，这个物质世界又是按辩证法的规律运动着的。辩证唯物主义所以是科学的世界观，正是由于世界本身是辩证唯物地存在着、发展着。我们一般地讲到唯物主义的物质第一性、精神第二性的原则时，决不排斥也不应排斥辩证法。同样，如果讲到辩证法时，决不排斥也不应排斥唯物主义。毛泽东同志在《矛盾论》中曾指出："在人类的认识史中，从来就有关于宇宙发展法则的两种见解，一种是形而上学的见解，一种是辩证法的见解，形成了互相对立的两种宇宙观。"[①]上面说的辩证法和形而上学是两种宇宙观，正是马克思主义哲学原则的进一步的阐明。这就告诉了我们辩证法不仅是一种思想方法，也是"人类认识史中从来就有"的宇宙观。

由此可见，贯彻唯物主义原则，必然会结合到辩证法；贯彻辩证法原则，必然会结合到唯物主义。

在哲学史发展中既然有这种错综复杂的实际情况，确有唯心主义者拿到了某些唯物主义者需要的一些东西，确有某些唯物主义者从唯

① 《矛盾论》，《毛泽东选集》第一卷，人民出版社，1966年7月版，第275页。

心主义者那里吸取了一些需要的东西（至于辩证法和形而上学之间的继承关系，也有类似的情况）。于是有人为这种现象所迷惑，说唯心、唯物两大阵营之间有着师生朋友的关系。也有人看到唯心、唯物、辩证法哲学家与形而上学哲学家之间的互相影响，就提出继承的规律是“互相转化”“互相渗透”。实际上这是现象而不是本质。本质上，哲学继承的法则只能是唯物主义继承唯物主义，辩证法思想继承辩证法思想。离开了这一条根本线索，就无法说明科学世界观的形成和发展。

四

试以中国哲学史的发展为例，说明哲学史发展的继承关系。

中国哲学史和外国的哲学史一样，也是从斗争中发展起来的。每经历一番斗争，唯物主义就向前发展一步，唯心主义被逼迫得放弃一些阵地，或者改头换面，从另一方面出现。如古代，从哲学的开始到春秋战国之末，这一时期的哲学史的斗争的中心问题在自然观方面是关于天道观的问题。环绕着天道观这一主题开展了唯物主义与唯心主义的斗争、辩证法与形而上学的斗争。在社会问题方面斗争的中心问题是“礼”和“法”的问题。由于人类对于自然界（天道观）的认识比对社会、历史起源发展的认识要早一些，唯物主义与唯心主义的观点在天道观方面的争论开展得比较充分。在社会历史观方面的“礼”和“法”的问题虽有一些争论，争论得也很激烈，但由于阶级偏见起着决定作用，古人对社会发展的规律认识得比较差些，在这一领域内，唯物主义与唯心主义的争论只有一点萌芽。

他们虽然也曾力图摆脱有人格的天、帝的影响以说明社会的起源、历史的发展、政治制度的变革等等。但这种现象也是人类认识的一般过程的表现。毛泽东同志指出："首先，马克思主义者认为人类的生产活动是最基本的实践活动，是决定其他一切活动的东西。人的认识，主要地依赖于物质的生产活动，逐渐地了解自然的现象、自然的性质、自然的规律性、人和自然的关系；而且经过生产活动，也在各种不同程度上逐渐地认识了人和人的一定的相互关系。"[①] 在古代，哲学问题开始提出时，首先被人们注意、关心的是宇宙的起源、变化、发展的问题。这是人类幼年时期认识世界的一般通则。希腊、阿拉伯、印度的古代哲学，也是从他们的"天道观"开始的。后来才对社会、历史、道德提出了他们的看法，开展了争论。在马克思主义以前，人类对社会的理解一般说来是很差的。

两汉所争论的问题，基本上是反目的论与目的论的斗争。三国以后，中国开始传播了佛教、道教的宗教学说，这时期的唯心主义比较细致了，唯物主义也更加深刻了，这一斗争到隋、唐以后才结束。宋、元、明、清的封建社会进一步得到发展，也出现某些停滞现象，上层建筑也起了加强和巩固他们的基础的一些反作用，理学代替了佛教、道教。这一时期争论的问题已不再是有没有"神"，或者是人的精神能不能永存的问题，争论的问题则是"理"与"气"（或"道"与"器"）哪一个是第一性，"理"是否可以离开"气"而单独存在的问题。鸦片战争后，中国开始受到严重的外来侵略势力的压迫，当时哲学上共同关心的问题是如何寻找救国救民的真理，

---

① 《实践论》，《毛泽东选集》第一卷，人民出版社，1966年7月版，第259–260页。

要不要向西方学习的问题。这些问题，归根到底，还是唯物主义和唯心主义的斗争。“五四”以后，在国内、国际的工人运动的高潮下，在十月社会主义革命的影响下，马克思主义在中国开始生了根，并得到发展。中国共产党建立后，马克思主义与一切帝国主义哲学流派和垂死的封建主义哲学展开了斗争，并一步一步取得决定性的胜利，终于建立了工人阶级领导的国家，人民在中国的广阔土地上成了真正的主人。工人、农民开始学哲学。马克思主义的世界观已开始为广大人民所接受。

归根到底，哲学史只能是唯物主义战胜唯心主义的历史，辩证法战胜形而上学的历史。这是人类科学的世界观（即马克思主义哲学）发生、发展所必经的道路。那么，哲学史的继承问题，实际上是唯物主义在发展自己的过程中壮大了自己、战胜了敌人，从敌人那里也缴获一些思想武器充实自己的力量。因此，真正的继承，只能是后一时期的唯物主义世界观继承了先驱者的唯物主义世界观，或者是有的唯物主义者从唯心主义哲学思想流派中拿到一些东西（文化知识、思想资料不算继承）。

经过批判地吸收后，从而丰富、发展了自己。这是因为在某些唯心主义或形而上学的思想中，有时也包括了一些唯物主义或辩证法的因素，这些内容恰恰是唯物主义哲学所需要的，所以会从他们那里有所批判地吸收，这当然不是说唯物主义继承了唯心主义。像帝国主义的反动哲学、胡适的实用主义的反动思想，其中就没有任何可取的“因素”，但为了批判他们，为了揭露他们唯心主义的谬误和反动，在斗争中，使唯物主义者的思路更清楚了，对唯物主义者起了练习打靶的作用。在唯物主义和唯心主义的斗争中，有时经过唯心主义的指摘、挑剔，促使唯物主义对于本来没有考虑周到或应当涉及而未曾注意的方面引起了注意，使自己的论证更加完善了，这只能说是唯心主义从反面来起的一种“好作用”。但无论如何，不能认为少了唯心主义，唯物主义就不能发展，更不能认为唯物主义与唯心主义思想家有过“互相影响”“互相渗透”的现象，就说他们两大阵营之间可以“互相转化”。

有些唯物主义和无神论思想在宗教的外衣下曲折地发展着，在中外哲学史上不乏先例。这种情况只限于宗教势力占绝对统治的时候，进步的唯物主义思想不得不披上宗教或神秘主义的外衣。但唯物主义的世界观毕竟是宗教神学的对立物，它一旦羽翼丰满，必然会突破宗教神学的牢笼走到它的对面建立起自己的营垒。因此，像这种从唯心主义中蜕变出唯物主义的现象，绝不能证明唯心主义和唯物主义“互相转化”“互相渗透”；恰恰相反，它说明唯物主义有不可战胜的生命力，唯心主义的压力再大，也抑制不住它的成长、壮大。因为唯物主义真实地反映了客观世界。只要人类从事生产斗争，只要社会中有生产力和生产关系的矛盾，它就提供了唯物主义的无限源泉和广阔的基地。唯心主义却不能。

五

继承是以被继承的思想体系为主，还是以继承者为主；以先驱者的思想为主，还是以后继者的思想为主?

在古代，人们对这个问题的认识是模糊的。中国古代哲学家所谓“道统”“家法”“衣钵”的观念都自以为以先驱者的思想体系为主，继承，不过是不使“学绝道丧”，维持道统，不使中绝。正如古代把儿子的任务看作“承宗祧”“绍箕裘”“继先人余烈”一样。他们是恩格斯所说的让“死的拖住活的”。

我们今天以科学的态度来看继承问题，就会发现，在古代的继承中，即使以复古为号召的复古主义者也没有真正地复了古。不论什么东西、什么事情，想保持原样是办不到的。继承，从来就是“古为今用”的。

人所共知的胡适的“整理国故”，并不是真正为了什么“国故”，而是为了替帝国主义的文化侵略效劳，从中国古书中“证明”中国早已有过“实用主义”思想，“证明”“中国文化一切不如人”，宣传他的亡国奴的思想。“五四”时期一批维护“孔家店”的道学先生宣扬“孔子主义”，并不是什么真正对两千年前的孔子有所爱好，他们“爱好”的是当时在新文化冲击下，摇摇欲坠的地主阶级的一些旧制度、旧秩序。唐朝的韩愈等人的古文运动，号称“复古”，其实是文学上的“革新”。

哲学史上这种情况也是极普通的。孟子和荀子都自称“仲尼之徒”，都以孔子的真正继承者自居。孟子是唯心主义者，他取自孔子的也是孔子思想中的唯心主义的东西或可以用来帮助孟子的唯心主义世界观的东西；荀子继承的孔子是孔子哲学思想中唯物主义的因素，是可以用来帮助荀子建立他的唯物主义世界观的一些思想。孟子、荀子这两位孔子的忠实信徒，都是以自己为主，把孔子的学说经过改造后以为己用的。后来儒家的许多学者，唯物主义者、唯心主义者都是以他们自己为主而把孔子的思想作为说明他们自己的思想的工具而不断发挥的。有汉儒的孔子，有宋儒的孔子，有清儒的孔子，汉、宋、清又各有他们唯物主义、唯心主义的孔子。正因为有这种情况存在，才给我们研究哲学史的人带来了繁重的工作。

不但对孔子的继承问题如此，对老子的继承问题又何尝不如此？韩非、淮南子、王充所继承的老子是唯物主义的老子。道教奉祀的老子成了太上老君，王弼笔下继承的老子成了王弼的客观唯心主义的“助手”。《诗经》《书经》这些古代经典，儒家用来宣传儒家的尊君、亲亲的宗法制度，墨子用来宣传墨家的“尚同”“兼爱”学说。孔、墨都继承了尧、禹之道。孔子继承的禹是加强等级制度的好帝王，墨家继承的禹是能体力劳动、生活俭朴的“墨者”的“榜样”。我们也必须指出，既然是继承，当然有先后之间的根据，孔子、老子的思想体系中如果没有唯心和唯物、进步和保守这两方面，他们的后继者也就不至于发生原则的分歧，显然是“事出有因”。但是为什么会有见仁见智的不同，其原因不在于被继承者的古人，而在于继承者、后人的立场、观点的不同。

今天我们谈到继承时，如果有人真正打算在古代几千年的“哲学仓库中”找今天现成合用的东西，未免把本来相当复杂的继承的问题简单化了。

当然，我们所理解的“古为今用”和古人的“古为今用”有原则上的不同。我们是以科学的态度，不是和唯心主义者一样，认为历史可以随心所欲地爱怎么解释就怎么解释。我们反对拿现成的东西直接为社会主义的建设服务，因为这是不可能的。千百年前的古人哪里会预制了现成东西为社会主义建设之用？

可是今天对继承问题的讨论中，有许多人把继承以什么为主，古服从今还是今服从古，被继承者为主还是继承者为主的关系弄颠倒了。这样就必然引向复古主义，“古已有之”“颂古非今”，或者担心可以继承的东西少，而感到对古人有些“歉然”。

古人没有马克思主义，没有批判传统文化的科学尺度，有时会不自觉地做了前人的奴隶，但在客观上、在实践上，一切唯物主义的哲学家、进步的思想家都没有百分之百地当了古人的奴隶，他们在不同程度上都在“古人之所未及就，后世之所不可无”的方面有所贡献。即使在复古的外衣下，也不能完全掩盖住他们革新的面貌和精神。到了今天，有了马克思主义作为批判一切旧文化的尺度，如果还是以古代的东西为主，和他们相比，就更加显得不应该了。

鲁迅先生有一篇文章，讲“拿来主义”。他反对生吞活剥地在古人的余烬中寻取“好东西”，他说，对待一切外来的文化、古代的文化，要使它为我们今天所用，明确地指出不能当古人的奴隶，要善于消化外来的、过去的文化。这个意思很好，至少可以给那些“颂古非今”、墨守成规的文化“继承”者以当头棒喝。不解决以谁为主的问题，在今天全面的科学发展中，一旦对古代历史、哲学史的研究逐渐深入、加强的时候，难免不卷入浩如烟海的文献资料中不能自拔，以致迷失方向，生活在社会主义时代，竟成为“三代两汉之人”，那就不妙了。

六

哲学史的继承有没有一定的方式？如果有，继承的方式受什么决定的？

哲学史的继承的过程，也就是辩证唯物主义胚胎、形成、发展的过程。它是不断修正错误，充实自己、丰富自己的过程。所谓继承，只能是唯物主义和辩证法思想的先驱者与后继者的发展关系。内容只能是这个内容。也正如毛泽东同志所指出的，“剔除其封建性的糟粕，吸收其民主性的精华”①。人民大众的、科学的、民主性的优良文化传统，在哲学史上的具体内容就是唯物主义的、辩证法的思想，不能是其他的内容。

既然是科学的，必然要批判那些反科学的宗教迷信、唯心主义的哲学思想；既然是人民大众的，必然要批判那些少数贵族所专有的、与劳动人民的利益对立的那些哲学思想；既然是民主的，必然要批判那些为剥削制度辩护的那些反民主的思想。

上述这些内容也是从胚胎，经过发展到成熟的一系列的过程的，在哲学史上，就是唯物主义、辩证法思想的发展过程，最后发展成为马克思主义的哲学——辩证唯物主义。

由此可见，继承的内容决定了继承的形式。唯物主义和辩证法思想本身必然要求对过去的哲学遗产给以批判地吸收。有所继承，就有所否定。继承和否定都要经过一番分析、批判的工夫。问题尽管是老问题，情况却是常新的。几千年来哲学史上争论的、继承的、发展的无非是唯物主义与唯心主义的斗争，但不同的时代，不同的哲学流派，随时都在发展唯物主义，粉碎唯心主义。唯物主义不断战胜唯心主义的斗争是永远不会陈腐的。只要有哲学，就有唯物主

① 《新民主主义论》，《毛泽东选集》第二卷，人民出版社，1966年7月版，第668页。

义的发展。只要社会继续发展下去，辩证唯物主义就会更加丰富、完善。那么哲学上的继承问题永远存在。一方面有新的哲学问题不断出现，另一方面对过去的哲学史的整理、研究、解剖的这种“古为今用”的工作也是永远做不完的。

既然内容决定形式，继承的内容既然已经明确了，继承的形式自然容易解决，那就是以革命的、批判的精神对待哲学史的继承问题。近两年来关于哲学史的继承问题，似乎在继承的方式上讨论得多了一些，比方说，曾讨论过继承的方式是“否定之否定”，是“互相渗透”“互相转化”，是具体和抽象的继承问题，等等。事实上继承的方式必须受继承的内容所制约。唯物主义和辩证法思想要求批判地吸收它先驱者的合理部分，否定它的不合理的部分；要求发展、壮大唯物主义和辩证法思想的阵地，打击、压缩唯心主义和形而上学思想的阵地；古代、近代哲学史的一切发展、变革都像百川归海，为辩证唯物主义的哲学准备条件。今后的继承的问题还是如何发展、丰富辩证唯物主义。因此，对待哲学史的继承问题，不能纠缠在“如何继承”的争辩中，而忽略了继承什么。

当然在争论中大家未尝不注意到继承什么，人们也提到了应当继承科学的、民主的、大众的文化精华，反对封建性的、反科学的糟粕，也提到唯物主义的、辩证法的思想应当继承，反面的东西应当抛弃。毕竟由于对待哲学史继承的内容重视不够，才会出现了过多的继承的方式的辩论。如果真正足够地重视了哲学史继承的内容是唯物主义与辩证法的发生发展，就不会把“抽象继承”当作哲学史继承的原则，因为唯物主义和唯心主义之间，从没有存在过抽象的继承的关系。也不会出现“互相渗透”“互相转化”的继承说法，因为唯物主义与唯心主义是两种对抗性的世界观。个别唯心主义者可以转化为唯物主义者，唯物主义者也可以转化为唯心主义者，正如反动阵营中可以有人起义，革命阵营中会有个别的叛徒，但绝不是两大阵营无条件地“互相转化”。如果从内容的继承出发，也不会出现哲学史上唯心唯物互相交替继承的说法，因为唯物主义只能继承唯物主义。它对唯心主义，只是改造的关系而不是继承的关系。辩证法思想也不是继承形而上学，而是在批判形而上学中丰富和发展了自己。因此，认为哲学史上的继承是唯心、唯物交替继承的说法和事实既不符，在理论上也是错误的。

附记：这是 1959 年 5 月 7 日在哲学讨论会上的发言稿，后来又做了一些修改。

中国哲学史发展规律的探索*

这里所说的中国哲学史，其历史断限为商周到五四运动前，这是目前大学讲授这门课程的历史断限。五四运动以后马克思列宁主义、毛泽东思想的发展有另外的课程讲授，所以没有包括在中国哲学史这门课程内。

中国哲学史这一门科学还很不成熟，许多重要哲学家的体系是唯物主义还是唯心主义，都还有争论（从老子、孔子到谭嗣同、孙中山、章炳麟）。在许多有争论的哲学体系的基础上推求其规律，自己虽称为“规律”，别人看来就未必认为可信。研究中国哲学史，不谈规律，就失去研究的意义。尽管有上述困难，还是不应回避。正因为取得结论尚远，故称“探索”。

对于哲学史进行规律性的探索，离开马克思列宁主义、毛泽东思想的指导，就不可能有任何成就。自己对于经典作家的理论学习和钻研得不深，错误之处在所难免。为了进一步开展中国哲学史的研究，还是大胆地提出这些很不成熟的看法供批评，以便进一步改正和提高。

* 据《中国哲学史论》。原载《人民日报》，1964年6月27日、28日。

哲学发展的基本规律是唯物主义与唯心主义的斗争。没有唯物主义与唯心主义的斗争就没有哲学。我国唯物主义与唯心主义在斗争中发展的道路，是通过以下几个具体规律表现的。

一、逻辑与历史的统一

马克思主义使人类有可能科学地认识历史的发展，在这以前，人类对于历史发展的规律基本上是无知的。列宁说：“马克思以前的‘社会学’和历史学，至多是搜集了片断的未加分析的事实，描述了历史过程的个别方面。马克思主义则指出了对各种社会经济形态的产生、发展和衰落过程进行全面而周密的研究的途径，它考察了一切矛盾趋向的总和，并把这些趋向归结为可以确切判明的社会各阶级的生活和生产条件，排除了人们选择某一‘主导’思想或解释这个思想时所抱的主观态度和武断态度，揭示了物质生产力的状况是所有一切思想和各种趋向的根源。”①这是说，马克思把唯物主义运用于社会现象的研究，揭示出了社会存在决定社会意识的原理。根据这一原理，就可以找到“把历史当作一个十分复杂并充满矛盾但毕竟是有规律的统一过程来研究的途径”②。

从大的轮廓看，人类社会发展经过五种生产方式，这是不以人的主观意志为转移的客观规律。而这五种生产方式在各个不同的民

① 《卡尔·马克思》，《列宁全集》第二十一卷，人民出版社，1959年7月版，第38-39页。

② 同上。

族、国家中所经历的时间虽有快有慢，出现得或早或迟，但是其先后次序是固定而不可改变的[①]。

哲学史是历史的一个部门，它也是一种社会现象，也有它的客观规律。

人类对于历史发展的客观规律并不是一下子就能认识的，从不认识规律到逐渐认识规律，要有一个过程。这一过程，是客观历史发展在人类主观意识中的反映。认识的客观规律即是逻辑学[②]。列宁指出："逻辑不是关于思维的外在形式的学说，而是关于'一切物质的、自然的和精神的事物'的发展规律的学说，即关于世界的全部具体内容及对它的认识的发展规律的学说，即对世界的认识的历史的总计、总和、结论。"[③]

历史的发展，不以人的意识为转移，历史发展本来就是按照规律进行的，而人类认识到历史规律，却不是很早的事。在马克思主义出现以前，人类几乎是糊里糊涂地在历史客观规律支配下走过来的。马克思说过："人体解剖对于猴体解剖是一把钥匙。低等动物身上表露的高等动物的征兆，反而只有在高等动物本身已被认识之后才能理解。"[④]

人类认识历史的真相并发现其本质的联系，是后来的事。这种对于历史规律性的认识，并不是一下子完成的，也不是仅仅由于马

---

① 也有从原始公社或奴隶制、封建制不经过资本主义阶段就进入社会主义阶段的，那是在规律以内的特殊情况，它是社会发展的基本规律的补充，而不是例外。

② 这里的逻辑是指辩证思维的规律，而不是指形式逻辑。

③ 列宁：《哲学笔记》，人民出版社，1974年10月第3版，第89—90页。

④ 《〈政治经济学批判〉导言》，《马克思恩格斯选集》第二卷，1972年5月版，第108页。

克思个人的天才而发现的，它是经过了几千年的长期认识过程，通过无数次的实践、认识、再实践、再认识的反复过程，最后才达到马克思主义的高峰的。几千年来，经过无数次的探索，积累了无数次失败和成功的经验，才从不大正确到相当正确，从片面到更多方面。只有到了人类认识经过现代科学的武装，经过工人阶级的革命实践，今天又加上无产阶级建设社会主义的经验，才有条件对过去走过来的道路给以全面的回顾、总结。懂得了人体的构造，回过头来解剖猴体，就能找到从猴体到人体发展的差距。

马克思主义认识论告诉我们，人类的认识是来自实践的。有什么样的实践，就会有什么样的认识。人类的实践，是受社会发展的条件所制约的。在上古，人们只会钻木取火、穴居野处，知识只能是低下的。有了阶级，有了国家组织，才有了关于国家、战争的知识。随着社会的逐渐发展，人们才有了更多的知识。人们又把得到的知识，反过来用于实践，推动了社会生产的发展。人类的认识就是这样循环往复，把知识丰富起来的。可见，任何历史事件的出现都不是偶然的，它的先后次序也是不可以随便颠倒的。过去的封建学者，说尧舜的禅让是由于他们道德高尚，有“大公无私”的品质，今天看来，这是氏族公社的通常现象；夏禹传子，以天下为家，古人认为这是“大道既隐”的结果，对此多少有些“遗憾”，而今天看来，这是私有制确立后必然的结果。也有些进步的封建学者力图用历史的“势”，来说明历史现象，但是什么是“势”，为什么到了一定的时期就出现某一种的“势”，他们也还是茫然。资产阶级学者比封建学者高明的地方在于他们打破了带有中世纪忠孝节义等封建观念，但是他们照旧不能认识历史规律。

只有掌握了历史唯物主义，才可以科学地认识到历史的发展规律。自从有了阶级以后，阶级斗争是社会发展的内部动力，在不同的历史阶段，其阶级斗争有着不同的内容。在奴隶制度下，最能引起掠夺者兴趣的是奴隶、草原、牛羊牲畜。资本主义制度下，剥削者掠夺的是廉价劳动力、资源。今天帝国主义要进一步掠夺殖民地，反对社会主义，称霸世界。在古代足以引起战争的某些因素，在今天就不再成为引起战争的因素。这是历史的发展规律所决定的。比如春秋时，齐桓公伐楚，为了争诸侯的霸权，责楚国以“包茅不入（贡）”。中世纪发动战争常宣称为了“忠诚信义”“复九庙之仇”“雪君父之耻”，而资产阶级发动战争就宣称为了自由、平等、博爱而战。这都说明历史事件的出现，有它的先后次序，受社会性质所制约的。

与此相适应，在不同的社会发展阶段，人类的认识水平、深度也是有它的必然性、规律性的。人类认识的过程和人类社会发展的过程基本上是相一致的，这两者之间的关系，如影与形。因为“概念的辩证法本身就变成只是现实世界的辩证运动的自觉的反映”[①]。

关于逻辑与历史的统一关系，黑格尔首先感到了这一点，并提出他的唯心主义的看法。列宁对于黑格尔的观点是反对的，但对黑格尔的这一新的尝试给以应有的评价。他说：“看来，黑格尔是把他的概念、范畴的自己发展和全部哲学史联系起来了。这给整个逻辑学提供了又一个新的方面。”[②]资产阶级学者中，也有人感到历史事件的出现不是偶然的，像黑格尔虽然也打算说明逻辑与历史的统

① 恩格斯：《路德维希·费尔巴哈和德国古典哲学的终结》，《马克思恩格斯选集》第四卷，人民出版社，1972年5月版，第239页。

② 《哲学笔记》，人民出版社，1974年10月第3版，第117页。

一，而这个具有某些合理内容的设想不得不被他的荒谬的唯心主义体系所断送。黑格尔的错误在于他用主观虚构的思辨逻辑的框子去套历史。黑格尔不是把哲学史看作人类正确世界观（即唯物主义）逐步克服错误的世界观（即唯心主义）日趋完善的过程，而是颠倒地把哲学史说成是绝对精神一步一步自我认识的过程。所以列宁指出，黑格尔的体系必须“倒过来：逻辑和认识论应当从‘全部自然生活和精神生活的发展’中引申出来”[①]。逻辑和认识论是客观世界发展规律在人类头脑中的反映。认识史本身不能仅仅看作人类头脑的主观思维活动，它是人类长期生产斗争、阶级斗争的知识经验总结，不断提高的过程。如果根据列宁的指示，从历史唯物主义的角度去理解逻辑与历史的统一，就不致像黑格尔那样，使历史统一于他的唯心主义逻辑体系，而是唯物主义地把逻辑统一于客观发展的历史。

列宁指出，“哲学史，因此：简略地说，就是整个认识的历史”，“全部认识领域，各门科学的历史、儿童智力发展的历史、动物智力发展的历史、语言的历史，注意：+心理学+感觉器官的生理学”，等等。列宁认为：“这就是那些应当构成认识论和辩证法的知识领域。”[②]这些精辟、深刻的提示，给哲学史工作者提供了无限丰富可备采掘的矿藏。列宁是说人类的认识史，即唯物主义的发展史，既和各个历史发展阶段的阶级斗争有内在的联系，又和当时科学发展水平相呼应。各门科学发展的历史，即人类在改造自然的斗争中从各个自然科学领域内逐步认识自然规律的过程：儿童智力发展的历史，在某种程度上也可以看作人类认识世界，从无知

---

① 《哲学笔记》，人民出版社，1974年10月第3版，第84页。

② 《哲学笔记》，人民出版社，1974年10月第3版，第399页。

到有知，由浅入深，这一长期认识过程的缩影。毛泽东同志在《矛盾论》中说："就人类认识运动的秩序说来，总是由认识个别的和特殊的事物，逐步地扩大到认识一般的事物。人们总是首先认识了许多不同事物的特殊的本质，然后才有可能更进一步地进行概括工作，认识诸种事物的共同的本质。"[①]这里，毛泽东同志指出了由特殊到一般的认识过程。达到了这一步，还要由一般到特殊。"当着人们已经认识了这种共同的本质以后，就以这种共同的认识为指导，继续地向着尚未研究过的或者尚未深入地研究过的各种具体的事物进行研究，找出其特殊的本质，这样才可以补充、丰富和发展这种共同的本质的认识，而使这种共同的本质的认识不致变成枯槁的和僵死的东西。"[②]

由特殊到一般，再由一般到特殊，这种循环往复的过程是人类认识的规律。每一次循环，都把认识提高一步。儿童的知识以至整个人类的知识都是这样取得的。人类的知识，也就是唯物主义发展史，因为唯心主义不能给人类以正确的知识。

中国哲学史中唯物主义发展的道路，也表明是按照逻辑与历史的统一这一规律进行的。最早的唯物主义形态是元素论的朴素唯物主义，它只说明了一个万物构成的问题，是针对唯心主义的上帝创造世界说的。因为它还处于朴素唯物主义的第一阶段，它解释的范围以及解释的方式都比较简单。《易经》用阴阳说明万物的起源，据后人的解释，说它是"近取诸身、远取诸物"，而产生的这种观念。"近取诸身"就是取自男女两性的生殖机构，"远取诸物"，

① 《矛盾论》,《毛泽东选集》第一卷，人民出版社，1966年7月版，第284-285页。

② 《矛盾论》,《毛泽东选集》第一卷，人民出版社，1966年7月版，第285页。

就是受到禽兽牝牡的生养过程的启发，而概括出来的通过阴阳产生万物的道理。后来《易传》以天地比作父母，水、火、山、泽、风、雷比作六个子女，也是较原始的朴素的思想。这些思想，只能出现于人类的认识史的初期，它和春秋以前的生产水平、科学知识发展水平相适应。用五行说、阴阳二气说，以说明世界万物起源的元素论只能出现在商周。

唯物主义有了更进一步的发展，进入精气论的朴素唯物主义阶段。这是对上帝创世说的进一步系统的驳斥，并提出了“道”“精气”“气”等范畴。后期墨家提出“久”（时间）、“宇”（空间）。《易·系辞传》提出了“乾”“坤”。韩非提出了“理”作为“道”的范畴的补充。

精气论的朴素唯物主义不止对世界的构成有所说明，还进一步对于世界的变化，身体与精神的关系、人的本性、善恶、美丑都有所探索。在形式逻辑方面，提出了“名”“实”“类”“故”“譬”“侔”“援”“推”等思辨方式。这一时期还开展了“坚白”“同异”的辩论，这些辩论涉及概念是否可以脱离事物而单独存在等哲学和认识论的根本问题。而这一系列的哲学范畴和哲学问题，远非元素论的朴素唯物主义所能设想的。这些思想不可能出现在春秋战国之前。它是思维发展的逻辑所规定了的，也是历史发展所规定了的，其先后不能易位而倒置。

两汉到唐末，阶级斗争的经验又丰富了，科学水平又提高了，也就是说人类认识的水平比先秦有所提高，于是出现了元气自然论的朴素唯物主义，提出了形神关系的“质”“用”范畴。魏晋时期的唯心论被迫放弃了目的论，提出“本末”“有无”等唯心主义本体论的范畴，硬要论证在万物之上之后还有一个永恒、超越的精神的本体。这种唯心主义的本体论只有在魏晋时期，神学目的论被打垮之后才可能提出。老子也讲到“有”“无”，但老子的“有”不就是王弼的“末”；老子的“无”是物质性的“道”或“气”，并不是王弼讲的本体。唯心主义本体论给“上帝”找到一个替身。如果人格神不打倒，目的论不遭到有力的驳斥，就没有必要给“上帝”找替身。“本末”“有无”这些范畴的提出是魏晋时期唯物主义与唯心主义在新的斗争形式下的必然产物，也说明逻辑与历史的统一。

北宋以后，中国朴素唯物主义进入最后阶段，即元气本体论的阶段。于是提出了“体”和“用”，“道”和“器”，“太极”“理”和“气”“心”“性”“情”等等范畴。

到了近代中国资产阶级兴起，虽然由于他们的软弱，没有来得及形成自己的完备的唯物主义哲学体系，但是他们受到了西方近代资产阶级的哲学和科学的影响，鸦片战争以后，资产阶级唯物主义开始脱离朴素唯物主义阶段，进入机械唯物主义的阶段。当时的唯物主义者，已不再用什么“元气”作为万物的本体，而是吸取了西方近代自然科学的假说，认为“以太”“电气”为万物构成的基础。孙中山也讲到“太极”，但他对“太极”也给予近代科学的新解释。像谭嗣同、孙中山所提出这些新范畴，绝不是封建学者在近代科学以前所能设想的。

以上仅仅从中国哲学史若干重要范畴发展的次序来说明中国哲学史、逻辑与历史的统一。这虽只是中国哲学史发展的一个方面，但是也还是比较重要的一个方面。列宁曾指出，范畴是“认识世界的过程中的一些小阶段，是帮助我们认识和掌握自然现象之网的网上纽结”[1]。中国哲学史表明，上述那些范畴的依次相继出现，是先进的唯物主义者在和唯心主义斗争中所取得的成绩。他们在人类认识世界的过程中，逐步掌握了自然现象之网上的许多纽结。尊重历史事实，才不会陷于唯心主义的虚构，掌握思维发展的规律，才可以使我们透过大量的、偶然的现象，进一步掌握哲学史发展的本质，从浩若烟海的材料中找出哲学史的规律来，“而它的任务就在于发现这个过程的运动规律”[2]。历史的现象，并不是为后人研究的方便而出现的，它有些属于历史发展的本质的，也有些非本质的，我们必须经过研究加以辨明。我们哲学史工作者，必须探寻逻辑发展过程。只从形式上看，最早提出“形而上”“形而下”，“道”和“器”的名词，是《易经》的“辞”和“传”，但是真正把“道”和“器”，用作说明本体（道）现象（器）的范畴，只可能在宋以后，而不是先秦。

承认逻辑与历史的统一的规律，就可以更好地按照历史主义原则看待哲学史上的问题，而不至于不恰当地要求古人，或者把古人现代化。恩格斯嘲笑了那些违反历史因而也违反逻辑发展的历史家，他写道：“如果狮心理查和菲力普·奥古斯特实行了贸易自由，而不是卷入了十字军东征，那就可以避免五百年的贫穷和愚昧。”[3]如果有人说文王懂得用电灯，人人都知道这是荒谬的，因为它违反了历史的逻辑，但是有人却宣称文王懂得马克思主义的实践，这就是违反了逻辑与历史的统一的规律而造成的错误。

---

① 《哲学笔记》，人民出版社，1974年10月第3版，第90页。

② 恩格斯：《反杜林论》，人民出版社，1970年12月版，第22页。

③ 《致弗兰茨·梅林（1893年7月14日）》，《马克思恩格斯全集》第三十九卷，人民出版社，1974年11月版，第95页。

二、发展道路的波浪起伏

唯物主义与唯心主义斗争的形势，决定于各个历史时期先进的阶级、政治集团与落后的阶级、政治集团斗争的形势。阶级斗争、政治斗争的形势总是有起有伏，有进有退的。

经典作家不止一次地指出过："历史的发展是曲折的，迂回的。"[①]"历史常常是跳跃式地和曲折地前进的。"[②]中国哲学史发展的道路，又一次证明了这一条规律。中国哲学史上唯物主义的发展也是有高潮有低潮，它是波浪起伏的。我国唯物主义三千年来，有四个高潮。

第一个高潮出现在春秋战国时期，以老子、宋尹、荀子、韩非为代表。这是在反对上帝创世说的宗教唯心主义斗争中发展起来的唯物主义。这一时期的唯物主义，从元素论的朴素唯物主义发展到精气论的朴素唯物主义。后来，到了秦汉时期，以董仲舒为代表的神学目的论占了上风，接着，两汉之际谶纬宗教迷信思想又泛滥成灾，唯物主义处于低潮。

唯物主义的第二个高潮，是以王充为代表的元气自然论的朴素唯物主义的出现。王充的元气自然论有效地打击了当时广泛流行的神学目的论。从精气论的朴素唯物主义到元气自然论，在我国唯物

① 列宁：《当前的主要任务》，《列宁全集》第二十七卷，人民出版社，1958年10月版，第149页。

② 马克思：《政治经济学批判》，人民出版社，1976年4月版，第176页。

主义发展史上是一个提高的过程。

唯心主义在王充为代表的元气自然论打击下，不得不改换形式，于是在魏晋时期，出现了更为精致的唯心主义，即唯心主义本体论。此后，从魏晋到隋唐，唯心主义哲学与宗教哲学合流，又一次泛滥成灾。唯物主义也曾出现过坚决的斗争，如范缜的神灭论，但声势、规模、涉及哲学问题的广度都不及同一时期的唯心主义。唯物主义经过长期的思想斗争，总结了经验，提高了水平，终于在宋明时期又出现了第三次高潮。

唯物主义的第三个高潮导源于北宋的张载，完成于明末清初的王夫之。王夫之继承了张载的元气本体论的朴素唯物主义，把它发展为比较完备的体系。王弼等人以“无”为本体，程朱学派以“理”或“太极”为本体，陆王学派以“心”或“良知”为本体。这些流派都是以精神性的“理”或“心”为万物的共同根源，都是唯心主义本体论，这是我国封建时期唯心主义发展的最高形式。王弼、程朱等人属于客观唯心主义体系，陆王等人属于主观唯心主义体系。[①]不论客观唯心主义还是主观唯心主义本体论，都遭到王夫之等人的元气本体论的朴素唯物主义的驳斥。元气本体论，是我国朴素唯物主义发展的最高形式，所以它是一个高潮。[②]

鸦片战争到“五四”这一时期，中国出现了资产阶级，它以新兴资产阶级的立场，在一定程度上进行了反封建主义的斗争。中国

① 关于程颢和程颐是否都属于客观唯心主义，学术界还有争论。也有人认为程颢是主观唯心主义者，程颐是客观唯心主义者。

② 中国朴素唯物主义有四个发展阶段，曾在《中国古代朴素唯物主义的特点》一文中讲到过（见1964年4月19日《人民日报》）。

的资产阶级接受了近代西方资产阶级的哲学和近代科学思想，在中国哲学史上也出现了机械唯物主义。谭嗣同的《仁学》、孙中山的唯物主义自然观、章炳麟《訄书》中的唯物主义观点，都属于机械唯物主义范畴，它不同于前一阶段的朴素唯物主义，在于它有近代科学作为基础，他们不再讲“元气”是万物之源了，而是把“以太”“电”作为万物的本源。这些观念是资本主义时代的产物。在西方资产阶级学说的影响下，中国也有了庸俗进化论思想。康有为的“公羊三世”说和严复所信奉并宣扬的“天演”思想是地主阶级向资产阶级转化的改良主义的发展观。他们主张改变现状，打破因循，向西方资产阶级学习，曾震荡一时的人心，打破了几千年来的沉寂。当这些改良主义者看到革命势力起来，要推翻清政府时，他们就害怕了。庸俗进化论本来是推动清政府进行改革的学说，却掉过头来变成了反对革命的武器，他们只要渐变，反对革命。到了马克思主义在中国广泛传播以后，机械唯物主义和庸俗进化论都是彻头彻尾反动的学说，目的在于反对辩证唯物主义。

历史上唯物主义高潮出现，至少要有以下阶级斗争形势之一：

第一，出现了新兴的阶级，新兴势力相当强大，旧势力开始崩溃。如先秦时期，奴隶主阶级的统治开始瓦解，新兴地主阶级及其同盟军的力量开始壮大。如荀子、韩非是新兴封建地主阶级的代言人，谭嗣同等是新兴资产阶级的代言人，他们用唯物主义的哲学代替为统治阶级服务的唯心主义哲学。

第二，阶级斗争、生产斗争的经验总结已取得一定的成绩。如东汉时期的王充，他生活的时代正是农民革命间歇的时期，对阶级斗争的经验有了一定的总结。东汉的天文学、医学、农业等科学又比过去有了显著的提高。在当时的水平下，科学有了发展，科学的发展给唯物主义提供了发展的必要条件。当时豪门大族与寒门庶族的矛盾也开始尖锐化。

第三，旧的统治势力大大削弱，腐朽的阶级不能继续维持，面临农民起义和民族严重危机，进步的爱国思想家在惨痛的经验教训中，被迫面对现实的矛盾，开始重新考虑古今历史的经验教训，比较客观地评价历史事件的得失。如王夫之的唯物主义思想、黄宗羲早年的思想、清中叶戴震的思想，都是在这种条件下形成的。民族危机也是阶级矛盾的一种表现。民族危机是客观现实的存在，用唯心主义的欺骗手法是掩饰不过去的。如南北朝时，梁朝的范缜讲到他之所以宣传无神论，反对佛教，其理由之一是佛教削弱了国家对外抵抗外敌和对内进行镇压的职能，致使“兵挫于行间，吏空于官府”[①]。南宋时促成陈亮、叶适的唯物主义产生的原因之一，也是由于民族矛盾，投降派对金屈膝称臣而引起的。陈亮骂朱熹那些唯心主义者，说他们连民族危亡都不顾，只知道拱手谈“身心性命”，这算什么身心性命之学呢？王夫之、方以智等人的唯物主义和他们的爱国主义思想的关系，更是人所共知的。戴震反对“以理杀人”，也具有反抗民族压迫的意义。

上面三种情况中必须具备其中之一以外，还必须具备大量的科学知识和哲学思想资料的积累。恩格斯指出：“历史思想家（历史在这里只是政治的、法律的、哲学的、神学的——总之，一切属于社会而不仅仅属于自然界的领域的集合名词）在每一科学部门中都有一定的材料，这些材料是从以前的各代人的思维中独立形成的，

① 范缜：《神灭论》。

并且在这些世代相继的人们的头脑中经过了自己的独立的发展道路。”[①]又说：“每一个时代的哲学作为分工的一个特定的领域，都具有由它的先驱者传给它而它便由以出发的特定的思想资料作为前提。”[②]历史证明，没有科学知识，没有前一个时期思想资料作为前提，只有阶级斗争的形势，是不会出现唯物主义高潮的。遭受亡国之痛的并不只是北宋和明末，东晋之初、南宋之末并没有出现王夫之那样的大唯物主义哲学家。可见，科学知识，思想资料的积累，阶级斗争的形势，配合得好，才可以出现唯物主义高潮。这些条件并不是任何时代都具备的。所以，唯物主义的前一个高潮与第二个高潮之间，有时要经过几百年甚至上千年的时间。比如唯物主义的萌芽，《洪范》《易经》出现在公元前12世纪。从《洪范》《易经》到老子，约六百年，到荀子，约八百年。从荀子、韩非到汉代王充约二百年。从王充到范缜（只能算是一个小高潮）约四百年，从王充到张载约一千年，到王夫之，也就是说，从元气自然论的朴素唯物主义到元气本体论的完成，中间经过一千六百年之久的长期准备。可见唯物主义的成长是艰巨的。

唯物主义低潮的出现，也是有条件的，情况也是十分复杂的。一般地说，具有下列几种阶级斗争形势之一，唯心主义、宗教思想容易滋生，唯物主义不易发展：

第一，民起义失败后，短期内不具备重新武装斗争的条件，社

---

① 恩格斯：《致弗兰茨·梅林（1893年7月14日）》，《马克思恩格斯全集》第三十九卷，人民出版社，1974年11月版，第95页。

② 恩格斯：《致康·施米特（1890年10月27日）》，《马克思恩格斯全集》第三十七卷，人民出版社，1971年6月版，第489-490页。

会极度混乱。如三国、魏晋时期，黄巾起义失败，地主武装空前强大。这时佛教、道教乘机兴起。正如斯大林指出的，农民起义失败后，“他们……不得不退却，不得不把委屈和耻辱、愤怒和绝望埋在心里，仰望茫茫的苍天，希望在那里找到救星”[①]。

第二，当统治阶级力量强大，统一的中央封建专制集权政权巩固时，政府会有意识地运用国家机器，大力推行唯心主义哲学和宗教思想以维护他们的统治。如汉代政权巩固时期，董仲舒的唯心主义占绝对优势；隋唐时期，统治阶级大力提倡佛教、道教；宋以后，很长时期统治阶级以程朱思想教育人民，甚至改朝换代，程朱的唯心主义仍能保持其统治地位。

总的看来，哲学的发展，是一浪高，一浪低，波浪起伏地发展着。三千年来，大致的发展道路是：商周时期，唯物主义还在萌芽，唯心主义也比较粗糙。唯物主义到了老子、荀子、韩非是一个高潮。从汉代董仲舒天人感应的目的论到谶纬迷信思想时期是唯物主义低潮。到了王充又是一个唯物主义高潮。到魏晋王弼、道安等时代，唯物主义又处于低潮。范缜的无神论是唯物主义一个小的高潮。隋唐佛教大量流行，唯物主义又处于低潮。张载、王安石促进了唯物主义抬头。南宋朱熹、陆象山，明代王守仁又是唯物主义的低潮时期。到了王夫之、戴震又是唯物主义高潮时期。清代官方统治思想程朱理学的泛滥，又使唯物主义趋于低潮。到了近代，机械唯物主义出现，又是一个高潮。马克思列宁主义在中国得到传播后，唯物主义有了质变，进入了科学的辩证唯物主义形态，达到了新高潮。

唯物主义在斗争中所批判的是当时流行的唯心主义思潮，但是

① 《悼列宁》，《斯大林全集》第六卷，人民出版社，1956年11月版，第43页。

这种当时流行的唯心主义思潮并不尽是当时新产生的，它往往是前一时期积累下来的旧传统。比如王充所批判的是当时社会上的一般迷信、宗教预言，而这些思想是西汉董仲舒早已散布的渣滓，并不是全新的东西。王夫之反对的是当时不顾民族安危，空谈心性，卖国投敌的唯心主义本体论。像这些思想毒素，如果追本穷源，并不是明亡国之后才有的，它是宋明几百年长期流行的程朱陆王的思想余孽。

唯物主义是在与唯心主义斗争中成长起来的，而斗争的方式是多种多样的。有面对面的斗争，如王守仁之与罗钦顺、王安石之与司马光。也有具体指名的斗争，如荀子的《非十二子》。但斗争的主要意义在于对于一个问题所做出的不同的答案。如老子的唯物主义与孔子的唯心主义，就存在着尖锐的斗争，他们在对待“天”是否有人格、有意志这个问题上，采取了针锋相对的答案。王充反对谶纬思想，反对目的论，他没有指名道姓地骂到董仲舒，但在哲学体系上，未尝不可以说，王充的哲学既反对了当时一般迷信，又反对了董仲舒的唯心主义目的论。也有些唯心主义者互相争吵，如陆王反对程朱，虽然吵得很凶，他们争的是如何对付唯物主义更为有效。对于两派哲学斗争，要看它的实质。有的是唯物主义与唯心主义两大阵营的斗争，也有些属于唯心主义之间的争吵，也有的是后期的唯物主义者对前一时期的唯物主义的缺点的批评。不是一有争论就看作唯物主义与唯心主义的斗争。

唯物主义与唯心主义的斗争有波浪起伏，是阶级斗争形势在思想战线上的反映。承认哲学史上唯物主义与唯心主义的斗争是波浪起伏的，那就可以更加客观地、如实地看待哲学史的两军对阵。看到历史上有一个时期唯心主义占优势，又有一个时期唯物主义占优势，本来是符合哲学史发展规律的，因为这种情况是由各个历史时期阶级斗争、农民起义以及科学发展等整个形势造成的。比如魏晋玄学唯心主义势力较大，佛教也很猖狂。那时的唯物主义只有少数人，如杨泉、裴頠等尽力支撑，力量确实单薄了些。南北朝范缜曾有过一度的振作，但佛教唯心主义的广大影响并未因此销声匿迹、退出阵地。隋唐时期佛教也很强大，当时的唯物主义还没有条件形成旗鼓相当的反佛教的中心势力。

哲学史工作者的任务在于科学地对于这种现象进行分析，找出何以出现唯物主义的低潮的原因。如果事实上唯物主义与唯心主义的分量，在某一个历史时期的天平上不平衡，我们不必人为地强凑成旗鼓相当的局面。承认一浪高、一浪低是哲学史发展的规律，并不等于抬高唯心主义、贬低唯物主义，而是更可以增加对唯物主义必胜的信念，正如九曲黄河，终归大海，唯物主义最后还是会得到壮大、发展的。

三、唯物主义者与唯心主义者在一定条件下互相转化

任何发展着的事物，都是有转化的，问题是看有没有转化的条件。

从哲学家个人来看，有从唯心主义转化为唯物主义的，也有从唯物主义转化为唯心主义的。宋朝的张载，幼年曾出入佛老，后来摆脱了唯心主义的影响，形成了自己的唯物主义体系。王守仁的弟子黄绾，原是王门信徒，后来背弃师说，转向了唯物主义。戴震早

年曾服膺程朱之学，后来与程朱体系完全对立。也有从唯物主义转向唯心主义的，如章炳麟的《訄书》中有唯物主义思想，后来转为唯心主义。这种例子还多，不必一一列举。哲学家个人的思想转变，是在短短几十年中，由哲学家自己亲身去完成的。一个非马克思主义者变成一个马克思主义者，都是经过一定的革命锻炼、思想改造，放弃了非无产阶级思想意识，最后成为马克思主义者的。世界上没有天生的马克思主义者。转变要通过斗争，唯物主义战胜唯心主义，哲学家就转到唯物主义方面来；反之，则转到唯心主义方面去。

再从两种哲学体系（唯物主义与唯心主义）势力的消长盛衰的过程看，唯物主义与唯心主义的斗争中，由于内因和外因的种种条件，它们所处的地位，可以互相转化。比如，唯物主义的高潮尚未到来，这时的唯心主义是矛盾的主要方面；一旦高潮到来，唯物主义就从不重要的地位转到了重要的地位。

毛泽东同志曾指出："矛盾的主要和非主要的方面互相转化着，事物的性质也就随着起变化。在矛盾发展的一定过程或一定阶段上，主要方面属于甲方，非主要方面属于乙方；到了另一发展阶段或另一发展过程时，就互易其位置，这是依靠事物发展中矛盾双方斗争的力量的增减程度来决定的。"[①]毛泽东同志这里讲的矛盾双方地位的转化引起事物性质的变化，是辩证法量变引起质变的原则的另一表述方式。在中国哲学史上不乏先例。比如汉代的董仲舒的官方神学目的论以及西汉之际谶纬迷信思想占统治时期，唯物主义就处于低潮；到了王充，唯物主义达到高潮。由董仲舒到谶纬迷信思想占优势到王充的唯物主义高潮，就是地位的转化。随着阶级斗争的形势，

① 《矛盾论》，《毛泽东选集》第一卷，人民出版社，1966年7月版，第297页。

中国哲学史上出现的唯物主义四个高潮，都是由低潮转化过来的，都属于地位的相互转化。

如果进一步考察，哲学史上的唯物主义与唯心主义的互相转化的现象，比上述两种情况要复杂得多。每一个具体的哲学流派，都有可能通过斗争，在一定条件下，向着它的对立面转化。有些人不承认这一点，认为唯物主义与唯心主义只有斗争的关系，没有转化的关系。这种看法好像坚持了唯物主义路线，实际上却陷入形而上学，违背了辩证唯物主义，从而也不能正确地维护哲学史的党性原则。

毛泽东同志在讲到事物矛盾的同一性时，曾指出："第一、事物发展过程中的每一种矛盾的两个方面，各以和它对立着的方面为自己存在的前提，双方共处于一个统一体中；第二、矛盾着的双方，依据一定的条件，各向着其相反的方面转化。"[①] 这里说的是一切事物发展的规律，任何事物都没有例外，当然也包括哲学史中的唯物主义和唯心主义的转化在内。我们不能设想：一切事物在一定的条件下都可以"向着其相反的方面转化"，只有哲学史是例外。如果不承认这种转化，不但无法说明哲学史的发展规律，而且对辩证唯物主义的基本原理的理解也是很不确切的。

毛泽东同志还指出，仅仅认识矛盾双方相互依存，问题并没有结束，"更重要的，还在于矛盾着的事物的互相转化。这就是说，事物内部矛盾着的两方面，因为一定的条件而各向着和自己相反的方面转化了去，向着它的对立方面所处的地位转化了去"[②]。毛泽东同志这里很明确地指出，矛盾的双方的地位的转化必然引起矛盾双

① 《矛盾论》,《毛泽东选集》第一卷，人民出版社，1966年7月版，第301−302页。

② 《矛盾论》,《毛泽东选集》第一卷，人民出版社，1966年7月版，第303页。

方性质的转化；性质的转化也引起地位的转化。我们辩证唯物主义的转化观，在本质上区别于相对主义和不可知论的转化观，主要在于我们是讲“在一定的条件下”才会引起转化，而不是不要任何条件，随便转化。毛泽东同志着重指出：“矛盾着的对立的双方互相斗争的结果，无不在一定条件下互相转化。在这里，条件是重要的。没有一定的条件，斗争着的双方都不会转化。”①

有没有互相转化的事实？我们说：“有。”转化要不要条件？我们说：“要。”

中国哲学史上具体的一些哲学流派，从唯物主义转化为唯心主义的例子是很多的。试以中国哲学史的老子为例，说明唯物主义如何转化为庄学的唯心主义的。

老子为了反对“上帝”创世说，反对“天道”有知、天道有为，他提出了“天道自然无为”，于是把“无为”作为观察万物、对待生活的最高原则。当他反对“天道”有为、有知的宗教唯心主义迷信思想时，这种“无为”思想具有战斗的意义。但是老子把“天道自然无为”强调得过了头，用“无为”的原则去说明一切现象，把人完全看成自然的奴隶，人对自然，只能服从，不能改造。于是人的命运不能由人们自己安排，只好听自然的摆布。老子的哲学本来是唯物主义的，并有反对有神论的战斗精神，由于这种学说包含着宿命论的消极因素，所以发展到后期庄学，没落奴隶主阶级便利用了老子的唯物主义的某些片面性，逐渐使它转化为唯心主义的宿命论。对老子的哲学来说，这个“一定的条件”，其思维本身的原因

① 《关于正确处理人民内部矛盾的问题》，《毛泽东选集》第五卷，人民出版社，1977年4月版，第398页。

是老子唯物主义本身的缺点（唯心主义因素）；阶级的原因是没落奴隶主阶级，后期庄学对老子哲学的歪曲、篡改。

老子的“天道自然无为”的观点应用到认识方面，其可取之处是他力图按照自然本来面貌去认识自然，“以身观身，以乡观乡”。但老子由此抹杀了人在认识过程中的感性和实践的地位，因而陷于唯心主义。老子看到前一时期元素论的朴素唯物主义者用几种或一种元素说明万物的起源，有它的局限性，于是他提出“道”（或者称为“无”“无名”“朴”“精气”）为万物之源。他为了强调“道”不同于具体事物这一特点，他就特别强调“道”不同于万物的这一方面。他第一个提出了“道”，第一个把“道”用作哲学范畴，因此把“道”强调得过分了，给人以印象：“道”好像超越于万物之上的什么东西。这又埋伏了不利唯物主义的种子。所以后来的王弼等人便夸大了“道”的超越于万物之上这一意义，从而把唯物主义篡改为客观唯心主义，建立了唯心主义本体论。老子用“道”为万物之源，去打倒“上帝”；王弼用“无”（“道”）来代替了“上帝”。唯物主义不彻底的地方给唯心主义留下了可乘之隙，被反动的阶级利用、篡改，转变了它的唯物主义的性质。反动的阶级就促成老子的唯物主义哲学的转化。

再以唯物主义的王充为例。王充的元气自然论的朴素唯物主义观点，在哲学史的发展上有贡献，路线也是正确的。万物生于元气，元气运行毫无目的，从而反对了神学目的论。在自然观方面，王充的唯物主义学说是比较完整的。但是当时唯心主义的目的论者还宣传人的富贵贫贱是“上帝”对人的赏罚；善有天赏，恶得天罚。为了回答社会上为什么有人受苦，有人享福的问题，王充便把他的元气自然论的观点搬来解释社会现象。王充用生理的原因，说人生来禀受元气的厚薄的差异是造成富贵贫贱寿夭的原因。富贵者得气厚，贫贱者得气薄；富贵贫贱不是由于“天命”“上帝”决定的，而是在母胎中受气之初就已经决定了。唯物主义者范缜也遇到了同样的难题，他为了反对佛教的天堂地狱、因果报应的宗教迷信宣传，他和王充一样，用生理结构来解释社会上存在着贵贱贤愚的现象。范缜说“圣人”是生理、心窍生得好，所以不同于凡人。不论王充或范缜，他们在自然观领域内还是生气勃勃的战斗的唯物主义者，一旦进入社会现象的领域，他们尽管主观上“坚持”了唯物主义元气自然论，力图用物质的原因说明社会现象，结果却不得不走到它的反面。这种情况，既是古代唯物主义本身的缺陷造成的，也是由于形而上学的原因造成的。从形而上学也能产生唯心主义。恩格斯说过：“形而上学的思维方式，虽然在相当广泛的、各依对象的性质而大小不同的领域中是正当的，甚至必要的，可是它每一次都迟早要达到一个界限，一超过这个界限，它就要变成片面的、狭隘的、抽象的，并且陷入不可解决的矛盾。”①

由唯物主义向唯心主义的转化，有的是由于某些唯物主义的缺点，势必导致唯心主义的结论；也有的是运用说明世界的唯物主义理论武器，超出当时的理论的能力范围，而得出唯心主义的结果。这两种原因又是有着一定的联系的。因为从理论上说，形而上学归根到底必然会脱离唯物主义。哲学史上有些唯物主义的形而上学的哲学家，也有唯物主义的辩证法思想家。这种矛盾，在某些具体的哲学家的头脑中并存着，如果不进一步发掘，这种矛盾还不会立刻

① 《反杜林论》，人民出版社，1970年12月版，第19页。

暴露出来。矛盾一旦暴露，在新的阶级斗争形势下就有可能迫使它发生转化。

像古代墨子的唯心主义的“天志”“明鬼”的世界观和他的唯物主义认识论，尽管并存在墨子的哲学体系中，墨子并运用他的具有科学精神的“三表”来证明有鬼神的存在。这种证明本身就带有几分喜剧性。明眼人一看就知道，这两种思想体系不能长久共处，墨子的哲学体系必将破裂。果然，到了后期墨家，就抛弃了墨子的唯心主义的宗教“天志”“明鬼”的观点，发展了墨子体系中的唯物主义认识论。这个矛盾才算解决。这就是说，墨子的唯心主义体系经过作为新兴阶级的后期墨家的改造，转化了它的性质。

外国哲学史中典型的例子莫过于黑格尔。黑格尔的辩证法如果贯彻到底，必然要突破他的“绝对精神”的唯心主义体系；黑格尔的“绝对精神”体系，必然扼杀了生气勃勃的辩证法。这种带有根本性的矛盾，如果让它发展下去，必然要求一种解决。这个解决，黑格尔自己本人无能为力。如果按照辩证法正常发展下去，必然迫使它抛弃其唯心主义体系，所以列宁说，黑格尔的哲学是“客观唯心主义转变为唯物主义的‘前夜’”[①]。列宁还指出，黑格尔的某些观点具有“历史唯物主义的萌芽”[②]。

列宁说黑格尔的“客观唯心主义转变为唯物主义的‘前夜’”，这是说，像黑格尔这样一种唯心主义并不是不可转变为唯物主义的，不然，“前夜”二字就落空了。只是这种转化，并不是由这一个哲学家亲手完成，可能经过若干年、若干世代，像老子的唯物主义转

① 《哲学笔记》，人民出版社，1974年10月第3版，第179页。

② 《哲学笔记》，人民出版社，1974年10月第3版，第202页。

化为王弼的唯心主义那样。

哲学史上，唯心主义向唯物主义转化的例子，中外哲学史上也都有过的，先秦的墨子哲学转化为后期墨家。如黑格尔的“转化的前夜”，已具有转化的可能，只是必须经过进步阶级批判改造、扬弃其唯心主义体系之后，才把可能的转化变为现实的转化。西方哲学史曾有过这样的例子。马克思主义经典作家指出，大不列颠的经院哲学家邓斯·司各脱就曾经问过自己：“物质能不能思维？”“为了使这种奇迹能够实现，他求助于上帝的万能，即迫使神学本身来宣扬唯物主义。此外，他还是一个唯名论者。唯名论是英国唯物主义者理论的主要成分之一，而且一般说来它是唯物主义的最初表现。”[①]“迫使神学本身来宣扬唯物主义”，就是背离了唯心主义的神学而转向了唯物主义。唯名论，本身是在神学外衣下的唯物主义，不论就它的倾向、它的客观作用来说，都是摆脱唯心主义，向唯物主义转变的。又如16世纪，德国农民革命领导者闵采尔提出了泛神论的宗教教义，这种泛神论“个别地方甚至着了无神论的边际”[②]。闵采尔的泛神论思想体系如进一步发展，必然成为完全的无神论体系，走向唯物主义。

中国哲学史上某些具有泛神论倾向的思想流派也有类似的情况，如天台宗的“无情有性”的泛神论思想，也包含着向唯物主义转化的契机。

① 马克思、恩格斯：《神圣家族》，《马克思恩格斯全集》第二卷，人民出版社，1957年12月版，第163页。

② 恩格斯：《德国农民战争》，《马克思恩格斯全集》第七卷，人民出版社，1959年4月版，第413页。

不过，要着重说明，转化不是无缘无故的，更不是所有唯物主义都无条件地转化为唯心主义，也不是所有的唯心主义都无条件地转化为唯物主义。这是诡辩论的相对主义，而不是马克思主义辩证法。我们应该牢记毛泽东同志的教导，任何矛盾着的东西都有可能转化，“在这里，条件是重要的。没有一定的条件，斗争着的双方都不会转化”①。

关于唯物主义和唯心主义的互相转化问题，总的看来，有以下几点值得注意。

唯物主义向唯心主义转化，一种情况是这种唯物主义本身包含着缺点、片面性，给唯心主义以篡改、歪曲的可乘之机。经过若干世代，通过反动的阶级或政治集团的改造，逐渐使它变了性质。如上面讲过的老子的唯物主义不恰当地滥用了本来是正确的观点，超过了限度、范围，从而转到了它的反面。列宁说过，真理“只要再多走一小步，仿佛是向同一方向迈的一小步，真理便会变成错误”②。列宁还在同一篇文章中说过：“任何真理，如果把它说得‘过火’，……加以夸大，把它运用到实际所能应用的范围以外去，便可以弄到荒谬绝伦的地步，而且在这种情况下，甚至必然会变成荒谬绝伦的东西。”③真理变成错误，就是指唯物主义在一定条件下向唯心主义的转变，唯其为真理，所以必然是唯物主义的。过分夸大，“运用到超出应用的

---

① 《关于正确处理人民内部矛盾的问题》，《毛泽东选集》第五卷，人民出版社，1977年4月版，第398页。

② 《共产主义运动中的“左派”幼稚病》，《列宁全集》第三十一卷，人民出版社，1958年8月版，第85页。

③ 《共产主义运动中的“左派”幼稚病》，《列宁全集》第三十一卷，人民出版社，1958年8月版，第44页。

范围以外”，就是使唯物主义转化为唯心主义的一个条件。

从唯心主义转化为唯物主义，也要有一定条件，那就是经过进步的阶级或政治集团克服了原来的唯心主义体系的本来存在着的矛盾，并与进步的阶级的利益相联系。比如后期墨家改造了墨子的唯心主义宗教世界观，以墨子的唯物主义的认识论作为基础，从而形成了符合新兴地主阶级利益的唯物主义哲学体系。谭嗣同也是从新兴的资产阶级的立场出发，对佛教的唯心主义进行了批判改造，从而使唯心主义转化为唯物主义。闵采尔的泛神论，则是结合农民革命，使为封建主服务的神学转化为反封建的唯物主义倾向的泛神论。没有先进的阶级或先进的政治集团，光从概念上打圈子，唯心主义只能是唯心主义。还要指出，也不是所有唯心主义体系都具备有转化为唯物主义的条件，某些唯心主义体系中必须具有某些合理内核或某些可供批判吸取的思想资料。比如黑格尔的辩证法思想，经过革命的马克思主义的批判改造，才把它转化为唯物主义辩证法。反动的贝克莱哲学、马赫主义、实用主义、存在主义，彻头彻尾地充满了反科学的毒素，就不具备可以转化为唯物主义的条件。正像在一定的温度下，经过一定的时间，能使受精的鸡蛋孵化成小鸡，如果是一块石头，即使有合适的温度、时间，也孵不出小鸡来。

承认唯物主义与唯心主义的斗争在一定条件下互相转化的规律，就可以更全面地联系阶级斗争的条件和思维发展本身的条件，更深入地说明哲学思想的来龙去脉，在阶级分析的基础上，把我们的剖析工作深入到每一个哲学体系的内部。我们吸取了哲学史上进步的阶级对唯心主义批判改造的经验，今天对待历史上的唯心主义哲学及其思想资料，就要正视它，研究它，批判它，并从批判过程中发展唯物主义。

在哲学史研究中，还有些人看到某些哲学家的政治立场和哲学观点有矛盾，世界观和方法论有矛盾，唯心主义体系中有某些唯物主义倾向，等等，便曲意弥缝，说成没有矛盾。这样既不能说明历史，也无助于认识哲学史的规律。正是由于古人处在许多矛盾中不自觉，所以才造成了哲学史上错综复杂、光怪陆离的现象。我们的任务，就是要透过那许多看来有矛盾、似乎无法理解的历史事件中，探索出它的规律来。

四、发展道路的螺旋式上升

历史表明，每一次波浪起伏，总是把唯物主义推向一个新的高潮。历史上有些迹象，好似在倒退，其实是下次跃进的准备。恩格斯曾指出："在自然界中和历史上所显露出来的辩证的发展，即经过一切迂回曲折和暂时退步而由低级到高级的前进运动的因果联系。"[①]这本来是事物发展的客观规律，黑格尔却把它看作概念的自我运动，所以是错误的。

列宁在《哲学笔记》中，对西方哲学史所做的闪耀着人类智慧的一些批注，我们研究中国哲学史的人可以从中得到珍贵的启示。列宁说：

① 《路德维希·费尔巴哈和德国古典哲学的终结》，《马克思恩格斯选集》第四卷，人民出版社，1972年5月版，第239页。

哲学上的“圆圈”：〔是否一定要以人物的年代先后为顺序呢？不！〕

古代：从德谟克利特到柏拉图以及赫拉克利特的辩证法。

近代：霍尔巴赫—黑格尔（经过贝克莱、休谟、康德）。

黑格尔—费尔巴哈—马克思。[1]

列宁所列举的西方哲学史的例子，说明哲学史上螺旋式上升的规律，带有普遍意义。近代资产阶级的哲学发展和古代哲学的发展都证明了这一点，如果按年代的先后顺序，赫拉克利特（公元前540—前470年）最早，其次是德谟克利特（公元前460—前370年），柏拉图（公元前427—前347年）最晚。德谟克利特是缺少辩证法思想的唯物主义哲学家。柏拉图辩证法较多，但他的哲学是唯心主义的，好像是个倒退，但是，它毕竟比德谟克利特多了辩证法。赫拉克利特，则是一个综合。正因为他们的时代先后有矛盾，所以列宁自问道：“是否一定要以人物的年代先后为顺序呢？”列宁自己又答道：“不！”

再看近代西方哲学史，也是这样。列宁指出了霍尔巴赫—黑格尔（经过贝克莱、休谟、康德），同时又指出从黑格尔经过费尔巴哈到马克思。霍尔巴赫是唯物主义的经验论者；贝克莱、休谟是唯心主义的经验论者；康德是理性主义，但又有某些怀疑主义的倾向；黑格尔则是比较彻底的唯理论者。从黑格尔开始的另一个圆圈：黑格尔有辩证法思想却是一个唯心主义者，费尔巴哈是唯物主义者却又缺少辩证法，到了马克思才建立了既唯物又辩证的辩证唯物主义新体系。列宁对上述的哲学史现象做了进一步的提示性的阐述。他说：

---

① 《哲学笔记》，人民出版社，1974年10月第3版，第411页。

“人的认识不是直线（也就是说，不是沿着直线进行的），而是无限地近似于一串圆圈、近似于螺旋的曲线。”[①] 把列宁对西方哲学史发展的“螺旋的曲线”的说法，联系到中国唯物主义的发展，也有类似的情况。列宁所说的哲学史的“圆圈”，就是否定之否定的规律的另一种说法。“否定”，对于前一阶段的“肯定”来说，似乎是倒退，其实是螺旋式的上升所必经道路。“否定之否定”，既不同于前一阶段的“否定”，又不同更前阶段的“肯定”，它经过一度的反复，上升了。

中国哲学史从先秦到“五四”以前，共经历了四个圆圈：第一，商周到老子、荀子；第二，老子、荀子到东汉王充；第三，王充到张载、王夫之；第四，张载、王夫之到谭嗣同等人。这四个圆圈恰恰和中国古代唯物主义的发展阶段相适应。从商周到老子，是从元素论的朴素唯物主义到精气论的朴素唯物主义的完成；从老子、荀子到王充，是从精气论的朴素唯物主义到元气自然论的朴素唯物主义的完成；从王充到张载、王夫之，是从元气自然论到元气本体论的完成；从张载、王夫之到谭嗣同等人，是从元气本体论的朴素唯物主义到资产阶级的机械唯物主义的完成。

哲学史的发展，也就是人类认识史的发展过程。如果把一个民族的哲学的发展比作一个人的认识和发展，也可以说，它也有幼年、青年、成年时期。商周时期，相当于人们认识史的幼年期，最早用五行说明世界万物的构成。

商周时期的唯物主义还处在萌芽状态，还不能构成完整的哲学体系。到了老子，才有了比较严密的哲学体系。

---

① 《哲学笔记》，人民出版社，1974年10月第3版，第411页。

在老子以前，元素论的朴素唯物主义用人们生活中经常接触的某几种元素说明世界万物的起源，它虽不能构成严密的唯物主义体系，却具有经验主义的倾向，因为这五种元素都是现实生活经验中的东西。老子、宋尹等人，有意识地排除只重视用耳闻目见的具体物质元素来说明万物的起源，他们做出更高的概括，提出了“道”“精气”为万物根源。老子强调理性、忽视经验，在老子取得成就的同时，也造成了新的偏向。墨子的唯物主义的经验主义在一定程度上纠正了老子偏重理性的偏向，但是墨子又走到老子哲学的另一个极端，陷于狭隘的经验主义。这种狭隘的经验主义缺乏理性主义的检查，会走到他的反面，所以墨子的唯物主义经验论不得不屈从于他的唯心主义天道观。孟子则是从唯心主义的立场反对了墨子的狭隘的经验主义，而讲“尽心”“知性”“知天”“人心之所同然”，宣扬唯心主义的理性主义。到了荀子，既重视了理性的作用，又把经验作为认识的出发点，同时也反对了孟子的唯心主义理性主义。后来荀子的理性主义，注重人心的作用，认为心是“天君”，“出令而不受命”。这就有导致唯心主义的危险。韩非也是唯物主义者，他为了纠正荀子的理性主义的偏向，注重“参验”，又偏重在经验主义。从以上的唯物主义发展过程不难看出，从老子唯物主义理性主义（轻视感觉经验），经过墨子的忽视理性的经验主义，又经过孟子的唯心主义的理性主义，到荀子的唯物主义理性主义，是一个圆圈，是一个否定之否定的过程。从唯物主义萌芽状态（五行说）的没有摆脱经验的状态，经过老子、墨子、孟子、荀子，到韩非的唯物主义经验主义，也是一个圆圈，也是一个否定之否定的过程。后一阶段的理性主义与前一阶段的理性主义相比，是螺旋式的上升；后一阶段的经验主义与前一时期的经验主义比较，也是螺旋式的上升。

再从关于人的主观作用的认识来看，老子为了反对“天道”有知，提出“天道自然无为”，有它的积极意义，因为它反对了有人格的“上帝”的“有为”。但是老子把“无为”绝对化了，反对“上帝”的“有为”，同时连人的有为也给否定了。老子认为人只能当自然的奴隶。墨子、孟子都主张人要有为，并主张充分发挥人的作用。但孟子把人的作用又过分夸大了，说：“万物皆备于我矣，反身而诚，乐莫大焉。”[①] 又走到不顾客观条件、不要规律的荒谬地步去了。到了荀子，既尊重自然规律，又提出了“人定胜天”的能动作用。从唯心主义的宗教迷信的天道有知有为，通过老子的“天道自然无为”，又通过孟子的把人为作用绝对夸大，最后归结到荀子的人定胜天的思想，这又是一个否定之否定。

从老子、荀子到王充，这是第二个圆圈。荀子的唯物主义是唯理论的，荀子用唯物主义有力地驳斥了先秦的“上帝”是人格神，反对能发号施令的宗教迷信唯心主义观点，也驳斥了与宗教思想相联系的许多唯心主义思想流派。从此，具有人格意义的为奴隶主服务的“上帝”吃不开了。汉统一封建王朝建立了，地上有了统一的王国，天上也要有统一的“上帝”，地上王国具有封建专制集权的性质，天上的“上帝”也要相应地具有这些性质。汉朝的“上帝”与先秦的“上帝”虽同是“上帝”，但上帝服务的对象不同了，已经由奴隶主最高贵族的化身变成地主最高贵族的化身。由于先秦的无神论把人格神攻击得无法立足，汉朝的唯心主义者不再强调一个活灵活现的人格神，而是用目的论去论证上帝的存在。他们说，虽然“天”（“上帝”）

① 《孟子·尽心上》。

没有亲自发号施令，但是人们可以通过万物的生长、变化以及人类的社会生活体会到“上帝”的意志。他们说，天生长出五谷给人吃，生长出桑麻给人穿，天有春夏秋冬，生养万物，都表明天有好生之德。董仲舒这一派目的论者，认为“天”所以生人类，就是为实现“天”的意志，人是“天”的缩影。他给自然界加上封建社会的道德属性。他们虽然不讲直接发号施令的“上帝”，但是把自然、社会的一切现象都说成是按照“上帝”的目的存在、发展的，只是由直接出面的“上帝”退居于不直接出面的“上帝”。这种宗教唯心主义比先秦的人格神更精致了一些、隐蔽了一些。唯物主义为了反对这种目的论，提出了元气自然论的朴素唯物主义。“元气自然”就是为了反对“上帝”“故生人”“故生万物”的目的论。王充还试图用他的元气自然论的朴素唯物主义原则说明社会生活中的一切现象，他力图对历史的发展、道德的演变、社会的贫富寿夭现象，从元气自然的观点进行说明。他这些尝试尽管是失败的，但是这种努力无疑地给后来的哲学家提供了十分值得参考的经验教训。

秦汉时期，《大学》《中庸》偏重唯心主义神秘主义的经验论，讲天人合一的神秘直观经验。董仲舒和《白虎通》的哲学继承了这一传统，建立了“天人感应”的目的论。《淮南子》一书中的唯物主义又接近于老子的唯物主义的理性主义，王充为了驳斥董仲舒的神秘主义的目的论，强调唯物主义的经验论，更多地着重用效果去判断是非。从韩非的唯物主义的经验论到王充的唯物主义的经验论，是一个否定之否定的过程。

在关于人的主观能动性和客观规律的关系问题上，王充也是老子以后的第二个发展阶段。汉代的目的论以“天”有能动作用代替了人的能动作用，并抹杀自然界的客观规律。王充为了坚决驳斥目的论，特别强调“天道自然无为”的唯物主义自然观，在打击神学目的论方面是有积极意义的。但是王充又产生了忽视人类改造自然的主观能动作用的偏向。这是从老子以后又一个否定之否定。

如果说从商周到老子、荀子、韩非，中国哲学的发展经历了第一个圆圈，否定之否定的过程，从老子、荀子、韩非到王充，就是中国哲学发展的第二个圆圈。这些曲折的道路表明了人类认识的曲折迂回的过程。王充在中国哲学史上的贡献不仅在于他的战斗的批判精神，也还在于他开创了中国朴素唯物主义的又一阶段——元气自然论的朴素唯物主义。

王充的唯物主义的经验论，列举科学事实，原原本本，逐条驳斥了天人感应的目的论，并取得了成就，使唯心主义后来不得不再度改变它的形式。魏晋时期，王弼等人提出了唯心主义的本体论。他们不敢再讲目的论了，而提出事物的背后有一个精神性的本体在对天地万物起着潜移默化的决定作用，这就是万物的“本”。王弼的唯心主义本体论是唯心主义的唯理论。佛教的某些唯心主义观点，也接近于这种唯心主义的唯理论。南北朝范缜用唯物主义打击了因果报应，范缜的唯物主义则是唯物主义的经验论，他不讲本体，用偶然论去驳斥佛教因果说。从王充到范缜，中间经过唯心主义的唯理论，又是一个小循环。范缜在唯物主义的形式上还遵循着王充的元气自然论，没有改变。

唯心主义已改换了花样，提出了唯心主义本体论。而这时的唯物主义由于其他条件不具备，显得有些力量不足。用偶然论去驳斥因果说，也只是说到了问题的一个方面，所以从王充到范缜，只能说是唯物主义的小高潮，对佛教、对唯心主义本体论还不是打的歼灭战。

从张载开始，提出了元气本体论，这才与唯心主义的本体论针锋相对，对唯心主义提出的挑战有了答复。张载讲万物有本体，有“客形”。他认为万物的发生、死亡是必然的，是“客形”（是暂时的，不是永恒不变的），万物的本体是“太虚”，“太虚”是“元气”。“元气”是永恒不会消灭的本体，个别事物有成毁，事物的成毁不过是“元气”的不同形态的表现。他并不否认事物的短暂、不永久，但他提出了永久不灭的是“元气”，从而反对了唯心主义者所说的精神性的本体是永恒的、第一性的说法。与张载相对抗的程朱唯心主义者，提出了“理”与“气”不相离，“理在气先”。王夫之，则进一步指出不能笼统地讲“理”“气”不相离，他主张只能说“理”不离“气”，而不能说“气”不离“理”。“苟有其器”，就不患乎“无其道”。王夫之改造了程朱，继承了张载，把唯物主义提高到又一个新的阶段，完成了元气本体论的朴素唯物主义。这又是一个圆圈，否定之否定。

如果从王充算起，到王夫之，则是朴素唯物主义发展的最后一个圆圈。元气本体论从根本上驳倒了唯心主义的本体论。

张载、王夫之的唯物主义本体论的理论建立在直观、臆测的基础上。由于近代自然科学的影响，中国的资产阶级唯物主义不得不改变了它的形态，进入机械唯物主义的新阶段。这是中国哲学史发展的第四个圆圈。

马克思主义、毛泽东思想随着中国革命和社会主义建设有了空前的、划时代的发展，它的意义和影响绝不限于中国哲学史，由于另有专题论述，这里不再重复。

从上面最简单的叙述可以看出事物发展的螺旋式的上升是一切事物发展的总趋势。列宁说过：“把世界历史设想成一帆风顺的向前发展，不会有时向后作巨大的跳跃，那是不辩证的、不科学的，在理论上也是不正确的。”[1]

中国哲学史上唯物主义的发展，事实上又一次说明了这一规律的真理性。每经一次螺旋式的往复，必然会把认识的深度、广度提高一步，也就是通过螺旋式的上升，唯物主义得到进一步的发展，后一时期的唯物主义超过前一时期的唯物主义。哲学史上除了唯物主义与唯心主义的斗争（这种斗争是绝对的），也有过后一时期的唯物主义批判前一个时期的唯物主义者的现象，如王廷相批评过张载、王夫之批评过老子，这都说明后一时期的唯物主义的水平超过了前一时期的唯物主义的水平，所以对前一时期的唯物主义的缺点才看得分明。

承认螺旋式上升的发展规律，那么对于哲学史上出现的暂时倒退的现象，就用不着奇怪。比如魏晋时期的杨泉主张世界万物是水构成的，这种朴素唯物主义比起王充的元气自然论、老子的精气论都落后，简直又回到元素论去了。但是，在当时唯心主义流行的时代，杨泉又生活在文化科学比中原落后的吴国，这种唯物主义的出现，还是可以理解的。杨泉的以水为万物之源的唯物主义还是起了积极的战斗作用的。从哲学史发展的总过程看，倒退的现象总是暂时的，总方向是不会改变的。

---

① 《论尤尼乌斯的小册子》，《列宁全集》第二十二卷，人民出版社，1958年6月版，第303页。

* * *

最后还要申明，上述规律，是中国哲学史唯物主义与唯心主义斗争的规律，而不是离开了唯物主义与唯心主义的斗争以外的规律。

如果“逻辑与历史的统一”可以作为一条规律，我们在中国哲学史的研究中就能更好地贯彻历史主义原则。

如果“发展道路的波浪起伏”可以作为一条规律，就能更好地把阶级斗争的形势与思想斗争的形势密切结合，而不会夸大或缩小已经存在的历史真相。

如果“唯物主义者与唯心主义者在一定条件下互相转化”可以作为一条规律，就能更好地总结思维经验，并密切阶级与思想的关系。

如果“螺旋式的上升”可以作为一条规律，它就能实际表明哲学史就是唯物主义的发展史，每经历一个圆圈，唯物主义就前进一步，唯物主义的前途无量。

中国古代朴素唯物主义的特点*

一、唯物主义发展的三个形态

从世界哲学史的发展看，唯物主义发展有三个形态，它们是朴素唯物主义、形而上学唯物主义（也称为机械唯物主义）和辩证唯物主义。朴素唯物主义是奴隶社会和封建社会的唯物主义，它是唯物主义发展的第一阶段。机械唯物主义是资本主义社会的唯物主义，它是唯物主义发展的第二阶段。辩证唯物主义是工人阶级世界观，是无产阶级革命和建设社会主义、共产主义社会的思想武器，它是唯物主义发展的第三阶段。在历史发展各个阶段上，这三种不同的唯物主义形态，是由当时的社会生产发展水平、经济制度、阶级斗争和科学发展状况所决定的。

中国哲学史的发展，也同样经历了这三个阶段，也有这三种发展形态；只是在中国社会历史条件下，哲学史的一般形态在中国哲

---

* 据《中国哲学史论》。原载《人民日报》，1964年4月19日。

学史上还有它的特殊表现形式。

奴隶制和资本主义社会在欧洲发展得比较充分、比较典型，而封建制社会在中国发展得比较充分、比较典型。

当中国资本主义没有得到充分发展的时候，外国侵略者就摧残了它的生机，因而资本主义没有成长起来。中国资产阶级也没有形成强有力的领导阶级，革命的历史任务就落在无产阶级的肩上。中国资产阶级也没有像西方资产阶级机械唯物主义那样形成自己的哲学体系。

我国工人阶级有长期的革命传统，有反帝反封建的丰富经验，又有进行社会主义革命和社会主义建设的丰富经验，因而马克思主义哲学，即辩证唯物主义，在我国有了巨大的发展，形成了毛泽东思想体系。

本文只讲中国哲学史中从先秦到鸦片战争前这一阶段的唯物主义的特点。

二、元素论的朴素唯物主义

中国哲学史有丰富的唯物主义传统。特别是由于中国封建社会发展得比较完全而典型。如果与欧洲朴素唯物主义相比较，这一特点就更加看得分明。在欧洲中世纪，一切学术都沦为神学的奴婢，唯物主义哲学没有形成比较完整的体系。唯名论与唯实论的斗争只是在教会经院哲学内部展开的唯物主义与唯心主义的斗争，唯名论还没有摆脱宗教神学的框子，西欧朴素唯物主义没有超出过古代希腊原子论的水平。

一般说来，朴素唯物主义最初是在和上帝创造世界万物的原始宗教迷信思想斗争中成长起来的。中国古代朴素唯物主义者认为，世界万物的构成不是由于什么上帝的力量，而是由于自然界中某些自然存在的物质元素，如五行说（水、火、木、金、土）或水为万物之源（《管子·水地》）。古代希腊的朴素唯物主义认为，世界是由水，或气，或火，或无限，或土、水、火、气构成的。恩格斯曾指出，这种唯物主义，“它在自己的萌芽时期就十分自然地把自然现象的无限多样性的统一看作不言而喻的，并且在某种具有固定形体的东西中，在某种特殊的东西中去寻找这个统一，比如泰勒斯就在水里去寻找”[①]。古代的唯物主义哲学家为了把自然的多样性的统一看作自明的东西，并在自然界中寻找某种特殊的物质元素以说明万物的起源，这是中外古代朴素唯物主义所共同走的道路，即使有这些共同之处，中国古代的朴素唯物主义也还有它的特点。比如五行中有“金”，就值得注意。木、水、火、土都是自然物，不必由人加工制造，而“金”，在中国古代商周时代具体指的是铜和锡。自然状态的“金”是矿石，要经过加工、冶炼才能成为“金”，才可以就范、成器。而“金”又确实是自然界的元素，它不同于一般的人造的成品。这说明我国古代的唯物主义充分利用了当时的科学成就、生产知识，把当时农牧业、手工业生产技术知识加以概括，用在哲学上。这是古代人们对五种物质进行深入观察，通过实践，对客观物质世界的统一性才有了深入的认识。

这种形式的朴素唯物主义，中外的共同特点是在自然界中选取

① 恩格斯：《自然辩证法》，人民出版社，1971年8月版，第164页。

一种或几种物质元素来说明世界万物的成因。这是朴素唯物主义发展的最初阶段，它在我国哲学史上约为西周初到春秋老子以前。这一种形式的唯物主义以元素说明世界的起源，现在称之为“元素论的朴素唯物主义”。

用某些特殊物质元素说明万物的起因，是唯物主义的道路。但是，这种理论还有它的困难，特别是在说明和它的性质相反的东西时。比如主张水为万物之源的，如何说明火也是由水中产生的；主张火为万物之源的，如何说明水是从火中产生的，等等。虽然他们也都有自己的解释，但是那些解释看来总觉得有些勉强。

三、精气论的朴素唯物主义

古代希腊朴素唯物主义发展的最高形式是原子论。原子论认为，世界万物不是某一种特殊的元素，而是由无数的、微小的、不同形状的、不同重量的原子构成的。印度古代唯物主义也有类似的说法，它认为构成世界万物的是一些无限的小微粒，叫作“极微”。原子论和极微说，就不同于第一阶段的元素论。元素还可以用肉眼看到，用身体感触。如水、火、木、金、土都可以感触，风和空气虽不可见，但可以感到它的流动。而原子和极微则不可直接感触。

中国古代与原子论相当的朴素唯物主义学说，是老子的“道”和宋钘、尹文的“精气”说。老子的“道”[①]和宋、尹的“精气”都

① 关于老子的哲学性质是唯物主义还是唯心主义，目前学术界还有争论。我认为老子的哲学是唯物主义的。

是原始的混沌的物质，是用肉眼看不到、身体也直接感触不到的。用“道”或“精气”说明万物的起源，就避免了元素论的朴素唯物主义所遇到的困难。元素论，不论哪一派，其缺点是用部分说明全体，用具体的一种元素来解释整个物质世界。它的概括性和抽象思维的水平还比较低。而“道”和“精气”说，一方面继承了前一时期唯物主义传统，指出世界万物有它的统一的物质根源，同时也避免了前一阶段的元素论的朴素唯物主义的困难。用它说明世界的统一性方便了，也更合理了。根据上面的理由，可以看出老子的“道”和宋、尹的“精气”说和古希腊的原子论、印度古代的极微说，都是朴素唯物主义发展的较高的形式，这种形式的朴素唯物主义，现在称之为“精气论的朴素唯物主义”。中国哲学史上的老子、宋钘、尹文、荀子、韩非的朴素唯物主义，都属于这一形式。这种唯物主义要以上帝创造世界的迷信思想为批判对象，同时比元素论的朴素唯物主义能更好地说明身体和精神的关系、生命的起源、人类才能的差别、事物发展的规律性等比较复杂的现象。老子认为世界上事物的变化之所以有规律，就在于它符合“道”的规律。宋、尹用“精气”说明万物的构成，人的聪明差异不是决定于天命，而是决定于是否得到了“精气”和所得到“精气”的多少。万物品类的高下、性质的差别，也是由于所得“精气”的不同的结果。它论证的范围、涉及的问题，都比前一时期的元素说仅仅涉及万物构成的问题，要广泛得多。所以说，它是元素论的提高和发展。

四、元气自然论的朴素唯物主义

秦汉以后，中国发展成了一个大一统的封建专制国家。统治者为要给中央集权的封建专制主义寻找理论根据。董仲舒成了汉朝官方哲学的主要代表人物。为了使神学与哲学相结合，为王权神授制造借口，他建立了目的论的唯心主义哲学体系。他宣称，“天”或“上帝”虽然不就像人那样，有眼有手有意志，能发号施令，但是通过自然界的许多现象，可以体会到“上帝”是有意志的。董仲舒认为整个自然界就是为了体现“上帝”的意志而存在的。天有阴晴、有雷电，这说明“上帝”有喜怒、有好恶。天在上、地在下，他认为天地的秩序正说明社会上的君臣上下的统属关系是不可违抗的。如此等等。

与这种思想针锋相对，汉代唯物主义哲学家王充提出了“元气自然论的朴素唯物主义”学说。王充认为，世界万物的发生是由于元气自然运动的结果。天地不是有意识地产生人和万物，正如夫妻交合而产生子女那样不以人的意志为转移。万物的产生都出于自然，没有目的。王充还以大量科学论据驳斥了神学目的论荒诞不经的说法。他用元气自然论把神学目的论驳得体无完肤。

唯心主义的目的论遭到打击，不得不改变它的花样。魏晋的王弼等人为了维护门阀士族的利益，为了反对唯物主义，提出了唯心主义的本体论。他们不敢正面论证世界不存在，更不敢公开主张天能赏罚的目的论，因而提出新的问题，即“体用”“本末”的问题。他们说，具体的事物虽说是存在的，但是在具体存在的事物之后、之上，还有一个更为根本的本体存在着，这个本体虽然看不见，但它是一切看得见的东西赖以存在的基础，而万物则不外是这个精神性的本体的体现。这个精神性的本体，王弼叫作“无”或叫作“本”。王弼这些人表面上冲淡了神学的痕迹，实际上是用本体代替了神学的上帝。他认为“本”（与“末”相对待）、“无”（与“有”相对待）、“道”（与“器”相对待）是第一性的。而具体的事物、现象是第二性的，是由精神性的本体所派生的。这样的本体，实际上不过是改装了的“上帝”。

唯心主义本体论避开了粗糙的宗教形式，开始以精致的哲学形式出现。到了宋代，二程、朱熹等人在魏晋以来唯心主义本体论的基础上，提出了“道”“理”“太极”作为世界万物的根源。这都是唯心主义本体论的继续。

从魏晋到唐末，唯物主义仍然处在元气自然论的朴素唯物主义阶段。唯心主义改换了形式，由神学目的论改为唯心主义本体论，而唯物主义哲学由于各方面的准备条件不具备，还停留在元气自然论的阶段。这样，相形之下，唯物主义处于相对的劣势。从哲学史上看，从魏晋到隋唐几百年间，唯心主义比较猖狂，也出了不少的唯心主义的重要代表人物；而唯物主义阵营显得单薄，处于低潮。[①]南北朝的范缜是一位卓越的唯物主义者和战斗的无神论者，他唯物主义地解答了哲学上争论的形神关系问题，但没有回答当时唯心主义的全部哲学问题的挑战。他讲到世界的构成问题时，根据的还是王充以来的元气自然论[②]。唐代的柳宗元、刘禹锡在有些哲学问题上

① 何以如此，需要另做说明，这里只举出这一历史现象。

② 《神灭论》最后一段中说：“陶甄禀于自然，森罗均于独化。忽焉自有，恍尔而无。”

有些新见解，但是他们还不敢面向当时影响最大的佛教神学进行冲击。唯物主义的这种被动局面，直到北宋张载、明代王夫之时才得到根本扭转。张载、王夫之等人建立了元气本体论的朴素唯物主义。经过以前唯物主义者思想资料的积累，以及他们的不断努力，中国朴素唯物主义有了进一步的发展。元气论的朴素唯物主义是朴素唯物主义发展的最高阶段，直到鸦片战争以后才为外国输入的机械唯物主义代替。

五、元气本体论的朴素唯物主义

针对唯心主义本体论提出的诘难，宋以后的唯物主义理学家，如张载、王安石、王夫之、戴震等人，不断地努力，终于建立并完成了元气本体论的唯物主义。

现在试以王夫之为例，说明元气本体论是如何有力地驳斥了唯心主义本体论的。王夫之集中力量反击那些宣扬有所谓超越于万物之上的本体（“道”）的唯心主义观点。他说：

> 道者，物所众著而共由者也。物之所著，唯其有可见之实也；物之所由，惟其有可循之恒也。……故盈两间（天地）皆道也。可见者其象也，可循者其形也。出乎象，入乎形；出乎形，入乎象。两间皆形象，则两间皆阴阳也。两间皆阴阳，两间皆道。[1]

这是说，“道”并不能脱离有形有象的具体事物而超然存在。王夫

① 《周易外传·系辞上传第五章》。

之还指出，“道”不能先于万物而存在[①]：

> 道者，天地精粹之用，与天地并行而未有先后者也。使先天地以生，则有有道而无天地之日矣，彼（道）何寓哉？[②]

王夫之对于“道”放在第一位、“器”放在第二位的唯心主义本体论的观点，给以有力的驳斥。他说：

> 天下唯器而已矣。道者，器之道。器者，不可谓之道之器也。……苟有其器矣，岂患无道哉？[③]

这是说，“器”是第一性的存在，“道”从属于“器”，只能说“道”是“器”之“道”，不能颠倒过来说“器”是“道”之“器”。王夫之在这个问题上，坚持了唯物主义原则。

中国哲学史的朴素唯物主义发展到元气本体论，才给唯心主义本体论以全面的反击并取得了决定性的胜利。以后的唯心主义没有提出什么新花样，在理论上无法与唯物主义抗衡。

西方哲学史的朴素唯物主义只有两个发展阶段，即元素论的朴素唯物主义与原子论的朴素唯物主义。这两个阶段都是在西方奴隶制社会时期发展完成的。与中国的元素论的朴素唯物主义和精气论的朴素唯物主义形成的阶段大致相当或接近。

欧洲中世纪的神学和教会的力量过于强大，专制和迷信的落后

---

① 王夫之这里指名反对的是《老子》的“道”“先天地生”，而实际所指的是那些唯心主义本体论的哲学体系。见拙著《唯物主义的王夫之为什么反对唯物主义的老子？》。

② 《周易外传·乾》。

③ 《周易外传·系辞上传第十二章》。

力量扼杀了唯物主义正常发展的生机。因而欧洲中世纪的唯物主义哲学的幼苗在神学的巨大岩石重压下，只能扭曲地萌发着，于是产生了宗教外衣下的唯名论。它的理论水平没有超出古希腊德谟克利特的原子论。

中国的封建社会有它不同于西欧中世纪的历史条件。阶级斗争的激烈，特别是农民起义的规模之大、次数之多，为世界历史所仅见。中国社会的土地私有和自由买卖，也相对地使人身依附的关系较西方中世纪为松弛。表现在意识形态方面，封建宗教神权的横暴、专制，也相对地有所削弱。因此，唯物主义的发展也相应地有它的特点。在精气论的朴素唯物主义之后，又出现了元气自然论的朴素唯物主义和元气本体论的朴素唯物主义，使朴素唯物主义得到更充分的发展，达到了更高阶段。

我们说元气本体论的朴素唯物主义是朴素唯物主义发展的更高阶段，有以下的含义：

第一，元素论和原子论的唯物主义主要在于说明世界构成的问题，它反击的对象是上帝创世说。而元气本体论的朴素唯物主义涉及的内容则不只解决上帝创造世界这一方面的问题。

第二，元气本体论的朴素唯物主义比较深入地从理论上驳斥了唯心主义本体论，对中国哲学史上的重要范畴，如体用、道器、理气，以及心性、道德方面，都尽力做出唯物的答案。

第三，元气本体论的朴素唯物主义把自然观、认识论、方法论结合得比较紧密，唯物主义体系比较完整。而元素论和原子论以前的朴素唯物主义在这几个方面有时一致，有时不一致。它的唯物主义比较松散。

第四，元气本体论的朴素唯物主义对当时各种唯心主义（包括影响较大的佛教的唯心主义烦琐哲学）都给以系统的驳斥，较好地执行了作为唯物主义学说体系的战斗任务。

由于以上这四种理由，我们说它是我国朴素唯物主义发展的最高阶段。但同时也必须指出，它毕竟还是朴素唯物主义，在整个唯物主义发展的过程中，还只能算是低级形态的。它低于机械唯物主义，更不能与辩证唯物主义相比。因为：

第一，它具有古代朴素唯物主义的一般特征，它没有摆脱感性直观的臆测的性质。比如说，“元气”这个东西就不具备近代科学可以证实的基础。

第二，它有初步的辩证法思想，这些辩证思想是自发的，是与朴素唯物主义的发展水平相适应的。它还没有达到具有近代科学机械分析的形而上学的阶段。有人说王夫之的唯物主义比费尔巴哈的唯物主义还高明，这是从表面的某些假象上来说的。其实，它所以不具有形而上学性（或者说它的形而上学性较少），并不是由于它超过了费尔巴哈的阶段，而是由于当时的生产实践、阶级斗争各个方面还没有达到费尔巴哈的形而上学的唯物主义的水平。

第三，元气本体论的朴素唯物主义当它反对唯心主义本体论时，起了积极作用。但“本体”这一概念本身，就包含着唯心主义的漏洞。在近代科学产生以前，讲万物的本体，它指的是自然现象、社会现象、阶级斗争等所有方面的最后依据。从它的哲学体系上不得不承认社会、文化、道德以及全部上层建筑都以“元气”为本体。结果，必然使它离开了社会存在去说明社会意识，把自然界的物质根源（“元气”）看作社会意识的根据，必然离开了唯物主义轨道陷于唯心主义。

如果把唯物主义的原则贯彻到底，那么只有把社会存在作为社会意识的根据，才不致背离唯物主义路线。恰恰在这个问题上，所有的古代的唯物主义者都失足了。由于他们坚信有一个“元气”作为万物的本体，他们必然把一切现象（自然现象和社会现象）都归结为“元气”的本体。这样的本体尽管与唯心主义的精神性的本体有区别，但也还是无法用科学证实。这种唯物主义不能把唯物主义原则贯彻到底（特别是在社会历史领域）。

科学的辩证唯物主义不讲本体论，不承认一切现象的背后都有一个共同依据的本体，而只是指出世界统一于物质性。这就从根本上免于跌进过去所有唯物主义哲学失足的泥淖。

* * *

从我国古代朴素唯物主义发展的四个阶段，我们可看到我国朴素唯物主义的发展达到了当时世界朴素唯物主义的高度水平，正如我国封建社会的经济、文化曾发展到封建社会的世界高度水平一样。

从中国朴素唯物主义的不同发展阶段，可以更清楚地识别中国哲学史发展的阶段，可以避免前人讲中国哲学史，把几千年的唯物主义哲学家讲成面目笼统、面目模糊的缺点。

从中国朴素唯物主义的不同阶段，可以看出后一时期的唯物主义是如何在与不同形式的唯心主义斗争中克服了缺点，壮大了自己，得到了提高。

从中国朴素唯物主义的发展，可以进一步认识朴素唯物主义毕竟是朴素唯物主义，它不能超越经过近代科学武装的机械唯物主义的水平。如果不承认这一点，就会离开了历史主义原则，陷于错误。

从中国朴素唯物主义的发展，更加深了对经典作家所划分唯物主义三个基本形态的认识。唯物主义发展的三个形态，是颠扑不破的真理，资本主义社会以前的唯物主义只能是朴素唯物主义；机械唯物主义则是资产阶级上升时期的唯物主义；辩证唯物主义是最高形态的唯物主义，它是在现代科学、现代工业、现代工人运动中，总结了过去人类一切优秀文化成果的产物。我们认识到唯物主义的各种形态不是随便什么时代、随便什么阶级都可以互相采用的，这样就使我们哲学史工作者既避免了把古人现代化的错误，又避免了歪曲古人的错误。

历代农民革命战争对中国哲学史的作用*

决定哲学史发展的主要是当时的阶级斗争，当然生产斗争中知识经验总结对哲学史的发展也占极重要的地位。从中国古代的具体情况看，历代的阶级斗争的集中表现是农民革命战争。只要有阶级存在，它就有阶级斗争，它没有间歇的时候。农民革命战争是间歇进行的，它的作用对于哲学史来说不是经常的。但是由于农民革命战争是阶级斗争的爆发式的表现，威势猛、影响深，往往促使阶级斗争向更深刻的方向发展，因此，它对中国哲学史的发展起了极为重大的作用。笔者没有意思说农民革命战争对哲学史的发展是唯一决定性的因素。科学的发展也对哲学史的发展有重要影响。先行的哲学思想对它后来的哲学思想也有影响作用。此外，影响哲学史发展的，还有其他因素。本文只从一个侧面来说明研究中国哲学史应当注意的一个方面。篇幅所限，不涉及农民革命战争对哲学史的作用中许多具体的哲学思想问题。

中国哲学史的发展有它许多特点。这些特点是受哲学史一般规律所制约的，而不是哲学史发展的一般规律管不着。哲学史是说明

---

① 据《中国哲学史论》。原载《光明日报》，1959年4月5日。

唯物主义在不断克服唯心主义、辩证法在不断克服形而上学的斗争中发展、成长的科学。哲学史发展过来的道路说明，辩证唯物主义是人类哲学智慧发展的最高成就。中国哲学史的发展既然是在中国具体的社会历史条件下进行的，它必然带着中国社会历史的特点。

中国哲学史所经历的道路，绝大一段是在封建制度下过来的。中国封建社会特点之一就是农民革命次数之多和规模之大。“地主阶级对于农民的残酷的经济剥削和政治压迫，迫使农民多次地举行起义，以反抗地主阶级的统治。从秦朝的陈胜、吴广、项羽、刘邦起，中经汉朝的新市、平林、赤眉、铜马和黄巾，隋朝的李密、窦建德，唐朝的王仙芝、黄巢，宋朝的宋江、方腊，元朝的朱元璋，明朝的李自成，直至清朝的太平天国，总计大小数百次的起义，都是农民的反抗运动，都是农民的革命战争。中国历史上的农民起义和农民战争的规模之大，是世界历史上所仅见的。在中国封建社会里，只有这种农民的阶级斗争、农民的起义和农民的战争，才是历史发展的真正动力。”[①] 毛泽东同志的这段话是从丰富的历史发展的事实中总结出来的规律。这一规律对于指导中国古代哲学史的研究具有重要意义。

先秦时代，农民起义的领袖相传是盗跖，他们的事迹已被统治者所歪曲和有意地湮没，真相已经不清楚，姑且存而不论。据史书记载，春秋战国时候，农民反抗压迫的斗争方式主要是用逃亡来对抗统治者的剥削和压迫。春秋战国时期一般的国家缺乏的是劳力，不是土地。争城、争地的战争，主要目的还是在于掠夺劳动力。所

① 《中国革命和中国共产党》,《毛泽东选集》第二卷，人民出版社，1966年7月版，第588页。

以当时的贵族统治者要求把所管辖的农民固定下来，不许他们到处流动。像《孟子》中就讲到梁惠王的主要苦恼是“邻国之民不加少，寡人之民不加多”。墨子在反对战争的许多文章中也反复讲到战争夺人土地是夺自己所有余的，由于夺土地而使人民战死，是杀死自己所不足的。

在春秋战国时期农民革命战争没有发展成为大规模的、自觉的行动，在哲学思想中也没有充分的反映。有些有远见的哲学家已察觉到农民问题是十分值得注意的问题。像孟子就说过：“民为贵，社稷次之，君为轻。”这里的“贵”即“重要”，如《论语》“礼之用，和为贵”，是说“和”的原则最为“重要”。孟子的意思是说，农民的问题最重要，政权的问题比较次要，君的问题不大。后人借题发挥，说孟子有“民主”思想，那是另一回事，和实际情况是不符合的。这里不在于说明孟子的思想本质，而在于指出农民的问题已是一个重要的问题，引起了哲学家的注意。此外，孔子、荀子、韩非等，都提出了如何对付农民的问题。

正是由于先秦没有较大规模的农民起义，大多数的统治者还不认识农民的伟大力量，不知道农民的厉害。所以先秦法家肆无忌惮地把农民当牛马、工具，认为用鞭子和奖励就可以使天下农民俯首听命。秦朝沿着这个道路走下去，遭到了覆灭。

在秦的暴力下，农民揭竿而起，巍巍秦帝国，在农民打击下，很快土崩瓦解。汉初“惩秦之敝”，对农民做了很大让步，这就是历史上“文景之治”的由来。表现在哲学上就是西汉初年黄老之学的抬头。黄老之学盛行于西汉，固然有其他原因，主要原因之一应当说是农民革命战争后的产物。统治者被迫不得不“与民休息”，所以采取了“无为而治”的政策。剥削的统治阶级，从本质上讲，都是欲壑难填的，哪里会有真正“与民休息”的好皇帝？

又经过一段长时期的剥削，曾经获得暂时喘息的农民又活不下去了，爆发了西汉末年的赤眉、铜马等农民起义。这一次农民起义是利用宗教开始的。东汉后期的官方统治哲学为了进一步对付农民，也采取了宗教作为思想武器。东汉的哲学思想斗争，表现在宗教与反宗教方面。这有其他原因，但和农民起义有极大的关系。

东汉末年黄巾大起义威力之猛，超过了过去几次大的农民起义。这一次农民革命运动比过去更坚决、更彻底，阶级意识比过去几次更为明朗。起义的锋芒指向以刘姓天子为中心的汉中央政府和大大小小的地主阶级。由于条件不具备，不幸失败了。

农民起义成功，推翻旧王朝，新王朝懂得了农民的力量，经常会对农民做出某些让步。起义的成功，当然并不意味着农民的胜利。相反的情况下，如果农民起义失败，新王朝的统治者就会变本加厉地对付农民，比过去更残酷。魏晋时期，农民的生活是非常悲惨的。曹魏的屯田制，是用军事编制，把农民束缚在固定的土地上，供驱使、劳役的制度。近来有人说曹操用屯田利用农民，这种说法是不大正确的。屯田制比连年相杀、人吃人要好些。但农民的生活不能认为只要不连年相杀、不人吃人就是仁政。西晋的占田制是用法律的形式把农民束缚在固定的土地上，对农民进行压榨的方式。按剥削量说，魏重于汉，晋重于魏。像西晋连十几岁的孩子、六十以上的老翁都负担着极繁重的劳役和农业税。

这一情况表现在哲学上，便出现了不管人民死活，专门做虚玄抽象思维的魏晋清谈。

也正由于农民看不见革命的出路，他们不得不向宗教去找寻安慰。佛教的轮回报应说，本来早已来到了中国，直到三国以后才算找到适宜的气候，得到滋长。道教也在这个时期发展起来。其中有农民的思想，也有统治阶级利用宗教、宣传宗教的思想。

隋末农民大起义，打垮了隋帝国，李世民封建地主集团利用农民起义建立了唐帝国。这时又采取了一些对农民让步的措施。由于唐太宗李世民亲眼看到强大繁荣的隋帝国是怎么被农民起义打垮的，尽管他自己不信宗教，但却有意识地利用宗教麻痹农民的斗争意志，以加固他的统治。所以唐代御用思想武器中有佛教、道教和儒家的封建伦理道德观念。统治者学得乖巧了，他们积累了一些思想统治的经验，知道宗教、封建伦理道德可以互相配合，起的作用会更大。他们有意识号召“三教合一”，让统治阶级内部的各派儒、释、道各得其所，不要争吵。他们中间也有矛盾，但不过是暂时的。像排斥佛教最激烈的唐武宗，曾下令“毁法”，并不是用无神论“毁法”，乃是用道教来“灭佛”，他死后佛教又合法存在了。

农民革命，在唐末爆发了黄巢起义。起义军荡平了南北朝以来的门阀世族的旧势力，毁灭了强大的寺院经济。从此结束了具有经院哲学为特点的宗教哲学。与农民起义的同时，出现了许多反映农民要求的平均主义、无君论的民主性的思想流派。此外，禅宗的广泛传布，固然有其他原因，而农民革命后直接造成的必然后果，必须估计在内。

宋朝的理学家们特别注意“君臣大义”，教人通过“人伦日用”的道德生活去“体认天理”。它也有许多原因，原因之一还是为了防止农民革命，防止统治阶级内部的互相篡夺。

明末农民革命结束了明朝的专制统治，不幸接着来了清贵族的入关，矛盾性质有所转化。民族意识、爱国热情成了促进唯物主义哲学发展的因素，爱国思想家开始对封建君主制度发生了怀疑。如黄宗羲的《原君》《原臣》《学校》等篇，都在不同程度上表现了素朴的民主思想的萌芽。

清朝的太平天国农民革命由于条件不具备，在路线上犯了错误，没有成功。这一次革命虽然没有直接提出资产阶级性质的民主的口号，但已埋下了资本主义的火种。

历史上许多怀着善良愿望、同情农民的哲学家，在古老的封建文化中留下的不少丰富文化遗产中，带有民主性的精华。如先秦的墨子、老子，秦汉之际的《礼运》中的“大同”思想，晋朝鲍敬言的无君论，唐末的无能子，宋代的康与之，宋末元初的邓牧，明末清初的黄宗羲，清末康有为的《大同书》，一直到孙中山先生的“天下为公”的理想，都值得称赞。

农民自己或同情农民的进步思想家，都提出了向往自由、消灭剥削、“有福同享，有祸同当”的先进理想。这些思想，都是为后来的社会主义准备了条件。共产主义是天堂，但对天堂的描绘，如何到达这个天堂，人类是经过了曲折的道路的。如果算一笔总账，向共产主义社会迈进只有马克思主义出现以后，才使空想成为科学。但过去的空想，并不是毫无作用，它起了推动、探索道路的不可缺少的作用。

在历代农民革命的促进下，每一次大的革命战争都推进了生产力的发展，也促进了社会其他方面的发展。生产力不断地发展，会在个别地区，由于经济发展的不平衡，出现新的生产关系的萌芽。

长期、反复的农民革命战争，迫使人们有更多的机会认识了一些辩证法的基本原理。如果找寻中国哲学中辩证法思想丰富的原因，其中主要因素之一，就在于中国社会中农民革命战争对人民的启发和教育。当然还有其他原因，如生产实践、自然科学的发展（如医学、生物、农业科学等）。与此同时，中国哲学中的形而上学的思想也不得不披上辩证法的伪装。比如正统派的哲学家，都讲变化发展，特别是对《易经》的注解表现得最为突出，他们都大讲“中和”“中庸”“调和”“不偏不倚”。其目的就在于阉割辩证法。这种办法，比董仲舒公开宣扬“天不变，道亦不变”的拙劣的形而上学聪明得多，虽然他们在本质上没有两样。

农民革命战争中经常以平均主义、空想农业社会主义教育农民。他们经常以互通有无、互相救济的精神共同生活、共同劳动。汉末张鲁的公库，宋代方腊的互助组织，明代描写农民革命的小说《水浒传》中所设想的梁山泊的平等互助生活、“打富济贫”“替天行道”的愿望，都是集体、平等思想的萌芽。这些思想，本来是劳动人民自发的思想。这是一个好传统。今天的农民走人民公社的道路，主要是党的领导和长期对农民进行共产主义思想教育的结果，但是也不能说和中国农民的优良传统一点也没有关系。

这里必须指出，本文并没有意思论证中国哲学史的发展、思想的演变都要向农民革命战争中找根源，这样做会以偏概全，是不对的。本文目的在于，仅仅在于指出，如果研究中国哲学史的发展和变化、思想表现方式、哲学史的划分阶段及考察中国哲学的特点时，如果忘了农民革命战争对它所起的巨大作用，就会讲不明白。正如毛泽东同志所指出的，中国农民起义和农民战争是中国历史的特点。

农民革命既然在社会历史上起了巨大作用，不可避免地要在哲学史上有所反映。

统治阶级利用哲学对付农民革命是自觉的，选择的武器不会用错。不论是进步的或反动的哲学家，没有不对农民革命关心的。因此，必须对农民革命给以足够的注意。但是也要防止对任何哲学史上的问题，都从农民革命中直接找根据。因为哲学史上许多问题的提出和解决，并不是直接来自农民革命，也不是全部问题来自农民革命。把它绝对化，也会犯偏差，要从全面考虑，不能简单化。

总的来说，农民革命在某些时期，在一定的条件下决定着哲学思想的精神面貌，在一定的条件下给哲学家出了题目，在一定的条件下促进了民主性思想的产生和成长，在一定条件下促进了辩证法的发展，描绘了“大同世界”的蓝图，这是可以说的。

研究哲学史首先要尊重历史*

《周易》这部书文字简约，是古人用来占卜的书，语言含混，以便给古代的巫、祝、卜、史这些专业占卜家留有自由灵活解释的余地。从古到今尽管有上千种的经疏和解释，而讲不清楚的占绝大多数。

近来读了李景春同志的《周易哲学及其辩证法因素》一书，关于内容方面的训诂、解释这里不想谈，因为问题牵涉太多，不是三言两语所能讲清楚的。现在只对该书的研究方法提出一点粗浅的意见，以供参考。

李景春同志在该书的第一页就说："周易哲学产生的时代，纪元前十二世纪，在中国是殷代末期、周代初期的时代。这是种族进一步融合的时代，这是文化发展的时代，因之是哲学产生的时代。"又说："哲学的产生，需要一定的社会发展条件，并且是一定的社会发展程度的反映。周易哲学产生时，社会的联系范围已经超过个别城市、个别乡里之外，需要在广大区域、广大群众中有比较统一的、比较集中的规律性的认识。在文化的发展中已经获得比较丰富的积累，不仅需要对于各种自然现象的规律性的认识，不仅需要对于各种社会

* 据《中国哲学史论》。原载《哲学研究》1963年第4期。

现象规律性的认识，而且需要对于综合自然现象和社会现象的统一的联系的规律性的认识，需要一种宇宙观，这时哲学就产生了。”①

看了李景春同志所论列的周易哲学产生的历史条件，觉得说得太抽象，没有阶级分析。作者虽说到周易哲学产生的时代，其实只讲到它产生的年代。我国一直是一个多民族的大国，民族的融合、文化的发展，几千年没有中断过，至于社会的联系也是一天比一天更密切，为什么单单在公元前12世纪产生“周易哲学”？李景春同志说由于有“需要”，“需要一种宇宙观”，就产生了周易的哲学。我们必须指出，“需要”只是一个方面，更主要的是阶级斗争、生产斗争的具体条件。马克思主义、历史唯物主义的原理告诉我们，哲学和其他上层建筑一样，是从它的基础产生的。有什么样的经济基础，就会产生什么样的哲学和其他上层建筑。恩格斯说：“每一时代的理论思维，从而我们时代的理论思维，都是一种历史的产物，在不同的时代具有非常不同的形式，并因而具有非常不同的内容。因此，关于思维的科学，和其他任何科学一样，是一种历史的科学，关于人的思维的历史发展的科学。”②

恩格斯指出的原则就是我们每一个马克思主义者研究历史所要遵循的唯一原则。离开了这一原则，就会迷失研究的方向。李景春同志既然认为周易哲学产生于公元前12世纪，殷周之际是文王的哲学，至少应当从周易的哲学中对殷周的社会性质、阶级斗争的情况有所反映。但是李景春同志的论述虽说是讲的“周易哲学”，却像是讲马克思主义哲学，使人看不出周易哲学讲的是什么社会、什么

① 引文出自该书的，不再注书名。

② 恩格斯：《自然辩证法》，人民出版社，第27页。

时代的哲学。最近，在《哲学研究》第 3 期上，李景春同志一再申明他没有把古人现代化。现在试从李景春同志的著作中随便选取几个例子来说明我的这种印象不是没有根据的。

殷周社会和今天社会主义社会有没有区别？

李景春同志对《蒙卦》六三的爻辞“勿用取女，见金夫不有躬，无攸利”这句话的解释是：“蒙昧到了愚顽，当然不好，可是还是可以教诲，只是在对他发蒙之时管束从严罢了，这个道理在蒙之初六之时已讲过了。可是他比愚顽更退一步到了品质恶劣，比品质恶劣更退一步到了习恶成性，到了竟变成坏分子，那就再不能姑息纵容了，只有把他当作不堪教诲的坏分子清除出去，和对于‘见金夫不有躬’的坏女子一样，不加取录，不加收容。因为若对这样的坏分子加以收容，那就对团体的名誉带来了不光彩，那就对同学的名誉带来了不光彩，是‘无攸利’，是没有好处的。”（75 页）爻辞这几句话原意究竟是什么，历来的注释家多半在猜测，但大意总还可以懂得，爻辞是说，占到这一爻的人，如果问的是关于娶妻的事，卦爻的指示是不要娶，没有好处。从上面的爻辞里无论如何也分析不出什么“品质恶劣”“习恶成性”“变成坏分子”这一类意思来。地、富、反、坏是我国人民民主政权下被管制的对象，公元前 12 世纪的“坏分子”指的是什么人？如果从当时广大人民的立场划定坏分子的标准，最坏的坏分子应当指的是奴隶主贵族；如果从奴隶主贵族的立场划定坏分子，可能指的是反抗奴隶主贵族的奴隶。他们所谓的“坏分子”不但不应当看作坏分子加以谴责，反而是值得学习的人物。只要有阶级存在，包括公元前 12 世纪的奴隶制社会在内，哪里有超阶级的“坏分子”？李景春同志上面这段解说，似乎是让读者从这一卦爻辞中学习，得到启发，不要当“坏分子”，用意也许是好的。李景春同志不从阶级观点来分析，什么是“坏分子”就讲不明白，只能越讲越糊涂，能使读者从中取得什么教益呢？

更难使人理解的是下面的“不加录取”“不加收容”，这又好像文王时期办了什么公开考试的学校或训练班的样子，不然怎么谈得上“录取”“收容”？这一段的解释又好像当时已有了什么群众性的团体组织，所以才说，若对坏分子加以收容，“那就对团体的名誉带来了不光彩，那就是对同学的名誉带来了不光彩”。这俨然又像一个校长开除学生的口气。“团体”“同学”“维护团体的名誉”绝不是文王时代的奴隶主阶级可能有的概念。

公元前 12 世纪可不可能有马克思主义的认识论？

李景春同志《论〈周易·履卦〉》时说：“履是践履，是指出实践作用的重要性。这是正确的。在易系辞传下说‘履，德之基也’，基是基础。这是指出，实践是基础，是认识的基础，是理论的基础。”[①] 同书的 35 页又说：“它指明了实践在认识过程中的作用和总结实践经验的重要性。”

---

① 《周易哲学及其辩证法因素（续一）》，山东人民出版社，1962年7月版，第30页。

关于《履卦》的解释，在《哲学研究》第3期中又进行了补充解释，说：“德是德业。它是中国古代的一种认识。它是中国古代的一种理论。所以说德是认识，德是理论。”履是实践。德是认识，是理论。基是基础。“所以将‘履，德之基也’用现代语解说，应当是‘实践是基础，是认识的基础。’这里是没有什么‘望文生义，无中生有’的。”

看来，李景春同志依然认为是别人对他的文字表达的一点误会，认为批评者是没有根据的。

凡是学过马克思主义哲学的人，都知道马克思主义哲学的特点之一就是实践性。马克思曾指出：“费尔巴哈想要研究跟思想客体确实不同的感性客体，但是他没有把人的活动本身理解为客观的活动。……所以，他不了解‘革命的’‘实践批判的’活动的意义。”[①] 辩证唯物主义的认识论不同于过去一切旧哲学的认识论的地方，就在于它把实践看作理论的基础。毛泽东同志说过：“马克思主义的哲学辩证唯物论有两个最显著的特点：一个是它的阶级性，公然申明辩证唯物论是为无产阶级服务的；再一个是它的实践性，强调理论对于实践的依赖关系，理论的基础是实践，又转过来为实践服务。”[②] 李景春同志也承认马克思主义哲学是人类哲学的革命变革，并相信马克思主义哲学是无产阶级的世界观，它不同于过去一切剥削阶级的哲学。却把“实践是认识的基础”这一革命变革，说成文王《周易》中早已有了的原理，这是不对的。我们从《系辞传》中“履，德之基也”

---

① 《关于费尔巴哈的提纲》，《马克思恩格斯全集》第三卷，人民出版社，1960年12月版，第3页。

② 《实践论》，《毛泽东选集》第一卷，人民出版社，1966年7月版，第261页。

这五个字，怎能得出“实践是理论的基础”的结论来？“履”是履践，充其量不过是奴隶主的道德修养，绝不是社会实践（生产斗争、阶级斗争、科学实验），古人的“履践”和革命的实践二者之间不是程度的不同，而是性质的不同。“德”只能解作奴隶主阶级的道德，“德”和“认识”有什么关系？“德之基”总不能译解为现代语的“认识的基础”。

公元前12世纪，可能不可能有重视人民群众的群众观点？

我想李景春同志也会说，认识到人民群众是历史的主人，是历史唯物主义的大发现，是马克思主义的贡献。人民群众真正当家做主，在政治上取得发言权，那是无产阶级和劳动人民取得政权以后的事。古代的奴隶主根本不把奴隶当人看待，他们的眼里哪里会有群众？事实上李景春同志在《论〈周易·观卦〉》中说：“观是检查，在胜利来临以后，应当进行检查。这包含自我检查以及吸收群众参加检查。这种检查，要检查优点，也要检查缺点。”[①]在解释“先王以省方观民设教”[②]时说：“方是地，省方是遍及各地，在这里有检查应普及到各个方面的意思。观民，在这里是检查应吸收广大群众参加，并考虑到在群众中所发生的影响。设教是设立政教，即是说根据检查的结果，定出规则和条文，以期获得优良的效

① 《周易哲学及其辩证法因素（续一）》，山东人民出版社，1962年7月版，第104页。

② 《观卦》大象辞。

果。”[①]对于《观卦》的解释，已有同志提出了不同的意见，李景春同志在《哲学研究》第3期，辩解说：“我在《观卦》中所用的有关‘检查’的语句，是作为观的字义的现代语用的。既不是附会，更不是认为古人已懂得现代思想。评论者的责难是不合理的。”并自以为解释《观卦》的观为“检查”是“是有根据的”。李景春同志引征的根据是《周易口诀》的“观谓王者道德，民所观看也”。且不说这句解释并不能真正解释《观卦》的意思，只就这一句话的字面看，无论如何也得不出“民所观看”就是“群众检查的现代语解释”来。这句话不过是说，王者（统治者）的道德是民众瞻望的榜样，充其量也不过像《论语·为政》所说的“为政以德，譬如北辰，居其所而众星拱之”的意思而已。且不说公元前12世纪的《周易》时代，唐代的人民能检查皇帝的工作吗？这位《周易口诀》的作者可能有这种“狂妄”的思想吗？这里我同意许多同志的意见，我认为把“观”解作“检查”，这是毫无根据的。《象辞》分明说的是“先王以省方观民设教”。“先王”只能指的是奴隶主贵族的祖先，他们的“先王”，绝不同于今天我们社会主义国家的干部。作为奴隶主贵族的“先王”，怎能设想他们能“自我检查”？他们如何可能做“自我检查”？更难设想远在公元前12世纪的“先王”能“吸收群众参加检查”，“要检查优点，也要检查缺点”了。这正是把我国社会主义制度下的检查工作的方法硬挂在三千年前古代“先王”的名下。而且三千年前奴隶社会的“群众”，是毫无政治权利，连人身自由也没有的奴隶，又怎能被“吸收”来共同参加检

① 《周易哲学及其辩证法因素（续一）》，山东人民出版社，1962年7月版，第106—107页。

查？像这样解释《周易》的方法，除了给读者带来一些错误的历史知识和制造理论上的混乱，还能有什么其他的结果呢？

李景春同志在《哲学研究》第3期的文章中为自己的说法辩解说："并非说《周易》作者有这样完备的思想，而是说的我个人在学习现代思想中的心得。我是说明根据现代思想对于'观'（检查）应该如何如何的，所以它就不是附会了。"作为读者，我读了这一段说明觉得这种辩解并不能改变问题的性质。因为李景春同志还是相信《周易·观卦》有发动群众检查工作的思想，只是"不完备"而已。让奴隶来检查奴隶主的工作，它不是"完备"或"不完备"（局部的检查，或小规模的检查，或临时性的检查）的问题，而是可能不可能的问题。把古代不可能发生的事拿来发挥，即使说成个人学习的心得，叫人从《观卦》中学习提高工作、走群众路线，这就不能不是附会了。

对于古书的解释从来就有的偏重在评论、发挥的，也有偏重在字句意义的解释的。不论哪一种，都要与原文的意义有一定的联系。李景春同志的《周易研究》自称是"自述学习现代思想的心得，属于'论'的范围，并非加给《周易》"。如果脱离了历史条件、脱离了原文的原意，就显得今古混淆，使读者不知道是"解释"还是"心得"。就算是讲学习心得吧，古人讲书有些经验也是值得吸取的。宋代理学家程颐给小皇帝（宋哲宗）讲《论语》，经常借题发挥，联系他当时的实际，从来没有忘了贯彻他的封建主义正统思想。据记载，"一日，当讲'颜子不改其乐'章。门人或疑此章非有人君事也，将何以为说。及讲章句既毕，入复言曰：'陋巷之士，仁义在躬，忘其贫贱；人主崇高，奉养备极，苟不知学，安能不为富贵所移？

且颜子，王佐才也，而箪食瓢饮；季氏，鲁国之蠹也，而富于周公。鲁君用舍如此，非后世之鉴乎？’闻者叹服。”[①] 程颐本来讲的是颜回“一箪食、一瓢饮，在陋巷，人不堪其忧，回也不改其乐”。程颐这一段话可谓节外生枝，但他密切联系了封建主义的实际，为封建社会服务，使人读了不觉得生硬、勉强。他的“心得”能使封建学者“闻者叹服”。李景春同志的“心得”使人读后，觉得不古不今，很难说就是为社会主义服了务。可见，如何古为今用，吸取古人的有用的经验，首先要有历史唯物主义的阶级观点；此外多从古人已经过的道路吸取借鉴也是必要的。李景春同志似乎对这两者都没有给以足够的注意，只凭个人主观“体会”，当然会发生上述许多来自读者的“责难”了。

在公元前12世纪的社会制度下领导者与被领导者（群众）是什么关系？

李景春同志在《泰卦》“上下交而其志同也”的解释中说：“上下所以能交，为上者的谦和是起主导作用的。只有领导者不脱离群众，以群众之一员的身份，处群众之中，同甘共苦，才能领导群众前进。这是团结的根本，胜利的根本。”[②] 这里且不说原文的“上下交而其志同也”是不是指的上下级，还是有其他的意思（如天地的相交、

① 《宋元学案·伊川学案》。

② 《周易哲学及其辩证法因素（续一）》，山东人民出版社，1962年7月版，第39页。

水火的相交、阴阳的相交、牝牡的相交等等），即使如作者所理解的上级领导与下层群众那也只能是奴隶主贵族与他占有的奴隶的关系。这位奴隶主贵族的在上者居然能放弃奴隶主贵族的地位和身份，与奴隶们“同甘共苦”，“以群众（奴隶）中之一员的身份处群众（奴隶）之中”，并领导奴隶们“前进”，这种情况实在是不可设想的，因为这是违反历史发展规律的。历史唯物主义告诉我们，领导与被领导的真正平等的关系，只有人民群众当家做主的时代才有可能。在资本主义社会里，人与人之间只有口头上的假平等，劳动者实际上是不带枷锁的奴隶。至于等级森严的封建社会和奴隶制社会更不能有贵族和奴隶之间的什么“平等”“团结”的关系。只要学过一点社会发展史的人，总不会相信奴隶主贵族会以“群众中之一员的身份，处群众之中”，“领导群众前进”。这分明是把今天共产党领导下的干部与群众的关系挂在了古代文王的名下了。

李景春同志当然也可说，这是讲的个人的体会，《易经》只有一点萌芽。假如这样为自己辩解，也是不能自圆其说的。骑在人民头上的奴隶主，即使他们如何“开明”，也不是我们学习的榜样。他们根本不能有“群众观点”。向他们学“群众观点”，就找错了对象。

李景春同志认为现代人应当有超越古人的气概。李景春同志说：“仅仅把古代思想说出它原来的样子，是不够的。”[①] 我同意这个见解，马克思主义者研究历史，就是要比古人站得更高，看得更远，不做古人的奴隶，才可以正确对古人做出评价。但是也不能把说出“古代思想的样子”这一步工作看得太容易了。“不仅仅”说出古

① 《哲学研究》第3期李文。

代思想的样子，并不是说我们不要去认识古代思想的样子。《周易研究》的问题是脱离了历史唯物主义的基本原则，模糊了，以致歪曲了古代思想的样子，遑论批判、评价、取舍！《周易研究》一书就是由于把古代思想说得走了样，才引起这一场辩论的。当然，在探索、研究过程中，一说出来就百分之百的正确，这种情况是没有的。李景春同志也许说，科学研究，谁也难保不犯错误，用马克思主义研究《周易》的人还不多，这种尝试是应鼓励的，而不应当泼冷水。今天研究古代哲学史的工作是艰巨的，任何新的探索都应当鼓励。但是违背历史唯物主义的基本原则，只凭主观、臆断、任意解释、随便联系的不科学的学风和方法，是不能鼓励的。因为这是一种有害的方法。我们所提出的批评意见也正是指的李景春同志的这一方面、这种性质的错误来说的。至于李景春同志对于《周易》的个别字句的解释，对当时社会状况的理解，如对“君子”“小人”的解释，各卦的次序排列有没有意义等问题，即使有人表示不同意，本来是可以从长计议的。

公元前12世纪能不能有正确处理人民内部矛盾的原则？

人民是历史的范畴，不同历史时期的人民有不同的内容，人民内部有矛盾也不是现在才有的。但是社会主义没有取得决定性的胜利之前，人民没有掌握政权之前，正确处理人民内部矛盾的规律不会被充分揭露并提到历史日程上来。正确处理人民内部矛盾是毛泽东同志对马克思列宁主义的重大发展。李景春在他的书里解释“利用刑人，以正法也”[1]中说：“从严批判，从宽处理，教育应当以说服为主。”（78页）解释“勿用取女，行不顺也”[2]说：“对坏分子不能限于说服，还要加以制裁，这是对的。”（78页）解释“利用御寇，上下顺也”[3]说：“对童蒙既要能除其邪僻，又要使其心悦诚服。……原则上是不能让步的，方式上要尽量灵活，对症下药，揭发病根，和风细雨。……那就既能明辨是非，又能心情舒畅。”（79页）“利用御寇，上下顺也”八个字，不过是对占卦者说，占到这一爻的人，如果问的是防止盗寇的事，卦的爻象告诉占卜者是顺利的。如此而已，岂有他哉？而李景春同志对这八个字的一句话，居然发挥得这样无所不有：又是“原则上不能让步”，“方式上要灵活”，“对症下药，揭发病根”。即使如李景春同志所讲的，说的是教育儿童的事，儿童上学最多不过是淘气，不听话；他有什么“原则”和别人对抗，以至于严重到要使教导者非坚持原则性不可？至于讲到“和风细雨”，“既能明辨是非，又能心情舒畅”；既像我国民主党派的神仙会，又像是干部的整风，它和《周易》的“利用御寇，上下顺也”有什么相干呢？

退一步说，即使真像作者所说的那样，是教育童蒙，那么，公元前12世纪的古代，哪里来的“和风细雨”，“从严批判，从宽处理”的教育原则？奴隶制下的教育会和我们今天社会主义社会的群众自我教育，批评与自我批评的方式难道有共同之处吗？我们之所以批评李景春同志的观点、方法，是因为他把马克思和列宁的一些

① 《蒙卦》初六小象象辞。

② 《蒙卦》六二小象象辞。

③ 《蒙卦》上九小象象辞。

重要的发现说成早在三千年之前奴隶制时代的文王都已有了。《周易》的“微言大义”被李景春同志发挥得过了头了。李景春同志当然不承认他有意识地歪曲马克思主义，他也一再声明过，《周易》的这些所谓辩证法，只是“因素”和“萌芽”。而读者得到的印象却不是“因素”“萌芽”，而是成体系的马克思列宁主义哲学思想。由于违反了历史唯物主义的原理，只能得到歪曲马克思主义的结果。马克思主义说明历史的最基本的原理是基础决定上层建筑，社会存在决定社会意识。恩格斯说过：“每一时代的社会经济结构形成现实基础，每一个历史时期由法律设施和政治设施以及宗教的、哲学的和其他的观点所构成的全部上层建筑，归根到底都是应由这个基础来说明的。”[①]李景春同志在研究《周易》时，似乎恰恰忘记了这一条原理，因而把只能发生在三千年前的奴隶制社会的意识形态和当前社会主义、共产主义的意识形态混淆不清。作者主观上也许自以为通过《周易》来宣传马克思主义的原则是一件好事，但事实上脱离了社会历史发展的原则，只会把高度科学性、革命性的哲学降低到奴隶制社会的哲学思想水平。如果工人阶级的世界观在三千年前早已有之，我们近百年来无数先烈的牺牲，为了寻找马克思主义、保卫马克思主义，就只能被认为毫无意义了。只要找到一部周易哲学，反复体会就够了。我们对三千年的阶级斗争经验还有什么值得总结的必要？照李景春同志的解释古代典籍的方法，必然划不清奴隶主思想、封建主思想、资本主义思想和马克思主义的界限。马克思、恩格斯、列宁、斯大林、毛泽东的哲学，只能被歪曲成为文王、孔子的直接继续，而不是革命的变革。

① 恩格斯：《反杜林论》，人民出版社，1970年12月版，第24页。

不错，李景春同志早已声明在先，周易哲学好比“一支烛光”，马克思主义哲学“是一轮太阳”。但是仅仅从上面讲到几个例子看来，像什么实践是认识的基础、古代的“先王”与人民群众有平等的关系、古代已懂正确处理人民内部矛盾，以及检查工作、教育群众等，都不能委之于“因素”，“一支烛光”就可以推掉混淆古今的界限的责任的。

借古说今，用“微言大义”的方式本来是今文经学派的老办法，汉代董仲舒就是借孔子的口来宣扬他的天人合一的目的论的。董仲舒为了论证君权至上，他解释“王”这一名称时，说：“王者皇也，王者方也，王者匡也，王者黄也，王者往也。是故王意不普大（而）皇，则道不能正直而方。道不能正直而方，则德不能匡运周遍。德不能匡运周遍，则美不能黄。美不能黄，则四方不能往。四方不能往，则不全于王。”[①]董仲舒把同音的几个字（王、皇、方、匡、黄、往）主观地硬拉扯在一起，其实它们之间并没有真正的内在的联系。如果有人也用这种任意编制的办法，未尝不可以拉扯另外一些同音的字做出和董仲舒尊君主张完全相反的“论证”。为什么不可以说：“王者罔也，王者妄也，王者枉也，王者诳也，王者亡也。是故王者欺罔人民则妄自尊大，妄自尊大则屈枉善良；屈枉善良则诳骗人民，诳骗人民则身死国亡。”岂不比董仲舒更能言之成理？可见今文经学的解经方法完全是主观的、任意的、没有科学根据的，当然也是最省事的。把没有的东西说成有，只能是反科学的。不但现代的马克思主义者反对这种做法，就连治学态度比较谨严的封建学者也要反对这种无中生有、望文生义的办法的。三百年前的王夫之并不懂

① 《春秋繁露·深察名号》。

得历史唯物主义，他还知道："洪荒无揖让之道，唐、虞无吊伐之道，汉、唐无今日之道。……未有弓矢而无射道，未有车马而无御道……"[①] 而李景春同志在解经的态度和方法上，似乎比王夫之的科学态度还要差一些，把今日之道说成殷周之际早已有之。王夫之还懂得"汉、唐无今日之道"，而李景春同志却大力去证明"殷周有今日马克思主义之道"。

李景春同志也许认为通过介绍古典文化，宣传一些马克思主义的哲学总是好事。古代的一些进步思想家却也有人通过阐明古代的学说，宣传了当时不便宣传的新学说、新观点。如康有为用《孔子改制考》《新学伪经考》来宣传他的变法维新思想，王夫之也曾通过对《周易》的注解来宣传他的朴素唯物主义哲学和辩证法思想，洪秀全制造了代表农民利益的天父、天兄。马克思曾指出过有一些革新者如何利用旧的思想的形式宣传新思想的事实："恰好在这种革命危机时代，他们战战兢兢地请出亡灵来给他们以帮助，借用他们的名字、战斗口号和衣服，以便穿着这种久受崇敬的服装，用这种借来的语言，演出世界历史的新场面。"[②] 这种以旧瓶装新酒的方式，只是在反动或保守力量十分强大的时期用来偷运一些新思想，它有过积极进步作用，但是由于它的吞吞吐吐，不敢畅所欲言，它毕竟不能代替明确的、科学的语言的正面的阐述。在古人，是出于不得已。即使他们曾起过进步的作用，但是借用亡灵宣传新思想的办法毕竟是不科学的，这种方式也给他们的进步意义带来一定的消极影响。

---

① 《周易外传·系辞上传》第十二章。

② 《路易·波拿巴的雾月十八日》，《马克思恩格斯全集》第八卷，人民出版社，1961年10月版，第121页。

这一点，经典作者早已不止一次地指出过，这里不再多说了。

今天我们劳动人民坐了天下，我们享有前人所从未曾享受过的言论自由、出版自由、科学研究的自由，我们有古人所梦想不到的方便的科学研究条件，更难得的是我们有了马克思主义的哲学作为思想武器。即使出于好的动机为了多宣传一些马克思主义哲学，我们有什么必要借助死去亡灵的口号和服装呢？我们不是马丁路德、闵采尔，不是洪秀全、康有为，而是毛泽东时代的马克思主义者，我们有义务向一切歪曲马克思主义的学说做斗争。为了保卫马克思主义的纯洁，我们不能不与古老的封建主义今文经学派的思想方法划清界限。不与他们划清界限，他们会利用这一空隙向马克思主义哲学猖狂进攻。近来已经有某些学者假借反对“乱贴标签”来反对哲学派别划分唯物主义和唯心主义了，也有人提出孔子的学说中有许多思想是马克思主义的了。李景春同志主观上未必就同意这些反对马克思主义的言论，但是由于离开了历史唯物主义的根本原则，认为今天的工人阶级的哲学古已有之，因而必然和新出现的封建复古主义者、新国粹学派划不清界限，并感到某些气息相投。

像李景春同志的研究方法确实是一种极端有害的方法。沿着这条道路走下去，会离开马克思主义越来越远，以致背离马克思主义。沿着这条路解“经”，会走上任意解释、不要证据、主观主义的新今文经学的歧途，对文化遗产的整理，对培养青年实事求是的学风，都是有害的。当然，更主要的危害性就是歪曲马克思主义哲学，把马克思主义哲学降低到奴隶社会、封建社会的哲学的思想水平，对革命是不利的。

古代神话传说中唯物主义思想的萌芽*

人类以自己的劳动改造着自然界的面貌，在改造自然的劳动中，人类自己也得到了改造和发展。人在和自然的长期斗争中创造了神话。中国古代神话中记载了许多“神”的活动，它们基本上都是人类征服自然、造福人群的能手，而不是宣传人在自然面前无能为力。在古代神话中有开天辟地的盘古（见《太平御览》引《三五历记》）、炼石补天的女娲（见《淮南子·览冥训》），有从远方带来火种给人的燧人氏（见《路史发挥》引《拾遗记》），有发明弓矢、房屋、衣服的黄帝，有发明医药、中毒不死的神农（见《淮南子·修务训》），有射落九个太阳、为人类铲除长蛇猛兽的羿（见《淮南子·本经训》），有窃天上神土、消灭人间水患的鲧和禹（见《山海经·海内经》），有开发交通、搬走两座大山的愚公（见《列子·汤问》）。

“在远古时代，人们还完全不知道自己身体的构造，并且受梦中景象的影响，于是就产生一种观念：他们的思维和感觉不是他们身体的活动，而是一种独特的、寓于这个身体之中而在人死亡时就离开身体的灵魂的活动。”[1] 因此就产生了灵魂不死的观念。沿着这一方向

---

* 原载《文汇报》，1961年4月18日。

① 恩格斯：《路德维希·费尔巴哈和德国古典哲学的终结》，《马克思恩格斯选集》第四卷，人民出版社，1972年5月版，第219页。

继续发展，就产生了宗教里的神。古代神话的传播是在“不切实际的意识形态的领域”中进行的。但是，在另一方面，在一定的程度上，它对人类社会发展起过积极作用。恩格斯指出：“这些关于自然界、关于人本身的本质、关于灵魂、魔力等等的形形色色的虚假观念，大都只有否定性的经济基础；史前时期的低级经济发展有关于自然界的虚假观念作为自己的补充，但是有时也作为条件，甚至作为原因。”①

可见原始公社时期的神话传说包含着古代的文学、艺术、历史、科学的萌芽。史前时代的“神”不具有镇压人民、保护少数人利益的特点。他们都是人们爱戴的“劳动英雄”。神话“是以劳动为基础的，是改善劳动，把劳动奉为‘神圣’的，是幻想着完全控制物质和自然力的”②。

神话传说通过曲折的道路反映了世界的被改变和事物的互相转化。“这种神话中所说的矛盾的互相变化，乃是无数复杂的现实矛盾的互相变化对于人们所引起的一种幼稚的、想象的、主观幻想的变化，并不是具体的矛盾所表现出来的具体的变化。”③

随着生产的发展，出现了家庭私有制，人群分化为劳动者与指挥者，随着出现了阶级社会，有了国家组织，有了带有强制性的禁令和惩罚。天上的统治者——“上帝”，实际上是地面上的统治者的影子。阶级社会里带有两种性格：“一种性格是继续带有古代劳动者的性质，造福人类；一种性格是为巩固神的不合法的权能。”④

① 《致康·施米特（1890年10月27日）》，《马克思恩格斯选集》第四卷，人民出版社，1972年5月版，第484页。

② 高尔基：《给阿·阿·苏尔科夫的信》。

③ 毛泽东：《矛盾论》，《毛泽东选集》第一卷，人民出版社，1966年7月版，第305页。

④ 高尔基：《给阿·阿·苏尔科夫的信》。

在尚未出现阶级分化时期的神话传说中保存了一些素朴的、现实主义的思想。它表现出天才的智力和精细的观察力。古代神话中有些表现出自发的唯物主义思想，相信世界上事物是独立于人们以外而不是依赖于人们而存在的。

史前时期的神话就它的幻想和不切实际这一方面说，它有些和后来的宗教思想相似；但是史前神话不排斥科学，不是为剥削者辩护的武器。史前神话不是劳动者的敌人，不是科学的对立物。像古代各原始部族的图腾，就是保护本族的神，而不带有压迫本族劳动者的作用。但是神话中既然有同宗教唯心主义互相纠缠的地方，它必然与它的自发的唯物主义倾向发生内在的矛盾。因为它一方面反映了史前人类生产劳动的实践，一方面也反映了人在和自然做斗争时，在自然力和自然灾害面前的软弱无力。随着阶级、社会的发展，原始神话的“神”的性质起了变化。神本来是自然力的化身，到了阶级社会里，神也具有了阶级的性格，变成社会力量的化身。神成了人间的统治者。

因此，当人类与自然斗争中开始运用思维和想象的能力时，出现了神话。神话素朴地反映了人类战胜自然的现实，也夹杂着不切实际的幻想。它本身孕育着唯物主义和唯心主义两种思想倾向的萌芽。

生产进一步的发展，阶级出现了，神话对人们的影响逐渐缩小，系统的哲学思想开始形成。在奴隶制以及封建制初期，神话虽然还起着一些作用，终于“随着这些自然力之实际上被支配，神话也就消失了”[①]。

---

① 马克思：《〈政治经济学批判〉导言》，《马克思恩格斯选集》第二卷，人民出版社，1972年5月版，第113页。

历史的真实与骗子的虚构*

——批判“四人帮”关于秦汉之际“儒法斗争”的谬论

受“四人帮”操纵和御用的“梁效”“罗思鼎”，一直是炮制反革命舆论的急先锋。这批无耻的反动文人，秉承“四人帮”篡党夺权的政治意图，编造了一个贯串古今、包罗万象的“儒法斗争”的历史，其中落笔着墨最多的是秦汉之际的这一段。他们以讲历史为幌子，大谈其“复辟与反复辟”的斗争，大耍其“古为帮用”、影射史学的卑劣伎俩。对此，必须依据历史的真实，来戳穿骗子的种种虚构。

一

从历史上看，先秦是存在过儒法斗争的，还有儒墨斗争、儒道斗争。春秋战国时代，诸子“百家争鸣”，许多家之间都曾有过斗争。然而，秦汉之际，特别是西汉以后，“百家”逐渐交融，儒道、阴阳、

① 原载《安徽劳动大学学报（哲学社会科学版）》1977年第4期。

名法都在新的政治形势下，发生了变化，儒法逐渐合流，到了汉武帝时代，董仲舒被尊奉为正统，已经形成了一个统一的封建主义思想体系，从此以后，先秦“儒法斗争”宣告结束。

“四人帮”为了把“儒法斗争”从先秦一直拉长到今天，首先极力歪曲秦汉之际的社会性质。关于封建社会的开始，我国史学界虽有过不同的见解，有的认为封建制起于西周，有的认为封建制起于春秋战国之际。无论哪一种见解，秦汉的社会性质为封建社会则无异议。“四人帮”御用文人怀着不可告人的政治目的，蓄意制造混乱，他们口头上说春秋战国是奴隶制向封建制的过渡时期，然而在他们的毒草文章中，为了适应不同的政治需要，可以任意玩弄历史，当他们叫喊“批孔”的时候，就说春秋时期奴隶制“已经崩溃了”“已经摇摇欲坠了”“已经没法维持了”，可是，当谈到秦汉之际的时候，却又说“秦王朝是我国第一个封建王朝”，按照这些“历史家”的说法，封建制越向前发展，奴隶制复辟的危险反倒越大。从春秋到战国，又到秦的统一，历史过了几百年，“摇摇欲坠”的奴隶制不仅没有彻底崩溃，反倒比春秋时期更加强大了。秦始皇一死，赵高篡夺了领导权，在一个早上奴隶制就复辟，封建制的秦王朝的性质就被改变了。照这样说，奴隶制的复辟完全是事出偶然，只要某个人要点阴谋得逞，历史就倒退了，这是典型的历史唯心主义。

“四人帮”御用文人对秦汉之际的奴隶制残余拼命渲染夸大，甚至说在秦统一后奴隶主与地主阶级之间的斗争是社会的主要矛盾。这又是一个弥天大谎。奴隶制的残余不仅秦汉之际有，而且整个封建社会都可以找到它的痕迹。战国七雄的统治者都是从奴隶主贵族转化来的封建地主阶级，他们的统治带有奴隶制的残余，打上奴隶主阶级的烙印是毫不足奇的。应当看到所有这些都是封建制的补充，而不会改变封建制的性质。“四人帮”御用文人歪曲、伪造历史，完全是为他们的反动政治目的服务的。薄薄的一层“学术理论”伪装掩盖不了他们的恶毒用心。

秦王朝统一后，实行的是封建制的剥削。比较突出的是用各种“严刑峻法”强迫人民无休止地服各种繁重的劳役。修建宫殿、陵墓，一次就调发几十万人，劳动力不足，就发“闾左之戍”，还征“七科谪”，这些都严重破坏了生产力，同时也就破坏了秦王朝的统治基础。繁重的劳役和严刑峻法逼得劳动人民活不下去的时候，他们就只有起来造反，千百万劳动人民的武装起义是秦王朝覆灭的根本原因。

秦王朝开创了统一，这是我国历史上的一个重大进步，可是由于秦王朝对劳动人民极端残酷的剥削镇压、毫无节制的调发役使，它很快就被农民起义所推翻。秦王朝的统一并没有真正得到巩固。在秦王朝覆灭的废墟上建立起来的西汉王朝，中心的任务是把秦王朝开创的中央集权的统一的封建制国家继承并巩固下来，这就是历史上所说的“汉承秦制”的含义。“四人帮”御用的梁效、罗思鼎把“汉承秦制”解释为继承“法家路线”，这纯系捏造。法家思想在秦王朝谋求统一的过程中，作为主要的精神武器曾经起过推动历史发展的进步作用，秦统一后的一套严刑峻法，也是在法家思想指导之下进行的。而正是这种单纯的严刑峻法，激起了人民的反抗，直接促成了秦王朝的灭亡，“以秦为鉴”的西汉统治者不可能再推行什么“法家路线”。西汉初年统治集团的主要成员大都来自下层，他们之中有的在县里当过刀笔吏，有的是杀狗的，有的是贩卖布的，有的是给人家办丧事吹乐器混饭吃的，有的当过乞丐，刘邦自己当过亭长，是地方最下级的吏而不是官。这些人与从奴隶主转化过来的旧的封建贵族还有所不同，他们有过“天下苦秦久矣”的亲身感受，也参加农民起义队伍，直接看到一个强大的秦王朝怎样被“斩木为兵”“揭竿为旗”的农民武装起义所推翻。当他们窃取起义胜利果实，爬上统治地位以后，不能不认真地总结秦亡的教训，作为新政权制定政策的依据。汉初在黄老哲学思想指导下实行的休养生息、无为而治的政策，就是这种改弦更张的表现。也正是这种政策的实行，才把中央集权的封建大一统局面巩固下来。

综上所述，秦汉之际政治上总的趋势是统一的，这种政治上的统一的历史趋势是生产力发展造成的经济基础的要求，而这种政治上的统一趋势又要求意识形态上有相应的改变，这就是从先秦的“百家争鸣”到秦汉之际的“百家交融”，从先秦的儒法斗争到秦汉之际的儒法合流的根本原因。由于秦汉之际有过一次规模空前的农民大起义，还由于秦是开创统一而汉是巩固统一，就使得在总的交融合流趋势中又显出不同的特点。

二

随着秦王朝政治上统一形势的逐渐形成，思想上也相应地要求统一，这种趋势在《吕氏春秋》一书中已见端倪。“四人帮”的御用工具罗思鼎说它是奴隶主复辟的书，这完全是胡扯。《吕氏春秋》采取了先秦各家学说，拼凑起来，企图用它作为国家统一的指导思想。书中有儒、法、墨、农等许多学派的思想，各篇和各部分经常自相矛盾，构不成一个有机的整体，因而也就实际上起不到统一思想的作用。真正作为秦王朝统一天下、治理国家的思想武器的是《韩非子》一书中的思想。但是，韩非的思想在秦王朝覆亡的过程中暴露了以下的缺点和问题，不能适应地主阶级长远的统治需要。

第一，韩非宣扬进步的历史观，他说历史是发展的，社会是要改变的。这就意味着任何一个王朝都不是永恒的，都要被后来的新势力所取代。这是已经取得统治地位的剥削阶级所不愿意接受的。秦始皇的要求是自己做始皇，儿子叫二世，孙子叫三世，相传下去，以至万世，汉代的统治者当然也希望这样。于是，韩非关于变革、革新的思想也就不再需要了。

第二，韩非反复宣传人和人的关系是相互利用的赤裸裸的利害关系。统治者与人民的利益是绝对对立的。这些本来也是事实，但是大喊大叫地宣扬这些，不加掩饰，这对统治者并不利，这就只宜于充当刽子手的角色，而不能担负牧师的职能。韩非思想中的这个弱点带给秦王朝的后果就是政权没有巩固，在农民起义的打击下，很快垮台。汉代的统治者是看到并利用了秦王朝的这一点，在取得政权之后，当然认为单纯的镇压是很愚蠢的。

第三，韩非的哲学公开讲“术”，“术”就是驾驭群臣的阴谋诡计。在韩非看来，国君前后左右充满着敌人，大臣、宦官、后妃都不可信，国君要整天提心吊胆地提防着随时可能发生的篡弑政变。这就把封建统治集团内部的矛盾斗争绝对化，导致上下猜疑，不利于协调统治阶级内部关系，形成一个比较稳定的统治集团。封建主义的剥削是“由宗教幻想和政治幻想掩盖着的剥削”，这种掩盖的欺骗作用是有限的，但对地主阶级却是不可少的。同样，地主阶级“罩在家庭关系上的温情脉脉的面纱”虽然是虚伪的，也是必要的。因为正是这些“幻想”和“面纱”构成了封建社会上层建筑的伪善之网，巩固并维系封建制度的根本利益。把剥削实质和内部矛盾公开露骨地宣扬，对地主阶级也是不利的。

第四，法家对法令以外的上层建筑的作用缺乏认识，韩非认为只能“以法为教，以吏为师”。道德、艺术、宗教、哲学……统统被认为不但无用而且有害。韩非认为“君上之于民也，有难则用其死，安平则用其力”，把劳动人民看成实行耕战政策的工具。对于思想统治要发挥上层建筑各个部分的作用很不理解。

由于韩非思想的弱点在秦王朝覆亡过程中暴露得比较充分，汉朝统一全国后，鉴于秦亡的教训，用另外的思想来代替韩非的法家思想，并非偶然。汉初得到统治者尊奉并广泛传播的是“黄老哲学”，这个情况反映了当时政治上巩固统一、经济上恢复和发展生产的要求。

秦王朝在谋求统一的过程中实行商鞅的奖励耕战政策。鼓励一家一户的生产，规定男子成年必须与父母分居，另立门户。女子到一定年龄必须出嫁，以增加劳动力和纳税服役的人口。这样，小农经济得到了发展。秦始皇统一全国后，繁重的劳役、兵役等，又严重干扰破坏了这种小农经济。因为这种小农经济具有很大的脆弱性，一个家庭的主要劳动力被抽调去服劳役，生产就无法进行。而且一旦抽走之后，能活着回来的机会不多。“戍死者固十六七”，即使有田也无法耕种，生产受到严重的破坏。《汉书·食货志》形容当时经济残破的景象是“汉兴，接秦之敝，诸侯并起，民失作业，而大饥馑。凡米石五千，人相食，死者过半。高祖乃令民得卖子，就食蜀汉。天下既定，民亡盖臧，自天子不能具醇驷，而将相或乘牛车”。

这说明当时经过连年战争之后，人民穷困，户口减少，壮年劳动力缺乏，耕畜不足。于是统治阶级不得不实行“轻徭薄赋”，这比“竭泽而渔”对它更为有利些。汉初采取黄老哲学作为其进行统治的指导思想，与当时的经济状况有着直接的关系。汉初的统治者，正是上升时期地主阶级的政治代表。他们讲黄老无为，不过是为积蓄力量，准备有为。黄老哲学表现在政治上就是对秦王朝在法家思想指导下实行的一系列残酷压迫、过分干涉的政策的纠正，通过“清静无为”的手段来达到使民“自正”“自朴”“自富”的目的。从刘邦直到文、景，基本上都是以黄老哲学作为指导思想的。这种黄老哲学是汉初这个特定的历史时期经济和政治的产物，而不是先秦老庄哲学的简单再版，更不是“四人帮”御用工具所谓的“道表法里”。就思想内容来说是“采儒墨之善，撮名法之要”，也就是体现了百家交融、儒法合流。这种思想上的合流交融是政治上巩固统一的要求，也是统治阶级“霸、王道杂之”的两手策略的产物。秦末农民大起义证明了任何繁苛的法令、残酷的刑罚都不能使秦王朝的统治长久维持下去，要长久地维护封建统治秩序，单靠法家的一套镇压措施是不够的，要同时进行儒家的一套仁义道德的欺骗麻醉，只有这样“文武并用”，才是“长久之术”。在汉初统治者所尊奉的黄老哲学里，法家思想并未被全盘抛弃，儒家思想也并未被全盘接受，而是把对维护地主阶级有利的因素融合为统一的封建主义的思想体系。事实上，从汉初以来，在黄老思潮总的旗帜下，在加强对劳动人民进行思想统治的总的目标下，先秦儒、法两家关于“礼治”与“法治”、“仁义”与“法术”、“教化”与“刑罚”的争论逐渐统一起来，这是历史的必然趋势，而不取决于任何统治者的个人好恶。“四人帮”

的御用文人唯心史观横行，在他们看来，一种思想的出现兴起和衰落消亡都是很偶然的，只要某一个帝王欣赏“法家”思想，重用“法家”人物，贯彻“法家”路线，于是国家兴盛，天下太平，某一个帝王欣赏“儒家”思想，于是“法家”思想被罢黜，“法家”人物倒霉，“法家”路线中断，从而国家灭亡，天下大乱。这不仅是“一言兴国，一言丧邦”，而且是统治者一念之差决定了历史方向。而他们竟敢于把这种荒唐绝伦的谬论说成是“用马列主义来总结历史经验”，真是反动透顶！

三

从汉初到武帝，几十年推行在黄老哲学指导之下的“无为而治”的政策，果然对社会生产起到了恢复和发展的作用。到了汉武帝时代，封建国家财富大量增加，这就为政治上、军事上的“有为”打下了基础。对内加强政治上的统一，削弱诸侯王的分封的势力；对外，抗击了匈奴奴隶主贵族的连年入侵。另外，由于小农经济的分化，兼并的盛行，农民与地主阶级的矛盾有了新的发展。黄老“无为”的思想已不能适应当时政治、经济发展的新情况，必然要求有所变革。

全部哲学发展的历史证明，有了统一的政治局面，才会产生统一的哲学，这和宗教发展史上有了地上的统一之君才产生天上的统一之神是一样的道理。秦汉的大一统局面，在我国历史上是一件新事，也是一件前所未有的大事，地主阶级的政治代表和思想家们为了寻找（或者说建立）适应封建制度根本利益的哲学体系，并不是一帆风顺的，要在与旧的思想做斗争中探索前进，经历了曲折的历史过程。

春秋战国时代，盛行“百家争鸣”，其社会基础和时代背景是生产关系的变革和诸侯割据纷争以及兼并战争的盛行。秦统一后采用强硬镇压的措施，韩非为代表的法家思想占了支配的地位。我们可以从秦始皇及二世统治时期君臣间的议论中，看到他们往往引用韩非的学说作为准则，即是明证。秦末农民大起义的浪涛淹没了秦王朝，同时也推翻了“法家”的一尊地位，宣告了秦始皇用“禁私学，焚《诗》《书》百家语”来统一思想的做法的失败。汉初虽然“崇尚黄老”，却并不排斥“百家”，几乎各个学派的代表人物这时都有所活动。但是由于面临的是封建大一统的政治局面，各派都在为建立统一的封建主义的上层建筑为地主阶级出谋献策，都在吸收他家的观点，改变着自己的面貌，出现了“百家交融”逐渐合流的趋势。这种趋势给当时的思想家打上非常鲜明的时代烙印。汉初的许多思想家都是以总结秦亡的经验来作为提出自己议论的出发点，以如何加强和巩固封建统治秩序作为议论的政治归宿。只有这样，才能打动统治者，受到重视和采纳。当他们这样做的时候，由于出发点和政治归宿的一致性，在思想内容上也就很自然地从逐步接近到走向统一，一个兼采儒、墨、名、法等百家统一的新学派逐渐形成，其主要的奠基者就是董仲舒。虽然历史上还习惯地称之为“儒家”，但从思想内容到形式和先秦的“儒”都有很大的区别。汉武帝所尊的“儒”，正是这样的“儒”。

董仲舒的思想体系的出现和受到重视都不是偶然的。汉武帝时代，为了巩固封建统一政权，为了进一步在经济、政治、军事上搞大一统，统一思想的问题又提到日程上来。为了改变“今师异道，人异论，百家殊方，指意不同”的情况，董仲舒建议：“诸不在六艺之科、孔子之术者，皆绝其道，勿使并进。”这个建议受到批准，这就是历史上有名的“罢黜百家，独尊儒术”。

汉初“儒”家得到重视，并不是从董仲舒开始的。汉武帝建元元年（公元前140年），丞相卫绾奏“所举贤良，或治申、商、韩非、苏秦、张仪之言，乱国政，请皆罢”。这条建议得到汉武帝的批准（“奏可”）。建元五年（公元前136年）又置五经博士，也就是用儒家的经典作为国家的教材。汉武帝在实行“罢黜百家，独尊儒术”的过程中受到了“好黄老刑名之言”的窦太后的干扰和阻挠，但这种政策毕竟是代表了从秦始皇以来的地主阶级要求进一步加强思想统治的要求。汉武帝的“独尊儒术”和秦始皇的“焚书坑儒”，尽管表面上做法似乎相反，而实质上却是遵循了同一条路线，即统一思想的路线。这个过程生动地说明了随着阶级斗争形势的变化，随着政治局面的改变，各家各派的学说内容也不得不有所改变。某家的招牌仍旧，推销的货色却随着时代的改变而改变。比如先秦法家单讲刑罚，儒家强调教化，而到了董仲舒这里就统一起来。他指出：“教，政之本也；狱，政之末也。其事异域，其用一也。不可以不相顺。”这就克服了儒法的界限。再如先秦法家在用人问题上强调尚贤使能、论功行赏，而董仲舒也主张“毋以日月为功，实试贤能为上。量才而授官，录德而定位，则廉耻殊路，贤不肖异处矣”。这样的议论和主张，和法家的观点毫无二致。可见，从汉初开始的“百家交融”和儒法合流的趋势，到了汉武帝时代，已经发展到了水到渠成的地步。

四

在董仲舒之前，汉初还有两个比较重要的思想家是贾谊和晁错。“四人帮”的御用工具把这两个人都说成是“法家”。其实，他们的思想中也明显地体现了“百家交融”和“儒法合流”的迹象。

贾谊总结秦亡的经验教训是：“仁义不施，而攻守之势异也。”“攻”“守”也包含着开创与守成（巩固）的含义。这就把秦亡的原因归结为在巩固统一时没有实行“仁义”，即是只有镇压的一手，而没有欺骗麻醉的一手。这在汉初是十分有代表性的见解。贾谊还指出：“汤武置天下于仁义礼乐，而德泽洽，禽兽草木广裕，德被蛮貊四夷，累子孙数十世。……秦王置天下于法令刑罚，德泽亡一有，而怨毒盈于世，下憎恶之如仇雠，祸几及身，子孙诛绝，此天下所共见也。”大讲“仁义礼乐”，大反“法令刑罚”，这还能成为法家吗？贾谊在讲“仁义礼乐”的同时，也讲“权势法则”。在贾谊的思想里，已明显地体现了儒法合流。

先秦儒法两家都讲到了“刑”与“德”。两派关于“刑”“德”的含义有区别。如韩非说“二柄者，刑、德也”，“刑”即罚，“德”即赏赐。韩非所讲的“德”不包括“仁义”“慈爱”等内容。韩非著作反复强调“仁义”“慈爱”等对统治者的统治不但无用，而且是有害的，君主掌握“刑”“德”的“二柄”就可治理国家，不必再借助其他。汉初的晁错也讲“赏”与“罚”，“赏”“罚”的含义与先秦韩非有明显的不同。他解释说，“其行赏也，非虚取民财妄与人也，以劝天下之忠孝而明其功也”，“其行罚也，非以忿怒妄诛而从暴心也，以禁天下不忠不孝而害国者也”。把“赏”与“罚”看成是实行“忠孝”的手段，这明显地也是“儒法合流”。而在“四人帮”御用工具的笔下，贾谊与晁错都成了与儒家根本对立的“法家”人物。他们把先秦的各“家”说成是永远不变的，目的在于把儒法斗争比附于我们今天党内的斗争，为“四人帮”这批现代“法家”上台造舆论。

“四人帮”御用工具胡说什么汉初形式上崇奉黄老，骨子里是“尊法”的（所谓“道表法里”）。汉武帝形式上“尊儒”，实际上“尊法”，并不真正相信儒家董仲舒，真正相信的是“法家”张汤和桑弘羊。历史事实是这样的吗？据史书记载：“（董）仲舒在家，朝廷如有大议，使使者及廷尉张汤就其家而问之。”张汤专管司法，是汉武帝信任的一个高级官员，每当朝廷有了重大事件，汉武帝叫“法家”张汤跑去向“儒家”董仲舒登门请教，汉武帝究竟是信儒家还是信法家呢？史书还记载，张汤这个人在判决重大案件时，也要从儒家经典中寻找理论根据：“（张）汤决大狱，欲傅古义，乃请博士弟子治《尚书》《春秋》。”看来，这个“法家”简直离不开“儒家”了。武帝时，另外一个宰相公孙弘，史书上说他“习文法吏事，缘饰以儒术”。这些都说明了当时朝廷用人是儒法合流，大官僚个人也是身兼儒法。这时再按先秦关于儒法的观念来区分，是不能把问题讲清楚的。“四人帮”的御用工具把地主阶级的政治代表汉武帝说成是“法家”，而把汉武帝尊奉的地主阶级的思想家董仲舒说成是“儒家”，事实上他们君臣之间的政治观点是很一致的。董仲舒的哲学体系正是为汉武帝的封建大一统做理论上的论证。他的“天不变，道亦不变”的形而上学观点正适应了地主阶级把封建统治秩序永恒化的政治需要。他讲“天人感应”为君权神授制造借口。这些都体现了哲学、宗教这些高踞凌霄的上层建筑为经济基础服务的特点。董仲舒的哲学体系、神学目的论不能代替廷尉张汤的决狱条文，也不能代替桑弘羊的财政税收政策，但却能作为二者的指导思想。汉武帝用董仲舒是因为他的一套哲学体系能够满足汉武帝“欲闻大道之要、至论之极”的要求；用张汤，是因为他善治狱；用桑弘羊，是因为他善理财；用卫青、霍去病，是因为他们能够领兵打仗；用司马相如，是因为他能够作辞赋来粉饰太平、歌功颂德；用张骞、苏武，是因为他们能奉使外国……汉武帝和他的思想家、御用文士、军事将领，分管财政、司法的大臣，组成一个统一的封建统治集团。从根本上说，他们是“一家”，把这个说成是“法家”、那个是“儒家”，把汉武帝时代的历史真实硬向先秦“儒法斗争”的框架里去套，只能留下几条荒唐的笑柄，为唯心史观的破产增添几个例证。

从以上简略的论述可以看出，“四人帮”所宣扬的所谓秦汉之际的“儒法斗争”完全歪曲了历史的真实，秦汉之际思想领域内总的趋势是百家交融、儒法合流，而不是什么“儒法斗争”。既然秦汉之际已经儒法合流，此后什么延续两千年的“儒法斗争”，就更纯属编造虚构。“四人帮”把“儒法斗争”从古代引向当前、引向党内，是为了把以周总理为代表的老一辈无产阶级革命家影射为当代的“大儒”，这充分地暴露了他们篡党夺权的狼子野心。

在哲学史上，只有唯物主义与唯心主义、辩证法与形而上学的斗争才是贯串古今的基本线索，“四人帮”不仅企图以编造的“儒法斗争”来取代唯物主义与唯心主义、辩证法与形而上学的斗争，而且还炮制一个儒、法等同于保守、进步的谬论。众所周知，进步与保守是一对政治范畴，而儒、法只是先秦时期的两个学派，根本不能混为一谈。进步与保守是指一定阶级、集团或个人在一定历史时期内对历史发展前进趋势所持的态度与所起的作用，离开了具体的历史的阶级分析，就根本无法判断什么是进步，什么是保守，这是事实，也是常识。“四人帮”捏造一个“法家一贯进步”，这种超阶级、超历史的“一贯进步”，是他们唯心史观的一贯胡诌，历史上从来没有过。事实上，随着地主阶级取得并巩固政权以后，思想上革命开创逐渐转化为保守落后，法家思想中的进步因素逐渐被抛弃，而它的落后以至反动的因素则和儒家思想融合在一起，形成一个统一的封建主义思想体系，两千年来一直起着维护封建统治的作用。“四人帮”吹捧“法家”，也就是鼓吹封建主义思想体系。他们把“法家思想”说成比马列主义还先进，把许多帝王、将、相、后妃都说成“法家”，说得比无产阶级和共产党人还高明。相反，他们对我们党参加过反帝反封建的民主革命的老干部则恨入骨髓，说老干部等于“民主派”，“民主派”等于“走资派”，必欲都置之死地而后快。一爱一憎，立场分明。他们的现实表现和他们的罪恶历史都说明他们是地主资产阶级的代表，他们搞的复辟活动带有浓厚的封建性和买办性。不论如何伪装，他们臀部都带上鲜明的封建、买办的印记。“四人帮”的这个特点，也是现代在中国搞复辟的反动派所共有的特点。这和旧中国的社会性质直接有关，也和我国两千年来的封建主义思想影响直接有关。这是我们在批判并肃清“四人帮”的流毒时，所必须给以充分注意的。

秦汉的统一与哲学思想的变革*

——“四人帮”歪曲历史的罪证之一

“四人帮”本来是一批不学无术的反革命分子。他们收买了“梁效”“罗思鼎”之流一批文人，大讲历史，通过讲历史搞反革命阴谋。特别对秦汉之际这段历史作了不少文章。文章的中心就是大讲“复辟与反复辟的斗争”，并且叫人们从中“总结经验教训”。在这里，“四人帮”利用讲历史，影射攻击我们敬爱的周恩来总理和大批领导干部，以及他们执行的毛主席的革命路线。

一

我们看看秦汉的统一是什么性质的统一。毛泽东主席有明确的指示，自周秦以来中国是封建的社会，其政治是封建的政治，其经济是封建的经济。毛泽东主席还说：“如果说，秦以前的一个时代是诸侯割据称雄的封建国家，那末，自秦始皇统一中国以后，就建

* 原载《历史研究》1977年第6期。

立了专制主义的中央集权的封建国家。”[①]本来，早在春秋的中期或末期，在东方各国便先后进入了封建社会，战国以来封建制已成定局。这是从历史文献以及地下发掘的文物各方面都证明了的，也为多数历史学家所公认。“四人帮”怀着不可告人的目的，口头上他们说春秋战国是奴隶制向封建制过渡的时期，可是他们文章的做法，却是认为秦始皇时候才进入封建制，以前的东方六国都是奴隶制。罗思鼎说“秦王朝是我国第一个封建王朝”。

“四人帮”在他们的文章里经常自相矛盾，自己打自己的嘴巴。当他们叫喊“批孔”的时候，就说春秋时期奴隶制“已经崩溃了”“已经摇摇欲坠了”“已经没法维持了”，只有孔丘还在顽固地维护这个摇摇欲坠的奴隶制。可是他们谈到秦汉之际的时候，却又大讲“奴隶制的复辟是随时可能的”，赵高篡权是奴隶主势力“复辟”，吴楚七国之乱是奴隶主势力“妄图复辟”，王莽篡权也是“复辟”。在这些“历史家”看来，封建制越向前发展，奴隶制度复辟的危险性反而越大。按照他们这种逻辑，从春秋到战国，过了几百年，所谓孔丘竭力维护的“摇摇欲坠”的奴隶制度和奴隶主阶级不但没有“摇摇欲坠”，倒反而越来越强大了。他们那个御用工具罗思鼎写文章说，秦始皇一死，赵高就篡夺了秦王朝的领导权，于是一个早晨奴隶制就复辟，封建制的秦王朝的性质就改变。照这样说，复辟倒是件很容易、也是很偶然的事情，只要一个人要一点阴谋，历史就倒退了。这是典型的历史唯心主义，完全背叛了马列主义的基本原理。

那么，秦朝统一和秦以前六国的战争是什么性质呢？根据历史事实，可以断言它不是奴隶制与封建制的矛盾。当时战国的七个大

① 《中国革命和中国共产党》。

国（齐、楚、燕、秦、韩、赵、魏）都是封建制的国家，统一是当时客观形势的需要，是历史发展的趋势。秦与六国的矛盾是争夺统一全国的矛盾。

战国七雄都想统一。我们不能说，凡是反对秦朝的都是奴隶主复辟势力。因为当时有资格统一的不仅是秦一个国家，如东方的齐国，南方的楚国都有条件和秦来争夺统一权，就连韩、赵、魏、燕那些第二等的国家，也不是不想搞统一。按照战国的这几个国家封建化的先后来说，东方那几个国家较先进入封建社会，秦国倒是要迟一些，但是秦国后来居上，保持奴隶制的残余少一些，所以秦国反而走在前面，统一了东方六国。

这里，我们说保持奴隶制残余的多少，也是相对的，因为战国时候这几个国家的统治者的特点，都是从奴隶主贵族转化为封建地主阶级的，他们原先都是周天子分封的世袭的奴隶主贵族。比如韩、赵、魏以及齐国，统治者都是原先的大夫夺取了本国诸侯的领导权，由大夫的地位变成为国君的。秦国也是这样，它的国君本来就是世袭的诸侯（大奴隶主）。从奴隶主转化过来的地主阶级，都带有奴隶主阶级的烙印，这种残余在六国存在，在秦国也存在。这并不像“四人帮”所说的那样，六国代表奴隶主而秦国代表封建主，凡反秦就是搞复辟，这根本不符合客观事实，是篡改历史。

秦王朝推行法家耕战政策，统一中国后，新兴的地主阶级意满志盈，主观上认为没有什么办不到的事情，根本不考虑劳动人民的愿望，它残酷压榨和奴役人民，用各种“严刑峻法”强迫广大人民无休无止地如奴隶般地服劳役。秦末劳动人民起义，就是反抗这种残酷的无休无止的劳役。陈胜、吴广的宣言曾说过，“天下苦秦久矣”。

陈胜带了一部分服劳役的人误了报到的期限，误了期限就要处死。反正造反是死，不造反也是死，这样他们就揭竿而起了。刘邦起兵反对秦王朝，也是这个问题引起的。

秦统一六国后，在全国范围内变本加厉地这样干。例如参加秦王朝修筑宫殿、陵墓的劳动人民，从遥远的南方、东方，迢迢万里，日夜赶来，一次就是几十万。这些劳动人民过的什么生活，没有文字记载。据史书，隋朝开国皇帝隋文帝，号称比较节俭、爱惜民力。他修建仁寿宫时，每天一车一车的建筑材料运进去，被折磨死的建筑民工的尸体一车一车地运出来，这些死者的尸体连同废土一起填平了附近的沟壑。宫殿落成后，隋文帝晚上登上宫殿的高处，只看见遍地磷火闪烁，这都是死者的骨骸发出的磷光。这形象地说明供封建地主阶级享乐的宫殿，建筑在劳动人民的尸骨堆上。秦王朝修建的阿房宫等等工程，规模远比隋文帝的仁寿宫大得多，劳动人民的死伤惨重是可想而知的。劳动力不足，他就发“闾左之戍”[①]，还征“七科谪”[②]。这些措施，严重地破坏了生产力，使人民处于水深火热之中。当人们活不下去时，就会革命。秦朝就是由于使千百万劳动人民活不下去，才被推翻的。毛泽东主席指出：“地主阶级对于农民的残酷的经济剥削和政治压迫，迫使农民多次地举行起义，以反抗地主阶级的统治。”[③]

① 闾、里都是古代的平民聚居的单位，好像北方的胡同、南方的里弄，一条巷内住有二三十户，分为左右两排，并按五家、十家为单位组织起来。秦王朝为了大量征调劳动人民，有时强令住在闾里左边一排的适龄壮劳力全部征调。

② “七科谪”是秦代强制服劳役的办法，对象包括七种人：有罪的官吏、逃亡的罪犯、赘婿、有市籍的贾人、曾经有市籍的、父母曾经有市籍的、祖父母曾经有市籍的。

③《中国革命和中国共产党》。

毛泽东主席提到的起义的农民领袖，首先就是陈胜、吴广。秦王朝灭亡的原因，毛泽东主席已经说得很清楚了。“四人帮”却说因为秦王朝是进步的，所以爱人民，甚至说秦王朝是代表“黔首”的，即皇帝代表人民利益。照“四人帮”的说法，在阶级社会里，统治阶级与被统治阶级，剥削者与被剥削者，可以互相爱护，这是对马列主义原理的公开背叛。工人阶级登上历史舞台以前，历史上出现过进步的阶级、进步的势力，不能因为它在当时历史条件下是进步的就说它是爱人民。两者不能混淆。

从原始公社的解体到奴隶制社会的形成，这是一个进步，但是奴隶制社会对广大奴隶的压迫和剥削是极端残酷的。资产阶级比封建地主阶级进步，但当资本原始积累的时候，每一个钱币也都沾满了劳动人民的鲜血。秦王朝要统一，这是符合历史的要求，是进步的，符合了历史前进的方向，所以它成功了。秦王朝统一以后，对待人民像对待奴隶一样，激怒了人民，所以失败了。它的成功是符合了历史前进的方向，不是偶然的；它的失败是违背了人民的利益，使广大人民活不下去，逼得人民造反，这也不是偶然的。“四人帮”却故意歪曲历史，捏造什么地主阶级“爱人民”，一字不改地宣扬地主阶级美化自己统治的“黔首大安”之类的秦刻石，通过“讲历史”来论证阶级调和古已有之，这是极端反动的。

历史上说“汉承秦制”。秦朝是封建统一的中央集权制国家，汉朝继承并巩固了它。所不同的是汉朝奴隶制的残余比秦朝少了。汉初和刘邦一起打天下的领导集团，基本上来自下层。刘邦的开国功臣中，有的在县里当过刀笔吏，有的是杀狗的，有的是贩卖布的，有的是给人家办丧事时吹乐器混饭吃的，有的当过乞丐，也有的没有固定职业混日子的。刘邦自己当过亭长，是地方上一个最下级的小吏而不是官。这些人与旧的奴隶主转化过来的封建贵族基本上割断了联系。正是由于劳动人民的起义推翻了秦王朝，才使汉朝完成了秦朝没有也不能完成的这个历史任务。可见，秦汉的统一这件事，根本与奴隶制和封建制的斗争、复辟和反复辟的斗争没有关系。秦汉政治上的斗争，不存在什么复辟与反复辟的问题，当时的斗争就是统一与分裂，是巩固统一，还是反对统一和破坏统一的问题。

二

现在再看秦始皇统一前后的哲学思想。秦始皇在实际管理政治以前，由宰相吕不韦当政。吕不韦当政时，秦国已经在进行统一全国的战争。吕不韦召集一部分门客帮他编成了一部《吕氏春秋》。“四人帮”的御用工具罗思鼎说它是奴隶主复辟的书，这完全是胡扯。《吕氏春秋》采取了先秦各家学说，拼凑起来，企图用它作为国家统一的指导哲学。书中有儒家、法家、道家，还有墨家、农家和其他许多学派的思想。它实际是杂凑起来的，构不成一个有机的整体，前一篇和后一篇、这一部分和那一部分往往自相矛盾，使人看了无所适从。这部书起不到统一思想的作用。

秦始皇自己掌握政权以后，采用《韩非子》作为他统一天下、治理国家的思想武器。这种哲学政治思想确曾一度满足了秦王朝政治上的需要，所以收得了实效。但是韩非的思想在秦王朝覆灭的过程中，暴露了以下的缺点和问题，不能充分适应地主阶级的统治需要。

第一，韩非宣扬进步的历史观，他说历史是发展的，社会是要改变的，是要不断地革新的。但一切剥削阶级，当政治上取得某种成功的时候，就停止前进。因之，像韩非关于历史进步、革新的思想，也就意味着秦王朝还要被后来的新势力取代，这是已取得统治地位的剥削阶级所不愿接受的。秦始皇的要求就很清楚，他是第一代皇帝（始皇），他的儿子叫二世，孙子叫三世，以至万世。他希望天下的人民万世受他们奴役。变革、革新的思想不再需要了。“天不变，道亦不变”的哲学观点，如果秦始皇早日看到，他会乐于接受的。对汉代和以后的封建统治者，当然也是这样。

第二，韩非反复讲如何统治人民。他公开宣扬统治者与人民的利益是对立的，对统治者有利的事情，对人民就不利；对人民有利的事情，对统治者就不利。双方的关系是绝对对立的关系。统治者为了巩固自己的统治，只有加紧镇压人民。人与人之间的关系完全建筑在互相利用、赤裸裸的利害关系上。剥削者与被剥削者的关系，是利害相反、绝对对立的关系。这本来也是事实，但是剥削阶级大喊大叫地宣称他们是剥削人民的，他们和人民的利害是绝对相反的，一点也不掩盖自己的残酷的压迫和剥削，这对统治者并不利。赤裸裸地讲剥削和压迫，光讲镇压人民的一手而不讲欺骗人民的一手，只讲刽子手的职能而不讲牧师的职能，对亲眼看到秦王朝垮台，并充分利用秦王朝的这一弱点代替了秦王朝的汉王朝的统治阶级来说，显然认为这是很愚蠢的。

第三，法家的哲学公开讲“术”。“术”就是驾驭群臣的阴谋诡计。法家韩非强调国君前后左右充满了敌人，大臣不可信，宦官不可信，后妃也不可信。国君整天提心吊胆地提防着可能随时发生篡弑的政变。封建集团内部，钩心斗角，互相争夺，也本是常有的事，但把它绝对化，认为凡是大臣、宦官、后妃一定有篡弑的企图，以致上下猜疑，这对于形成一个较稳定的统治集团和巩固中央集权的国家没有好处。封建社会的“宗教幻想和政治幻想掩盖着的剥削”和家庭内的“温情脉脉的面纱”[①]当然是虚伪的，但对地主阶级是不可缺少的。公开宣扬不要这种“面纱”，对于协调统治集团内部关系不利。

第四，法家的哲学对法令以外的其他上层建筑的用处缺乏认识。上层建筑包括法律、政治、道德、艺术、宗教、哲学……范围很广。韩非的思想中只有法令一项，他认为只能“以法为教，以吏为师”，“君上之于民也，有难则用其死，安平则尽其力”[②]。人民不过是会说话的劳动工具。这样就忽略了上层建筑其他部分的重要职能和作用。秦王朝企图以“焚书坑儒”来实行思想上的统一，收效并不显著。

自商鞅变法奖励耕战，鼓励一家一户的生产，规定男子成年必须与父母分居，另立门户，女子到一定年龄必须出嫁，以增加劳动力和纳税的服役人口以来，小农经济得到了发展，但秦始皇统一全国后，繁重的劳役、兵役等等，又严重干扰、破坏了这种小农经济。秦朝的农户都是小家庭，一个家庭的主要劳动力被抽调去服劳役，一旦抽走能活着回来的机会不多，“戍死者固十六七”[③]，即使有田也无法耕种，生产遭到严重的破坏。

汉初的黄老思想正是根据当时经济形势的要求而提出并得以流行的。黄老学派起源于战国中期，是假托黄帝的名义，吸收老子哲

① 《共产党宣言》。

② 《韩非子・六反》。

③ 《史记・陈涉世家》。

学中“无为”、使民“自富”“自朴”的政治思想而形成的一个学派。它是战国中期代表新兴地主阶级的许多思想流派之一。长沙马王堆出土帛书中有《经法》《十大经》等即黄老学派的重要典籍。西汉初年的陆贾以及稍后的司马谈（他自称道家），按其思想实质，都属黄老学派。它反映了汉初全国统一形势下发展小农经济的要求。因为当时楚汉连年战争之后，人民穷困，户口减少，壮年劳动力缺乏，耕畜减少，经济急需恢复。刘邦进入咸阳以后，与关中父老“约法三章”，减轻严苛的法律规定，已开始采取黄老的思想。“四人帮”的工具罗思鼎等胡说《经法》《十大经》等是“法家”著作，又说不通，便玩弄手法，说什么汉初的黄老思想是什么“道表法里”，这完全是信口胡说。汉初有名宰相曹参，在齐国做相时，请了黄老学者盖公当他的老师和顾问。盖公对曹参提出“清静无为，与民休息”的建议，行之数年，齐国大治。后来，曹参继萧何为相，用这一思想在全国推广。曹参的继任者陈平也是学黄老之学的。不干涉、少干涉是黄老哲学的根本精神。从汉初到武帝以前，统治者所以采取黄老哲学，是因为当时经济非常困难：“汉兴，接秦之敝，诸侯并起，民失作业，而大饥馑。凡米石五千，人相食，死者过半。高祖乃令民得卖子，就食蜀汉。天下既定，民亡盖臧，自天子不能具醇驷，而将相或乘牛车。”[①]剥削是一切剥削阶级的本性，并非汉初的地主阶级仁慈一些，主张不剥削、少剥削，主要原因是当时人民没有什么东西可供剥削，地主阶级不得不“轻徭薄赋”，减少剥削的数量，这比“竭泽而渔”对它更有利些。汉初采取黄老之学以维持其统治，是与当时的社会经济状况有直接的关系的。汉初的统治者，正是上升时期的地主阶

① 《汉书·食货志》。

级的代表，他们讲黄老无为，不过是为了积蓄力量，准备有为。

三

从汉初到武帝几十年推行黄老之学的“无为”政策，果然对封建经济起到了恢复和发展的作用。到汉武帝时就较富足了。史书记载说，当时国家积累的粮食，仓库里都装不完，积存以至腐烂。钱也很多，仓库里一层层堆积起来，穿钱的绳子都朽烂了。这说明汉王朝的经济实力大为增强，为政治上、军事上的“有为”打下了基础。西汉初年中央统一政权对地方割据势力（先是异姓王，后是同姓王）屡次打击，但矛盾仍然存在；对北方匈奴贵族奴隶主政权的掳掠，一直无力解决。到了汉武帝时代，已经不仅有必要，而且有可能加以解决。另外，由于小农经济的分化，兼并的盛行，农民与地主阶级的矛盾日趋尖锐。在这样的形势下，再提倡“黄老无为”，就会束缚统治阶级自己的手脚，于是黄老哲学也必然遭到罢黜的命运。

这时，为了巩固封建统一政权，为了进一步在经济、政治、军事上搞大一统，思想统一这个问题又提到日程上来了，董仲舒哲学思想就应运而生并受到重视。董仲舒在《天人对策》中曾说：“《春秋》大一统者，天地之常经，古今之通谊也。今师异道，人异论，百家殊方，指意不同，是以上亡以持一统，法制数变，下不知所守。”① 这就是说，当时思想很混乱，各种思想流派并存，上面没有统一的思想，下面就无所遵循。董仲舒正式提出，凡是“不在六艺之科、孔子之术者，

① 《汉书·董仲舒传》。

皆绝其道，勿使并进”。除“六经”、孔子的学说，其他的学说都要制止，这样就可以让人民知道该干什么、不该干什么。秦始皇“焚书坑儒”与汉武帝“尊崇儒术”，这两件事的做法相反，目的是一个，是沿着同一条路线发展下来的。都是要适应当时经济、政治大一统的状况和要求，而提出思想意识上的大一统。

有了统一的政治局面，才会产生统一的哲学。秦汉封建大一统的局面，在我国历史上是件新事，也是一件前所未有的大事。统治阶级为了寻找（或者说是建立）对它有用的哲学体系，不是一帆风顺的。要在与旧思想斗争中探索前进，需要有一个过程。

先秦“百家争鸣”的社会基础和时代背景，是生产关系的变革和诸侯割据纷争以及兼并战争的盛行。秦统一后用强硬镇压的措施把以韩非为代表的法家思想定于一尊的地位，秦末农民大起义的浪涛淹没了秦王朝，同时也推翻了法家的一尊地位，宣告了秦始皇用禁私学、焚《诗》《书》百家语来统一思想的做法的失败。西汉的统治者，初期虽然“崇尚黄老”，却并不排斥“百家”，各个学派的代表人物这时都有所活动。但是由于面临的是封建大一统的政治局面，各派都为建立统一的封建主义上层建筑而出谋献策，向地主阶级的“皮”上去“附”，都在吸收他家的观点，改变着自己的面貌，便出现了“百家交融”逐渐合流的趋势，在逐渐形成新学派。这个新学派主要奠基者就是董仲舒。虽然历史还习惯地称之为“儒家”，但从内容到形式，他和先秦的“儒”有很大的区别，汉武帝所尊的“儒”并不是先秦的儒。我们不能光看学术流派的师承传授的世系表，主要是看它属于哪一个阶级、为什么人服务。

汉初儒家得到重视，也不是从董仲舒开始的。建元元年（前140年），汉武帝十七岁时，丞相卫绾奏："所举贤良，或治申商、韩非、苏秦、张仪之言，乱国政，请皆罢。"这条建议得到武帝的批准（"奏可"）。建元五年（公元前136年）春置五经博士。"五经"都是儒家的经典，用儒家的经典作为国家的教材。前一件事是"罢黜百家"，后一件事是"尊崇儒术"。当时汉武帝还不认识董仲舒这个人。到了元光元年（公元前134年），"诏贤良对策"，才选拔了公孙弘、董仲舒。

政治形势、阶级形势变了，各家学说的内容也不得不随着有所改变。某家的招牌仍旧，推销的货色却随着时代的改变而改变。比如法家用人，一向强调尚贤使能、论功行赏，反对用资历限制人的选拔。但我们试看下面这一段话："且古所谓功者，以任官称职为差，非谓积日累久也。故小材虽累日，不离于小官；贤材虽未久，不害为辅佐。是以有司竭力尽知，务治其业而以赴功……"又说："毋以日月为功，实试贤能为上。量材而授官，录德而定位，则廉耻殊路，贤不肖异处矣。"说的是选用官吏，不能光看资历，主要看才干、能力。这两段话，不是很像法家吗？它却出自儒家董仲舒向汉武帝的《对策》。可见儒、法之间没有不可逾越的鸿沟。汉初的儒、法已经互相渗透，在合流了。

我们再看看汉初的贾谊。梁效、罗思鼎都说他是"法家"。但贾谊偏偏说："汤武置天下于仁义礼乐，而德泽洽，禽兽草木广裕，德被蛮貊四夷，累子孙数十世。……秦王置天下于法令刑罚，德泽亡一有，而怨毒盈于世，下憎恶之如仇雠，祸几及身，子孙诛绝，此天下之所共见也。"[①]大讲"仁义礼乐"，大反"法令刑罚"，这还成法家吗？贾谊讲儒家的"仁义礼乐"，同时也讲法家的"权势法

① 《汉书·贾谊传》。

制”，并比之为芒刃与斧斤的关系，不主张专用一家。贾谊主张削弱地力割据势力（诸侯王）的目的之一是“法立而不犯，令和而不逆”[①]。可见，在贾谊的思想中明显地体现了儒法合流的倾向。

先秦儒法两家都讲到“刑”与“德”。孔孟讲“刑”“德”，以“德”（欺骗）为主，以“刑”配合。法家讲“刑”“德”，以“刑”为主。两派“刑”与“德”的含义也有区别。如韩非说“二柄者，刑、德也”[②]，“刑”即罚，“德”即赏赐，韩非的“德”不包含“仁义”“慈爱”的内容。韩非的著作反复强调讲“仁义”“慈爱”是有害的。汉初的晁错也讲“赏”与“罚”，但他解释说：“其行赏也，非虚取民财妄予人也，以劝天下之忠孝而明其功也。……其行罚也，非以忿怒妄诛而从暴心也，以禁天下不忠不孝而害国者也。”[③]把“赏”与“罚”看成是实行“忠”与“孝”的手段。晁错也“学申商刑名”，但文帝时曾被派往山东“从伏生受《尚书》”[④]。这也是儒法合流。而在“四人帮”论客的笔下，贾谊、晁错都成了反儒的“法家”人物。汉初的董仲舒讲刑与德，他既不同于孔孟的重德轻刑，也不同于韩非的重刑轻德，而是主张既宣扬“慈爱”“仁义”的欺骗，又提倡用刑政法令来镇压。很明显，董仲舒与贾谊、晁错是一脉相承、儒法合流的。

再看汉初的道家。一提起道家，人们自然想到应当指的老、庄。司马谈说：“道家使人精神专一，动合无形，赡足万物。其为术也，因阴阳之大顺，采儒墨之善，撮名法之要，与时迁移，应

① 《汉书·贾谊传》。
② 《二柄》。
③ 《汉书·爰盎晁错传》。
④ 同上。

物变化，立俗施事，无所不宜。指约而易操，事少而功多。”[1]这个道家综合吸取儒家、墨家、名家、法家以及阴阳家的内容。像这样的道家和先秦老、庄的道家已经很不相同了。如果把先秦已有的“家”（学派）看成一成不变的，并认为后来的某“家”就是先秦的“某家”，没有不上当受骗的。马列主义、毛泽东思想教导我们对具体事物要做具体的分析，不能看它的招牌，要看它的实质。什么家，什么派，只是招牌，为什么阶级服务，才是它的本质。

“四人帮”胡说什么汉初形式上崇奉黄老，骨子里是法家（道表法里），后来到武帝时，形式上尊儒，实际是尊法。他们还说汉武帝不是真正相信董仲舒，真正相信的是张汤、桑弘羊那些人。事实是这样吗？据历史记载：“（董）仲舒在家，朝廷如有大议，使使者及廷尉张汤就其家而问之。”[2]

张汤专管司法，是汉武帝信任的一个高级官吏。“四人帮”把张汤这个人看作“法家”，但是，朝廷有了重大事件，却叫法家张汤跑去向儒家董仲舒请教，汉武帝究竟是信儒家，还是信法家呢？信董仲舒，还是信张汤呢？据记载，张汤这个人判决重大案件的时候，也要从儒家经典中寻找理论根据：“（张）汤决大狱，欲傅古义，乃请博士弟子治《尚书》《春秋》……”[3]看来，这个法家简直离不开儒家了。武帝时，另外一个宰相公孙弘，史书上说他，“习文法吏事，缘饰以儒术”[4]。这又是一个儒法两家互相配合的例子。

哲学与宗教这些远离基础、高入云霄的上层建筑，与接近经济

① 《史记·太史公自序》。

② 《汉书·董仲舒传》。

③ 《汉书·张汤传》。

④ 《汉书·公孙弘卜式儿宽传》。

基础的那些上层建筑同样为其基础服务，却有差别。以汉初来说，哲学不能直接做出决狱的条文代替廷尉张汤的判决书，但哲学能作为决狱的指导思想，给决狱提供理论根据。哲学不负责直接向人民征收赋税，代替桑弘羊的财政政策，但能形成理论，从而保证汉武帝税收顺利。

古人对汉初这些现象不是全无察觉。班固就称赞汉武帝用人、得人之盛，“儒雅则公孙弘、董仲舒、儿宽，笃行则石建、石庆，……定令则赵禹、张汤，文章则司马迁、相如，……历数则唐都、洛下闳，协律则李延年，运筹则桑弘羊，奉使则张骞、苏武，将率则卫青、霍去病，……其余不可胜纪”[①]。古人只朦胧地感到汉武帝会用人，各方面的人才配合得好。他们不懂得政、法、文、武、宗教、哲学之间的相互关系，反映了当时上层建筑已为统一的封建王朝成龙配套。有哲学、宗教、文学、艺术、道德、法律、经济政策分别起着各自的作用。

重用董仲舒，是用他的哲学体系，讲“天不变，道亦不变”的形而上学，为汉王朝的万世一系制造舆论；讲“天人感应”，为王权神授制造理论。治狱还得靠张汤，理财则离不开桑弘羊。为统治者粉饰太平，还得用御用文人司马相如之流。因此，说“尊儒”，是把哲学抬高到最高的地位，并不是重复孔丘的“克己复礼”，尊周天子；重法，是发挥镇压人民的职能，并不是用法令代替一切。

四

从以上的论述，可以看出“四人帮”宣扬所谓秦汉儒法斗争是

① 《汉书·公孙弘卜式儿宽传》。

复辟与反复辟的斗争，完全是虚构出来的。因为战国时期各国都已进入封建社会，都是新兴地主阶级掌权，一个阶级竟然自己对自己进行“复辟”，这只能是“四人帮”热昏的胡话。他们借古说今，编造谎言，是为了影射攻击党的革命老同志。

“四人帮”炮制的贯穿古今两千多年的“儒法斗争”这条“纲”根本是虚构出来的，因为自西汉以后儒法斗争已不存在，汉以后的所谓儒法斗争更不存在。哲学上只有唯物主义与唯心主义、辩证法与形而上学才是贯穿古今的主要线索。进步或保守，是政治范畴，是一定阶级和集团在一定历史时期的表现。离开了阶级标准，就无法判断什么是进步、什么是保守，这是事实，也是常识。政治思想只能是某一个阶级的政治思想，超阶级的一贯进步，是难以设想的，只能是唯心主义的虚构。所谓“法家一贯进步”，从来没有过，即使当它作为新兴地主阶级的思想代言人时，它的反动的东西也不少。

汉代董仲舒的学说的出现，作为汉武帝的哲学思想，巩固其封建大一统的政治局面，曾起过积极作用。随着时间的推移，董仲舒的学说越到后来越反动。清末康有为提出变法维新，抬出孔丘作为保护伞，借孔丘的“庇护”，来宣传其变法思想。康有为主张开议会，就宣称他见到的古本《论语》上说，“天下有道则庶人议”；他把美化了的资本主义社会说成“大同”世界，也从《礼运》寻找根据。这时的康有为虽尊儒，却不反动，而是进步的。后来对抗革命派，站到革命的对立面，他才成了反动人物。

“四人帮”为了影射党内有“儒”，才故意造谣，把“儒法斗争”的公式从古代引向当前。1974年以后，他们连篇累牍，大讲历史，“总结经验”，为了一个目的，就是篡党夺权。他们为了打击、陷害周恩来总理、华国锋主席和一大批革命领导干部，诬蔑他们是“复辟派”，是当代的“大儒”。他们已透露了杀机。

我们的任务就是要把被“四人帮”搞乱了的事实予以澄清，颠倒了的是非重新摆正。“四人帮”长期窃据舆论宣传阵地，只许“一帮”放毒，不许人民讲理，以致形而上学猖獗、实用主义泛滥，学术界被他们搞得乌烟瘴气。甚至在“文化大革命”前早已被广大群众批驳得体无完肤抛进历史垃圾堆的一些谬论，又一一捡回，贴上新商标，强迫向群众摊派推销。在哲学历史文化领域里造成的混乱、破坏是前所未有的。

“四人帮”对参加过反帝反封建斗争的老干部恨入骨髓，必欲置之死地而后快。相反，他们却把地主阶级的法家捧上了天，说得比共产党还先进。一爱一憎，立场分明。这就说明，“四人帮”这伙新老反革命对我党、对社会主义制度的刻骨仇恨，他们不但要向社会主义革命反扑，而且要向民主革命反攻倒算。英明领袖华国锋主席深刻地指出：“‘四人帮’是反共反社会主义的资产阶级在我们党内的典型代表。他们同蒋介石国民党有千丝万缕的联系。”事实已充分说明他们是国民党的残渣余孽。不论如何伪装，他们臀部带着的鲜明的封建、买办的印记，是掩盖不住的，只能欲盖弥彰。我国出现的修正主义所具有的封建性，是我国社会历史条件下，“题内应有之义”。林彪、“四人帮”无一例外。我们要对他们的资产阶级极右实质深入批判，对这一伙的封建法西斯的反动性应有充分估计，不可低估。

批判“影射史学”，恢复哲学史的本来面目*

王洪文、张春桥、江青、姚文元“四人帮”继承林彪反党集团的衣钵，接过革命口号，利用他们篡夺的那一部分权力，大搞资产阶级法西斯专政。在思想文化战线上他们喂养了一批“梁效”“罗思鼎”之流的无耻文人，虚构一整套所谓“儒法斗争”的模式，伪造历史，践踏马列主义基本原理，把早已破产的资产阶级、修正主义的反动谬论，重加装饰，强迫推销。在整个哲学社会科学领域制造严重混乱，为他们篡党夺权、搞反革命复辟阴谋服务。党中央号召从理论上、思想上深揭狠批“四人帮”反革命修正主义路线，从哲学、政治经济学、科学社会主义进行批判，在各个领域内肃清流毒。对“四人帮”炮制的“儒法斗争”的反革命谬论深入批判，是我们中国哲学史工作者刻不容缓的责任。

---

* 原载《哲学研究》1978年第3期。本文是任继愈主编的《中国哲学史简编》修订本序言（初版时未收录）。

一、中国哲学史是唯物主义与唯心主义的斗争史，还是“儒法斗争”史？

在“四人帮”所制造的反革命舆论中，“儒法斗争”问题曾喧嚣一时。春秋战国“百家争鸣”中一度存在过的儒法斗争，到了“四人帮”的御用工具梁效、罗思鼎之流的笔下，竟然成了超时代、超阶级、包罗万象、贯穿古今的法宝。从公元前奴隶主反对封建主的斗争，直到20世纪70年代中国共产党内的两条路线的斗争，都被说成是“儒法斗争”。在他们看来，中国哲学史研究的对象不是唯物主义与唯心主义、辩证法与形而上学的斗争，而是所谓“儒法斗争”。

毛泽东主席指出：“科学研究的区分，就是根据科学对象所具有的特殊的矛盾性。因此，对于某一现象的领域所特有的某一种矛盾的研究，就构成某一门科学的对象。”[①] 既然哲学领域的特殊矛盾是唯物主义与唯心主义的斗争，那么，哲学史以这个特殊矛盾在历史上的发展作为研究对象，就毫无疑义。

关于这个问题，马列主义经典作家有过一系列的论述。恩格斯在《费尔巴哈与德国古典哲学的终结》中指出：“全部哲学，特别是近代哲学的重大的基本问题，是思维和存在的关系问题。”[②]“哲学家依照他们如何回答这个问题而分成了两大阵营。”[③] 列宁指出：“在两

① 《毛泽东选集》第一卷，第284页。

② 《马克思恩格斯选集》第四卷，第219、220页。

③ 同上。

千年的哲学发展过程中，唯心主义和唯物主义的斗争难道会陈腐吗？哲学上柏拉图和德谟克利特的倾向或路线的斗争难道会陈腐吗？”①

哲学史只能以唯物主义与唯心主义、辩证法与形而上学的斗争为对象，以区别于一般的政治思想史和其他学科的历史。马克思和恩格斯在处理哲学史问题时贯彻了这个原则。例如在《神圣家族》的“对法国唯物主义的批判战斗”一节中，概述西欧哲学唯物主义的发展，就是把哲学思想与一般政治思想做了严格的区分。对于当时在法国和欧洲政治思想上很有影响的人物，如卢梭、孟德斯鸠、伏尔泰等人，马克思和恩格斯就根本没有提到他们的名字，这显然不是疏忽，而是把叙述限制在哲学思想的领域内，也就是限制在唯物主义与唯心主义的斗争这个领域内。这为我们在研究哲学史对象问题上树立了一个科学的典范。

唯物主义与唯心主义的斗争问题，是对哲学领域内的斗争所做的最高的概括。自从人类把自己和周围外部世界区别开来的时候起，就产生了思维和存在的关系问题。因此，哲学史“简略地说，就是整个认识的历史”②。通过对唯物主义与唯心主义、辩证法与形而上学斗争的研究与阐述，哲学史应当反映出人类认识日益深化的辩证发展过程，总结出理论思维的经验教训，阐明马克思主义哲学基本原理的无比正确。通过对哲学思想变化根源的探求，说明社会经济基础如何决定影响于上层建筑以及上层建筑的反作用，说明社会阶级斗争与哲学思想上斗争的相互关系。这是任何其他学科的历史，如政治思想史，所不能代替的。

---

① 《列宁选集》第二卷，第128-129页。

② 《列宁全集》第三十八卷，第399页。

一百多年来，马克思主义的敌人，在哲学和哲学史上都首先攻击马克思主义的哲学党性原则。“四人帮”用“儒法斗争”来取代哲学上的唯物主义与唯心主义的斗争，也就是从根本上否认和抹杀哲学的党性原则，他们是被打倒的地主、资产阶级的政治代表，他们一切反革命舆论的哲学基础都是唯心主义。他们否认和抹杀哲学的党性原则，企图搅乱思想，从而掩盖他们自己的唯心主义的实质。他们的一切谬论都不是理论上的失足，更不是认识上的错误，而是他们反动的政治立场和阶级本性的必然暴露。

“四人帮”以“儒法斗争”作为中国哲学史的对象，在理论上是荒谬的，在事实上也是虚构的。首先，儒家、法家的称号，是沿袭了传统习惯的说法。和其他各家一样，儒法两派形成于先秦。“六家”之说始于西汉的司马谈。前人往往以师承传授关系等外表现象作为划分学派的依据，其实，表面上属于同一“家”，内部也有唯物与唯心的区别，代表的阶级也不尽相同。随着社会阶级关系的变化，往往某“家”的名称如旧，而思想内容和阶级实质已大不一样。如早期墨家与后期墨家代表不同的阶级，又如韩非所处的战国末期，就已经“儒分为八，墨离为三”，在“法家”内部也有重“法”、重“术”、重“势”的区别。因此，根本没有一个持续两三千年之久，以儒家为一方，以法家为一方的所谓儒法斗争。它不能揭示哲学唯物主义与唯心主义的实质，也不能阐明哲学发展的规律，也无从体现人类认识日益深化的辩证发展过程。

在儒法斗争问题上，“四人帮”搞得最乱的是秦汉之际这一段。他们把秦汉时期地主阶级进行政治上统一的斗争说成是反对奴隶主复辟的斗争，把伴随着秦汉之际政治上统一形势，在思想领域内出现的百家交融和儒法合流，也说成是“儒法斗争”，这就完全歪曲了历史的真实。

毛泽东主席早就指出：“如果说，秦以前的一个时代是诸侯割据称雄的封建国家，那末，自秦始皇统一中国以后，就建立了专制主义的中央集权的封建国。”家说明秦的统一只是结束了诸侯封建割据的局面，开创了封建统一，并不牵涉到奴隶制与封建制的更替问题。事实上，奴隶制的瓦解崩溃和封建制的形成确立，都经历了相当长的历史过程，并不是也不能是由几个君主、几道法令来完成的。正如马克思所指出的，“社会不是以法律为基础的……相反地，法律应该以社会为基础”[①]。等到法家来立法的时候，封建制的生产关系已经开始确立了。从近年来地下发掘的文物资料来看，中国封建社会形成时期，只能早于春秋战国，而不能迟于这个时期。“四人帮”颠倒了社会与法的关系，把封建制代替奴隶制归结为几个“法家人物”，所谓“圣君”“贤相”推行的“法家路线”的结果，完全背离了历史唯物主义的基本原理。

用儒法斗争也概括不了当时全部的思想斗争和阶级斗争。儒、法在先秦不过是“百家”中的两家，当时相互斗争的，除了儒、法，孔、墨、老、庄之间，以及其他各家之间都是曾有过程度不同的斗争。儒、法两家的势力虽然较大，但还有不少既不能归之于儒，又不能归之于法的许多家。鲁迅说春秋战国时哲学流派：“当时足称‘显学’者实止三家，曰道，曰儒，曰墨。”[②]如果按照“四人帮”的儒、法二分法来套中国哲学史，在儒、法之外的许多学派，都要被排斥在

① 《马克思恩格斯全集》第六卷，第291—292页。

② 鲁迅：《汉文学史纲》。

哲学史外。先秦时期本来十分错综复杂的阶级斗争及其丰富多彩的哲学思想，被篡改歪曲得单调干瘪、面目全非。

反映春秋战国时期阶级关系的百家争鸣，到了秦汉开创并巩固了封建统一之后，就不再存在，而相应出现百家交融和儒法合流的新局面。正如恩格斯所指出：“对哲学发生最大的直接影响的，则是政治的、法律的和道德的反映。”[①] 由于在政治上实现了中央集权的封建君主专制主义大一统局面之后，统治者必然要求在思想领域内也“定于一尊”，建立一套统一的上层建筑和思想体系，来巩固和加强经济和政治上的统治。从秦始皇的“焚书坑儒”到汉武帝的“独尊儒术”，尽管做法不同，目的却是一样，即建立一套能够长远维护封建大一统的上层建筑和思想体系。

儒家思想和法家思想都是剥削阶级的意识形态，两者之间有许多相同或相通之处，无论是奴隶主阶级或者封建地主阶级，在政治上都要搞专制主义，在思想上都要搞蒙昧主义，都有“尊君”与“愚民”的要求。曾经是奴隶主阶级的儒家思想，在一定条件下经过适当的改造，完全可以为地主阶级服务。

“理论在一个国家的实现程度，决定于理论满足这个国家的需要的程度。”[②] 法家思想在战国时期特别在秦国风靡一时，是因为它适应了当时统一的要求，秦始皇在统一六国之后，很自然地把法家思想定于一尊的地位，实行“以法为教”“以吏为师”的政策。然而，法家只强调刑罚法令对人民的镇压作用，以致后来发展到完全不顾社会经济后果，不管被统治者的起码的生存条件，这就加剧和激化

① 《马克思恩格斯选集》第四卷，第486页。

② 《马克思恩格斯选集》第一卷，第10页。

了地主阶级和农民的矛盾，秦末的农民大起义在摧毁秦王朝的同时，法家的一尊地位也跟着垮台了。这就使得西汉的统治者转而采取"文武并用""霸、王道杂之"的两手策略，吸取儒家的所谓"德政""教化"来弥补法家对人民欺骗性不足的弱点。

西汉初年，统治者为了适应当时经济和政治需要，在思想上崇尚黄老，一度被秦始皇强行禁止的"百家"在汉初几乎都有代表人物在活动。但是由于面临的是一个封建大一统的政治局面，各家各派又都以总结秦亡的教训为提出议论的出发点，以如何维护和加强汉王朝封建大一统的秩序为政治归宿，这样就出现了各"家"相互渗透、交融合流的时代思潮。到了汉武帝时，出现了董仲舒的哲学，儒法就已经完全合流，形成一套统一的封建主义的思想体系。此后，所谓"儒法斗争"就不再存在了。

离开了一定的历史条件和阶级斗争形势，所谓先进与保守、革命与反动就无从谈起。"四人帮"不顾历史真实，把儒法斗争从先秦引向今天，引向共产党内。胡说历史上存在着一个"法家"的先进、革命的"传统"，"四人帮"及其追随投靠者就是这个"传统"的"继承者"，就是现代的"法家"；和法家相对的还有一个儒家的保守、反动的"传统"，一大批参加过民主革命的老一代的无产阶级革命家就是这个"传统"的"继承者"，就是当代的"儒家"。他们大肆宣传"儒法斗争"的政治目的就是要打倒当代的"儒家"，就是要篡党夺权，就是为了推销他们"老干部即民主派，民主派即走资派"的反革命政治纲领。他们的"儒法斗争"论的全部要害也就在这里。

二、历史唯物主义还是历史唯心主义？

"四人帮"厚颜无耻地自吹要用历史唯物主义的观点研究历史上儒法斗争的阶级内容。[①] 这是一个十足的骗局。

马克思指出："物质生活的生产方式制约着整个社会生活、政治生活和精神生活的过程。不是人们的意识决定人们的存在，相反，是人们的社会存在决定人们的意识。"[②] 这是历史唯物主义的一条最根本的原理。"四人帮"的全部谬论都和这条原理背道而驰。

"四人帮"把儒法斗争说成是中国两千年来历史发展的根本动力，社会制度的更替、朝代的兴亡、政治的治乱、战争的胜败，无不取决于"儒法斗争"。他们极力夸大所谓"法家路线"的作用，例如他们说秦的统一是由于"法家路线"的贯彻，而灭亡是因为"法家路线"的中断；刘邦战胜项羽也是"法家路线"的胜利；汉初的兴盛是尊法的结果；尊儒的结果是西汉的灭亡……如此等等，不一而足。所有这些谬论概括起来不过是把社会变迁、政治变革的终极原因归结为精神领域和意识形态，仅就这一点就完全暴露了他们唯心史观的真面目。恩格斯指出："社会变迁和政治变革的终极原因，……应当在生产方式和交换方式的变更中去寻找；不应当在有关的时代的哲学中去寻找，而应当在有关的时代的经济学中去寻

① 参看梁效《研究儒法斗争的历史经验》一文，载《红旗》杂志1974年第10期。

② 《马克思恩格斯选集》第二卷，第82页。

找。”[1]“四人帮”的谬论显然是站在恩格斯所阐述的唯物史观的对立面。

人民群众是历史的创造者，“人民，只有人民，才是创造世界历史的动力”[2]。这是历史唯物主义又一条根本原理。“四人帮”是从根本上反对这一条原理的。他们把“法家人物”捧到救世主的地位。在“四人帮”看来，“法家路线”的制定和推行，都离不开“法家人物”，而“法家路线”能否贯彻，最后只能取决于某个帝王的好恶和选择。哪一个帝王喜欢并听信了“法家”学说，重用了“法家人物”，“法家路线”得到贯彻，于是国家兴盛，天下太平，“黔首讴歌”；如果哪个帝王听信了儒家学说，重用了儒家人物，“法家路线”中断，“法家人物”倒霉，于是国家衰亡，天下大乱，百姓遭殃。这不仅是林彪反党集团“天才论”的翻版，而且是它的恶性的发展。也正是由于这个原因，在“四人帮”控制舆论宣传大权的期间，鼓吹帝王将相创造历史的唯心史观大泛滥，人民群众在“四人帮”御用文人笔下，只是体现“法家路线”的走卒群氓。在批判林彪时，毛泽东主席曾指出，是英雄创造历史，还是奴隶们创造历史，是哲学史上一直争论不休的问题，并因之号召大家学点哲学史。这不但是对林彪反党集团的批判，也正是对“四人帮”的批判；这不但适用于林彪的反动的“天才论”，也适用于“四人帮”的反动的“儒法斗争”论。“四人帮”在政治上和林彪反党集团是一丘之貉，在思想上也完全沆瀣一气。他们都是用唯心论反对唯物论，用唯心史观反对唯物史观。

哲学史作为研究认识发展史的一门科学，必须很好地、认真地

---

① 《马克思恩格斯选集》第三卷，第307页。

② 《毛泽东选集》第三卷，第932页。

研究社会阶级斗争对哲学发展的影响。研究中国哲学史必须认真研究农民与地主的阶级斗争对中国哲学发展的影响。正是在这些问题上，“四人帮”炮制了一系列的谬论，他们篡改了马克思主义阶级斗争学说的基本原理，也歪曲了我国两千多年来地主与农民阶级斗争的真实面目。他们所讲的“阶级斗争”和马克思主义所讲的阶级斗争有着本质的区别。

马克思主义的阶级斗争学说主要是指，“压迫者和被压迫者，始终处于相互对立的地位，进行不断的、有时隐蔽有时公开的斗争”[①]。尽管历史上的阶级斗争极其错综复杂，但归根结底总是围绕着压迫者和被压迫者两个始终对抗的阶级展开的。在统治阶级内部各个等级、阶层、集团之间也存在着斗争，但这种斗争是从属于两个基本对抗阶级之间的斗争的。两者不能等量齐观，更不能颠倒过来。而“四人帮”的一系列谬论正是颠倒了这种阶级斗争的主从关系。

“四人帮”把“儒家路线”说成是农民起义的根本原因。在他们看来，在封建社会早期是奴隶主复辟，以后是地主阶级的保守派所推行的“儒家路线”才激化了农民与地主的矛盾，从而引起农民起义。所以农民战争只反“儒”不反“法”，农民不是给地主阶级反对奴隶主复辟当附庸，就是给地主阶级革新派当附庸，给“法家人物”推行的“法家路线”开辟道路。只有儒家对人民进行“残酷的经济剥削和政治压迫”，而“法家”则是“爱人民”的。从根本上否认了封建制度本身所固有的对抗性矛盾是农民起义的根本原因，也否认了农民起义所打击的对象是整个封建统治，抹杀了农民起义是封建社会“历史发展的真正动力”的伟大作用，掩盖了农民与地

① 《马克思恩格斯选集》第一卷，第251页。

主的阶级斗争给予哲学发展的深厚影响。事实上，是农民革命战争直接或间接地影响着哲学领域内的斗争，改变着它的内容和形式，推动哲学向前发展。例如，秦末陈胜、吴广的大起义之后，就出现了百家交融和唯物主义的黄老哲学流行的新局面，唯心主义也以董仲舒的神学目的论的形式取代粗糙原始的天命观。王莽时期的农民大起义之后，唯心主义以谶纬儒学大泛滥，唯物主义则以王充的元气自然论的形式提到一个新的高度。东汉末年黄巾大起义后，形成了魏晋玄学，糅合儒、道，建立起一套客观唯心主义的本体论，这一时期的唯物主义就形神关系问题有力地打击了唯心主义。这个时期的哲学比较注重抽象思辨、概念分析和逻辑论证，理论思维所概括的深度和广度都有空前的提高。但由于魏晋玄学对下层劳动人民的欺骗性不如佛教广泛普及，在隋末农民大起义之后，唐代统治阶级大力提倡佛教，哲学领域几乎全为僧侣独占。儒、释、道三家有了进一步的渗透融合。唐末黄巢大起义扫荡了门阀士族势力后，在北宋时期出现的唯心主义理学则是融合儒、释、道的产物，是一种体系完整、精巧圆滑的唯心主义。在中国晚期封建社会的思想领域内，唯心主义理学长期占据统治地位。

哲学作为远离物质经济基础的意识形态，如同恩格斯所指出的："在这里，观念同自己的物质存在条件的联系，愈来愈混乱，愈来愈被一些中间环节弄模糊了。"[①] 弄清哲学发展"同自己的物质存在条件的联系"，是哲学史工作者长期的战斗任务。研究农民革命战争对哲学发展的推动作用，则是弄清这个"联系"的一个重要方面，还有大量工作要做。

---

① 《马克思恩格斯选集》第四卷，第249页。

“四人帮”把阶级斗争抽象化，把思想领域内的斗争脱离社会阶级斗争孤立起来。不管社会制度和阶级斗争形势发生什么变化，法家一贯进步，儒家一贯保守，这两个学派的“一贯性”从先秦延续到今天。恩格斯指出：“一切历史上的斗争，无论是在政治、宗教、哲学的领域中进行的，还是在任何其他意识形态领域中进行的，实际上只是各社会阶级的斗争或多或少明显的表现，而这些阶级的存在以及它们之间的冲突，又为它们的经济状况的发展程度、生产的性质和方式以及由生产所决定的交换的性质和方式所制约。”[①]“四人帮”叫嚷的超阶级、超历史的“阶级斗争”，正是一种不受“经济状况的发展程度、生产的性质和方式以及由生产所决定的交换的性质的方式所制约”的“阶级斗争”。这样的阶级斗争，历史上从来就不存在。

“四人帮”既然歪曲和背叛了马克思主义阶级斗争学说，而作为马克思主义阶级斗争学说重要内容的国家学说，自然受到“四人帮”的篡改和歪曲。他们杜撰了一个“尊法反儒”和“尊儒反法”的概念，作为他们虚构“儒法斗争”体系的一个杠杆，篡改和歪曲马克思主义的国家学说。

国家是阶级压迫的工具，为了进行阶级压迫，才有了国家所特有的职能。列宁指出：“所有一切压迫阶级，为了维持自己的统治，都需要有两种社会职能：一种是刽子手的职能，另一种是牧师的职能。”[②]就是说，文武并用，软硬兼施，刑罚镇压与欺骗麻醉相结合是一切反动统治阶级进行统治的一般规律。自从国家产生之日起，

① 《马克思恩格斯选集》第一卷，第602页。

② 《列宁选集》第二卷，第638页。

这个规律就一直在起作用。中国和世界几千年的历史证明，奴隶主阶级、地主阶级、资产阶级都是这样做的。一般说，在夺取政权或挽救危机时需要应急实用，往往着重采取硬的一手，强调刑罚法令，但即使这样，反动统治阶级也并没有扔掉仁义道德的欺骗外衣。同样，反动统治阶级在政权相对稳定的时期，往往强调“偃武修文”“制礼作乐”等软的一手，但即使这时，反动统治阶级也没有放弃刑罚镇压。所有这些，都不过是反动统治阶级及其国家机器两种职能的规律在起作用，根本不是什么对先秦儒法两家的“尊”与“反”的问题。从历史上看，搞刑罚镇压并不从“法家”开始，搞欺骗麻醉也不是“儒家”的创造。“法家”固然强调刑罚镇压，但也提倡“尊君愚民”；“儒家”虽然强调仁义道德，但也主张“宽猛相济”。“四人帮”把凡是搞欺骗麻醉的就说成是“尊儒”或“儒家”，凡是搞刑罚镇压的就是“尊法”或“法家”。这显然是把同一个统治阶级同时使用的软硬两手割裂开来，说成根本对立的两派，以此来制造混乱。

“四人帮”的这一套对“儒、法”的“尊、反”谬论，无论在理论上或事实上都是荒唐无稽之谈。历史上根本没有这回事。只要核对一下历史，就可发现，在“四人帮”指定的“法家人物”的全部思想言论中，往往有更多的所谓“尊儒”的内容。例如被“四人帮”封为“法家人物”的柳宗元、王安石、王夫之等人就是如此。柳宗元吹捧孔丘说：“夫子之道，闳肆尊显，二帝三王，其无以侔大也。”[①] 王安石吹捧孔丘“圣人道大能亦博，学者所得皆秋毫”[②]。他还特别推崇孟轲、贬斥荀卿，说：“后世之士尊荀卿以为大儒而继孟子者，

---

① 〔唐〕柳宗元：《道州文宣王庙碑》。

② 《王临川集》卷九《孔子》。

吾不信矣。”[1]王夫之的这种思想主张就更突出了。如果按“四人帮”的说法，这些所谓“法家”，岂不更是“儒家”么？可见，“四人帮”炮制的这套“尊儒反法”“尊法反儒”的谬论正是用历史唯心主义来篡改马克思主义的国家学说，伪造历史，掩盖反动统治阶级利用国家机器对劳动人民进行经济剥削和政治压迫所表现的既残暴又虚伪的本质。

三、是马克思主义还是实用主义？

学习和研究中国哲学史一个重要方面，是要善于总结历史的经验教训，以利于当前的现实斗争。今天是由昨天和前天发展而来，不能割断历史。“四人帮”大搞影射史学，进行篡党夺权活动。他们打着“古为今用”的招牌，干着“古为帮用”的阴谋勾当。

“古为今用”具有鲜明的阶级性。司马光写了一部《资治通鉴》，意思是为了把历史上的统治者的成败得失当作当前的一面镜子，从中总结经验教训，主观上也是“古为今用”，他们妄图长远维持其封建统治，当然不可能。在马克思主义以前，历史还不是科学，劳动人民也无法用历史来为自己的阶级服务。

马克思主义使历史成为科学，它指出了社会历史发展的方向、规律。只有马克思主义的历史学敢公开讲明为无产阶级的根本利益服务，并经得起实践的考验。

“四人帮”代表反动腐朽的没落阶级，是国民党蒋介石的残渣

① 《王临川集》卷六十四《周公》。

余孽，他们不敢把他们的反革命阴谋公开讲出来，他们的反动本性又迫使他们不能不活动，于是借古喻今，以古讽今，吞吞吐吐，影影绰绰，他们的“古为今用”必然成为“古为帮用”的影射史学。

有什么样的立场、观点，就有什么样的方法。一切机会主义者、修正主义者在政治上极端孤立，哲学上也极端贫乏，拿不出像样的武器来。只好从反动思想的垃圾堆里捡破烂，贴上马列主义的标签，冒充最新的货色。尽管“四人帮”自吹自擂“要用历史唯物主义总结儒法斗争”，他们实际搬来的不过就是早被群众批驳得体无完肤的胡适在旧中国贩卖的实用主义。资产阶级的古为今用，只能是搞实用主义。

实用主义提倡“有用即真理”，一切都从主观需要出发，为反动阶级的实际效用服务，历史也是这样。胡适说：“真理原来是人造的，是为了人造的，是人造出来供人用的，是因为他们大有用处所以才给他们‘真理’的美名的。”[①]用在历史上，胡适便把历史比作一堆任人摆弄的铜钱、一个任人打扮的女孩子，所以历史也就成了可以随意编造的了。编造的标准，就是看它是否对他们的眼前利益有用。只要对自己的阶级有用，什么坏事也干得出来，什么谎话也说得出口。“四人帮”的“古为今用”，高嚷“联系实际为政治服务”的口号，就是这路货色。他们阉割马克思列宁主义、毛泽东思想的革命灵魂，随意肢解辩证唯物主义和历史唯物主义的体系，用断章取义、摘取只字片语的手法，骗人、吓人、压人，把哲学史当成了他们篡党夺权的阴谋工具。

胡适概括实用主义方法的“名言”，叫作“大胆假设，小心求证”，有了主观需要，然后才去找材料，做证据，他标榜之为“实验

① 《胡适文存》卷二，第435页。

的方法”。“实验的方法便是创造证据的方法”，“实验的方法，是可以自由产生材料的考证方法”[①]。“四人帮”使用的也就是这样的方法。在政治上出于篡党夺权的野心，妄图打倒一大批老一代的无产阶级革命家，在哲学史上，就炮制出一个永恒不变的“儒法斗争”的框子，把他们“创造”的“证据”和“自由产生”的材料塞进去。

比如，近几年来，所谓“柳下跖痛斥孔丘”的文章、书籍、连环画到处皆是，好像历史上真有这么一回事。“证据”是什么呢？主要的“材料”就是《庄子·盗跖篇》。人所共知，庄周的许多论文包括《盗跖篇》在内，大部分故事不过是些寓言，即编造一些故事来表达庄周对当时新事物的不满。只要不带有主观成见，根据先秦的史料略加分析便可看出，所谓“盗跖”既不姓“柳下”，也不是生活在春秋时期，他至少晚于孔丘一百年，又怎能与孔丘会见，怎能做那一套绘声绘色的“痛斥”呢？为了发泄其反革命阶级仇恨，“四人帮”借这个“柳下跖”之口来指桑骂槐，攻击敬爱的周恩来总理。他们自以为用伪造历史、编造史料的办法就可以一手掩尽天下的耳目，其实这就更加暴露了“四人帮”这套实用主义影射史学的反动性。

抽象类比，正是实用主义经常使用的方法。帝国主义的走狗、买办文人胡适就把中国的东周时代比作神圣罗马帝国，把几千年前的《诗经》篇章说成“是描写女工放假急忙要归的情景”。“四人帮”大大发展了这种抽象类比的方法以借题发挥。什么“相隔两千年，……使用的竟是一个尊孔反法的武器”，什么“凡是有作为的政治家一般都是法家”，什么《“571”工程纪要》与没落奴隶主对商鞅的咒骂“一模一样”等，一派胡言乱语。

① 《胡适文存》卷二，第197页。

“四人帮”的抽象类比法，要害就在于不问具体条件，抽去阶级内容，把无产阶级专政混同为资产阶级专政，甚至混同为地主阶级专政，然后向无产阶级和人民群众疯狂地扑来，叫嚷着“暴力”“镇压”，实行地主资产阶级的法西斯专政。

“四人帮”要尽阴谋，心怀鬼胎，随意抓来一些“历史”事件，借古讽今。他们把宰相比总理、司寇比公安部部长，批周公，批吕不韦，撰写《孔丘其人》《再论孔丘其人》之类的黑文，大搞影射比附。其狠毒手法、险恶用心，跃然纸上，这种影射史学只是为了发射反革命的冷枪暗箭，与历史的研究毫不相干。

马克思主义者不承认有所谓的为学术而学术，我们公然申明，我们的哲学史，乃是党性的科学，是为无产阶级的政治服务的；但是，这与资产阶级的实用主义有本质的区别。我们研究历史，首先就要求把马克思列宁主义同中国的历史事实结合起来，也就是把材料和观点结合起来，这就叫作科学性和革命性的统一。所谓革命性，是说为无产阶级革命和共产主义事业而研究历史；所谓科学性，是说要坚持马列主义、毛泽东思想作为指导原则，探求历史发展本身固有的而非主观臆造的必然规律，经得起实践的考验。恩格斯指出：“科学愈是毫无顾忌和大公无私，它就愈加符合于工人的利益和愿望。”[①] 无产阶级的科学研究的革命性与科学性本来是统一的，这才是马克思主义所讲的古为今用。这是一切剥削阶级所不可能做到的。

无产阶级是历史上最先进、最革命的阶级，它所肩负的历史使命，是全部历史发展所赋予它的，因此，从繁杂的社会历史现象中发现它的客观规律，这种科学研究本身就是对于无产阶级革命事业的贡

① 《马克思恩格斯全集》第四卷，第254页。

献。无产阶级的阶级利益和政治斗争的要求都需要我们实事求是，不应回避历史的真相，不许歪曲历史的面貌，只有实在地而不是虚伪地从历史实际出发，才能够从中引出客观固有的而不是主观臆造的规律来。这对于我们加深认识我们国家的社会现状，了解我国社会的革命性质和革命任务，自觉地执行党的路线方针，对于打击国内外阶级敌人的捣乱和破坏，对于增长我们对社会主义伟大事业必胜的信心和鼓舞斗志，都是十分重要的。这就是为无产阶级政治服务，也就是“古为今用”。

哲学史是唯物主义和唯心主义两条路线斗争的历史。研究哲学史，揭示历史上的唯物主义和辩证法是如何同人们的生产斗争和阶级斗争联结在一起，弄清楚为什么唯物主义一般都是社会上先进阶级或进步集团的世界观；而历史上的唯心主义和形而上学的谬误，究竟在什么地方，为什么一般都为没落反动的阶级或社会集团所拥护，这对于我们宣传辩证唯物主义和历史唯物主义，批判唯心主义和形而上学，都是不可缺少的。通过科学地阐发中国哲学史的发展规律，批判、揭露林彪、“四人帮”这些反革命阴谋家践踏马列主义理论，恣意伪造历史，捏造什么“宫廷政变史”“儒法斗争史”，以及鼓吹帝王将相、“法家路线”创造历史的唯心主义反动本质，对于我们恢复和发扬党的实事求是和群众路线的革命作风，具有严峻的现实意义。而这，正是今天中国哲学史“古为今用”的一个极为重要的内容。

附记：参加本文讨论的有孔繁、汝信、李泽厚、周继旨、杜继文、钟肇鹏。

对哲学史上的问题要做具体分析*

对具体问题做具体分析，这是马克思主义研究问题、分析问题的根本方法。抱住一个框子，到处硬套，削足适履，是主观主义的方法，不能解决任何问题。阴险恶毒的阶级敌人林彪、“四人帮”总是利用马列主义的词句，不顾时间、地点、条件，生搬硬套，这是一种败坏马克思主义的恶毒手法。

《毛泽东选集》第五卷讲到武训这个人时，曾指出：“像武训那样的人，处在清朝末年中国人民反对外国侵略者和反对国内的反动封建统治者的伟大斗争的时代，根本不去触动封建经济基础及其上层建筑的一根毫毛，反而狂热地宣传封建文化，并为了取得自己所没有的宣传封建文化的地位，就对反动的封建统治者竭尽奴颜婢膝的能事，这种丑恶的行为，难道是我们所应当歌颂的吗？”毛主席这一分析给我们哲学史工作者做出了光辉的典范。

第一，它告诉人们，看一个思想在历史上起什么作用，要放在当时的社会历史条件下来考察。清朝末年，当时的主要矛盾是广大人民反对外国资本主义侵略势力和国内的封建统治者。

第二，当时我国的经济基础是封建经济，它已成为中国社会前

---

* 原载《红旗》杂志1978年第6期。

进的障碍。那时的当务之急是起来推翻封建的剥削制度，开辟资本主义道路。

第三，封建文化拼命维护封建经济制度。宣传封建文化与反对封建文化是那时思想战线上两军对战的主要内容。

面对这三个主要方面，即政治方面、经济方面、文化方面的激烈斗争，武训都站在革命势力的对立面，与革命人民为敌。情况摆明了，武训这个人物的历史作用以及如何评价他，也就迎刃而解了。

近代是这样，古代也是这样；研究历史是这个原则，研究哲学史也是这个原则。

我们划分哲学上的唯物主义与唯心主义的标准，主要看如何对待思维与存在的关系，是物质第一，还是精神第一。但是，这里也要具体分析，要看时间、地点、条件。欧洲古代希腊哲学家太利士说世界是水构成的，也有人说构成世界的是“火”或“气”，等等。在神话流传、神创世界的迷信思想占统治的时代，人们开始探求世界起源的问题，唯物主义者是在世界内部，从世界本身中寻找原因，唯心主义者是从世界外部去寻找原因。前一条道路是唯物主义的，后一条道路是唯心主义的。中国古代先秦的唯物主义哲学家们，对待世界的起源、构成，也有类似的情况，如《尚书·洪范》提出构成世界的是五种基本的物质——金、木、水、火、土。古代印度也有唯物主义者提出构成世界的是“四大”——地、水、火、风。用现代的科学标准来看，他们说的这些构成世界的元素都不对，都与事实不符。但在科学还不发达，人类的三大革命实践还处在幼年阶段的历史条件下，他们这些见解就是最先进的，他们走的道路是通向认识客观世界的真实情况的唯一选择。在人类认识世界、改造世界的道路上，他们起着推动作用，所以人们尊重他们的贡献，承认他们的观点是唯物主义的哲学。科学发展到今天，人类对世界的认识比过去加深了、正确了（但不能说已经到顶）。如果还有谁来主张世界是“水”构成的，或是“五行”“四大”构成的，这只能认为是不经之谈，是妄说，是唯心主义。

唯物主义与科学总是携手前进、相互促进的。关于上帝是否创造了世界，在古代是个引起争论的十分严肃的大问题。所以春秋战国时期在哲学自然观方面，围绕着“天”这个问题展开的斗争十分激烈。唯心主义者认为“天”是有意志、能决定一切的主宰力量；唯物主义者认为“天”是自然界，可以改造，为人所利用的东西。对“天”所持的态度和立场就成了划分唯物主义与唯心主义的一个尺度。其他方面，比如在认识论方面，还有“名”“实”孰先孰后的争论，“知”“行”孰先孰后的争论，也是划分唯物主义和唯心主义的尺度。但今天争论的中心点已不再停留在是否上帝创造世界这样的问题上，而是表现为对现代科学的成就所采取的立场和解释方面。

在社会历史观方面唯物主义和唯心主义斗争得更为激烈，这是唯心主义盘踞的最后一块阵地，资产阶级、修正主义者是不会甘心放弃的。一切公开的敌人反对马克思主义都要对马克思主义哲学的根本原理进行攻击。由于马克思主义的强大，暗藏在内部的敌人则装成马克思主义者，从里面进行篡改、破坏。林彪、“四人帮”是最典型的唯心主义者，他们想事情、看问题，从来不根据客观实际，完全凭主观想象，这一点用不着多说，人们都一清二楚。但是，即使这些猖狂的唯心主义者，他们也认为先有地球后有人类，并不信奉上帝创世说。时间、地点、条件变了，我们研究哲学史，如果死守着过时的老问题不变，就不能说明任何问题。春秋战国时期，可以根据哲学家对待“天”这个问题的争论的态度来划分他们的阵营。今天就不能这么办。

我国战国时期曾出现过法家这样的学派，它是新兴地主阶级的代言人，当时的地主阶级还是生气勃勃的真老虎，有一定的进步性。当时的奴隶主阶级是没落的、保守的以至反动的，孔丘代表这一没落阶级的利益，因而不可能是进步的。“四人帮”出于反革命政治需要，为了打倒一大批革命老干部，把他们诬为“儒家”。“四人帮”不顾具体条件，不要具体分析，臆造了一个歪曲历史的公式：“尊儒必反动，反儒必进步；尊法必进步，反法必反动。”他们连篇累牍地宣扬这一谬论。不愿上当的人们，核对一下历史，便发现不对了。

孔丘这个人在当时是保守的，他属于没落阶级，但没落阶级中的并不完全是孔丘的党羽。庄周也反孔，难道能说他是代表新兴地主阶级利益的“革新派”吗？《庄子·盗跖篇》采用寓言的形式，确实对孔丘淋漓尽致地痛骂了一顿，但这篇的思想并不进步，主张“目欲视色，耳欲听声，口欲察味，志气欲盈”。它希求“说（悦）其志意，养其寿命”。这种思想丝毫没有劳动人民的味道。“四人帮”硬说是起义奴隶的思想，完全是胡说，已遭到人们的批驳，这里不再说它。

清末的康有为写了《大同书》，隐蔽在孔丘的保护伞下，偷运他的改良主义主张，给当时刚刚萌芽的资产阶级造舆论、清障碍。那时的康有为这样对待孔丘不能说是反动，反倒是几个向西方寻求真理的先进人物中的一个。后来革命形势进一步发展了，康有为站到革命的对立面对抗革命派，他才成为反动派。“尊法”“反法”

也要做具体分析，不能囫囵吞枣。如孔孟之徒王安石称赞商鞅，是看重他能破除旧习，有效地推行革新的政策；曾国藩、蒋介石尊崇法家，是学他镇压人民的残酷手段。事实表明，尊孔的不尽反动，也有进步的；尊法的不尽进步，倒是真有反动透顶的，高喊尊法的蒋介石和“四人帮”就是明证。关键还是要具体分析。“四人帮”炮制的这条“规律”，给人们留下的不过是一堆笑料。

“四人帮”利用批林批孔，搞反革命阴谋活动，大批孔丘和周公。孔丘叫嚷回到西周去，是复古倒退的。而历史上的周公则是一个奴隶制上升时期的大政治家、大改革家，他为奴隶制的进一步发展奠定了稳固的基础。周礼是周的法典，废除了商代的一些落后的规定。我们批判奴隶制的残酷剥削是对的，但因此连奴隶制也不加分析地一并否定，不承认它历史地出现及其曾经起过的进步作用，这就不对了。离开具体的时间、地点、条件，就不能说明任何问题。奴隶制的出现和消灭，都是历史现象，是人类社会前进的必由之路。没有希腊奴隶制，就没有近代欧洲文明。没有夏、商、周的奴隶制，也就没有汉、唐的灿烂文化。原始公社没有剥削，没有压迫，共同劳动，共同分配，看起来比奴隶制“合理”，但它并非真正合理，它不合于社会发展的理。由于它的落后，才被接踵而来的先进的奴隶制所代替。朴素的义愤代替不了科学的分析，抽象的“自由”“平等”观念不能指导历史的研究，只会把科学研究引向邪路，产生混乱。

祸国殃民的“四人帮”与一切修正主义者一样，高喊马列主义的口号，却以最恶劣的手法来篡改马列主义。他们大讲“阶级分析”，就是不顾时间、地点、条件，反对具体的分析。流毒很广很深的“儒法斗争”的喧闹，就是这样。世界上哪里会有离开了时间、地点、条件的永恒的学派、政治力量？连最先进的工人阶级及其政党，完成历史任务后，也要归于消亡。可是，“四人帮”炮制的“法家”这个怪东西，居然神通广大，任何规律都管不住它，它可以永远活跃于奴隶制、封建制、资本主义制度直到社会主义制度中，甚至在共产党内。这个“法家”永远进步，一贯正确。和法家相对立还有一个顽固不化的“儒家”，它活像“法家”的影子，“法家”在哪里搞革新进步，“儒家”就在哪里搞复辟倒退。这个“儒家”也是超时代、超空间的，不受任何条件的制约。“四人帮”哪里是研究历史，简直是把历史当成儿戏，甚至连儿戏也不如。

以华国锋主席为首的党中央号召全党全国人民高举毛泽东主席的旗帜，把各项工作搞上去。为了更有效地打击敌人，肃清“四人帮”的流毒，我们一定要完整地、准确地去理解和掌握毛泽东思想，把毛泽东主席的讲话、指示的时间、地点、条件搞清楚，不是停留在表面的词句上，而是深入领会毛泽东主席指示的精神实质，认真贯彻执行毛主席的路线、方针和政策。干任何工作都要遵循这个精神，研究哲学史也要遵照这个精神。林彪、“四人帮”拉大旗做虎皮，欺骗和吓唬广大革命群众，他们惯于打着毛泽东主席的旗号，大干反对毛泽东主席的勾当。当然，一些上当受骗的同志与搞阴谋诡计的人根本不同，要严格区别。但也必须指出，干革命光凭主观的善良愿望是不够的，动机是好的，方法错了，也会给革命帮倒忙。

十多年学习中国哲学史的曲折过程*
——《中国哲学史论》后记

这里共收集了中国哲学史论文四十一篇，除《庄子探源之五》一篇，都是“文化大革命”以前发表过的。文章保持了原来的样子，除非有明显的错误，不做改动。

这部论文集记录了解放后十多年学习中国哲学史的曲折过程。曾试图打破儒家封建正统观念，想多找一些具有民主性思想的人物，因而把邓牧等人写进了哲学史。今天看来，未必妥当。哲学史是人类认识史，应当注意那些在认识史上有贡献、具有深远影响的人物和流派，指出它的历史地位、社会作用，并从中得出应有的思维经验教训，而不在于发掘为人们所忽略的个别人物。真正有影响的人物和流派是不会被忽略的。哲学家和流派对社会的影响有大有小，起的作用有正面的，也有反面的。对这些错综复杂的现象必须给以历史的总结。这是每一个哲学史工作者的职责，研究工作者的史观、史识和功力，都要从中受到考验。

这一时期我开始注意辩证法思想的发展，把过去属于兵家的著作引进了哲学史，拿兵家的辩证法与唯物辩证法相对照，刚开始学

---

* 据《中国哲学史论》。

习理论与实际相结合，写得不准确，带有生硬的斧凿痕，曾招来进步教授的公开责难，说是把辩证唯物主义庸俗化了。我感谢这些责难，使我后来写作中有所改进。我也想找一找唯物主义与自然科学的关系，把古代医学、天文学、农业科学引进哲学史。今天人们也许觉得不成问题，在当时，却也遭到一些人的非难，说是不算哲学史，不务正业。研究中国哲学史总要弄清它的对象和范围，我曾对日丹诺夫在西方哲学史讨论会上的发言提出了一点异议，几乎惹了祸，据说日丹诺夫代表苏共中央发言，对“发言”有异议，是对斯大林的态度问题，因而在不同的会上受到不少责难。学习列宁的《哲学笔记》，很受启发。我认为应当像列宁那样深入细致地对待哲学史，应有发展的观点，不能用一个固定的模式看待哲学史，试图找一找中国哲学史发展的内在规律。当时我想，看法对不对，总可以供讨论吧，但也曾为此受到某些领导的告诫，说是忘了阶级斗争这个纲，光讲思想发展，背离了马克思主义，宣传了修正主义。这也在意料之中，几年前已有“理论权威”之流把我划归修正主义栏内了。

用马克思主义的立场、观点、方法来研究中国哲学史，随时碰到新问题，马列原著中没有现成答案，就得摸索着前进。我曾认为，人非“上帝”，难免有错，运用马克思主义不熟练，与马克思主义为敌的修正主义，应有所区别。但是，这又犯了“动机论”的错误，效果不好，动机一定好不了，是非功过有时不容分说。这些年，有欣慰，有辛酸，有愤慨，有彷徨，日子不平静，心情也不平静。宋人词有云：“衣带渐宽终不悔，为伊消得人憔悴。”这是一首表示坚贞不渝的爱情诗，王国维曾借用来表示治学境界的阶段，我则借用来表达科学工作者热爱自己的专业的心情。沿着马克思主义的方向研究中国哲学史，完全出于自觉自愿，不后悔，也不退缩。运用学到的理论结合中国哲学史的实际，哪怕能解决一两个具体问题也好。

有几分根据说几分话，不说自己还搞不清楚的问题，这本来是一个科学研究者起码的权利，而这点权利有时也难得充分享受。三十年间，运动一个接着一个，社会上的大是大非常常随着政治波浪起伏不定。什么是学术性的错误，什么是政治上的修正主义，变幻莫测，有时难以区别。即使原则上弄清楚了，遇到特殊情况，也不能算数。中国哲学史这个领域，并不是世外桃源。

关心我的朋友们往往提醒我，要正视自己的两大弱点：一是世界观没有改造好，二是理论水平低。我感谢他们的劝告，这两大弱点在我身上确实严重，若不时刻注意，将给工作带来损失，至于给个人带来什么后果，那倒是次要的。这种实际状况和心情，有时会动摇自己判断是非的信心，遇到疑难问题，常常抱怨自己见事迟，跟不上形势的发展。对内反省得多了，势将阻塞了向客观世界追本穷源的思路和锐气，这也是妨碍深入探索一些重大问题的原因。

论文集关于老庄的文章较多。我认为哲学史不同于其他什么史（如思想史、伦理学史、政治思想史等），它应当是“哲学”的历史，老庄的哲学思想比较丰富。封建社会以儒家为正统，两千年来对老庄的评价是不公正的。

论文集认为老子属于唯物主义。到了 1972 年，这一观点有了改变，我认为老子属于唯心主义。最近又有了新的看法，我认为过去的争论（包括主张老子是唯心主义及唯物主义的两种见解），都有片面性。对老子，还得有更深一步的论述才能如实地反映老子的思想面貌，应当有第三种看法来补救前两种对立看法的不足。这要留待以后申述。

文集中还有一部分考据性的文章，试图避免清末以来的烦琐学风，见局部而不见全体的毛病。但做得很不够，以后还得继续向这方面努力。

马克思把科学研究比作登山，我很喜欢这个生动的比喻。登山要靠自己的努力，一步一步地攀登，少走一步也达不到顶峰。攀登到一定的高度，回头看看走过来的道路，就会发现有走对的，也有走错的，心中有数，可为今后攀登更高的山峰提供经验。马克思有时把科学的入口处比作地狱的大门，在这个大门口，一切犹豫、任何怯懦都无济于事。这话说得很深刻。探索者害怕接近地狱，就无从起步。也有远离禁区，善于听风声、承謦欬、摸“精神”而获得成就的，那是别具一格，可存而不论。

文集中《老子的研究》是与冯景远同志合写的；《庄子探源之五》是与阎韬同志合作，由他执笔的。全部稿子是由《中国哲学史》编写组的孔凡、余敦康、牟钟鉴三位同志共同校阅，刘苏同志担任抄写的。若不是上海人民出版社编辑同志极力促成，也就没有这部论文集，因为当时我没有考虑要出版它。借这个机会向他们一并致谢。

任继愈

1979 年 12 月 10 日于北京三里河南沙沟

克服两个缺点*

解放后，这些年来，哲学史工作者纠正从前不着边际的空谈，贯彻历史唯物主义观点，找出一切思想产生的阶级根源和社会根源。这是哲学史研究的一大进步，必须肯定。

我们研究中国哲学史也还注意到批判地继承，对古代圣贤哲人不是盲目崇信，而是用马克思主义的立场评价古人的是非得失。这也是一大进步，必须肯定。

有了以上两条，就使我们的哲学史研究有了崭新的面貌，从而不同于封建主义和资本主义的哲学史，而是马克思主义的哲学史。

这两点成绩的取得，也给我们提出了更高的要求，如果满足于目前的成绩而止步不前，我们哲学史的研究还是不能很好地前进。

先说第一点。

许多研究者的文章，只要找出某家某派哲学产生的根源，指出它是为什么人服务的，就认为任务已经完成了。其实这只是研究的第一步而不是全部。作为科学研究，还有很多工作要做。中国哲学史有几千年的发展过程，其中绝大部分是在封建社会进行的。而哲学家几乎都是封建地主阶级的代言人。因此，我们的哲学史，力求

* 据《任继愈学术论著自选集》。原载《中国哲学史研究》1980年第1期。

避免千人一面，要写出他们中间的差别来。这样，阶级分析要深入而具体，只用一个“地主阶级”不能真正说明问题。同一个地主阶级，北宋有濂、洛、关学，还有王安石的新学、邵雍的象数学。甚至同一家庭，亲兄弟俩，如程颢与程颐，出身、教育、师承都同，两人年龄只差一岁，他们的哲学思想却不尽相同，这也应有所解释。

光找出哲学家的阶级出身是不够的。哲学史所关心的是哲学家的思想体系。从阶级、家庭出身是不能直接引出哲学体系的。还得进行更细致的工作才行。这一步工作就是思想剖析，或剖析得不够，就没有完成任务。这些年来，我们的工作做得很不够。很长一个时期，人们怕思想分析，好像重视思想分析就背离了阶级分析，犯了从思想到思想的大错误。哲学史讲的是思想，哲学史的发展只能是思想的发展，如果没有把思想的脉络讲清楚，这个“阶级分析”就成了一个空架子，它没有真正贯彻了阶级分析，只有装潢的用处。

现在谈第二点。

有了马克思主义，我们才有了最锐利的工具，中国哲学史的研究，从此进入划时代的新时期。这是大家都看得到的，用不着多说。通过解放三十年的实践，也暴露了一些问题。问题在于混同了马克思主义的词句和马克思主义提供的观点和方法。不懂得马克思主义的词句，不知道词句的确切含义，就无从了解马克思主义的精神实质；但是也要指出，光靠记诵马克思主义的词句，也不能正确理解马克思主义的实质。十年动乱时期，双方打派仗，搞流血武斗，都抬出“语录”作为武斗的依据，后来想想，双方引用的马克思主义符合马克思主义的立场、观点、方法的地方有多少呢？

所以出现这样的问题，和我们三十年来学习的方法不对头有关。几千年来的封建主义的学习方法束缚了我们。封建主义的学习经典著作，只能允许学习者把“四书五经”，圣经贤传死记硬背、照本宣科。如果需要讲解，只允许谈个人对经书的体会和认识，而不能发表与经典不同的意见。经典（“四书五经”）是供人们拜读的、奉行的、照办的，它不是供研究、供讨论的，更不能对其中的一言半句提出怀疑，理解的要执行，不理解的也要执行，在执行中加深理解。马克思主义所以无往而不胜，不是有什么法力，而是由于它是科学。科学的一个特点是提倡理性，反对盲从；科学允许怀疑，也经得起怀疑。考验科学结论的真假，不是靠某一个圣哲的指点，而是靠实践。实践是检验真理的唯一标准。

不幸的是学习马克思主义的理论，背离了马克思主义的观点、方法，而是习惯于几千年来封建主义的读经的方法，用记诵代替思考，用引文（黑体字）代替分析，从马克思主义的原话中寻找解决今天面临的新问题的答案。

时代变了，情况变了，还得照搬马克思主义的原话作为行动的准则。三十年来，学术界发表了不少研究马克思主义的文章，名为研究，实为注疏，有的甚至曲解以迎合当时的某种需要。有那么一些人公然宣传世界上的一切事物都有一个发展成长的过程，唯独马克思主义生来是成熟的，不需要由不成熟到成熟的发展过程。马克思主义者只能一贯正确，永远不犯错误。他们用封建主义的学习“四书五经”的方法来学习马克思主义，只能背熟了词句，忘掉了精神。三十年来，曾经领导过这一阵地的几位“理论家”，后来都被发现是理论骗子。他们长期骗人而不被发觉，居然指挥着广大理论界的行动。这足以证明我们学习马克思主义的方法不对头。马克思主义是指导革命的望远镜、显微镜，能否把它运用得好，直接影响每个行业、每一个部门，也影响到中国哲学史。我们再也不能用封建主义的读经的方法来学习马克思主义经典著作了。

总之，我们中国哲学史工作取得了很大的成绩，为了在现有的基础上大步前进，还要进一步克服这两个缺点。这缺点是前进中发现的，也必然在前进中被克服。

如何看待哲学史上的唯心主义*

在马列主义为指导的新中国，对唯物主义给予应有的重视，是理所当然的，而对唯心主义就不予重视。重视，并不等于赞成。

这些年来的实际现象表明，我们对唯物主义虽说重视，但也有些糊涂认识。例如，把唯物主义与农民的哲学画等号，认为农民是直接从事生产的，从不脱离实际，农民的哲学必然是唯物主义的。也有人把唯物主义与政治上的进步、革命等同起来，政治上的进步集团、阶级、阶层一定是唯物主义的。最明显的例子，如对洪秀全的哲学思想，有人认为是唯物主义的，洪氏讲的上帝不过是个形式，实质是唯物主义。也有人把唯物主义的命题看成一成不变的。比如希腊古代哲学家第一次提出水为万物之源，中国古代哲学家提出“五行”“气”为万物之源，这种主张都是唯物主义的。如果今天还有人反对近代科学所证实的世界物质性，还主张“水”“五行”“气”为万物之源，这种主张是唯心论，是荒诞的。

以上这些看法都不利于识别唯物主义。唯物主义不能识别，对唯心主义也不能正确对待。

---

* 据《任继愈学术论著自选集》。原载《中国哲学史方法论讨论集》，中国社会科学出版社，1980年7月版。

由于长期以来，哲学史界经常把哲学观点与政治混同起来，给人们造成一种印象：政治进步，哲学唯物；政治反动，哲学唯心。这个毫无根据的主观框框不打破，既不能认识唯物主义，也无法识别唯心主义。

人类是从动物变来的。饮食、男女这些本能活动，动物和人都有。等到进入人类社会，才有了灵魂观念。周口店山顶洞人的随葬物品中有生活用具，也有生产用具。死者周围还撒上赤铁矿粉。赤铁矿不出产在周口店附近，是从较远的地方运来的，可见，不是无意义地随便撒下的，可能表示把死者安放在篝火包围中，保护死者的灵魂不受侵害。西安半坡村小孩的墓葬用瓮棺，留有小孔，可能为了让死去的儿童的灵魂能够出入。灵魂观念不等于有神论，但已可说明当时人类对精神活动的理解水平，这是原始宗教迷信的开始。宗教思想当然属于唯心主义这一范畴，即使拜物教，也属唯心主义的。

人类从没有宗教到有了宗教，表明人类已经有了一个自己异化的精神世界。这个异化的精神世界，动物就没有。从不知道有宗教，到产生了宗教，这应当看作人类的一大进步。动物没有宗教不必说，就连知识发育不成熟的儿童也没有宗教、迷信、鬼神观念。

宗教是如此，与宗教相伴而生的唯心主义也标志着人类的进步。进步不等于正确、合理，进步甚至带来新的灾难和罪恶。原始社会，不独亲其亲，不独子其子，共同劳动，共同分配劳动成果，没有剥削，没有压迫。但是这种局面不得不被新的生产关系所代替。终于由原始公社进入奴隶制。奴隶制带来了压迫、剥削、罪恶和阶级的苦难。

随着生产斗争、阶级斗争的开展，社会前进了，人们对客观世界有了比较符合实际的认识，有了自觉地认识世界的行动。这时出现了唯物主义。唯物主义是从古代的宗教神学中摆脱出来的。在唯物主义指导下，人类更有效地、更符合实际地推动了生产力的发展，推动了科学的发展。历史上的唯物主义哲学都能代表它们所处各个时代当时认识世界的先进水平。凡是不符合客观实际的认识，外加的主观的东西，对正确认识世界起干扰作用。像天命观，主张天有意志、能赏罚，那是把人类的阶级意志强加给天的，即宗教唯心主义。

人类的认识，不是一帆风顺的，会遇到主观、客观上各种障碍。即使是正确的认识，如果把它不适当地夸大，也会变成谬误。

以古代的哲学史为例。老庄学派提出天道自然，自然界都是早已安排定了的，人类只能顺应自然界，而不能改变自然界。古代生产力低下，生产工具简陋，在自然面前无能为力，出现这样的思想是可以理解的。这种学说对古代上帝决定一切的有神论也有冲决作用，老庄哲学也涉及哲学上的必然性与偶然性问题。一切都是自然决定的，结果导致宿命论。为了纠正这一倾向，突破宿命论的限制，又有人提出发挥人的主观能动作用。承认人的主观能动性，是符合人类认识的实际的，强调过了头，就成了唯心主义。当人类第一次发现自己的思维活动的范围是那样无限广阔，活动的领域没有边界，不禁赞叹人的思维活动“出入无时，莫知其乡”，发出“万物皆备于我”[①]的欢呼。孟子强调了人的主观能动作用，他比老庄教人屈服于自然、听自然摆布的思想高明，他把人的认识水平提高了一步。这种情况下的唯心主义应当被认为起了进步作用。

又如《庄子·养生主》说：“吾生也有涯，而知也无涯，以有

① “万物皆备于我”是一个唯心主义的命题，哲学史工作者多误解为“万物品类皆备于一身”，《孟子》原意应为“万物之理皆备于我”。

涯随无涯，殆矣。”这里已接触到有限、无限这一对范畴。前半句是说生命是有限的，知识是无限的，这句话不算错。后半句说以有限的生命追求无限的知识，将会给人类带来灾难，这就错了。范畴的发现和发展，标志着人类认识事物及其规律不断深化的过程。这个不断深化过程，也是不断抽象化的过程。汉代重要唯物主义者王充，有力地驳斥了当时流行的各种宗教迷信思想，发挥了战斗的无神论的作用。但王充的弱点是就事论事的多，抽象概括功夫较差。比如王充提出元气自然论以反对神学目的论，卓有成绩，把中国哲学史的朴素唯物主义推进了一大步。但是元气自然变化有没有一个更根本的规律？世界上的万事万物自然存在着，自然发展着，哲学家们不免要追问，为什么世界上的万事万物是以这样方式来变化发展而不是以那种方式发展变化呢？现象之后、之上有没有更高一层的规律？一些玄学唯心主义者王弼等人，提出了“本末”“体用”“有无”等一系列的重要范畴，“本末”“体用”“有无”等范畴的出现，标志着中国哲学的前进，说明人类对世界的认识更进步深化了。他给当时的唯物主义出了难题，唯物主义如果不能解答，就无法继续前进。唯心主义对此做出了解答，而这种解答是错误的。在中国哲学史上的唯心主义的功劳，在于善于提出问题，甚至是一些刁钻古怪的问题，这些问题，他们自己也无力做出正确的解答。

有些唯心主义（而不是所有的）提出的问题，是当时人类无力解答的。但能够提出这些疑难问题，标志着人类认识的前进，人类认识达到了新的水平。提问题，向唯物主义出难题，这种事实本身也反映出人类认识世界的水平的高低深浅。人类正是从生产及社会生活实践中不断发生问题、解决问题、提出问题、解答问题中不断前进着、发展着。这是人类认识史上无尽头链条。唯心主义（严肃的而不是任意的）的出现，不能简单地看作故意和唯物主义捣乱，它有时是人类前进道路上必须经历的中转站。

唯物主义力图纠正唯心主义本体论的错误并回答他们（唯心主义本体论）提出的难题，中国哲学史上出现了唯物主义本体论。如张载提出万物以元气为本体的哲学体系就是与唯心主义本体论斗争形成的，到了王夫之又进一步得到完善。

唯心主义在历史上起的作用，有三种情况：第一种情况是以不符合实际的虚假的认识代替符合实际的认识，把认识引向谬误，造成倒退。这情况在哲学史上是大量存在的。第二种情况是发展了人类认识中的片面性。第三种情况是反映了先进的认识水平，提出了促使认识深化的问题，迫使唯物主义进行解答。这后一种情况，在哲学史上确实是存在的。不论哪一种情况出现的唯心主义，都不能正确地对待认识问题，他们的答案都是错误的。

唯物主义也有与此相类似的三种情况。第一种是正确地揭示人类认识的规律，反映了当时人类认识的水平。第二种是片面强调了本来是人类认识正确的方面，但走向了邪路，陷入唯心主义。第三种是重复过去唯物主义的哲学命题，不解决任何问题，对人类认识不起促进作用。这种情况也是有的，如魏晋时杨泉的《物理论》是唯物主义命题，但落后于他们那个时代哲学发展的形势，没有提出新东西，对哲学史的发展没有积极意义。

也有人认为唯心主义应重视，因为唯心主义中有唯物主义因素，目的在于发掘唯心主义体系中的唯物主义因素；也有人认为唯心主义的体系中有辩证法因素，应取其辩证法，抛弃其唯心主义。以上这种看法，都认为唯心主义一无可取，应当抛弃。这种看法虽有道理，但不全面。我们要看到唯心主义出现的不可避免的必然性，更要看到唯心主义产生的客观性。我们哲学史工作者的任务，是面对一切哲学史上出现的千奇百怪的现象，分析它，解剖它，剔除其糟粕，吸取其精华。这是一个加工厂，要付出创造性的劳动，我们不能把辩证唯物主义的基本原理当作驱神赶鬼的符咒，把唯心主义的鬼怪赶跑就算完成使命，何况辩证唯物主义并不是符咒，唯心主义也是赶不跑的。

论中国哲学史上普遍存在的思想交融问题*

哲学史是在唯物主义与唯心主义两种对立的观点和学派、学说的斗争中发展起来的，这一原则毋庸怀疑。在这一原则指导下，我们中国哲学史的研究取得了很大的成绩，这也是毋庸怀疑的。但同时也要看到，我们还有不足之处。这些年来，中国哲学史工作者讲对立阵线的思想斗争方面讲得比较多，研究收获也比较大，而对思想本身的发展，似乎注意得不够，对思想相近的流派或学说的交互影响大量的现象，注意得也不够。大家思想上有些顾虑，生怕这方面讲得多了，会背离了阶级斗争这个“纲”，会挨棍子。应该看到，对立的双方在斗争中各自都在吸取对方的有用的东西来充实自己。相近的思想相互有影响，相对立的思想也相互有影响，相邻近学科领域也相互有影响（如哲学与宗教，本属不同领域）。

中国哲学最早的繁荣时期是春秋战国。这是由于旧制度的解体、新制度的形成，出现了百家争鸣的可喜局面。各家在相互辩论中，不可能不互相影响。在秦统一的前后，百家之学逐渐走向融合，出现了像《吕氏春秋》这样的著作。吕不韦好大喜功，力图树立其政治势力，这是他个人的主观愿望，姑且不论。但他要把不同

---

* 原载《中国哲学史论》。后又载于《中国农民报》，1983年2月22日。

的思想体系、政治主张融会贯通在一起，使它为统一的王朝服务，这则是当时历史发展的总趋势。后来秦始皇没有采取吕不韦的主张，而是采取了李斯、韩非的带有强制性的暴力统治。韩非等人的法家集权主张，也还是吸取了儒家的思想的。

到了西汉初年，司马谈的《论六家要旨》特别推重道家，他说道家“因阴阳之大顺，采儒墨之善，撮名法之要”。这里既有司马谈对于思想融合的描述，也表达了他融合各家的主张。他讲的“六家”不是先秦的六家[1]，而是西汉初在社会上正在流行的六家，先秦并不存在他所讲的六家。

传统中国哲学史的正统派称赞董仲舒是醇儒，其实，董仲舒的儒术并不纯。春秋战国时期的儒，如孔、孟、荀对上帝鬼神的看法很不一致，有的相信，有的怀疑。董仲舒把奉祀天地鬼神当作头等大事，还遵照燕、齐方士设坛祭祀的宗教程序进行宗教活动。董仲舒既是儒生，又是道士，董仲舒的思想是儒家与道士、方士的混合物。

东汉王充也是儒家，他对董仲舒的一派提出了尖锐的批判，用他当时所能达到的科学知识驳斥了社会上流行的宗教迷信思想，他打击了神学目的论，建立了唯物主义的元气自然论。王充受过系统的儒家思想教育，在两汉经学传统极盛的时代，他被归类到古文经学派，但王充实际上除了接受孔、孟、荀的儒家传统外，还有黄老的传统，“虽违儒家之说，合黄老之义也”（《论衡·自然篇》）。有人以为王充的《问孔》《刺孟》是反孔孟的，这是一种误解。试看王充所问的、所刺的都是一些具体的、不关重要的小事细节，对于孔孟相传的封建伦理纲常名教，王充与孔孟的立场没有

① 见拙著《先秦无六家》，载《中国哲学史论》。

两样。除了孔孟讲的伦理纲常名教，王充的“元气自然论”的建立明显来自黄老，与孔孟无关。董仲舒的儒道合流是儒家与道士、道教的合流。王充也是儒道合流，他是把儒家与道家（黄老之学）合流。可见儒道合流这个趋势在汉代已开始。思想上有这样的合流，就表明汉儒不同于春秋战国时期的儒。

魏晋南北朝时期的佛教已不尽属印度佛教原来的面貌。东汉所译《四十二章经》，它究竟出于印度小乘《阿含经》的哪些章节，已无从考察。因为“译所不解，则缺不传，故有脱失，多不出者”①，即使译者认为“能解”的，其理解也往往不符合印度佛教的原义。魏晋佛教经典，经常用“格义”的方法，也是“以经中事数拟配外书”。所谓“事数”，刘孝标《世说新语·文学篇》注云：

> 事数，谓若五阴、十二入、四谛、十二因缘、五根、五力、七觉之属。

《魏书·释老志》云：

> 故其始修心则依佛法僧，谓之三归，若君子之三畏也。又有五戒，去杀、盗、淫、妄言、饮酒，大意与仁、义、礼、智、信同，名为异耳。②

稍后，北齐颜之推《颜氏家训·归心篇》云：

> 内外两教本为一体。渐极为异，深浅不同。内典初门设五种禁，外典仁、义、礼、智、信皆与之符。仁者不杀之禁也，义者不盗之禁也，礼者不邪之禁也，智者不淫之禁也，信者不妄之禁也。

① 《法句经序》，《出三藏记集》卷七。

② 《魏书》卷一一四。

三国时，汉地译经有时加入中国固有的某些观念。如吴支谦译《太子瑞应本起经》卷上：

> 佛言："至于昔者定光佛兴世，……寿尽又升第七梵天，为梵天王。如是上作天帝，下为圣王，各三十六反，周而复始，及其变化，随时而现。或为圣帝，或作儒林之宗，国师道士，在所变化，不可称记……"

以支谦译文与康孟详译《修行本起经》及吴康僧会译《六度集经》卷八有关文字对照，孟详、僧会两译本都没有"或为圣帝，或作儒林之宗，国师道士"之类的话，可知这是支谦为了适应当时的宗教宣传的需要，私自增加的。

在当时中外思想交融的影响下，不但对佛经的解释要求中国化，甚至有些佛经也窜入了不少中国的思想。如智者大师在《仁王护国般若经疏》卷二所引《提谓波利经》：

> 提谓波利等问佛："何不为我说四、六戒？"佛答："五者天下之大数，在天为五星，在地为五岳，在人为五脏，在阴阳为五行，在王为五常，在世为五德，在色为五色，在法为五戒。以不杀配东方，东方是木，木主于仁，仁以养生为义；不盗配北方，北方是水，水主于智，智者不盗为义；不邪淫配西方，西方是金，金主于义，有义者不邪淫；不饮酒配南方，南方是火，火主于礼，礼防于失也；以不妄语配中央，中央是土，土主于信，妄语之人，乖角两头，不契中正，中正以不偏乖为义也。[①]

① 《历代三宝记》卷九："《提谓波利经》二卷，宋孝武世元魏沙门昙静于北台撰。……经文旧录别载有《提谓经》一卷，与诸经语同，但静加足五方、五行，用石糅金，致成绝耳。"参阅湛然《止观辅行传弘决》卷六之二所引《提谓经》文。

唐代，三教合一，已是当时思想发展的总潮流。有人偏重在儒、佛合流，如柳宗元、刘禹锡、梁肃及僧人宗密等人；有的人偏重在儒、道合流，如傅奕，以及许多信道教、服长生药的皇帝，宪宗、武宗等；佛、道合流的现象也很普遍，最典型的莫过于天台宗的慧思。他在誓愿文中称：

> 又复发愿，我今入山忏悔一切障道重罪，经行修禅，若得成就五通中仙及六神通。
>
> 是故先作长寿仙人，藉五通力，学菩萨道，自非神仙，不得久住。为法学仙，不贪寿命。
>
> 为护法故求长寿命，不愿生天及诸余趣。愿诸圣贤佐助我得好芝草及神丹，疗治众病，除饥渴。常得经行修诸禅，愿得深山寂静处，足神丹药修此愿，藉外丹力修内丹。
>
> 誓愿入山学神仙，得长命力，求佛道。

也有儒、佛、道同时信奉的，如白居易等是。这种现象并不奇怪，它是唐代的社会历史条件必然的产物。因为当时从朝廷到地方，都在提倡三教。三教的基本教义都在劝忠劝孝，叫人服从封建伦理规范，奉公守法。三教中儒教是主流。佛、道两教也享有政治、经济特权，佛、道两教的代表人物也能封官食禄[1]，如诵读道教经典可以参加政

---

① 武后天授元年，僧云宣等九人皆赐爵县公，仍赐紫袈裟、银龟袋（《资治通鉴·天授元年》）；中宗时僧慧范九人，加五品阶（《资治通鉴·神龙二年》），后因太平公主奏，复加三品，封公爵（《僧史略》）；代宗时，授不空和尚开府仪同三司，封肃国公（权德舆：《大唐兴善寺三藏和尚影堂碣铭序》）；高宗赠道士潘师正太中大夫（《旧唐书·潘师正传》）；玄宗赠道士叶法善越州都督（《册府元龟·帝王部·尚黄老》）。

府的官吏考试[①]。除了思想上的提倡，又加以政治上的鼓励。这就加深了佛教、道教思想在社会上的影响。

到了宋代，三教融合的条件成熟。三教融成一家，即传统所谓“理学”，理学即儒教。它以儒家的封建伦理学说为中心，吸收佛教、道教的宗教思想而形成的一种新宗教。也有人不认为儒教为宗教而是一种哲学。如果说宋明理学是哲学，这种哲学只能是宗教哲学，即神学。因为哲学讨论的问题是认识论的问题，是精神和外部世界的关系问题，是思维规律等问题，而宋明理学所关心的并不是这些，而是“天理人欲”之辨。宋儒的著作中，不论是哪一家、哪一派，唯心主义的还是唯物主义的，进步的还是保守的，都以极大的注意力来探究“天理人欲”的关系问题。这是中外中世纪流行的神学问题，它不能算作哲学问题。这个问题已专题说过了[②]，这里只是想说明文化融合的问题。

仍以儒家为例，它起源于春秋末年（公元前6世纪），是中国建立最早的一个学派，也是以孔子为标志并为全世界注意的一个学派。人们往往认为儒家或儒学影响了中国文化与政治思想二千年之久。其实，这是一种误解。文化是有生命的一种社会现象，任何文化，都有它的生长、壮大、衰老以至消亡的过程。文化只能是某种社会历史的文化，没有超社会历史的文化。学派，是社会历史的学派，也没有超社会历史的学派。春秋战国时期百家争鸣，反映了当时两种社会制度的大变革（由奴隶制向封建制转变），各阶级、各阶层的主

① 《旧唐书·玄宗本纪》：“开元二十一年，制令士庶家藏《老子》一本，每年贡举人量减《尚书》《论语》两条策，加《老子》策。”又《通鉴》卷二一四：“开元二十五年，初置玄学博士，每岁依明经举。”又《旧唐书玄宗本纪》：“（开元二十九年）制两京、诸州各置玄元皇帝庙并崇玄学，置生徒，令习《老子》《庄子》《列子》《文子》，每年准明经例考试。”

② 参看《论儒教的形成》，《中国社会科学》1980年第1期。

张。秦汉形成中央集权大一统的封建国家。社会变了，秦汉以后的学说也跟着变了。秦朝法家当权，法家大张旗鼓地反对儒家，但秦朝的法家却吸收了儒家的“三纲”学说，并用政治强制推行“三纲”的秩序。汉儒董仲舒建立了儒家与方士（道士）合流的新学派。汉初的道家，已包含了儒、墨、阴阳、名、法诸家在内。《吕氏春秋》与《淮南子》都被古人称为杂家，其实，其他各家也不纯，只是有的学派对其他学派进行糅合改造的功夫用得多些，显得不露痕迹罢了。

魏晋玄学以老、庄为旗帜，事实上不是先秦时期的老、庄。有些注释家如王弼所理解的老子，郭象所理解的庄子，不仅与老子、庄子的原意不符，甚至相反[①]。佛教传入中国，更是百般迎合中国封建社会的旧习惯及封建伦理思想，逐渐使佛教中国化。道教这时也力求与中国封建制度相配合，与佛教争地盘。佛、道双方不断互相影响、互相吸收，儒、道、佛三教也在互相影响、互相吸收，最后达到三教合一的归宿。

中国哲学史的发展好像江河的奔泻，它不停止、不倒流，不断有支流融汇聚合。既融合之后，即形成新的流派。它有旧的成分，但又不同于旧的。水流是上游细小、下游浩瀚，上游清浅、下游浑浊。哲学的发展也有类似的情况。古代思想比较单纯、朴素，后来变得复杂。认为古代哲学比现代更丰富，这种观点是不对的。哲学史上没有什么一成不变的学派和学说。同属一个学派，从上一个时代到下一个时代，它的思想必然要改变。某种思想从甲地区传播到乙地区，如印度的佛教传到中国，它的思想也要起变化。哲学史上也没有什么不掺杂其他成分的纯粹的学派和学说，一个学派和学说总要带有它以前的思

① 如庄子明显反对人为，反对名教对自然的破坏；郭象则主张只有贯彻名教，推行封建文化制度才是更好地发挥人和物的本性；王弼认为老子不及孔子博大。

想遗迹，也常有它所属的社会历史的特点的烙印。像儒家主张的孝、悌等宗法思想，并不是孔丘的创见，它实际上继承了周代的封建宗法制度。孔子提出的仁，好像是一大发明，其实是周道亲亲，以血缘关系为纽带的伦理关系的系统化。我们研究哲学史，不但要熟悉了解哲学史发展的前因后果，还要熟悉了解哲学史发展的社会历史状况。也就是说哲学史的研究，除了了解有关的“哲学”，还要兼顾到与哲学有关的其他上层建筑，还要了解那些不属于上层建筑的意识形态。

建国三十年来，中国哲学史的研究方面有很大成绩，但是也还存在着许多空白或薄弱的环节。形成这种薄弱环节的原因自然是多方面的，但我们哲学史工作者过去喜欢用一家一派的旧观念来衡量哲学，如指定某某为儒家、某某为什么家，对他标举的旗帜过于相信，有时忽略了它的内容。我们的研究工作还习惯用“六家”来给哲学家们分类，这个分法本身就不科学。因为不论什么家，都不是一个整体。儒家有唯物与唯心，荀、孟的对立；法家中唯心主义的也不少，反动的思想也不少。同是儒家，有早期的、有后期的分别。两汉时期，有与道教结合的儒，如董仲舒；有与道家合流的儒，如王充。唐朝有与佛教合流的儒，如柳宗元、刘禹锡等。宋明有混合佛、道的儒，如周、程、朱、陆、王等。

思想一经形成体系，并在社会上发生影响，它必然与其他思想发生交流、融合的关系。这种关系的存在，既影响了自己，也影响别的学派。今后，如何正确对待这种交流和融合的关系，并如何善于分析这种交流和融合的关系，是一个十分艰巨的任务。即使从现在开始着手，没有十年八年的艰苦努力，是见不到明显的效果的。但是，一旦见到效果，则必将使中国哲学史的研究面貌大为改观，它将促进文学、艺术、宗教，以及许多有关部门的研究大步前进。

访问加拿大与美国观感*

1980年1月16日至4月29日，我应加拿大多伦多大学宗教研究中心的邀请，在该校讲课一学期，给研究生及青年教师讲授中国哲学史及道教两门课程，都是讨论班，也有老教授旁听。在学期终了时，又应美国几所大学的邀请，用了三个星期时间，从美国的东部到西部，参观访问研究中国文化的几所重点大学，有哈佛、耶鲁、哥伦比亚、威斯康星、密西根、加州海湾的几所大学，包括伯克力、斯坦福、加州州立大学、加州圣他巴伯大学。

在多伦多大学讲学期间，参加了汉弥尔顿市的麦克马斯特大学宗教系的佛教学术讨论会，参观了加拿大中部的瑞吉那市的瑞吉那大学的历史系及萨斯卡通市的萨斯喀彻温大学的东亚系。另外，与多伦多大学的有关教师去华盛顿参加了北美一年一度的亚洲学会第三十二届年会，会期三天，结识了北美不少有关中国哲学史、中国佛教及道教方面的专家学者。

这次是以个人身份出国活动，不是代表团，活动比较自由，时间较长，接触的面也较广泛，有大学教授、大学生、中学生、家庭妇女，社会上其他行业的知识分子，如工程界、医生、艺术家等。与加拿大、

* 原载《中国哲学史研究》1981年第1期。

美国两国的同行建立了初步联系。在接触中，也向他们介绍了我国社会科学院及世界宗教研究所的研究工作及方针任务，促进了中国与北美学术界人士的互相了解。

一、加拿大的宗教研究

加拿大多伦多大学有一百多年历史，是加拿大历史最长、规模最大的大学，学生七万多人，有三所天主教神学院、五所基督教神学院。该校还有个宗教学研究中心，成立于 1976 年，是一个跨系的联合组织，由各神学院以及哲学系、东亚系、历史系、近东系的一部分教师组成。在这个宗教研究中心担任指导研究生的教授有五十位，他们分别属于各有关学院。

第二次世界大战以来，宗教研究逐渐脱离传教士和神学院的垄断，在各大学中开设宗教研究的课程，近十年来，这种倾向更加明显。这种现象可称之为“宗教研究的学术化”。西方学者力图把宗教这一社会现象，与历史、哲学、社会学、人类学、语言学等学科联系起来考察。这样，给人们一种印象，他们宣称的宗教已不再与科学为敌，而是一种与科学互相补充的学问。有关宗教研究的一些著作，不再重复那些古老的“灵魂不死”“意志自由”“上帝永存”那类争论，而是通过研究宗教与历史、社会、道德、艺术等关系来说明宗教。他们宣称，研究宗教是一种学术研究，要抱客观态度，也愿意与不信宗教的无神论者“对话”。

每一个宗教系大学生必须学习下列课程：人类学、宗教经典著作、英文、艺术、历史、心理学、社会学。大学毕业后如要深造，再分专业。

北美一般大学宗教系研究生的课程分若干专业方向。如比较宗教学——儒教与基督教、基督教与伊斯兰教等；宗教史——犹太教、印度教、锡克教、耆那教、佛教、道教、伊斯兰教的历史；宗教有关的边缘科学——宗教艺术（音乐、绘画、建筑）、宗教心理学、宗教社会学等；专题研究——断代研究，如中世纪宗教、初期犹太教、伊斯兰教以前的阿拉伯宗教，阿奎那、奥古斯丁等；古代语言——希伯来文、拉丁文、希腊文、古英语；地区研究——近东、东亚、中东、远东、俄国等，这都注重现状研究。

关于宗教的研究，加拿大多伦多大学有比较悠久的传统，而且有一系列的学科相配合。拿对中世纪的研究来说，既有如宗教史、文学史、艺术史、语言史等这样的专史，又有按地区和国别进行的研究，如欧洲及国别史，中东、近东、远东研究，还有宗教艺术如建筑、绘画等研究，甚至连困难很大、不易捕捉的中世纪音乐，也有人进行探索。在多伦多大学里，我曾听过一次中世纪的音乐演奏会，有五位中古音乐研究者，既是理论的探索者，又是熟练的演奏家。有些乐器，也是几经探索才制作出来的。还有十四五世纪的声乐演唱，其中有颂神的，也有歌颂爱情的民歌，男声的唱法有点像中国京戏的小生，则假嗓、高音。他们为摹拟古代乐器进行了艰苦的创造，制作了一大批管乐器、弦乐器，还有原始的风琴，有如我国古代的橐籥。如果没有对中世纪文化、艺术、宗教、社会、历史的广泛基础，以及各个学科的互相配合，那么关于中世纪音乐的模拟恢复是不可能的。相形之下，我国的历史科学的研究，各方面配合得不大好。

学术界的专家们着眼通史多，专题研究少，而且有些工作互不通气，重复劳动，造成人力、物力的很大浪费，这是我们应该克服和改进的。

现在北美的宗教研究系，已与过去有所不同，不是培训神职人员，而是成为与哲学系、历史系、社会系相配合的学术研究机构。毕业生的出路也是多种多样，除了个别留在大学教书，不少人在中学、商业及政府机关工作，改行的是多数。应该说这是个不小的变化。

二、美国研究中国哲学史的现状和趋向

从4月29日到5月19日，我在美国的一些大学进行了参观访问，重点是了解美国研究中国哲学及宗教的情况及研究人员的实力。

美国研究中国哲学的水平，近十年有很大的进展。尽管这几年经济停滞，与战后复员那几年相比，人口相对减少，大学生人数也减少，各大学也停止了发展。而美国对中国的研究，依然是人才多，学科门类齐全，断代研究及专题研究方面投入的人力和设备都超过了欧洲各国，仅次于日本。

以1980年北美亚洲学会三十二届年会为例，除少数来自美国以外的亚洲国籍学者（有个别日本、南朝鲜、印度等地学者），绝大多数是美国人，到会的竟有一千多人。听说前几年有时达二三千人。在这些人中间，有老专家也有新手，人才比较齐备。

从讨论的范围看，美国对中国的研究，有历史、地理、军事、哲学、民族、宗教等方面。中国佛教、中国道教、中国哲学，都有比较专门的论文。如关于朱熹的研究，在一次分组讨论会上就有好

几篇，关于华严宗的研究及道教的研究都有好几篇。在各种论文中，有历史叙述方面的，也有校勘考据方面的，如马王堆帛书《老子》的校勘，这次讨论会上就有一篇论文，并有一定的见解。在中国历史分组讨论会上，我看到一篇讨论福建和江西客家人口迁移规律的论文，直接运用我国地方志的材料。文章分析了人口迁移的规律性，还列举了迁入的人口与土著人口的矛盾和斗争，及当时政府采取的政策等等，文章虽然不是最后的定稿，却有一定水平。

密西根大学的历史系，只教中国史的教授（从古代到近代）就有四人。我们国内规模小一点的大学，历史系的师资力量未必有这样齐全。

再拿哥伦比亚大学东方系来说，有一个以第伯瑞教授（Wm. Theodore de Bary）为首的研究集体，十来个人，重点研究明代历史，包括明代的文学、经济、哲学、历史及明代时期朝鲜、日本的历史。这种用集体的力量，分工合作，从各个方面共同探讨中国明代历史的做法，是一个比较先进而有效的方法。他们每年5月第一个星期五下午，开会讨论东方哲学问题。同一天的晚上讨论东方宗教问题。1980年没有对宗教问题的讨论，会议只开了一个下午就结束了。有的来自波士顿，有的来自匹兹堡，有的来自西雅图。还邀请加拿大多伦多大学的一位教师，这个人因故未来。这样的讨论会一般只用半天或一天，当天结束。可见他们是很讲究会议的效率的。

哥伦比亚大学东方系从50年代起，注重东方宗教思想及新儒教（宋明理学）的研究，并邀请台湾学者到美国讲授理学。1964年起，重点研究明代思想，每年开一次国际性的会议，并出一种书，已完成及正在进行中的研究课题有明代名人传、明末清初研究、中日关系，以及元代思想研究。领导人第伯瑞教授是前任哥伦比亚大学副校长，是个专家，他又有组织才能，这个学术研究集体搞得有声有色，引起美国学者的重视，一批有才干的青年人也在迅速成长。

西部加州海湾区的几个大学，也有像这样的学术组织，只是研究的问题和方向不像哥伦比亚大学那样集中。

美国研究中国问题有成效、有基础的几所重点大学，他们研究中国哲学史所着重的断代和问题，是因时而异的。从目前的发展趋向看，对先秦的兴趣逐渐淡下来，对汉以后的几个断代的兴趣，则在逐步增长。哥伦比亚大学对明代思想的研究，除了采用西方一般的概念分析及社会学、比较历史学等常用方法，还听取了台湾学者的建议，结合中国理学传统的方法，注重对伦理思想、道德修养的所谓身心性命之学的分析。这条研究的道路，是个值得讨论的问题，但可以看出他们的态度是十分认真的。

还有的大学的研究重点在近现代（如斯坦福大学），有的对汉、魏、隋、唐兴趣较多，如加州圣他巴伯大学，有的则对中国宋明理学的某些重要范畴有兴趣，如密西根大学的孟禄教授。孟禄和第伯瑞都是美国自己培养出来的白人学者中第一流的哲学史家，与借用客卿华裔学者不同，从他们身上可以看到美国对中国哲学的研究已经取得一定实效。

美国研究中国哲学史的著名学者和有成绩的研究者，都不在哲学系，而是在历史系或东方系、东亚系。如著名中国哲学史家余英时教授就是耶鲁大学历史系的主任，他有深厚的汉学根底，接受过老一辈学者的严格训练，又掌握有现代西方的科学方法，因此就其能力来说，已超过了西方老一辈的学者，今年才五十岁左右。像这样年富力强的学者，美国有一批，而不是一两个，相形之下，我国这一代的中年学者有些青黄不接，基本功和写作能力明显地超过老一辈学者的，人数不算多。

哈佛大学的历史最长，基础也厚，如哈佛大学的杨联升教授、芝加哥的何炳棣教授在年长的教授中很受重视。芝加哥大学、加州大学伯克利分校，以及威斯康星大学都在不同的方面有它的特长，而各大学都有自己的传统。美国研究中国哲学的人力多、门类齐全，这种情况也是在竞争中为了谋得生存而逼出来的。在世界范围内，研究中国的哲学和历史，美国的实力仅次于日本。欧洲的许多汉学家往往偏重一门一科或一个时代，从研究的广度和实力来说，都不及美国。

进入 70 年代，美国人口减少，上大学的人数也减少，教授的数目也相应地缩减，再加上石油危机以后造成物价上涨、通货膨胀，这不能不影响到科学研究的正常开展。我们看到的一些现代化的图书馆，都是落成于 60 年代到 70 年代之间。有的学校由于经费不足，不少想兴办的项目，也只好缓办。有的图书没有地方摆，只好放在库房里，使用效率就受到了限制。

和美国朋友谈起来，他们十分盼望能再有个经济繁荣的时期，以便学术上有个更大的发展。

美国知识分子的生活一般说是比较过得去，但也有些下降。比如现在的青年教师（相当于讲师、助教这一层的知识分子），据他们自己估计，等他们当上教授时，也赶不上现在的教授的生活水平。“重理轻文”的风气在美国也很普遍，中国哲学史这门科学在美国不是热门，一些研究者也要甘于寂寞才行。技术书在美国出版很快，但哲学、历史的专著，出版周期就相当长，交稿后一两年才出版，也是常有的。

三、加强中国与北美学术交流的展望

这次在北美停留了三周，有机会把我国现在社会科学（只限于中国哲学史和中国的佛教、道教）的研究水平，与外国做一番比较。可以这样说，我们的水平不算低，或者说，我们有我们的优点，北美有北美的长处。加强中国与北美的学术交流，这不仅有益于中国哲学史和佛教、道教研究的开展，而且对于加深中国人民和北美人民的相互了解，增进友谊，也是很有好处的。

加拿大和美国地域相接，在经济上联系紧密，在学术上也十分接近。加拿大学者的观点也往往是美国学者的观点，加拿大的大学很多有名的教授是从美国去的，他们采用的教科书也多是美国通用的。从整个北美学术活动的情况看，有许多长处是值得我们重视和借鉴的。

不管是美国还是加拿大，他们的学术讨论会比我们多，活动比较灵活，不拘形式。开会主持人致词最多不超过二十分钟，学术讨论会的发言，要有稿子，一般不照着稿子念。以三十二届亚洲学会年会为例，一千多人，近七十个分组讨论会，三天之内就结束了。每个分组会一般有四个人宣读论文，宣读论文后，还要留一部分时间给到会的人提问题，论文作者还要进行简短的答辩。最后还要有主持分组会的评论员对会上的论文提出评论的意见，也包括提出质疑性的问题。这样的会，如果照我们的习惯开法，恐怕十天半月也开不完。年会的工作总结，是在秘书处及主席团中间进行，不在全体会上报告。因此，他们没有大会开幕词，也没有大会闭幕词，没有首长接见，也不招待看戏。把大家的主要精力用在讨论问题和会下的个别接触上。参加者参加哪一个分组，完全由自己决定。

他们的讨论会，提问题的人没有什么不必要的客气话，而是直截了当。或者指出论文中所存在的疑难点以及自相矛盾的地方，或者指出引用资料不当、解释有误。学术讨论就是学术讨论，不绕弯子。他们的立场、观点我们可以不一样，他们的工作效率值得学习。他们把会议开得有效率，不拖沓，节约时间。

开短会，发短言，就可以省出时间开展更多的学术交流活动。全国性专业性的学术活动他们经常有。博士考试和答辩，各个有名的大学年年举行。照规定，都要邀请国内专家参加考试委员会，这也使得专业科学家们不断地有交流学术观点的机会。美国的学会组织、学术会议很多，有的人开会开不过来，就今年去开这个会，下年去开那个会，时间错开，既可省点时间，又不至于影响学术观点的及时交流。

在图书资料方面，北美也有许多值得我们重视的地方。过去有人觉得，研究中国的历史，不了解外国问题不大，其实这是很大的偏见。研究外国的东西固然要精通外国，研究中国的文化、历史，也不能关上门自己搞自己的。比如说，研究鸦片战争的历史，过去我国学者利用的资料多是我们的档案资料，现在要写出比较丰富可靠的鸦片战争史，如果不利用英国大量的档案资料，就写不出高质量的科研成果来。研究甲午前后的中国维新运动史，如果不同时参照欧洲，特别是日本的资料，也不能写出高水平的著作来。就是研究中共党史、中国革命史，也不能忽略国外的有关资料。这次在美国和加拿大，我就看到了国内见不到的第一次国内革命战争时期江西苏区的档案资料。这些资料是用显微底片保存的。很多图书馆（我所看到的有六所大学的图书馆）都可以公开借阅。在海禁大开的今天，任何一门科学，都不是一个国家所包办得了的。这不是说一个国家不可以研究自己一国的问题，而是说只有取精用宏，放眼世界，才能更上一层楼；而孤陋寡闻，蔽于一曲，是难以产生第一流科研成果的。

美国和加拿大虽然对中国哲学以及佛、道二教的研究取得了相当的进展，但从北美与中国在这方面的学术交流来说，却不够充分，不够全面，还有待于改进。三十年来，我们不大了解北美学者的情况，北美学者也不大了解中国，这是长期互不往来造成的。我国建国三十年来，在中国哲学史和佛教、道教方面的研究成果，极少在北美得到反映，北美现在流行的一些关于中国哲学史的著述，不少还是我国学者 30 年代的作品。就连沟通思想的语言，北美研究中国哲学史的学者都不大习惯我们现在的表达方式，我们习用的一些概念和范畴，他们不大理解。而他们接触和了解较多的，则是台湾和香港的情况。拿多伦多大学的东亚图书馆来说，一半的藏书是中国图书，如果不算解放前的旧版书和古书，仅看 1949 年以后出的书刊，台湾、香港的约占百分之九十，大陆的只占百分之十左右。学者的交流也是这样，北美研究中国学问的人，一多半是从台湾、香港去的，每年都有相当多的港台学人在北美定居；另外，台湾当局也积极参加一些国际性的学术活动，他们为增强中外学术交流做了不少努力，无疑是可取的。而我们这些年，由于极“左”路线的干扰和破坏，极少参加国际性的学术活动，自己把自己封闭在一个狭小天地里。这在无形中造成一种错觉，似乎台湾代表中国文化，是中国传统文化的继承者。台湾、香港学者的学术著作，当然也代表中国的文化，但毕竟不是中国的主体，更不能看作中国学术文化的全部。可以这样说，不了解以九亿人口的大陆为主体的中国，就不可能真正懂得中国的文化。

加强我国与北美的学术交流，是件有许多工作可做，而且意义重大的事情。我们还应看到，任何一个民族的有价值的文化，都不应看成这个民族的私产，它应为全人类共同的财富。正如莎士比亚不仅属于英国人民，歌德不仅属于德国人民，李白、杜甫也不仅属于中国人民一样。加强不同民族的文化交流，是打破隔膜、增进友谊的重要手段，加深了解则是加深友谊的基础。就中国哲学史的研究领域来说，我们可以把建国以来的一些有价值的研究成果，通过图书交流等渠道介绍出去，也可以编辑一些取材恰当、注释准确的资料，供海外学者参考。另外，还可进行学者交流，一方面我们经常派人出去参加有关的国际性的学术讨论会，及时掌握国外研究中国哲学史的动态；另一方面，可以邀请海外学者来我国讲学，邀请港台学者来内地研讨学问，或者请他们参加我们的讨论会，顺便到与中国哲学史有关的名胜古迹参观访问，比如白鹿洞、鹅湖、阳明故居、船山遗址等。像这样的活动，国外及港台学者是乐于参加的。做好这项交流工作，不仅会大大推动中国哲学史这门学科的进一步开展，而且会对加深中国与北美人民的相互了解和友谊，促进祖国的统一，发挥积极的作用。

1980 年于北京

中国哲学史的特点*

——在《中国哲学史稿》讨论会上的发言

中国哲学史断断续续地研究了许多年了，但越研究觉得问题越多。关于中国哲学史发展的规律，我在 1964 年写了一篇东西，但那时没有像现在的自由空气，特别是三中全会以来的气氛，因此后来也就没有搞下去。再说，规律还得从实际出发，如果我们对断代、对个人或者对个别问题研究得不够，那么这个规律未必真是规律。当然心中无数也不行。这里我想只讲一个问题，即中国哲学史的特点。这个规律以后再讲，或者我们这几卷书写完以后，再回顾一下，也许可以更清楚一些。

中国哲学史是怎样一门科学？我们是这么一个提法：中国哲学史是中华民族的认识史，在这个认识的基础上进行中哲史的探索。怎么叫中华民族呢？因为以前写成的多半是用汉文写的，以后我们还要利用汉文以外的其他兄弟民族文字和材料。中哲史所反映的内容，我觉得不能说就是汉民族的认识过程。因为我们这个国家是个多民族的国家，经过长期多民族的交流和融合，互相往来，有些哲学家究竟是什么民族，很难说清楚。就拿老子来说吧，据记载他是

---

* 原载《南京大学学报（哲学社会科学）》1982年第4期。

楚人，楚人是否就是汉族呢？看来下不了这个结论。再比如屈原，他是思想家和哲学家。屈原是楚国的贵族，但不能说他就是汉族的前身或者是汉族的先辈。他是兄弟民族的另外一支。这在先秦是这么一种情况。再如讲到后来，孙叔平同志的《中国哲学史稿》上讲到了元朝的许衡，许衡是汉人，但他的思想体系却反映了蒙古贵族的利益和要求。汉人写的东西反映的是蒙古地主阶级的利益，你说他是什么族？再比如说李白这个人，他是什么族呢？也不大好说。再如元朝的文学家萨都剌《登石头城》[①]的诗词，情调不能说只是反映蒙古知识分子的一种怀古感叹，他代表的是当时广大知识分子的一种兴亡之感。因此说，我们中华民族是多民族长期融合的结果。

民族的交流、融合是不断的过程，从历史上看，隋唐两代说是汉族的历史，其实隋唐两代的统治者，都是包含少数民族的血统，所以我们称“中华民族的认识史”。只是就现存的情况来看，用汉字写出来的哲学史并不能看作仅仅是汉族的认识史。文化、艺术、哲学、宗教都带有民族的特点。它与自然科学不同。我们中华民族与世界上其他民族相比较，它经历的过程有共同之处。这共同之处就是社会发展史上所讲的，有五种社会发展的阶段。当然共产主义社会还没有到，从已经经历的来说，由原始公社、奴隶制、封建制、到资本主义社会，这是共同的。不管是中华民族，还是其他民族，都要经历这几个阶段。经历这几个阶段，就要受这几个历史阶段的

① 石头城上，望天低吴楚，眼空无物。指点六朝形胜地，惟有青山如壁。蔽日旌旗，连云樯橹，白骨纷如雪。一江南北，消磨多少豪杰。　寂寞避暑离宫，东风辇路，芳草年年发。落日无人松径里，鬼火高低明灭。歌舞尊前，繁华镜里，暗换青青发。伤心千古，秦淮一片明月。

制约。我们从文字记载上来看，我们已经有了近四千年的历史，在这四千年的历史中间，有两千多年是在封建社会中度过的。就是采取战国封建制的说法，也有两千多年，要是采取西周封建制的说法，封建制就更长了。总之，封建社会的时间维持得很长，在世界上也可以说是最长的，这就是一个特点。社会历史的特点就决定了我们哲学史的特点。

再比如说，中国的封建宗法制度发展得比较完备，这也是个特点。

再比如说，中国长期处在大一统的局面之下，中央集权的专制主义比较强大，这也是一个特点。中国经常是统一的强大的封建专制王朝，分裂的局面也有过，但总的看来，那是暂时的。从历史上看，中华民族认为这是不正常的现象，认为正常的现象应该是统一的局面。就拿分散的、割据的局面来说，比如南北朝，分裂成两半，但那还是很大的王朝，而不是像欧洲那样的小国。这是讲统一维持得长久，比较稳固。

还有个特点是农民起义次数多、规模大。《毛泽东选集》中提到这个问题。这个特点与长期的封建专制主义、封建统一的国家是相联系的。因为封建专制的国家力量强大，如果农民的力量小，当时就被镇压下去，起义就不成功。一旦起义成功，势力就很大，燎原之势，不可收拾，成为改朝换代的推动力量。在小的国家就不是这样，只有在大的国家才可以造成大规模的农民起义。

还有一个特点，就是中国的资本主义没有得到发展，这与欧洲相比，是很明显的。欧洲从 16 世纪开始就逐渐地萌芽，发展到现在的资本主义。

以上这些特点，就决定了中国哲学史要认真地面对这些历史情况来进行工作。仅仅分析某个哲学家怎么讲，那是很难找出规律性的东西来的。这是从历史的特点来看，决定了中国哲学史有它的特点。

中国封建宗法制维持得较久，发展得比较完备。宗法制度并不是封建社会的产物，它在原始社会氏族公社的后期就已经有了。在一般的情况下，在生产落后、产品的数量十分缺乏的情况下，社会上财富的分配，在很大程度上受血缘关系的支配。一个氏族，它组织生产、维持生产以及分配这些生产成果，都是以氏族为中心。等生产发展以后，达到了更高的水平，它就往往冲破血缘关系的束缚，建立起按地区划分的国家组织。国家组织建立后，以血缘关系为中心的宗法制度就冲淡了，起的作用也就不大了，由国家组织来承担这方面的职能。可是，中国不是这样，国家组织形成以后，从历史上说，从夏朝开始吧，国家形成以后，宗法制度没有被抛弃，反而不断地发展成为社会上一种固定的组织形式，对国家，对社会，起着调节的作用。出现了阶级以后，通过宗族的关系、宗法制度来使得阶级矛盾有所缓和，起着这么一种作用。宗法制度到了阶级社会里，它仍然以血缘关系为纽带，把社会成员联系在一起。共同的生活，共同的风俗习惯，共同的心理状态，共同的行为规范，形成一种民族共同体，在这方面，儒家对维护宗法制度起了重要作用。儒家不断地利用旧的形式，填充新的内容。

为了说明这个问题，我们不妨从西周说起。周族战胜了殷民族，取得了全国的统治地位，这个局面，是少数征服者统治多数被统治者。周民族从人数来说是少的，从原来发展的地区来说，也是小的。它从西方到东方，进了函谷关，一直往东发展，征服了好多东方的民族。他们用什么办法来加强统治、维护统治呢？那就是利用血缘关系的宗法制度，封土建国，把周民族的亲属和贵族分封在山东、河北、山西、河南等东方一带重要的战略地区，这样它就稳定了七八百年之久。秦统一以后，分封制就终止了，秦的时间比较短。汉朝以后恢复了以血缘关系为纽带的宗法制度。它是在新的形势下，让它保持，并得到发展。因为从氏族公社，经过奴隶制，就是西周，到秦、汉初，这个社会的变革是很大的，经历了两种社会制度。这时候它要对宗法制做出新的解释。我们看汉朝的《礼》书，它是西汉初年的东西，这里头那些制度不是编造出来的，而是从氏族公社沿袭下来就有这些制度。有人说《礼》这本书是后人造的，不能这么说。从地下发掘，从社会调查来看，证明这些《礼》书是有根据的，它是原始氏族遗留下来的一些制度，但在新的社会条件下又给予了新的解释。在这个问题上，我还要声明一点，就是哲学起源于宗教，是从宗教分化出来的。这个问题在此就不多讲了。

原始宗教产生得很早，它在有了人类以后不久就有了。原始宗教与后来的人为的宗教有什么区别？原始宗教是全族的，整个氏族都是宗教的信仰者，它没有职业的神职人员，氏族的领袖就是教主，他可以主持宗教的仪式。比如祈求丰年、禳除病灾、求雨、祈祷等等，都是由氏族领袖领导进行。据记载，商汤遇到七年之旱，汤自己就当作牺牲，跪在那里祈雨。这是个宗教活动，一个民族的领袖带头做这件事，这就说明原始宗教的头头与政治上的领袖是一回事。再从少数民族的社会调查来看，据古书记载，我们可以看到，它的生产活动、社会活动、宗教活动、文娱活动、体育活动等等，都是结合在一起的。庆丰收，是一个祭神的仪式，也是一个文娱活动的节日。战争也是这样，对外族的战争也是在宗教仪式的引导下来进行的。

比如在《礼记》上，这些都有规定。这些活动的规定，都可以在原始宗教中找到根据。

从西周经过东周、春秋、战国长期的演变，周朝王室失去了领导地位，鲁国还保持了一套完整的礼乐文物。儒家创始人孔子、孟子出在山东邹鲁，不是偶然的，邹鲁文化继承了西周的传统。“六经”是否为孔子的著作，有些不同的看法，应继续探讨，但是“六经”经过儒家的整理、解释、传授，是大家所公认的。儒家整理礼乐，就是在新的历史条件下对原始宗教的活动做出新的解释。“六经”中间就体现了宗教作为核心的天人观、社会观、伦理观等等。比如说“敬天法祖”“尊尊亲亲”“敬德保民”的思想，都可以找到原始宗教的痕迹。后来，对“六经”的注解越来越多了，不断地注入新的时代的内容，但它始终不能摆脱其宗教性。原始宗教没有阶级压迫的内容，它反映了民族公社的共同劳动、共同分配的生活面貌。所以在儒家思想中也有一些平等互助一类的东西。这类思想也是从原始宗教中保留下来的。

秦汉以后，到了魏晋南北朝，儒家在哲学方面、理论方面，像董仲舒的神学目的论有所削弱，而在宗法制度方面，非但没有削弱，反而加强了，形成了魏晋时期的门阀士族制度。魏晋时代门阀制度讲究孝悌，讲谱系。谱系学是过去所没有的新学问，这说明宗法制度加强了。在当时，民族矛盾带来的政治混乱，给宗教造成了蔓延传播的机会，佛教、道教得到了发展。到了唐朝，正式由国家提出了“三教”这个名词，即儒教、佛教、道教。每逢国家大典，就让三教的学者来各自宣讲他们的教义。唐朝的儒者也不否认自己是个“教”。

唐朝以后，从北宋开始直到南宋的朱熹，理学兴起，理学就是儒教。儒教成为中国特殊形式下的宗教，占据正统地位。我们说过，中国哲学史是中华民族的认识史，哲学是关于宇宙、社会、人类思维规律的总的看法的学问。我们从人类认识的发展过程来看，最早是有宇宙论、宇宙构成论，即世界是什么做的，诸如“精气说”这类东西。后来才有本体论。从人类的认识程序看，宇宙论在前，本体论在后，再从认识的深度、广度来看，也有它的不断发展的过程。最早从天道观开始，引导人类打开了哲学的大门。以后，政治问题、社会问题越来越复杂了，阶级矛盾越来越深刻了，人们就被更复杂的问题所吸引，向认识的深度和广度进军。人类先从认识自然开始，然后再回过头来认识人类自己。

比如人性问题，就是认识自己。孔子讲过“性相近也，习相远也”。后人的解释就深奥得不得了。我看不能替孔子来解释。孟子就讲得多了一点了，说是人“性善”，荀子说人“性恶”。后来董仲舒讲“性三品”，扬雄讲“人之性也，善恶混”。再往后，再进一步发展，人性问题就更深化了，涉及人类与社会的关系，人性与生理机能的关系，人性善恶的根源，人性是否可以改变，即人性的可塑性问题。这些问题都是后来提出来的，在先秦是提不出来的。这些问题是对人性的间接探索，对人的感情的分析，对人的意志的分析，对人的心理活动的分析，都是比较晚的事了。佛教传到中国以后，这个问题就讲得更多了。

再比如说，人生在世上是为了什么？人死了以后又到哪里去？这些问题早期的人的认识还没有考虑过这么多。考虑了这么多也没有一个好的答复。后来随着认识的发展，那就讲得具体多了。“三世说”提出：“人为什么有富贵？人为什么有贫贱？”解答这些带根本性的大问题，在古代，只有哲学及宗教自以为能够解答这些问题。我们还要看到，哲学与宗教真正划分领域，是从近代开始的。在产业革命后有了现代的工业，有了新的阶级，体现新的生产方式的阶级，才有能力使哲学从宗教中划分出来。在中世纪的时候，不可能这么做。进入近代，标志着人们从长时期的中世纪的冬眠状态中觉醒过来。中世纪的认识水平是比较低的，当时的科学水平就只那么高，哲学是宗教的附庸。哲学上有些问题解决不了，就靠宗教来帮忙。两者分不开，它自己也没有想到要分开。哲学与宗教划不清界限，不仅是中世纪，直到今天也还有些哲学家，资产阶级哲学家划不清，只有马克思主义才能正确对待这一问题。

这就又回到开始提出的问题：中国社会的特点决定了中国哲学的特点。中国的封建社会时间特别长，封建社会的意识形态发展得比较完备。我们说中国封建社会发展得比较完备，那是指在封建的生产关系之下，生产力得到了比较充分的发展。在阶级社会里，生产力的发展总要受到生产关系的束缚，不能得到完全的发展。甚至在社会主义社会，还有些旧的框框在限制生产力的发展，在阶级社会就更是这样。比较地说来，中国封建社会发展得比较典型。在这种生产关系下，生产力在封建社会生产关系允许的范围内得到了比较充分的发展。比起外国来说，在汉朝、唐朝，那时中国的生产力的发展在全世界是走在前面的，科学技术也比较发达。中国无神论思想比起外国来比较丰富、比较成熟。我看这是一个特色。外国历史说他们的封建社会一片黑暗，也许说得过分了，但像我们这么灿烂的封建文化，世界上是少有的。

从“五四”以来，很多著作谈到中西文化问题，西方哲学给人一种知识，富于推理，注重理性，注重逻辑推演。中国哲学注重体验，不大注意逻辑论证。中国哲学给人一种安身立命的本领，给人以生活上、精神上的指导。学了西方哲学，它可以给人一种知识上的满足，但不是给人一种感情上的满足和心理上的满足。中国哲学则可以给人一种精神上的享受。这是大家所经常说的，事实上确实如此。我看是不是这么看：进入近代以后，哲学和宗教分了家，它们的任务也划分开了。哲学就管推理、思维、理性思考、逻辑推理等等；精神上的安慰、安身立命、解决思想上的苦闷，就由宗教来管，哲学不管。外国有些科学家经常在实验室做实验，星期天进教堂去个把小时，轻松一下，使心情舒畅。我国长期以来处于封建社会，这二者没有分工，哲学与宗教浑然一体。

为了便于说明，我们和西方的神学家比较一下。西方神学家安瑟伦，生卒年代是 1038 年到 1109 年。他有好多著作。他说信仰是理解的基础，他的著作里好多推理、论证，但最后落脚点归结为对上帝的信仰。安瑟伦生活的时代相当于北宋仁宗到徽宗的时代，也正是理学建立，北宋“五子”周、邵、二程、张的时代。再往后一点，西方托马斯·阿奎那，这个人生活在 1225 年至 1274 年，相当于南宋理宗到度宗的时候，比朱熹晚一点。从安瑟伦到托马斯·阿奎那，这些人讲的就是辨天理人欲，也是讲安身立命之学。神学是用论证的方法论证“上帝”的存在，通过它的哲学的方式来达到宗教的目的。宗教神学是封建社会特殊的产物。我们看世界上的三大宗教——基督教、佛教和伊斯兰教成为世界性的宗教，都是在封建社会完成的。这也不难理解。因为在奴隶社会，统治阶级对于奴隶不要求讲太多的道理，就是用鞭子管好，不让他跑掉就行。封建社会农民得到一部分土地，他们是分散的、个体的经营，不是由人拿鞭子去管，而是自己分头去干活，这就需要一种精神上的枷锁，要讲一些必须服从、安于命运的道理。封建社会真正是宗教兴旺的土壤。如果说中国哲学史的特点，那就不能不说到哲学与宗教不分家这个特点。但是由于阶级斗争的复杂性，人的认识的不断深化，这种宗教的形式、内容就不断修改、补充、发展。中国哲学史是不是和西方完全一样？朱熹是不是就等于安瑟伦、托马斯·阿奎那呢？中国哲学有自己的特点，因为中国的封建社会以宗法制度为基础，中国的哲学、宗教必须适应中国的封建宗法制度。如果适应不好或适应不了，这种宗教神学就没有发展的余地。我们随便举一个例子。在印度，只要一个人出了家，他就是佛的弟子，佛、法、僧是“三宝”。出了家，他的父母见了他也得行礼、跪拜。中国就不一样，和尚不拜父母、不拜祖先、不拜皇帝，在中国就行不通。因为封建宗法制度力量太强大了，太顽固了。谁要触犯了它，就站不住脚。佛经的翻译比较严密，因为它有宗教信仰，如果有意翻译不准确，就要下地狱，歪曲了佛的教义，就是大逆不道。有些汉译的佛经，与梵文一对，发现触犯了宗法制度的词句都被删改了。佛教徒宁肯冒入地狱的惩罚，也不敢碰“三纲五常”。这个问题，陈寅恪有文章。近来日本学者中村元也讲到这个问题，题目叫《佛教的思想对汉译佛经的影响》。和尚庙里的章程，按说出家人举行宗教仪式应该先祝愿佛、歌颂佛。但中国修改后的宗教仪式，每逢举行宗教仪式先祝愿君王长寿，然后祝佛祖，这都说明“三纲五常”力量之大。

理学的兴起从北宋开始，理学开始时正是北宋王安石变法的时候。这时整个的宋朝比较多灾多难，有民族矛盾，有阶级矛盾，王安石提出变法，目的在于解救当时社会危机。统治阶级内部要想办法来补救。后来变法有很多人议论，说王安石哪些措施不当，所以不成功，或者说别人不帮忙，或其他种种原因。事实上，北宋的危机，变法也解救不了，不变法也解救不了。王安石不能扭转乾坤，无力改变这个局面。王安石变法的同时，理学兴起了。理学想从哲学上解决社会问题，王安石想从政治措施、经济管理上解决社会危机。南宋时期，危机加重了，国家小了一半，人民头上负担反倒增加了一倍，所以日子更不好过。社会是一个有机体。黄巢起义以后，中国的封建社会开始走下坡路，它不同于生气勃勃、上升阶段的社会。这个危机谁也解决不了，必须等到新的生产关系出来才能改变。由于中国封建社会持续时间比较长，统治阶级统治经验比较丰富，哲学理论上也从各个方面给统治者提供了一些规范，而且宗教与哲学配合较好，所以，让中国的封建社会能够稳定，能够维持，它的危机能够缓解。例如，在宋以前，包括宋在内，取天下是通过宫廷政变的方式，赵匡胤就是黄袍加身，篡夺了后周的政权。但是他也总结经验，从今以后不能这样搞了，他就从哲学、道德各方面制造理论，防止这样搞。所以朱熹的《通鉴纲目》说蜀是正统，曹魏是篡位。通过长期的教育、宣传，的确也有了一定效果。可以从反面论证，宋以后的确没有发现大臣篡位、用宫廷政变方式夺取政权的。改朝换代是有的，那就是农民或少数民族的革命。他们不念哲学，不念《朱子语录》。这就是上层建筑维护旧制度起了作用。有人说中国封建社会为什么这样长？上层建筑拉住它，不让它前进，不让它改变。当然，决定社会前进的力量主要是生产力与生产关系的矛盾和生产力发展水平，但也不能说思想方面没起作用。它解决、调整了统治阶级内部的关系。

理学，我们说它是儒教，因为它有宗教的内在的本质。一切宗教都有一个共同的特点，它承认两个世界，一个是彼岸世界，一个是现实世界。中国的儒教，更多的是从禅宗那儿来的，它缩短了彼岸世界和现实世界的距离，把宗教世俗化，这是它的一个特点。如果说理学不是宗教，禅宗也不是宗教；如果说禅宗是宗教，理学也就是宗教，它使宗教世俗化。如果仅仅讲哲学命题、概念，它是哲学。可是理学家不把他的哲学停留在概念分析上。如他讲天与自然的关系、人性与自然的关系、天与人的关系，他讲的比过去都完备。性善说通过理学家的解释，就有了神学的内容。孟子讲人性里头包含着仁、义、礼、智，这是讲人的社会属性，他把人的社会属性说得很具体。但是，从二程到朱熹，在人性论方面，讲仁、义、礼、智之外，他还讲元、亨、利、贞。他说，人性要真正实现的话，光懂仁、义、礼、智并不能真正理解人性，还必须把天地之性和人性结合起来考虑，天地之性就是元、亨、利、贞。他们讲的“天”，不像董仲舒那个人格化的“天”。理学家把“天”讲成人性化，使人性理性化。朱熹讲最高的“理”，太极，是极好的、至善的道理。我们说自然界是如何发展的，如何变化的，我们不能说自然界应该如何变化，应该如何发展。“如何”这个问题是哲学上、科学上来解答的问题。“应该”怎么做的问题，是道德上、宗教上要回答的问题。科学问题不同于宗教、道德问题。自然界不能说它是善或者是恶。天地自然就是客观存在。可是，我们看看朱熹讲的“仁”。他说，天地是以生物为心，创造万物是天地的“心”，是天地的“仁”，天地也有仁爱之心。

天地的“仁”，人类的仁爱之心，与天地创造万物的“心”是一致的。同一个道理表现在天地上就是元、亨、利、贞，表现在人就是仁、义、礼、智。儒教虽然讲好多格物致知的道理，观察外界、认识外界，讲得很详细，最后它不是叫你认识世界而是教人一定要善于体会天地的“仁”。人心的本性、本质就是天的本质、自然的本质，他把天地自然与人联系在一起。比如程颢，程颐的哥哥，喜欢养个小鸡，从小鸡的活泼气象可以体会天地的“仁”，“观鸡雏可以观仁”。周敦颐不锄窗前草，说是窗前草“与自家的生意一般”，从中体会生物之性。理学家特别强调要善于体会天地之心，认为不体会天地之心，这个学问就是不到家，没入圣门。

我们看朱熹那个时代，人民灾难深重。可是，看看他们的哲学和他们的著作，宋朝理学家那个世界是一片生机、生意盎然、活泼泼的。把他们说的与当时内外交困的现实加以对比，就感到是很大的讽刺。结合当时的艺术、哲学及其他上层建筑综合考察，就会发现中华民族自宋以后变得单调、不活泼、拘束，对外来的事物一般是采取拒绝的态度。与汉、唐气魄很不一样。中华民族本来能歌善舞，经过宋儒长期的教育，搞得发呆、发傻，体质也变差。如果说中国哲学史的特点的话，宗教与哲学混合在一起就是它的特点。儒教用宗教神学把哲学与宗教混合得十分巧妙，显得没有痕迹。儒教还打着反宗教的旗帜，批佛教、批道教。因为打着反宗教的旗号，就更容易迷惑人了。其实，它是用新的宗教代替旧的宗教，用更世俗化的宗教代替出世的宗教。儒教灌输给人们以虚幻的精神境界。宣扬僧侣主义、禁欲主义、蒙昧主义，歌颂贫困，不注意发展生产，在这一点上，不管是程、朱还是陆、王，他们没有什么区别。儒教的影响，一直到今天，对我们的“四化”还有影响。我们说衡量事物的是非，马克思主义最基本的原理是实践是检验真理的唯一标准。中世纪宗教盛行时，它是什么标准呢？圣人的话是检验真理的标准。看看“四书五经”上有没有，只要有，这就能办，只要没有就不能办。这种经院式的学习的方法也影响到我们解放后的一些马克思主义者，我们有人学马克思主义，用了朱熹的《四书集注》的办法，搞的是章句之学。我们的革命是靠马克思主义指导才取得成功，这是人所共见的。但是，也不能忘记，这个封建社会遗留下来的，特别是封建哲学儒教留下来的包袱，还是很沉重的。我们当年民主革命的时候，沾了封建经济的光，我们的游击区、解放区，为什么不怕敌人封锁包围，就是因为我们是自然经济，我们不靠交通发达的交换经济。可是，建设社会主义，我们又吃了封建经济的亏，一步跨到社会主义，好多东西来不及清理、来不及结算，就出现了一个新局面。面临这个新局面，我们感到很不容易应付。

所以讲到中国哲学史的特点，要看到哲学起源于宗教，它一开始就企图从宗教的束缚下分化出来、独立出来。可是，在长期封建社会，由于科学，由于技术，由于种种限制，不可能使它彻底地分化出来。哲学要分化出来，宗教则不让它分化，揪着它不放，在斗争中产生了唯心主义与唯物主义的斗争。封建社会有它的产生、壮大、衰亡和消失的过程，为这么一个社会长期服务的哲学和宗教，起的作用也不一样。同样是宗教思想，当封建社会上升时期，如果宗教促进封建社会的巩固、促进封建社会的统一，它在这方面的作用还可以肯定。董仲舒的神学对汉武帝的统一起过推动作用。朱熹的儒学与董仲舒的神学应有所不同，当然，不是全部没有用。如果把它作为人类认识的过程的话，把它作为人的认识过程中间的一个环节，给予充分的研究，把它放在适当地位，这是可以的。当然，同样的唯心论、唯心史观里边，也有高下精粗的区别，也有为后来借鉴的地方，这都可以总结深入研究。人类认识的历史，对搞中国哲学史，对封建社会的特点，是应该好好地来研究，这也不是咱们几个搞哲学史的人所能解决得了的，它要配合经济、政治、文学、艺术等许多方面，就像探讨一个病情要医生会诊一样。要写一部真正科学的哲学史，需要各方面都会诊下来以后，大家都承认是这个病，才算是有了比较接近真相的一个结果，这需要探索。

根据原始材料说话*
——评孙叔平著《中国哲学史稿》

最近教育部在南京召开了关于孙叔平同志的新著《中国哲学史稿》（上、下卷，上海人民出版社出版）一书的讨论会，讨论中多数同志提议向大学推荐该书为大学教材，我也同意这个意见。借这个机会谈一点关于中国哲学史教材编写和教学的看法。

这本书的作者不是先带着一个框框来论证古人，而是根据原始材料说话。古人没有的，不硬凑。正如作者说的，“论点一定要是他本人的”“逻辑也要是他本人的，而不是我妄加的”。我们已出版的有些著作，往往在这些地方不慎重，把不属于古人的论点强给加上，这就失去了科学性。这样的著作即使很多，也没有什么价值。

《史稿》是一部运用马克思主义观点写成的中国哲学史。孙叔平同志自己很谦虚，说是“半路出家”“不是科班出身”。其实，他的前半生致力于马克思主义原理的教育和宣传工作，长期的锻炼使他运用马克思主义原理比较熟练，这种条件恰恰是所谓科班出身的一般从事哲学史研究工作的人所缺少的。还因为作者从事革命工作多年，有生活经历的磨炼，不易犯所谓科班出身的一般从事哲学

* 原载《人民日报》1982年7月2日第5版。

史的人的毛病。当然，这并不意味着我对孙著的见解完全同意，有许多问题是可以讨论的。同样是马克思主义者，在学术上可以有不同的看法。历史界有范文澜的西周封建说，有郭沫若的战国封建说。此外，还有秦汉封建说、魏晋封建说，也各自成家，各有一些支持者。广大读者并没有因为他们学派的不同而指摘他们不是马克思主义者。“四人帮”横行时期，曾流行过一种错误的观点，好像学术上只允许有一家是正确的，只要有人表示不同意，那就是非马克思主义的，甚至是资产阶级的。号称百家，只允许有一家。哲学史只允许“儒法斗争史”一家之言。那种无知、愚蠢的事，再也不容许出现了。

过去编书不少是集体合作进行的，这当然是一种很好的协作方式。但也不能说只有集体写作才是社会主义的编书方式。在农村中也办过一些蠢事，好像只有集体上工、集体收工才是走社会主义道路。推行责任制时，有人产生抵触，说是“单干”，走回头路。写书不论是个人执笔还是集体协作，只要是有利于社会主义的，方式上完全可以百花齐放，用不着一刀切。

大学教材必须有，各学校的师资力量不同，学生水平也不同，教授时间有的多些，有的少些，在一定范围内还应允许有一定的机动。只要教材是力图用马克思主义的观点写的，有它的特色，是学术著作，不是东抄西凑，就值得向大学推荐作为教材。根据我在大学教书的经验，同一个大学里，同一个系里，同用一种教材，讲课的教师在讲授时也应该有机动权，可以提出和教材不同的意见。讲课内容的详略、重点也不能要求完全一样。讲课也要百家争鸣，才能启发学生的思路，活跃学术思想。

各大学正在使用的有关中国哲学史的教材，公开出版的大约有好几种，各大学自己编讲义尚未公开出版的还有不少。现在又新增了《中国哲学史稿》，这是祖国学术界繁荣的好气象，值得鼓励。中国之大，人口之多，作为大学教科书的《中国哲学史》不是多了，而是太少。只要与欧美各大学的教科书相比较，就可看出我们的教材品种少，规格也不全。以古希腊哲学史为例，他们各大学使用的教材不下数十种，而我们的先秦哲学史是不是也有几十种呢?

教材，是用来参考的，不是让教师照本宣科，让学生死记硬背的。再好的教材，只能供参考，教员不能照教材一字一句地讲，这样的讲授学生听不下去，也限制了学生的思路。世界上不可能有一种教材完全适应学生的要求的，也没有一种教材完全满足教师的需要的。教学也是一个再创造的过程。教材只能供参考,代替不了教师创造性的劳动。

二十年前，各大学的教材尚未建设起来。当时中宣部由周扬同志主持编写大学文科教材，集中全国人力，历时二三年，编成教材数百种，从而减轻了千百位教师人人写讲义的负担，也保证了教学的质量。今天的条件不同于过去，只要发现有什么学校或个人的著作有被大学采用的可能，由有关单位召集会议，请在教学第一线的教师们提出意见，推荐为教材，国家既可节省人力物力，又能收到采优选用的效果，这是一个值得提倡的好办法。

总之，只要是在马克思主义指导下编写的、言之有据的、有一定科学价值的著作,都有被推荐提名的资格。各大学也有选择的自由，没有必要要求全国都采用同一种教材。编写方式也允许多种多样，可以个人写，也可以集体写。反映着有生命力的阶级的思想，总是有生命力的。在正确方针指引下，假之以岁月，我国学术界将会日益繁荣昌盛的。

阶级分析方法一例*

——如何看待中国古代哲学中的民族哲学家

研究中国哲学史，不可避免地要遇到民族问题。近年来学术界提出要大力开展我国少数民族哲学史的研究，北方和南方都已先后有了群众性的学术团体。这是十分必要的，我也全力支持这一工作。因为中国是一个多民族的大国，虽说汉族人数众多，而少数民族是中华民族大家庭中的成员，少数民族的哲学应当成为中华民族的哲学的组成部分。

现在的问题不是要不要开展这一工作，而是如何开展这一工作。

中华民族历数千年之久，克服无数艰难险阻，融合了多种民族的优秀文化，如百川汇归大海，最后形成中华民族文化。中国哲学史是中华民族的认识史。中国哲学是中华民族优良精神文明的集中表现。中华民族中汉族占多数，实际上，汉族是许多兄弟民族长期融合的结果，历史上并不存在“纯汉族”。

中国哲学史上的优秀哲学家、思想家，不应当只看作汉族的，他们也属于所有兄弟民族的哲学家和思想家。比如，春秋战国时期的荆楚文化对中华民族的文化有过重大的贡献，荆楚文化的代表人

* 据《任继愈学术论著自选集》。

物屈原、宋玉，哲学家的老子是什么民族，现在还查不清楚，但可以断定，楚国贵族（屈氏、熊氏）不是汉族的前身。但是中国文学史、中国哲学史都把屈原、宋玉、老子写上去，因为他们都是中华民族的文学家、思想家。由此上溯，仰韶文化、龙山文化、大汶口文化、南方的河姆渡文化已被公认是中华民族文化的基础，但这些文化的创造者是什么民族？至少可以断言这些古老的文化属于中华民族，而不仅属于汉族。

春秋战国以后的历史也表明，社会在前进，历史在进步，而推动历史前进的力量绝不只是汉族，而是中华民族全体。秦汉时期四五百年间，六国贵族及边区牧主贵族的大迁徙、大融合，才形成了今天的汉族。南北朝时期北方的汉族地主阶级与北方少数民族贵族共同组成封建政权，史称北朝。南迁汉族与当地土著大姓相结合，共同组成封建政权，史称南朝。南北朝统治时间约三百年。这是一次更大规模的民族融合，无论南朝或北朝，都不存在有所谓纯汉族政权或纯拓跋氏、鲜卑等政权。

隋唐皇室是汉族与北方少数民族混血的后裔。唐王朝实际上是我国多民族地主阶级共同专政的封建政权。李氏王朝自称为老聃的后裔，是受了门阀士族的社会习惯势力的影响，攀缘老子以抬高身价。其实老子是什么族、出身如何，还难于找到历史凭据。

宋元明清四朝的哲学史，也是多民族不断融合、共同进步的历史。北宋时期，同时存在的还有辽与西夏。南宋时与金朝对峙。元代最高统治者为蒙古贵族，但共同统治中国的是广大汉族地主阶级。统治中国的思想工具是孔、孟为代表的儒教宗法制度。元代的哲学家不一定出身于蒙古贵族。许衡、吴澄、苏天爵、姚枢、孙安、郝经都是汉族儒者，但他们代表了蒙古贵族地主阶级的利益。耶律楚材，非蒙古族，他是元代的开国功臣，可以而且必须列入蒙古哲学史。清代的哲学家，如李光地、张伯行、陆陇其、陆稼书也都是汉族，但他们代表了满洲贵族地主阶级的利益，可以列入满族哲学史。同样的道理，元朝的诗人萨都剌《金陵怀古》表达的是当时知识分子的发思古之幽情，并不特别代表蒙古民族的特点，其性质在思想感情上和刘禹锡《西塞山怀古》差不多。纳兰容若的《饮水词》在中国文学史上有一定的地位，但不能说他的作品体现了满族的特色。

看一个哲学家代表什么阶级、什么民族，最基本的标志是看他的作品反映哪个阶级的利益、对哪个民族有利，而不是看这个哲学家个人的出身和民族血统。马克思是德国犹太人，他的哲学并不是德国犹太民族的利益的反映。恩格斯出身资本家，并经管过工厂，但他的哲学不代表日耳曼民族，也不代表英国曼彻斯特资本家的利益，马、恩的哲学代表全世界无产阶级的利益，也是全世界被压迫民族的代言人。中国工人阶级经历了几十年的革命实践，逐渐形成具有中国特色的马克思主义、毛泽东思想。毛泽东同志是湖南人，他的革命战友多为湘、鄂、赣等地区农民、工人、知识分子，但毛泽东思想已成为中华民族的共同精神财富，决不能把毛泽东思想看作湖南汉族的哲学体系，这也是不言而喻的。

再以欧洲哲学史为例，欧洲大陆有荷兰的斯宾诺莎、法国的笛卡儿、德国的莱布尼茨，人们研究欧洲哲学史，并不因为他们分属于不同的民族就否认他们各自代表的时代精神和当时欧洲各族人民共同达到的先进认识水平。

中国哲学史，实际上是历史上中华民族精神文明的一面镜子，它以逻辑范畴的形式记录了中华民族认识世界的经历。哲学史上重要人物和学派的贡献，就在于他们曾经站在当时人类认识世界的最前列，体现了当时的思想高度，他们把当时人类认识推进到了一个新水平，无愧于他们各自的时代。有贡献的哲学家们建立的哲学体系，不应仅仅看作他们个人的见解，他们是阶级的代言人、集体的代言人。他们代表着当时先进的阶级、先进的政治集团的集体智慧。每个具体的哲学家虽然属于一定的民族，但我们研究哲学史，却不应把他看作仅仅属于某一民族的哲学家，同时也要看到它代表着全人类的先进思想。上面我们所列举的马克思、恩格斯、毛泽东、斯宾诺莎、笛卡儿、莱布尼茨等哲学家，都足以说明凡是有贡献的哲学思想家都代表着他们的时代精神，而不只限于他们自己的一个民族。

后人看前人的理论，不难发现他们有这样那样的缺点和错误，但更应当去发现他们比前人提出了哪些新的命题，进行了哪些有意义的探索，揭示了哪些范畴。这样，哲学史就不是一系列的错误观念的积累，而是人类认识世界、解释世界前进道路上连绵不断的里程碑。先进的哲学家或哲学流派所以称为先进，就在于他们站在当时人类认识的尖端，给后人提供了精神财富。

这里并不是说不要注意各民族的哲学家。不论兄弟民族的哲学家或汉族的哲学家，只要是有贡献的，都要重视。我们要指出的是，哲学是阶级社会里的产物。哲学家的民族性与阶级性要结合考虑。民族性不能混同于血统论，不能光看哲学家的民族出身，还要看他代表哪个阶级、哪个集团，及其文化传统源流。哲学史不是从古到今的流水账，有闻必录，而是讲明人类认识前进的轨迹。中国哲学史即中华民族的认识史，只要是反映当时先进的认识水平的，不论是出身于哪个民族的哲学家，都要把他写上。他们都是中华民族的代表人物。正是由于这个理由，我们的中国哲学史，不去追究屈原、老子是否属于汉族，那是没有意义的。如果不是这样，我们五十六个民族，每一个民族专立一个户头，从古到今往下写，其结果势将出现许多空白或者雷同的思想，对于中华民族的融合、团结、前进的光荣历程反而看不清楚，找不到规律性的东西，失去研究中国哲学史的意义。

中国哲学史是中华民族共同的认识史*
——《中国少数民族哲学思想史论集》序

1949 年全国解放后，全国各族人民都得到了新生，我们的中国哲学史这门学科也出现了前所未有的新气象，可以说是十分兴旺发达。美中不足的是对少数民族的哲学史研究得很不够，不能如实地反映我国各民族的哲学史现状，显得中国哲学史的内容不够充实。

中国哲学史，是中华各民族共同创造的认识史，民族有大小，各族人口有多有少，但各民族都对中华民族的文化建设做出了各自的贡献。过去的华夏族，是中原地区众多兄弟民族不断融合的结果。汉民族也是秦汉以后，经历了若干世代众多兄弟民族不断融合的结果。我国民族在历史上有多次大的融合。殷周时期为第一次大融合，当时主要是东方、西方各民族的大融合；秦汉时期为第二次大融合；隋唐时期为第三次大融合；宋元明清为第四次大融合。由殷周上溯，龙山文化，仰韶文化，已经说不出是汉族的前身还是其他兄弟民族的前身，应当是黄河流域各族共同创造的。我国古代习惯地列为汉族的一些哲学家、文学家，实际上他是否属于汉族，大成问题。比

* 据《任继愈学术论著自选集》。曾载《哲学研究》1983年第6期。曾收入《中国少数民族哲学思想史论集》，中国社会科学出版社，1985年4月版。

如屈原，他是楚国贵族，至少他不是汉族的前身。楚人老子，虽说当过周朝的史官，他是不是汉族的前身，也难说。从他的思想表现看，他更富有荆楚文化的特征，与当时的中原文化格格不入。

总之，中华民族的形成是多民族融合的结果，它还在不断发展中。中华民族的文化，也是多民族共同的创造，它也在不断发展中。历唐、宋、元、明、清，千余年间，各民族都一直在互相学习，取长补短，继续前进，都有贡献。

在阶级存在的社会里，掌权的是剥削阶级贵族，人民群众不能当家做主。过去的历史上，民族之间也有矛盾，也有过暂时的不和。但民族之间的关系，正像大家庭中兄弟之间的关系，虽有矛盾，不难解决。人民群众的愿望代表着“天心”。民族之间，融合、和解、经济交换、文化交流，是客观需要，是历史的潮流，任何力量也阻挡不住。中国的音乐史、舞蹈史、建筑史，都表明民族之间的互相吸收、取长补短是它的总趋势。仅以乐器论，胡琴、琵琶、箜篌、七弦琴、羯鼓、唢呐，又有谁可以说只属某一个民族专有、专用的乐器，别的民族不许染指呢？本民族的音乐、艺术又有多少不是为众多民族共同欣赏、赞美的呢？

今天是中国共产党领导下的新中国，各民族之间处在完全平等的地位。现在没有剥削阶级从中制造不和，大家在马列主义、毛泽东思想指导下，呈现了民族大团结。过去各民族间互相学习的好传统在继续发扬，过去的剥削阶级制造的不和的因素已不复存在。在党的正确民族政策指引下，各民族的文化繁荣昌盛，学术兴旺发达，为前所未有。

这一本文集的出版，就是中华民族团结、进步，互相学习、取长补短的具体证明。

作为一个中国哲学史工作者，看到少数民族哲学论文集的出版，心中的兴奋自不待言。我相信只要我们从各民族发掘有价值的文化遗产，无疑地会丰富中国哲学史的内容。各兄弟民族的社会历史发展情况不尽相同，前进的步伐也不尽一致，这是社会发展史上正常的现象。这些不同的哲学思想反映了各民族的时代思潮，对各民族的哲学思想研究得越彻底，思想资料掌握得越丰富，将来我们写出的中国哲学史的内容就越充实，从而做到名副其实的“中国哲学史”。各民族，不论大小，都对中国哲学史添砖加瓦，也就是对中华民族的认识史做出了贡献。

由于我们的科研工作进行得不平衡，这次的论文集搜集的文章还不能说很周全，论文的写作水平也不平衡。“物之不齐，物之情也”，这也是很自然的，何况我们这一工作还是开天辟地第一回呢！万事开头难。我们的工作经验还有待于积累，我们的写作队伍，特别是少数民族的写作队伍正在发展、成长中。瞻望前途，光明无限。愿与同志们共勉。

1983 年 5 月

研究中国哲学史的基本功*

学习中国哲学史，研究中国哲学史，要有一定的基本功。速成的办法是没有的。如果能够少走些弯路，也是一种节约时间、提高学习成绩的办法。研究哲学史（包括中外哲学史），顾名思义，它要包括两个方面，一方面是哲学，一方面是历史。学术界一般情况下，研究哲学的不一定对历史有兴趣，研究历史的不一定对哲学有兴趣。哲学史处在哲学与历史两个学科的边缘。它要求研究者既要有历史的知识，又要有哲学的知识。不管研究者对这两方面有无兴趣，却非下力气，打下一定的基础不可。

哲学是世界观的学问，世界上从古到今曾有过许多流派，当前仍然学派林立。今天我们国家占统治地位的是马克思主义哲学。中国人找到马克思主义可不容易。“五四”时期，许多西方哲学派别蜂拥而来。当时除了旧有的传统封建主义哲学，还有来自西方和东方的许多流派。学术界五光十色、百家争鸣的热闹局面远远超过了春秋战国时期。当时马克思主义哲学只是百家中的一家。经过了长时期的思想交锋、长期的实践考验，人们参照比较，最后才选择了马克思主义哲学。马克思主义哲学是无产阶级十分严整而彻底的世

* 原载《中国哲学史研究》1983年第2期。

界观，指导着全世界革命人民的行动，并在世界各地取得大小不等的胜利。中国革命的胜利、社会主义的建设也是在马克思哲学世界观指导下取得的。

在旧中国，我在大学里读书，学的是西方资产阶级哲学和中国古典哲学，还有东方的印度哲学。回顾一下全国解放前的哲学史界，在各大学占统治地位的思想是资产阶级的哲学和封建主义的哲学。也有个别进步教授讲授马列主义哲学或用历史唯物史观讲授哲学史的，那是在极少有的情况下进行的。社会上进步青年中已有人宣传马克思主义哲学，如艾思奇的《大众哲学》曾发行过三十三版之多，很多进步青年从中受到鼓舞，参加了革命。总的说来，当时在国民党统治下，不具备系统学习的条件，马列主义的重要著作还没有很完整的译本，更不用说全集了。在那种环境下，除了解放区，研究中国哲学史的人多是贩运西方资产阶级哲学作为指导思想来研究中国哲学史。也曾出版了一些著作，有成绩，但成绩不大。

全国解放后，马克思列宁主义、毛泽东思想大普及，在普及的基础上大提高。全国哲学界有了一支用马列主义、毛泽东思想武装起来的大军。中国哲学史这门学问从此开了新生面。在此以后，中国哲学史这门学问终于打开了出路，建立了真正的科学的哲学史，因为它符合历史发展的规律、符合实际。一些学过旧哲学后来又学了马列主义的人，对这种变化更有特别深刻的感受。把两种哲学对比，更加相信真理在马列主义这一边，正如劳动人民经历了旧社会的苦，才深刻感受到新社会的甜。

研究哲学史，必须学好马列主义哲学，因为它是指导思想。有了辩证唯物主义和历史唯物主义才能有剖析历代哲学思想的武器，才能提高判断是非的能力。指导思想不明确，工作就无法开展。马克思主义哲学就是研究哲学史的指导思想。学好哲学，是研究哲学史的必要条件，所以说这是基本功。当然学哲学不是要求人们死记硬背几条原理，而是要求把马克思主义哲学的原理与所研究的哲学史的具体实际相结合。结合得好，成绩就大；不结合，就没有成绩。不能理解为今年学好哲学，明年再去结合哲学史的实际。

其次是要学好历史，要有系统的历史知识。任何哲学流派的发生发展都是在一定的社会历史条件下产生的，它不是孤立的现象，更不是无因而起。历史上有的学派兴起了，有的学派消灭了；外国传入的学派有的发展了，有的湮没了；有的学派发源于某一地区，而流行在另外地区。这些复杂的现象，如果不去深入分析，不懂得历史规律，不深知事变的原委，只会增加困惑。

历史这门学科，它包括中、外、古、今。研究历史，总不能把中、外、古、今的知识一口吞下。研究哲学史的人学历史，更不能陶醉在历史的纷然杂陈的海洋中不能自拔。学历史要抓住历史发展中的若干重要环节。所谓重要环节，即社会历史转变时期的关键问题。比如说，一种制度由不发达到发达，或是相反的过程；一个朝代由兴盛到衰亡，或是相反的过程；一个民族由弱小到强大，或是相反的过程；社会由纷乱到安定，或是相反的过程；国家由统一到分裂，或是相反的过程，等等。哲学史的进程，总的说来，和社会历史发展的进程是互相影响、互相配合的。不懂得历史，哲学史研究就无从着手。当然，也不能机械地看待历史与哲学的关系，把它们看成亦步亦趋，如形影不离，这也不符合实际。因为社会历史现象十分复杂而且变化多端，对任何具体问题都要具体分析。

研究历史不光是注意重大政治事件、制度变革，还要关心文化史、科学史许多方面，知识面不宜过狭窄。研究历史不但“通古今之变”（这是古人早已提出过的要求），还要贯通中外（这是现代人的要求）。不了解世界史也无法更确切地了解本国的历史，有比较才有鉴别。有的问题只站在中国的角度考虑，有时不够完整，与外国历史一比较，就更清楚。有些社会现象，我们也许司空见惯，不以为意，与外国的情况相比较，有时会受到很大的启发。正和反，同和异，这些相反的范畴构成人类加深认识不可缺少的手段，取得任何知识都离不开它们，学历史当无例外。

有了哲学和历史的训练，还不够，还要掌握表达的工具和接受的工具，要有完整的收发机器。接受工具包括阅读别人、前人写下的经验的本领。对今天的研究者来说，要掌握语文工具、古文工具。语文工具中又可分为国内外各民族的语文。虽不能尽通，至少本民族语文之外，要通晓本民族以外的语文一到二种，多了不限。古文工具指现代人生活中已不使用或不通用的文字，既包括本民族的，也包括外民族的。古人不像我们今天遇到的问题复杂，他们的工作比较省事。史学家、哲学家司马迁用不着通晓外文，而无害于他成为第一流的学者。他那时已遇到阅读古文的问题，《史记》引用的《尚书》是经过他今译的。更古的古人，如周公就用不着古文，可是他那时也不需研究哲学史。在某种意义下，好像古人占了时代的便宜，也可说古人吃了时代的亏，因为他们的眼界不及今天的人广阔，他们使用的工具不及今天的工具好用。

不断收到一些青年朋友来信问如何学习哲学史，一个统一应用方案虽是没有的，但是作为这门学问的基本功有共同的要求。好比唱京戏，有生、旦、净、末、丑各个行当，各行当有各自的要求，但也有它们共同的基本功。

哲学史上的问题，因时代不同、地区不同而有所差异。但是，既然问题上了哲学史，它必然是人类当时认识过程中遇到的最难解决的问题，都是些老大难的问题，都是其他任何研究具体问题的学科所不能承担的。不是这样，那就提不到哲学家们关心讨论的议程上来。比如说，灵魂不灭、贫贱富贵的原因，人类命运受什么力量支配，人类认识世界的能力有多大，等等。看上去，这些问题相当玄远，与人们日常生活中天天接触到的柴米油盐、生儿育女等具体问题相去甚远。实际上，玄远的问题都有它最具体、最现实的生活依据。研究哲学史，不能不关心当前现实社会的现实生活。我们很难设想一个人对现实社会都不了解，他却能懂得二三千年前的古人讲的道理。如果对当前的农村、城市生活一无所知，或者熟视无睹，要求他能懂得孔、孟、老、庄，要求他不受宗教迷信的欺骗，那是不可能的。有的数学家用一支铅笔，通过精严的推演能发现定理，并被社会所公认，这样的情况是有的。哲学史的研究者不能置身事外，不能隔岸观火。我们社会主义社会的研究者首先是革命群众中的一员，是社会主义精神文明的建设者。

社会主义社会里，我们的哲学即马克思主义哲学，这种哲学本身已经包含了建设世界、改变世界的内容，我们的历史科学也包括推动社会历史前进的任务在内。袖手旁观、坐而论道的态度学不了哲学，也学不了历史，当然也学不了哲学史。这个道理本来是不言而喻的。只是因为多年来讲空话的风气还没有刹住，学术界还有人把哲学史仅仅当作知识来对待，而轻视社会实践。我在这里把参加社会实践作为一种基本功提出来，为了引起注意，看来还是必要的。

坚持唯物史观是社会科学工作者的职责*

胡乔木同志的文章《关于人道主义和异化问题》澄清了社会上流行的一些背离马克思主义的错误观念，是有益于社会主义精神文明建设的。这里想谈一点个人读后的感想。

关于人道主义与异化问题的争论，不光在国内有，在国外也很热闹。乔木同志的文章指出人道主义的两个含义：一个是作为世界观和历史观的人道主义，一个是作为伦理原则和道德规范的人道主义。这个区别既有理论意义，也有实际意义。这种区分是个创见。乔木的文章对推动社会科学有极普遍的意义，给我们社会科学工作者提出了更高的要求、更重的任务。

马克思主义哲学就是辩证唯物主义与历史唯物主义。辩证唯物主义与旧唯物主义有直接继承的关系。比如说"反映论"的观念，即是直接从旧唯物论继承过来的。旧唯物论至少有两千年的历史。它在形成的过程中，不断充实、完善，有自己的完整的一系列范畴，如时间和空间、必然和偶然、质和量、有和无、动和静等等。这些范畴已被学术界所接受，其中有唯心主义与唯物主义解释上的分歧，但从大的范围看，它们总是人类思维反映的那一类的认识对

* 原载《光明日报》，1984年3月1日。

象。一门学科没有相当完备的一系列的范畴，它就不完整。究竟应当有多少个范畴才算完整？难于画个框框。总之，历史唯物主义的范畴在发展中，它和一切新兴学科一样，总在不断充实完善自己的范畴。

历史唯物主义是马克思、恩格斯创立的崭新学科，是崛起的，当然也有历史的凭借，但不是直接的继承，它的历史只有一百多年。因之，它的范畴不像辩证唯物主义那样完善，有些是沿袭下来的，比如“异化”；有的是借用的比喻，后来逐渐升格为范畴的，如“基础与上层建筑”；有的是用命题的方式来表达，尚未凝固为范畴的，如“人民群众是历史的主人”；有的是与其他学科共有的，如“生产力与生产关系”。历史唯物主义是个新生的、有无限前途的学科，这个领域（即关于社会历史的领域）是资产阶级学者和马克思主义争夺的阵地。唯心论利用现代物理、化学的发现对物质进行了歪曲的解释，企图取消物质第一性这个辩证唯物论的基础。在历史唯物论这个领域里，我们要做的事情就更多。因为历史唯物论研究的是社会、历史。社会、历史经常受民族文化传统、经济制度、哲学思想的制约。它除了具有普遍性，还有特殊性。就是说，我们建设社会主义要具有中国的特点，建设社会主义精神文明，也要有中国的特点。发展马列主义，发展历史唯物主义，要不要有中国的特点？我认为要。但不能把特殊性讲过了头，以致脱离马列主义的普遍原则，那样就背离了历史唯物主义，就错了。举例来说，研究哲学史，中国的哲学中有“道”“理”“气”“性”“命”“仁”“义”等范畴，不管外国怎么看，我们有自己的一套，外国也不得不承认。文学史中像神韵

（气韵生动）、气象（盛唐气象）、风骨（建安风骨）等，这些范畴还不像哲学史那样容易取得国内外承认。

我们应当积极响应乔木同志的倡议，认真研究历史唯物主义，力图用历史唯物主义的观点、方法解答现实生活中遇到的问题。我们要发展历史唯物主义，使它的范畴更完备，使它具有中国自己的特点。

发现问题、提出问题到解决问题，凡是提到哲学上来讨论的，没能得到解决的，都是些老大难的问题。比如，乔木同志这篇文章中提到的“究竟什么是人类社会进步的动力”。在我国，至少在两千年前司马迁的《史记·货殖列传》中就说过：“天下熙熙，皆为利来；天下攘攘，皆为利往。”两千年后的今天，还是有不少人对这个问题不甚了了。比如，“文以载道”是封建社会关于文学的政治标准，它反对“吟风弄月，无病呻吟”，注重文学的社会效果。封建的“道”是封建纲常名教，资本主义的“道”是人道主义、自由、平等、博爱。社会主义的文学也反对“吟风弄月，无病呻吟”，主张为人民群众服务。不同的阶级有不同的“道”。我们今天如果再用“文以载道”就必须附加许多说明，才能说清楚。这样，我们就不必再用“文以载道”来说明我们社会主义的文艺职能了。

“异化”这个词，虽然当年费尔巴哈曾用它批判宗教，但“异化”说远远不能说明宗教的产生和发展的历史规律，更无法看到宗教历史地产生，也将历史地消亡的远景。费尔巴哈等人不理解宗教产生的社会根源，往往归之于抽象的人性，企图用人类的爱来代替宗教，制造宗教的代用品。“异化”说用另一种方式肯定了宗教存在的永恒性。资产阶级主观上批判宗教，客观上却美化了宗教；主观上不承认宗教，客观上把宗教永恒化。

总之，我们进行科学研究时，如果不是转述别人的学说和观点，而是正确表达自己的观点时，要注意建立科学的、有准确含义的范畴。像“异化”这样的概念，就可以不用。“人道主义”，也只能用社会主义的人道主义、革命的人道主义，而不能用作为世界观和历史观的人道主义的提法。

瞻望中国哲学史研究的前景*

哲学史有没有规律？国际学术界向来有两派意见，一派认为没有规律，一派认为有规律，我属于有规律派。这两派一直到目前还在争论中，主张哲学史的发展有规律的，提出的规律有多种。多年来曾经引起国内学术界的重视的，至少有两派，有主张规律表现为唯心主义与唯物主义两军对垒的，有主张规律表现为螺旋式上升的圆圈运动的。这两种看法都举出不少事实为依据，都曾引起过我的兴趣，也做过一些探索。最近看过冯契同志的新著，他以大量史实来阐明圆圈上升的发展规律，并取得很大的成就，这是可喜的收获。

哲学史界需要繁荣，这是时代的要求，也是学科本身的要求。繁荣不能只是停留在号召上，而是要见诸作品。运用规律说明的问题越多、越透彻，就越能推动学术的前进。

什么样的规律最有权威，现在还没有一致的结论，看来，似乎难以选出定于一尊的结论，将来还可能有其他规律被发现、被运用。总的来说，哲学史界都认为哲学在变化、在前进，这一点认识大家是一致的。前进、发展，沿着什么轨道，还没有一致的看法。总的来说，都认为哲学的前进发展，不是直线式的，有曲折，有波动，

* 原载《华东师范大学学报（哲学社会科学版）》1986年第1期。

有时会有倒退，这一点认识大家也是一致的。未来的新哲学是个什么样子，现在还难说。总的说来，它是在继承优秀传统的基础上，融合新体系的产物，这一点认识，哲学界的同行们可能有相近的认识。至于未来的哲学的细枝末节，很难未卜先知，推测过多，反而荒唐。

哲学史的发展规律，可以有很多的设计，从中可以产生很好的设计，冯契同志的《中国古代哲学的逻辑发展》，就是一个实例。

建国三十多年，哲学史工作者做了大量的工作，有不少有科学价值的著作，无须多说。但是也应看到，我们国家在建设中也有过几次严重失误，政治上的、经济上的“左”的势力的干扰，学术上也未能幸免。出于政治上“左”的需要，于是要求，甚至迫使学术界为它找论据。要找论据，必然要引经据典，引发出许多“空”议论，这些空论，善于以势压人，但经不起实践的考验。一个“左”，一个“空”，这两大不正之风害死人。多年来，人们见得多了，似乎见怪不怪了。

杜甫说过“老来渐于诗律细”，说的是他自己写诗的一种心情和比较成熟的创作态度。杜甫的经验既包括为诗，也可包括为文。几十年来，一直和哲学史打交道，有时再回头来读一读古人原著，时有新意被发现。有的是由于当时注意重点不在此，而被忽略了的；也有由于压根儿未被注意，而被忽略了的。因此，决心重新清理一下过去读过的古代哲学原著，把它重新过滤一遍。这么一来，果然有所发现。近年来和几个中青年同志共同搞哲学发展史，就是抱着这一目的，对中国哲学史进行一次“再认识”。

这次讨论冯契同志写的书，为百花齐放、百家争鸣的新局面带了一个好头。只要大家各自努力，付出艰苦劳动，哲学界丰收有望。祖国的兴旺发达必将与学术界的繁荣昌盛比翼齐飞，前途无量。

把哲学和自然科学的关系搞清楚*

——《中国古代哲学和自然科学》序

最近几年，中国哲学史这一学科呈现出一派兴旺的兆头。

前些年，同行们忙于编写中国哲学通史，出版了分量不同、深浅不同、大大小小的各种通史教科书，仅就我所见到的已不下十来种。为了教学的需要，是必要的，现在编写通史似接近尾声。

通过编写通史，人们发现许多通史大同小异，没有较大的突破。学术要求不断前进，中国哲学史的研究范围也不断扩大，涌现了专著研究、专人研究、断代史研究、专题研究、范畴史研究等。著作质量也有显著提高。这是我认为中国哲学呈现兴旺的根据。

在兴旺发达的总形势下，李申同志完成了他的《中国古代哲学和自然科学》的专著。李申同志要我为此书写一篇序。我很乐意，并负责向读者推荐这部书，因为学术界需要这样一部专著。

自然科学对唯物主义的作用，已引起学术界人士注意，而哲学对自然科学是什么关系，学术界研究得很不够。国内外有不少自然科学史的专著，如天文、数学、医学、化学等，都做出了可观的成绩。

---

* 据《任继愈学术论著自选集》。该序曾收入《念旧企新——任继愈自述》。李申:《中国古代哲学和自然科学》，中国社会科学出版社，1989年4月版。

但各种自然科学之间又是什么关系，各科学与哲学有无共同的关系，则缺少研究。自然科学中使用的一些具体的方法，如测试、观察、运算、推导等等，各学科根据自己学科的特点有所论述，而各学科的“学科观”（各学科的方法论）则很少涉及。哲学史和自然科学史各自为战，不相为谋。像这种梗阻现象已经妨碍了哲学史的前进。

我们认为哲学史是人类的认识史，中国哲学史是中华民族的认识史。人类认识世界、认识社会、认识思维发展的规律，必然要求把各个时代的哲学与自然科学的关系弄清楚。比如汉代的天人感应思潮，哲学史研究者已经给予注意和论述，而天人感应对当时自然科学起过什么作用，往往被忽略。天人感应既然是时代思潮，它必然弥漫于各个领域，在各个领域又是如何表现的，这种思潮又是如何以科学姿态出现、指导科学的，一向也缺乏研究。这些问题探索得不够，必然影响对汉代哲学史的认识。那么，中华民族的认识史关于汉代这一段，就讲不深、讲不透。这只是用汉代天人感应思潮作为一个例子，指出哲学与科学都离不开各自的时代思潮。

随着科学研究的深入，要求学科之间加强横向联系。交叉学科、边缘学科越来越引起重视。哲学与自然科学的关系的研究已提上日程。这种横向联系的研究既是一个新方面，又是一种新方法，难度较大。难是难，总得有人去干。

李申同志在大学学工科，后来参军，因救火负重伤，身体受到严重损害，离开部队。从1978年起，专攻中国哲学史，先读硕士学位，又读博士学位，他是中国社会科学院研究生院第一批毕业的博士生，这本书是他的博士论文。这篇论文在论文答辩时得到好评，被认为填补了我国学术界一项空白。

实事求是，有一分材料说一分话，这是对每一个科学家的要求，也是一个历史唯物者应有的态度。李申同志认真地钻研了古代的自然科学史、天文、历法、化学等。对他来说，都是生荒地，学科门类又多，要钻进去、弄懂，所付出的劳动可以想见。

自然科学史中有些学科还在发展中，尚未得出一致的结论，只能在现有的成果中择善而从，等到有了更新的成果时，再来补正。

考察各种学科之间的关系，自然科学与哲学世界观又是如何交互影响的，这比前一种困难更大，也是本书耗费心力最大的所在。书中不少创见，正因为是创见，值得进一步商量的地方还不少。我认为这部书的可贵，正是在这些不甚完备的创见上。开辟一个新领域，不能要求面面俱到、“四平八稳”。如果本书的出版能引起不同学术观点的争辩，这将是一件好事，我希望如此。

地区文化必须研究*

中国自秦汉起，就已奠定了多民族长期统一的政治格局。二千多年来，中国的版图基本上没有大的变动。今天中华人民共和国的辖区内繁衍生息着五十六个民族，拥有着九百六十多万平方公里的土地。

由于地域辽阔，方言阻隔，民风各异，在统一的国家内存在着具有地区特色的文化差异。这种地区文化差异，随着地区之间文化、经济交流的频繁，越来越倾向于会通、融合，文化差异现象将逐渐淡化。但要达到泯除差别、四海一致，那还是遥远的将来的事。

这种地区文化差异现象，早在春秋战国时期，即已引起思想家们的注意。《管子·水地篇》历述齐、楚、秦、越、晋、燕、宋七国的水质不同，从而产生了七国人民性格、才能的差异。有的国家人民多聪明，有的国家人民多愚昧。《水地篇》的作者把人民性格、才能的差异归之于水，显然把根源找错了，但它所指出的齐、楚、秦、晋等七国社会风俗存在着差异，却是事实。其后司马迁写《史记》，也看到齐、秦、燕、赵、邹、鲁各国民情风俗的不同。

---

* 据《竹影集》。原为《东南文化·天台山文化专号》（东南文化杂志社，1990年11月版）序。

唐朝兵家李筌在《太白阴经》中论述社会上各个不同地区人民的性格特点时，曾列举了当时流行的一些观点：

> 秦人劲，晋人刚，吴人怯，蜀人懦，楚人轻，齐人多诈，越人浇薄，海岱之人壮，崆峒之人武，燕赵之人锐，凉陇之人勇，韩魏之人厚。

李筌认为这是一种偏见，没有科学根据，并举出与上述相反的事实驳斥了当时有人以地域划分人民性格勇怯的偏见。

古人说明人民性格差异的原因过于简单化，这是古人认识的局限性，它不符合社会历史实际。但我们今人却不妨从古人的局限或失误中发现某些闪光点。察觉到人们的生活实践，确实与地理环境存在着某种联系，这标志着人类认识社会的一大进步。

我们不应把造成人民性格特点的原因简单化，但是无妨把地区文化，放在一定的历史环境中，进行全面考察，就不得不承认地区文化确有其特色这个事实。远在春秋战国时期，华夏文化已比较成熟，我们从文化思想领域来划分，大致可以分为五大文化区：黄河流域有邹鲁文化、三晋文化，江淮流域有荆楚文化、吴越文化，长江上游有巴蜀文化。文化区的差异，是不同地区的经济、政治、民俗、语言等多种因素的综合反映。

虽然区域文化各有特色，但华夏文化的共同性超过了地区的特殊性。因而春秋战国时期出现了楚才晋用的局面：孔、孟、墨、荀、韩等诸子周游列国，施展各自的政治抱负；卫国商鞅在秦国得到重用；苏秦佩六国相印；吴起先仕于魏，后殉于楚；齐孙武立功于吴；伍子胥背楚归吴；孟尝、信陵、春申门下食客数千人，来自不同地区、不同国家。这都是由于当时各国有大致相近的文化结构、比较一致的价值观和道德准则，才有可能形成文化交流畅通的渠道，各国人才得以自由交流、取长补短。

秦汉以后建立了大一统的封建王朝，把分散割据的诸侯国纳入统一的国家体制之下，但春秋战国相沿下来的地区文化传统仍然有着一定的影响。西汉刘安编辑的《淮南子》，反映了荆楚文化的特色。葛洪著《抱朴子》，陆修静整理道教典籍，创立新道教，后来天师道盛行于江浙，道教正乙派创立于江西龙虎山，溯本求源，当与淮南遗风有关。

南宋时期，浙江有陈傅良、陈亮、叶适、吕祖谦，福建有朱熹，江西有陆九渊，各树一帜，形成不同学派。因唐中叶以后，江西是禅宗流派的重要根据地，故时人称陆派近禅，或径称陆学为禅学，与朱熹等人不同。这又不能不说与其生活地区的传统文化有关。直到今天，社会上还流行着南方人聪慧、北方人朴实、东南沿海人风气开通、西北内陆地区人性格保守等说法。这些议论都接触到有关人物性格与地区的关系。古人对文化现象表现为地区差异的摸索，给后来者提供了有益的启示。

因为文化现象是社会生活的综合表现，必须考虑到时代、文化教育、民族、国际影响等诸多因素的共同制约作用，只看到单一因素，是难以解释复杂多变的文化区域现象的。比如，王夫之、黄宗羲同是明末的大思想家，都身受明末黑暗政治专制制度的迫害，都深感国破家亡之痛，但他们提出的救治国家的方案却迥不相同，这个差异主要是地区文化的差异。

对天台宗文化的研究，已有很长的历史，前人的研究既体现了地区文化的特点，又受到地区的局限。我们对天台文化、历史、人物、社会进行了全面的探索。有的学者从天台地区向外寻查，有的学者从外（包括国外）向内探索，有的侧重于横向观察，有的侧重历史的纵向考察。大家从多方位、多角度来共同探索，持之以恒，假之以岁月，必将取得更为可观的成就。

天台在浙江省占有特殊地位。早在三国时期，这里已有海上交通；宋明以降，更是人才辈出。在封建社会，这里的商品经济比较发达，不同于内陆各省处于完全封闭状态。地区的特点，也形成了思想的特点。

今天面临社会主义现代化的商品经济，不同于古代的封建制度下小规模的商品流通，它不仅面向全国，而且已经走向世界。我们的学术也面临着走向世界的新形势。

以地区文化研究为中心，逐渐向更深更广的范围扩充，这是一条好经验。据我所知，湖北开展了楚文化、禅文化研究，山东开展了齐文化、鲁文化研究，陕西开展了秦文化、关中文化研究，湖南有湘文化研究。各地研究浪潮汇聚起来，将成为波涛汹涌的学术高潮。

我们不是为发思古之幽情，而是采取分进合击的战略，对建设社会主义祖国新文化提供思想资料，为建设社会主义精神文明尽一份力。这个文集的出版，表达了我们的作者对中华民族精神文明建设的一片诚心。

文化遗产的寿命*

历史遗留下来的文学、艺术中的精品都有永久的魅力，后代人无法仿制。像《诗经》《楚辞》都是被誉为不朽的作品。说它们不朽，无非是说它有比一般文学、艺术作品享有更长的寿命，在较长的时间里能继续发生影响。“不朽”并不具有哲学概念的“永恒存在”的意思。有生就有灭，有存就有亡，任何作品都不是万古长新的，“花长好，月长圆，人长寿”不过是谀辞，不能当真看待。

拿屈原的作品来说，汉朝初年的贾谊读屈原的赋，被感动得痛哭流涕，后来政治上不得志，竟抑郁成疾。屈原的作品今天还存在，试找一位大学中文系的学习古典文学的青年来读屈原的作品，他的感受总难以达到汉朝贾谊所感受的那样强烈。即使这位青年也有深沉的苦闷，满腹牢骚，总不会由于读了屈原的作品而抑郁成疾。古人中也有读《诗经》中某些篇章而产生强烈激动的，这种现象在现代人身上就少见。离我们时代不像《诗经》《楚辞》那么远的《红楼梦》也是一部不朽名著，这部书和《诗经》《楚辞》一样，产生过广泛影响。“五四”前后，青年男女知识分子没有读过《红楼梦》的占少数。现在的青年男女知识分子读《红楼梦》的比

---

* 据《任继愈学术文化随笔》。原载《群言》1991年第11期。

例显然比“五四”前后的人数要少得多。

以上的现象,这里借用电讯通讯的概念,可以称为“文化影响衰减”现象。远距离的通讯联络,讯号逐渐衰减,距离越远,衰减现象越明显,为了防止衰减,中间设有接力站,使衰减的讯号得到增益,可以收到需要的效果。太远的距离,中间还要增加多处的接力站。

古代思想流传到后世,也有这衰减现象,上述的《诗经》《楚辞》《红楼梦》都不例外。这是指古代有价值的作品,至于那些劣质产品,一出世就被遗忘,不在我们讨论范围之内。

衰减现象之所以出现,是因为古人的处境与今人不同,古人的思想感受有与今人相同处,也有与今人不同处,世代相去越远,古今人之间的感受的差别越大。所以今人读古人作品不及古人的感受深刻而激动。

翻译文学作品也有类似的情况,原文的某些特色在译文中会有所损失,这也是一种衰减现象。

中国面临改革开放的新局面。

中国哲学有极丰富的文化遗产,像孔子、老子等思想流派到今天还有影响。我们经常听到人们谈论,说孔子思想影响了中国两千多年,要恢复中华民族的优良传统,首先要发扬孔子的哲学。也有人认为孔子思想对今天的新中国的现代化关系不大,倒是有些保守思想是孔子哲学造成的。这两种看法的评价都有根据,我不在这里谈。现在从文化产品的衰减现象来看,我不相信世界上有一种文化现象两千多年永远长寿而不衰减的。拿孔子思想来说,孔子生前是诸多学派中一个有势力的学派。与孔子学派相抗衡的还有墨家,孔子自己也不曾宣称他的学派是唯一的。

秦汉统一后，开始有六七十年间孔子的思想并不时行，受到冷落。汉武帝以后儒家才成为唯一的学派。三国魏晋隋唐时期，儒家思想影响又呈下降趋势，最大的流派是佛教，其次是道教，三教之中儒家排在最末尾。到宋朝儒家又得到振兴，这种势头一直维持到鸦片战争。

认为孔子思想影响了中国两千多年，这个说法不对，因为影响中国的思想不止孔子一家；说孔子的影响两千多年不断壮大，势力越来越大，这个说法也不对，因为与历史实际不符。孔子的思想在当时及后世都有影响，按文化思想影响衰减的现象来考察，单凭孔子思想自身力量只会越来越小，不能越来越大。孔子为代表的儒家影响长久不衰，完全凭借了两次的接力站的补充，使它避免衰减，得到增益的结果。

第一次增益，使孔子思想避免衰减是在西汉时期，得力于董仲舒。董仲舒抬出孔子为号召，他增加了汉朝流行的天人感应、阴阳五行学说，建立了宗教神学。在董仲舒的带动下，中国哲学史出现了全国性的第一个高潮，他用阴阳五行、天人感应新说，解释了（不是解决）当时人们关心的天时、地利、历法、农业生产、行政措施、战争等自然现象和社会现象。这种解释可以满足当时的需要，建立了历史性的功绩。这种哲学体系配合汉代大一统的新形势，对于加强民族融合，促进民族的凝聚力，形成中华民族的共同意识起了积极作用。这一个体系进一步巩固中国传统的纲常名教观念，强化了忠孝观念。

思想是随着社会生活的变革而变革的，如董仲舒的神学经学也曾出现衰减现象。董仲舒的哲学不能应付佛教、道教的冲击。孔子的独尊地位保不住了。正如韩愈在他的《原道》中所说的“黄老于汉，佛于晋魏梁隋之间”。

宋朝的朱熹对儒家的衰减现象起了第二次的接力作用，把魏晋隋唐时期已趋于衰减的儒家振兴起来，把儒家变成儒教，形成了儒教经学。因为它出现在佛教、道教盛行以后，为了壮大自己，它吸取了佛教、道教的心性修养内容，把入世的伦理实践，与出世宗教修养结合起来，吸收了魏晋玄学本体论的理论成果，从而大大丰富了儒家经学内容，推出适应封建社会后期的经典，用“四书”替代了“五经”，对儒家经典[1]给予新的解释，使它系统化，建成中国式的政教合一体系，从形式到内容都比欧洲中世纪的政教合一完善。朱熹儒教经学的政教合一，使政教之间更加协调，不是互争，而是互相融合在一起的天人合一的结构。

朱熹一生从事“四书”的传授解释工作，他取得了最有权威的解释权。“四书”经过朱熹及其学派的提倡，被后来历代朝廷列为国家教科书，《四书集注》被后来历代朝廷定为国家考试标准答案。一套精密完整的政教合一思想体系得到政府行政命令的支持，它就更有效地发挥其政教合一的职能。

经典文句是凝固的，它的影响会随着时移世变而衰减，这是历史事实所表明的。但对经典的解释权却可以随时改变着、充实着，不断填充新内容[2]，使它免于衰减。孔子言行记载可靠的经典是《论语》，这部书不过一万字（“六经”中没有它的地位），它对后世的影响主要来自各家的解释、阐发孔子学说的著作。有的可以在经典中找到文字根据，也有的找不到根据，还有抛开原来的经典直抒

① 《大学》《中庸》《论语》《孟子》本来就分散保存在儒家的典籍里，朱熹把它们集中在一处。

② 这种情况，佛教、道教、儒教都有，其他宗教也有，这里不列举。

胸臆的。像朱熹的《四书集注》就是用注解的形式阐发孔子的一例，为了取得权威性的理论依据，不得不抬出孔子作为招牌。从朱子到康有为的《新学伪经考》用的都是这种手法。以述为作，是古代学者通用的办法。文艺复兴时期提出“回到希腊去”，其实也是借古希腊为掩护，发展新兴阶级的新思想。古希腊和文艺复兴时期标榜的希腊是两回事。

辨明这个事实，就不难看清董仲舒的孔子是汉代的孔子，朱熹的孔子是宋代的孔子，和鲁国的孔丘的思想很不一样。后来的被抬出来作为幌子的孔子的思想要比原来的孔子的思想复杂得多。“五四”时代提出“打倒孔家店”[①]，要打的不是鲁国孔丘，而是经过朱熹改造过的、巩固封建社会的儒教。按照思想衰减现象，孔子的言行不可能长久不衰。戴震提出“以理杀人”，禁止寡妇再嫁，干涉子女婚姻，家长绝对统治，族权武断乡曲，孔子对此毫无责任。鲁迅笔下的“四铭”“鲁四老爷”之类人物是儒教铸成的典型，与孔子思想无关。

儒家影响连绵不绝，其基础是封建社会的小农经济。不是儒家本身不衰，而是衰减后，得到接力站的增益，添加了新解释，注入后来的新内容，它又发展了。长久不衰的不止孔子一家。道家老子和孔子同样长寿，也活了两千多年。道家老子也是一个招牌，它中间得到魏晋玄学的增益，隋唐以后又吸收佛教心性学和道教养生学。

文化遗产有影响大的、影响小的，寿命也有长有短，但没有永久存在、永不衰减的。

---

① 曾有人考证过，“五四”时期没有人提出过“打倒孔家店”这个口号。这五个字即使没有作为口号出现过，但"五四”时期确有反孔的思潮，攻击孔子的文章确实不少。

从中华民族文化看中国哲学的未来*

一

文化的精华部分，集中表现为哲学。我们撰写的《中国哲学发展史》给中国哲学史定义为“中国哲学史是中华民族的认识史”，这个看法提出已有十年，现在仍然没有改变。

根据多年来从事中国哲学研究的经验和走过的曲折道路，深感考察中国哲学不能仅限于哲学本身，如果能把视野扩大，从民族文化发展的广度来考察中国哲学，可能看得更清楚些。

结合中国及外国的文化历史，纵向及横向考察，有以下几种现象：

（一）文化发展的连续现象

中华民族的文化，从原始蒙昧中摆脱出来，不断前进，走着

---

* 据《任继愈学术文化随笔》。原载《哲学研究》1991年第11期。曾收入《皓首学术随笔·任继愈卷》。

从低级到高级的路程，不断丰富其内容，由古朴到雕饰，由质到文。哲学的发展也是这样走过来的。中华人民共和国的历史才四十多年，但说到中国文化、中国哲学史有几千年而不是四十年。新旧政权之间可以一刀两断，新老文化是不能一刀两断的。“文化大革命”中有些人宣称要打烂一切传统，事实证明这是愚昧的，也是做不到的。真正的革命者要对人类负责、对历史负责，要吸收全人类一切有价值的文化，不能随意地割断历史。哲学的发展也是有连续性的。正是因为有连续性，研究哲学史才有意义。

（二）文化发展的积累现象

文化有连续现象，必然产生新旧文化积累现象。文学史上从《诗经》《楚辞》讲起。汉有汉赋，以后有骈文、五言诗、七言诗、律诗、词、曲，不断出现新的形式。人们发现，不是有了五言诗就抛弃了赋，有了词、曲，五言诗、七言诗就不再流行，有了古文就不要骈文。文体越到后来越丰富，后期包容了前期。有了白话文，古文还在使用。抗战时期，毛泽东同志有一篇声讨国民党不积极抗战的通电，就是用文言写的，道理讲得很透彻，也很有气势。哲学发展也有类似现象，不是有了后来的流派，就不要以前的流派，有了汉魏就抛弃先秦。正是由于这种积累现象，才使得中国哲学的内容随着时代的推移而日趋丰富，古老的传统中包含着新鲜的内容。

（三）文化思潮的衰减现象

这里借用电讯通讯的概念，远距离的通讯联络，讯号逐渐衰减。为了防止衰减，中间设有接力站，使衰减讯号得到增益。有价值的文学作品、艺术作品，有永久的魅力，能使千百万后人为之感动。《诗经》《楚辞》是中国不朽的作品，西方荷马的史诗、莎士比亚的戏剧也感动了千千万万的读者。随着时代的推移，它们的影响在逐渐减弱。比如“五四”前后，青年男女要求从封建束缚中求得解放，《红楼梦》的影响很大。《红楼梦》这部小说对现在的青年男女的影响比“五四”前后要小得多。

这种现象在中国哲学史上也存在。同一种思想流派在前一个时期有过广泛影响，在后一个时期影响有所减弱。如孟子在世时用全力辟杨、墨，韩非时代认为天下之显学为儒、墨两大派，汉初杨、墨、儒的影响都减弱了。

有人说孔子的思想影响了中国两千多年，其影响越来越大。这种看法与实况不符。孔子的思想有影响，单凭孔子思想本身，不可能越来越大，只能越来越小。孔子的影响久远和中途得到接力站补充有关。汉代有董仲舒的补充，振兴了几百年；宋朝得到朱熹的补充，又振兴了几百年，得到振兴的是董仲舒的孔子、朱熹的孔子，不能简单地说成是原来的孔子的思想永不衰减。

（四）文化交流的融会现象

不同的文化思想的体系相接触，有的互相吸引，有时互相排斥。无论吸引还是排斥，最终总会发生融会。即使互相攻击的双方也经常从对方吸收自己有用的东西。显著的例子如佛教与道教两种宗教相互争论了一千多年，为了战胜对方，不惜借用政治手段来打击对方。结果表明，中国的佛、道两教都吸收过对方的思想甚至教义、教理。儒、佛、道三教的关系也是这样。

正因为融会普遍存在着，我们治中国哲学史，除了探究思想的传授关系，还要注意它的融会关系。过去研究佛教、道教、儒家的历史往往是单线的，各自为战，这不符合历史的实际。写佛教专史也要兼治道教、儒家，写儒家专史也要兼顾佛教、道教，写道教专史也要兼顾佛、儒，固不待言。

（五）文化接触的势差现象

两种文化体系，发生接触，会产生影响。文化形成于一定的社会结构、民族传统。社会在进步，由原始朴素状态走向科学文明。应当承认社会由低级向高级转化这一事实。

文化水平有高低，征诸历史事实，总是文化高的一方（或民族，或集团，或思想流派）去影响文化低的一方，而不能倒转过来。中原封建的文化，秦汉以后的两千年间，不断与四邻不同的民族接触。接触的结果总是中原封建主义文化思想体系起着主导作用，带动了临近的众多尚未进入封建文化的民族，使它们很快地进入封建文化的发展层次，接受中国传统的忠、孝观念，汇入中华民族文化的主流。两晋以后，南北朝，以及辽、金、元、清，统治者接受、继承了中华民族的封建主义文化，并在原来的基础上继续推行和发展。元朝的统治者占领了中原地区，有些爱国志士如文天祥为保存天地正气献出了生命。宋朝的政权结束了，而元朝的统治者接过儒教（儒学）这面旗子，继续扩大它的影响。宋元政权截然对立，宋元哲学思想体系是直接继承的。云南在宋朝是儒教影响不到的地区，元朝在云南兴建了文庙，把儒教的影响扩大到比宋朝更远的地区（明、清的思想继承关系也类似）。

原因是中华民族封建文化高于奴隶制，更高于部落联盟制。高层次的文化必然影响低层次的文化。秦汉建国到 1840 年，中原文化与周围少数民族的文化相比较，基本上处在较高的文化层次上。

鸦片战争打破了中华民族封建文化的旧格局，从海上来了殖民者，他们早已进入了资本主义阶段，资本主义与封建主义相接触，西方资本主义文化比封建主义文化又高出一个发展阶段。这两者相撞击，封建主义处于劣势。从文化发展的势差现象来看，中国只能处于被动的地位。

二

回顾过去中国哲学发展的经过及上述诸多现象，有助于我们约略地估计现在的道路和将来的远景。

哲学是回答关于宇宙、人生的根本问题的学问。中国传统哲学认为它是关于“天人之际、性命之原”的学问。它要高度概括、结合、吸收当时的人类认识的最高成果，提出问题，做出答复。提出问题，做出答复，并不难，多数哲学家都做出不同的努力，但真正做到有权威性，对国家、民族、个人产生深刻影响的哲学家或哲学流派却不多。秦汉到鸦片战争的两千年间有深刻影响的只有两家。第一家是西汉的董仲舒建立的天人感应、阴阳五行思想体系的神学经学。在这个庞大的神学经学体系里，用阴阳五行说，解释（不是解决）人们关心的天时、地利、历法、农业生产、行政措施、战争等自然和社会现象。这种解释在当时可以满足社会上下各阶层的需要，它建立了历史性的功绩。这种哲学体系配合汉代大一统的客观形势，对于加强、促进中华民族的凝聚力也起着积极的作用。

隋唐时期是汉以后中国封建社会政治、经济的又一个繁荣时代，文学、艺术都达到时代的高峰，唯独在哲学方面，唐朝没有形成一个完整、宏伟的哲学体系，不能完全解释当时人们心中的“天人之际、性命之原”的根本问题。当时，佛、道、儒三教鼎立，各有建树，自成体系，有时三教之间发生矛盾，抵消了精力。这一任务在北宋开始，到了南宋朱熹才完成。朱熹是中国传统哲学的第二次高峰时期的代表，他建立的理学体系对后世的影响比董仲舒更长。（董仲舒影响了约四百年，朱熹影响了约八百年。）宋代理学对自然现象、社会现象、行为规范、心性修养都有理论说明，它满足了当时社会上下各阶层的需要，朱熹也建立了历史的功绩。朱熹的哲学体系，对于巩固中国封建社会，延缓封建社会的瓦解起了巨大的作用。朱熹的哲学体系引发了后来各朝代众多流派，有的补充它，有的反对它，有的修正它，直到“五四”运动，这个体系才停止活动。董仲舒的神学经学比较粗糙。朱熹的经学可称为“儒教经学”。他把儒家变成了儒教。在朱子的大力推动下，把儒家神学化，儒教是中国式的政教合一，比欧洲中世纪的政教合一从形式到内容都得到比较完善的结合。

回顾两千多年来中国哲学史的两次高潮，汉代的神学经学与宋代的儒教经学，是沿着同一个方向前进的。第一次高潮，奠定了中国哲学与封建社会集中统一的思想格局，中华民族形成了共同的民族意识，为后来加强国家的统一的意识形态打下了坚实的基础；这就是建立了以忠、孝为核心的思想权威。后来的中国哲学，无论属于什么流派，都不能绕过“忠”“孝”这两个关口，只能对它补充、加强，不能削弱，更不能与之抵触。

第二次高潮，朱熹为首的儒教经学，吸取、消化了佛教、道教的心性修养内容，使之世俗化，把入世实践与出世修养结合起来，从而丰富了经学内容。推出了新的经典，用“四书”代替了“五经”，并且对新经典给予适合时代要求的解释。“四书”原文早已存在，朱熹一生从事“四书”的讲授和注释，他取得了最权威的“四书”的解释权。“四书”被后来历代政府列为国家教科书，《四书集注》被后来政府定为国家考试的标准答案。哲学思想得到行政命令的帮助推行。它更具有中世纪政教合一的特色。

鸦片战争以前，中国是一个大一统的封建国家，中国哲学要解决的是在封建大一统制度下产生的根本问题。秦汉以后的中国社会存在着中央政权高度集中与小农经济极端分散这一对矛盾。中央政府必须强调集中统一，小农经济的本性是各自独立、一家一户为生产单位的个体经济。中国传统哲学力图找到政权高度集中与经济极端分散这一对矛盾的协调方案。从秦汉到清末，众多哲学流派都为解决这一对矛盾而尽力。

汉代的神学经学与宋代的儒教经学对中国封建社会发展有过历史作用。鸦片战争以后，中华民族不但缺乏汉唐的旺盛生命力，也失去了宋朝的“儒教经学”在文化层次上遥遥领先的优势。问题的关键在于中国社会的性质发生了变化。鸦片战争以后，中国成为一个半封建半殖民地性质的国家，被迫地走向了世界，中国人逐步打开了眼界，接触了一些近现代科学技术，进而了解一些外国的文学著作、哲学流派、政治体制。哲学的研究范围和对象还是宇宙人生的根本道理即天人之际、性命之原。由于社会性质发生了变化，面临的任务不同了，眼界扩大了，看到西方哲学家是如何解释这些重大问题的，中国哲学的面貌也跟着发生了变化，中华民族的文化内容加进了新的成分。

今天，中华民族面临着建设社会主义新文化、新哲学的任务，新哲学是个什么样的形式和内容？

参照历史的经验，我们可以推测：

第一，要与中国过去的哲学衔接，而不是与旧哲学完全脱离，平地构筑，或从外国全部移植，将来的中国文化吸收外来文化只能嫁接在原有的砧木上，不能焊接，这是从中国哲学的连续现象中得出来的结论。

第二，建立新哲学，要总结过去人类一切有价值的文化成果，不能犯“文化大革命”时期的无知狂妄，抛开一切人类文化传统。这里所指的有价值的成果不只是中国传统哲学，外国的一切有价值的东西，也要吸收。

第三，建立新哲学，要承认文化思想、哲学有衰减现象。希望用古代某一两个哲学家（比如孔子）的思想来支撑新局面，是不能成功的，它不能代替新哲学的新体系。

第四，建立新哲学，要重视过去的哲学的融会现象，要以马克思主义为指导，吸收西方及东方哲学文化遗产的精华。新哲学不应当也不可能抱残守缺、孤芳自赏，而是汇百川众流。

第五，由于文化交流的势差现象，在越来越多的文化交流中，会有不同社会发展阶段的文化相遇。当前国际社会中，至少有三种社会形态同时存在着，封建主义的、资本主义的、社会主义的。我们对外开放，走向世界，势必有不同层次的文化涌来。我们对外来的不健康的东西统称为西方资产阶级腐朽文化，这是不准确的。资产阶级有腐朽文化，封建社会也有腐朽文化，有些腐朽的东西来自外部，有些东西本来就有，借外来的文化影响死灰复燃。如妓女、贪污等，古已有之，不完全是外来的。抵制资产阶级的腐朽文化的影响，只能用更高层次的社会主义新文化来占领思想阵地。封建主义抵挡不住资本主义文化。

三

未来的新哲学应当既有继承又有创新，既要吸收外来的（如马克思主义），又要与本国传统情况相衔接，还要看到我们面临的任务是正在建设有中国特色的社会主义。中国特色与中华民族的历史使命分不开。从政治变革的角度看，鸦片战争后，中国进行了四次政治变革：第一次是封建制度内部的改革派，为了抵抗外来侵略者而进行的斗争，如林则徐等人；第二次是戊戌变法；第三次是辛亥革命；第四次是中国共产党领导的民主革命到建立新中国。这四次的领导力量分属不同的阶级和阶层。中华民族从鸦片战争以来，持续不断地在完成同一个历史使命，就是挽救中国的危亡，使中国从被奴役、受剥削的困境中摆脱出来。为了完成中华民族的这个历史使命，领导阶级更换了好几茬。前者完不成任务，由后来者取代；后来者不能胜任，再由它的后来者取代。最后由中国共产党领导中华民族建立了新中国，摆脱了被殖民主义奴役的命运。中国社会的性质也从半封建半殖民地进入了社会主义。

这是中华民族从来没有遇到过的新局面。中国作为独立的社会主义主权国家，和其他不同制度的一百多个国家和众多的民族共同生活在这个世界上，国土还是秦汉以来相沿几千年的土地，但活动的范围已不再限于《禹贡》九州方域之内，天下的范围扩大为全球五大洲。传统观念中的“天下”，包容不下今天“世界”的内容。

“中国哲学史是中华民族的认识史”这个命题没有改变，但被认识的世界范围扩大了。当前中国哲学的内容应当包括中国传统哲学、已被吸收并纳入中华民族认识史的西方哲学思想（传统的和现代的），还有指导中国革命的毛泽东思想。

中国哲学史上有过中外思想大融合的经验，像佛教传入中国后与中国传统文化相融合，成为中国的佛教哲学，给后人提供了可贵的经验，释迦牟尼本是外国人，后来被中国人奉为“圣人”，与孔、老并称为“三圣”。佛教中国化经历了漫长的融会过程，并不是一下就被广大人民所接受的。

中国哲学史研究的范围仍是“穷天人之际，究心性之原”。未来的中国哲学应当能解释发生在中国的社会、历史、自然、人类思维等方面的根本性的问题。

现在虽不能预知中国哲学的新体系是什么样子，但可以从过去的经历推测，中国哲学的新体系，是中华民族优秀遗产的继承，不能脱离旧的传统构建一套与旧哲学完全脱节的体系。

影响中华民族几千年的思想流派很多，影响深远的流派不过孔、孟、老、庄四家。四家中孟子是作为孔子的辅翼而出现的，庄子是作为老子的辅翼而出现的，说到底只有孔子、老子两家。孔子、老子留下的文字著作不多，主要来自他们的继承者的解释和阐发。“六经”中注释最多的是《周易》，诸子中注释最多的是《老子》。这种现象不是偶然的。因为从秦汉开始，中国建立了大一统的封建政权，高度集中的中央政府管辖着广大分散的农村，政治上的高度集中与经济的极端分散的统治格局贯穿了两千多年。强化集中统一，严格等级制，是中央政府的要求；要求自给自足，不要政府过多干预，使小农生产安居乐业，是自然经济的本性。在朝的强调集中统一，在野的强调分散自由。儒家偏重在朝，道家偏重在野。在朝讲孔孟，在野讲老庄。有时同一个人，做官时讲孔孟，不做官时讲老庄。这两大流派都有广泛的社会基础。朝廷的势力大于农民，所以孔子的影响大于老子。

有学者提出中华民族的优良传统是刚健有为、自强不息，有乐天精神。这个说法是有根据的，因为这是儒家易学的好传统。但是也要看到道家的贵柔守雌、以静制动、安时处顺，也是中华民族的传统，人们在处于劣势时使用这些原则得以转危为安。用这些原则来治民、用兵，往往收到奇效。刚健传统，使中华民族日新自强；贵柔传统，使中华民族避免蛮干。两者都有深远的传统。

此外，墨子的行侠仗义、济危扶困，为集体不怕赴汤蹈火，也在广大社会中起着影响。根据中国哲学史的继承、融会现象，新哲学也应当取来用作构建中国哲学新体系的思想资料。

中国哲学的历史任务，在于利用当时人类已有的知识，吸收可能吸收的文化遗产，结合中国哲学史的实际，创建中国特色的、符合社会主义要求的哲学体系，它不同于中国古代哲学史，因为它已融进了马克思主义哲学。这是一件极为艰巨的思想工程。新哲学能够解答人们关心的自然现象、社会现象、行为规范、心性修养诸方面的根本问题，说到底，还是解决“天人之际、性命之原”人类长期探索的根本问题。

就目前的主客观条件看，建立中华民族的新哲学，至少要有三条：

第一，繁荣强大的国力，安定团结的政治环境。

第二，积累充分的思想资料，只有中国古代的还不够，还要外国的，有的要翻译（中国古代哲学的重要著作也要翻译），使更多的人理解这些资料。

第三，要经历马克思主义中国化的过程。

以上三条缺一不可，第三条更为重要。生搬硬抄造成的后患值得借鉴。建立中华民族的新哲学，难处在于从一个完整、牢固的封建的中世纪脱胎出来的政教合一的哲学体系接着讲下来，不要像过去对待传统哲学所采取的一棒打死或置之不理简单化的方式。思想影响是打不死的，如小农意识有时会不知不觉地混进马克思主义。封建主义抹杀个人的合法权利，这种封建主义有时冒充社会主义的集体主义招摇过市。封建等级、宗法制度、狭隘的地域观念，都和马克思主义不相容，却经常出现，不肯退出历史舞台。

也有人认为春秋战国时期百家争鸣，思想活跃，学术繁荣，是中国哲学史上的黄金时代，认为秦汉以后的中国哲学显得单调、平庸，缺乏生气。其实这种想法是没有根据的。春秋战国时期的百家争鸣的根源不在于百家，而在于奴隶制解体、列国林立，那是社会各阶层重新组合的过渡现象，百家争鸣正是为后来的秦汉统一准备条件。细看百家所争的不是论证各国长久分立，而是各家纷纷提供如何统一天下、治理天下的蓝图。

中华民族之所以屹立于天壤间，对世界文化有所贡献，自己得到发展壮大，全得力于国家的统一。中国几经劫难，却能不断地克服危难、抵御外来侵略、救灾度荒、修文治史，做出伟大发明，都是在大一统的统一的国家主持下借助于综合国力优势才得以实现的。

鸦片战争以后，如果不是有几千年形成的民族共同体、长期培养的民族意识，我们也许早已沦为殖民地。马克思主义为中国指明了出路，这是中华民族经过长期选择后决定的。马克思主义的传播地区遍及全世界，以马克思主义作为立国思想，建成像中国这样的伟大的社会主义国家的却不多见。原因是多方面的，中国哲学、中华民族深厚的文化传统所起的作用决不可低估。

中国哲学的新体系的建成，一方面有古代哲学与现代马克思主义哲学相衔接的问题；另一方面，马克思主义哲学出世才一百多年，它本身还在发展成长当中。马克思主义哲学最大的贡献是它的历史唯物主义部分，这一部分从范畴到体系都在成长过程中。如“基础与上层建筑”是借用的比喻，后来上升为范畴的；有的用命题表达的方式尚未固定为范畴的，如“人民群众是历史的主人”；有的是与其他学科共用的，如“生产力与生产关系”。这个新领域有着无限广阔的前途，但有待于发展、完善、壮大。在中国发展马克思主义哲学，是中国哲学史工作者义不容辞的责任。我们这一代人至少为创造上述三个条件，在本专业范围内尽力而为，取得阶段性的成果，也就是为中华民族的文化建设尽了责任。

总结古代传统哲学，发展马克思主义，这两副重担都要中国哲学工作者承担下来。从需要来说，十分紧迫，实际进行的步骤却不能急于求成。这是时代交给我们的光荣任务，勉与同志们共同努力。

迎接中国哲学的明天*

中国哲学屹立于世界民族之林，并对人类文化做出过重要贡献，已为举世公认。

中国哲学的历史发展，大致可以分为三个时期，或称为三个历史阶段。

第一个时期是“奠基时期”，或称作“奠基阶段”，即中国哲学先秦阶段。后来的哲学流派众多，追溯上去，差不多都可以在先秦哲学中找到它们的源头。正如欧洲近代文化差不多都可从古希腊哲学找到它们的源头。二者有类似的地方。

第二个时期是“成长时期”，或称作“成长阶段”。这一阶段的哲学包括从秦汉到鸦片战争，长达两千多年。这一阶段的哲学已发展定型，它完整深刻地体现了中华民族文化的精华。今天世界各国、各民族议论中国哲学或东方哲学，心目所指的也是秦汉以后到鸦片战争以前这一阶段的哲学内容。

中国哲学的开创者们，如老子、孔子，都成为有世界影响的人物。西方及国外学者对老子、孔子等人的理解，很少直接来自先秦的老子与孔子本人的思想，他们主要根据汉唐以后的诸家注释去理解老

* 据《任继愈学术文化随笔》。原载《中国哲学史》1992年第1期。

子、孔子。

孔子的哲学至少有过两次大的改造。第一次改造是汉朝的董仲舒，把孔子思想融入阴阳家。第二次改造是宋朝的朱熹，他把孔子解释为儒教，使它与佛教、道教的明心见性相结合，有些思想是孔子哲学本来没有的。

老子哲学经历秦汉以后的几千年，也有过几次大的补充和修正。两汉时有黄老思潮，老子的无为加上了汉初黄老刑名之学。东汉以后道教兴起，以老子为教主，唐以后道教盛行，及时吸收佛教的宗教修养方法，形成比较完整的中国式的宗教——道教。

治中国哲学的，很多人赞美留恋先秦哲学百家争鸣的学术繁荣局面。认为秦汉大一统以后，学术空气不及先秦活跃，为此表示遗憾。这种观点是不全面的。历史是客观摆出的实际状况。我们只要考察一下就可知道，先秦百家争鸣的热闹场面，各有一套理论，但他们争辩的主题却相当集中。争论的都是如何建立大一统的封建王朝，这样的王朝是什么规模。孔子提出孔子的模式，孟子、荀子、法家各家都对建立统一天下提出了自己的理想。墨家“尚同”的主张，有中央集权的倾向。老子号召无为，提倡“小国寡民”。这里要指出，老子主张全国的基层单位要小，但全国还须有圣人来统治。老子的“无为”，指的是圣君执行政治要无为，不要过多扰民，不要食税太多。

本文所说的中国哲学的成长期，意在指出，中国哲学之所以成为中国哲学，形成它的独特精神面貌，正是指的秦汉到鸦片战争这时期的哲学成就。

秦汉到鸦片战争，这两千多年，民族的融合、科技发展、文艺创作都达到了成熟阶段。中华民族最大的成功，也可以说是举世无双的成就，在于它很成功地协调了政治高度统一与经济极端分散（小农经济）的基本矛盾。在小农经济条件下，农业产品供生产者的消费以外，所余无几。古代的中国政治家，通过政治的协调、组织作用，充分利用广土众民的优越条件，集锱铢为丘山，把有限的财富集中使用，使其发挥更大效益，如办漕运、修边防、兴水利、从事文化建设、以丰补歉的救灾经验等，给后人留下了可贵的精神财富。

中国哲学的成长期，正是适应中国大一统的政治局面的产物。中国哲学的成长期，两千多年间还可分为两个阶段，由秦汉到唐末五代为第一阶段，由北宋到鸦片战争为第二阶段。第一阶段的历史任务在于建立巩固中央集权的专制制度，融和中华民族为一体，探索为中央集权服务的政教体系——儒、佛、道三教鼎立。为期约一千年。第二阶段的历史任务是完善、巩固中央集权制制度，建立大一统的新经学作为建国的指导思想，改善政教合一的新儒教[①]，使它更适合于协调、融洽高度统一的政治与极端分散的小农经济，使政治的集中与经济分散的矛盾可从新儒教经学中一一找到理论根据，使新儒教经学和宗教、文化、教育、政治制度互相配合，为巩固封建制度服务。在中国进入近代社会以前，封建制度下的古代社会，中国哲学建立了最完备的理论。它的绝大特点是巩固了小农经济，使之在生产力极端低下的条件下发挥其最高效益。也可以说，从秦汉到清末，中国封建社会的哲学发展到了高峰。

鸦片战争以后，为中国哲学发展的第三阶段“转变时期”。这一时期中国面临着新的形势。西方文化进入中国，中国文化已走出

① 南宋开始以“四书”代替了“五经”，是中国经学史上的一大变革，也是儒教成立的标志。

亚洲，被卷入世界文化的大潮之中，中国文化从内到外，都发生了质的变化。鸦片战争以前的三千年，中国哲学自成体系，它主要发展趋向是逐步建立、完善、巩固中央集权的封建专制制度，从理论上给以支持，从方法上给以指导，最终建成比较完整的一套儒教思想体系，形成了具有中国特色的政教合一格局。

鸦片战争以后，中国面临着生死存亡的严峻形势。传统哲学的治国平天下理论，从内部巩固集权的专制政体，已难以应付外来侵略势力。救亡、图存，推动中国的现代化，成为中华民族的主要任务。中华民族遭逢千古未有之巨变，忽视近代科学技术、民主政治，仅依靠圣君贤相拯民生于水火的仁政思想已不能满足中华民族的要求。鸦片战争后直到新中国建立前，历届统治政权多属短命，原因在于他们没有挽救民族危亡，促使中国现代化。“同治中兴”，是清王朝打败太平天国后自己给自己加上的称号。道光、咸丰、同治、光绪历届政府背离了中华民族的历史使命，不但没有中兴，反而把中华民族推到毁灭的边沿。

中华民族当前的历史使命是力图使国家富强，促进国家的现代化。凡是不能挽救国家危亡、不能推动现代化的政府，总归是短命的。

与政治形势相配合，与民族历史使命相呼应转变时期的中国哲学，势将冲破秦汉以来尧舜周公、孔孟老庄、佛道二教、程朱陆王的传统哲学的格局，向西方寻找救国救民的真理。鸦片战争后的中国哲学，除了继承旧传统文化，还包括外来的宗教（特别是天主教、基督教），18 世纪以来的政治思潮、社会思潮、文艺思潮，以及近代自然科学（如达尔文的进化论）及欧洲哲学。广泛采纳世界各国的众多流派，用来丰富中国哲学，成为中国近代、现代中国哲学的特色。这种精神颇似汉魏时期中国固有哲学吸收佛教思想的情况。佛教本来是外来宗教，引进中国后加以改造，汇入中国传统文化的洪流。释迦牟尼与孔子、老子并称“三圣”，不但升入圣殿，还成为正统文化主要支柱之一。

熟悉中国哲学史、中国历史的人们都会发现，中华民族有丰厚的文化根基，对外来文化从未盲目拒绝，而是择善而从。“江河不择细流，故能成其大。”秦汉到鸦片战争以前的两千多年间，中华民族的哲学形成完备的体系，中国哲学可以解释当时人们生活遇到的诸多疑难问题（大到宇宙起源、人类起源，小到个人生活习惯）。对于自然和人生，中国哲学都达到当时令人满意的解释。

鸦片战争后，中国走向世界。古人说的“四海”“九州”之外，发现还有更大的天地，人间圣人也不止中国的尧、舜、禹、汤、周公、孔子，提出的问题与解释的原则、方法也不止传统儒教的一种标准。

中国哲学与中华民族文化一同走进世界哲学与世界民族文化之林。中国哲学，从鸦片战争以来，外来的鸦片和洋货闯进中国大门，与此同时，中国哲学界的有识之士并没有敌视外来文化，而是尽可能地把外来文化和外来哲学直接引入中国哲学的园地。

洪秀全引进西方基督教，戊戌变法的领袖们无不积极吸收西方思想，据《康有为自编年谱》：

> 于是舍弃考据帖括之学，……得西书数种览之。薄游香港，……乃知西人治国有法度，不得以旧之夷狄视之。渐及西学之书，为讲西学之基矣。

戊戌变法的激进派，也是晚清一个有个性、有成就的哲学家谭嗣同，著《仁学》。他说：

> 凡为仁学者，于佛书当通华严及心宗、相宗之书，于西书当通《新约》及算学、格致、社会学之书，于中国当通《易》《春秋公羊传》《论语》《礼记》《孟子》《庄子》《墨子》《史记》及陶渊明、周茂叔、张横渠、陆子、王阳明、王船山、黄梨洲之书。

“五四”以后，西方学说大量涌来，除了西方传统宗教、文化典籍和与此相关的解释，还传来了马克思主义。中国对外来学说的一贯原则，先是兼收并蓄，然后择善而从。从谭嗣同开的书目可以看出，当时思想家要创建新体系（《仁学》即是当时新体系之一）。一要继承旧文化、哲学传统，二要吸收外来近代自然科学（格致学），三要吸收西方社会学说，四要吸收外来宗教——《新约》。

戊戌变法后，中国哲学界的有识之士对西方、东方（包括日本）哲学、文化大量吸收，系统传播介绍，在数量上远远超过了康有为、谭嗣同的水平，但大的范围仍然不出谭嗣同所号召的四个方面：中国传统哲学、西方社会科学、西方自然科学，以及西方的哲学和宗教。

中国哲学面临前所未有的变革。哲学是世界观之学，观察世界、认识世界是改造世界的基础。当前的中国哲学，已不再停留于自古相传的孔孟老庄、程朱陆王。曾在中国流行并起过影响的哲学流派，都属于中国哲学研究范围。中国哲学研究要在三方面开展工作：一是中国传统哲学，如孔孟老庄，儒、佛、道；二是近现代在中国流行的西方、东方资产阶级哲学流派，如无政府主义、空想社会主义、西方古典哲学流派等；三是马克思主义。

一般公认的中国哲学影响较大的众多流派，百年以前本来是我们研究最有成就的领域，本国人研究本国哲学，理所当然占有优势。随着近百多年来东西文化交流、学术交流，西方和东方各国汉学家不断提出了有学术价值的论著。他们从另外的角度观察中国传统文化、考察中国哲学，往往另辟蹊径。中国学者司空见惯的一些文化现象，往往被西方学者首先提出才被重视。中国哲学研究，如能兼收并蓄中外学者的长处，吸取其成果，必将促进中国哲学史的研究取得新的进步。比如对于佛教、道教方面的研究，欧洲学者特别是日本学者成绩斐然，已成为不可忽视的力量，只靠中国传统的涵养省察的方法来体认中国哲学，显然是不够的。

近现代西方流行的重要哲学学派传入中国后，经过中国学者的翻译、介绍、阐发，有时会出现意想不到的社会效应。如赫胥黎的《进化论与伦理学》，是一部科学名著，受到学术界的重视。经严复译成中文以后，《天演论》在中国的影响就远远超过它的原本《进化论与伦理学》在西方的作用。它的效应已超出学术界，成为推动社会革命、激发现代化热情的火种。近现代西方哲学流派传入中国，经过中国人的改造，往往发生变异，产生与原著在原地的不同效果。如叔本华、尼采的哲学，经过中国学者的诠释，成为促进中国知识分子打破旧传统、奔向个性解放的诱发剂。

马克思主义传入已有七十多年。过去由于条件不具备，哲学界研究得很不够，比如我们大多数马克思主义研究者不能阅读马克思主义原著，主要靠俄文译本；马克思主义的产生有它深厚的社会基础和文化背景，许多研究者这方面的基本训练还有待于提高；马克思主义与西方近代自然科学、社会学、经济学有密切关系，许多研究者在这方面的知识素养也显得不足；马克思主义是在与敌对流派斗争中发展起来的，敌对流派中许多代表性的著作也还没有适当的全面介绍。

不言而喻，今天中国哲学的范围，比中国历史上任何时期的内容都要广泛。它不但继承传统中国哲学的主流，中、外、古、今，凡对当代中国发生影响的重要哲学流派、学说、思潮，今天都要从中国哲学的角度予以关注。

今天，马克思主义已在中国哲学中占指导地位，马克思主义如何与中国传统文化相衔接的任务，已摆在中国哲学史研究者的面前。西方（如欧美）、东方（如日本）的其他哲学流派，也将与中国本土文化有更多的接触，其中有价值的东西也将被吸收、消化，成为中国哲学新体系的一部分。

博采众长，吸收一切先进的文化成果，是中国哲学的好传统，也是中华民族不断发展壮大的成功经验。中华民族素有吸收人类一切先进文化成果的魄力，也素有吸收一切有价值的中外哲学遗产构建新哲学体系的胸襟。我们现在面临着前所未有改革开放的新局面，全国人民正满怀信心地为建设具有中国特色的社会主义而奋进。我们更要有海洋般的心胸，容纳新学科、新知识、新系统，贯穿古今，融通中外，继承人类一切优秀文化遗产，创建社会主义的新的哲学体系。

新的哲学体系尚在形成中，我们现在还只能创造条件、积蓄力量，为新哲学的诞生铺路。但可以预料，它将是以马克思主义的立场、观点、方法为指导，融会贯通中外古今一切有价值的精神成果所构成的、具有中国特色的哲学体系。

体现一个时代思潮，并形成完整的体系，远非短期可以急就，往往要经历几代人、上百年，不断努力，才能完成。我们既不能急于求成、粗制滥造，也不应坐待天降福音。建立新世界靠革命者自己和他们所属的群体，建立新的哲学，同样靠哲学家自己和他们所属的学派群体。

中国哲学集中反映了中华民族认识世界的过程*
——《中国古代哲学名著全译丛书》总序

在国务院古籍出版规划统一方针指导下，我们与巴蜀书社合作，编辑了这套《中国古代哲学名著今（全）译丛书》。

世界各民族不论大小，都对人类文明有所贡献，中华民族有五千年的历史，它对人类文明已经做出过伟大的贡献。伟大的贡献，有赖于民族思想文化的成熟。中国哲学，是中华民族思想文化成熟的标志。

五千年来，中华民族经历了无数的忧患和灾难。但是，忧患和灾难并未使它消沉，反而使它磨炼得更加坚强，在与困难和挫折的斗争中，它发展了、前进了。在前进的过程中，中华民族认识着世界，改造着世界，同时也改变着自身。

中华民族认识世界、改造世界的过程，在中国哲学中得到了集中地反映。其深闳的内容、明睿的智慧，在古代社会，和其他民族相比，都达到了极高的水平。中国哲学，在当时，无愧于自己的时代；在今天，是我们宝贵的文化遗产。随着人类社会的不断前进，随着对历史的深入剖析，中国哲学的内容和它的价值，将日益被更

---

* 据《中国古代哲学名著全译丛书》，巴蜀书社，1992年版。

广大的人群所认识、所接受。

中华民族这个伟大的民族，有责任对世界文明做出更多的贡献。我们今天面临的任务，是要创造新的物质文明和新的精神文明，要完成这个历史任务，从中国古代哲学中寻求借鉴，提高广大人民的文化素养，是个必要的途径。

借鉴中国古代哲学，广大读者首先遇到的麻烦，是语言文字的障碍。本丛书的目的，就是为广大读者扫除这个障碍，使得更多的人能从中国古代的哲学著作中得到启迪，锤炼他们的智慧。

汲取前人的文化财富（包括哲学、文学、科学、艺术）都应该直接取自原作，这是不言而喻的道理。事实上，能做到这一点的，总是少数人。所以从古到今，都有一些人在从事翻译。有不同文字的互译，也有古籍今译。缺少这个工作，人类创造的精神产品，就不可能成为广大人民的财富。

古文今译，并不是现在才有的。司马迁撰写《史记》，曾把商周的文献典籍译成当时流行的语言，树立了成功的范例，使佶屈聱牙的古代文献，被后世更多的读者所理解。古希腊哲学为后世欧洲哲学的源头，今天的欧洲人（包括今天的雅典人）了解古希腊哲学，很少有人直接阅读古希腊文原著，人们多是通过各自民族的现代译文去了解古希腊哲学，这是学术发展的趋势和方向。

任何译作（古文今译，异国语文互译）都难做到毫不走样。但我们要求本丛书的译文，除了对原文忠实，还要尽力保持原著的神韵风格。这是我们争取的目标，并希望以此和广大读者共勉。

本丛书第一编约45种，预计10年内出齐。力争提前，以飨读者。

中国哲学的过去与未来*

一

中华民族有文字可考的历史至少有五千年，中国哲学发展的历史只有三千年左右。因为人类从蒙昧到有文化需要一个较长的过程，从有文化到自觉运用高度抽象思维，还要走相当长的路程。哲学思想是文化的精华部分。各民族都有自己的文化，但不是每个民族都有自己的哲学。世界上文明古国不少，各自走过了自己的道路，完成各自的历史使命，但大体上都是从蒙昧到有文化，从有文化到产生哲学这样的普遍过程。

如果把中华民族比作一个人，它也有从幼年不成熟到逐渐成长的过程。一个人的有效寿命不过百年，一个民族的有效寿命要长得多，以一百年到一千年为计算阶段，才可看出它发展变化的面貌的来龙去脉。

中国哲学应当从什么时候算起，“五四”前后的学者们有很

* 原载《中国哲学史》1993年第3期。

不相同的看法。以北京大学开设的中国哲学课程为例，“五四”以前，从三皇五帝、《尧典》《舜典》讲起，讲了半年，还没有讲到周公。“五四”以后，学术界多数研究者吸收了现代史学研究方法，利用民俗学、考古学、文化人类学的成果，吸取欧美学者研究西方哲学史的方法，断然抛弃了缺乏事实根据的传说，从春秋战国的诸子争鸣讲起。胡适的《中国哲学史大纲（上）》开一代风气，并得到学术界的认可。此后的中国哲学史再没有从尧舜讲起的。再用中国哲学与西方古希腊哲学比较，双方兴盛时期东西方相辉映，中国古代哲学与古希腊哲学几乎同步前进[1]。从世界范围考察，公元前七世纪前后人类进入文明成熟阶段，产生了哲学体系。东西方由于社会历史条件不同，各自走着不同的发展道路，越到后来，差别越明显。

中国哲学奠基于春秋战国时期。后来两千年的许多流派和观点、哲学的基本范畴，大体都能回溯到春秋战国。学术界多认为这是中国哲学的黄金时代。一则内容丰富，二则具有学术争辩空气活跃，呈现出百家争鸣的繁荣局面。到了秦汉统一全国，学术界反倒显得沉闷，不及先秦学术活跃，有人对此感到遗憾。

如果把先秦哲学放在中国哲学发展的全过程来考察，不难发现先秦哲学的百家争鸣到秦汉哲学的定于一尊，这个变化是必然趋势，不可分割。

春秋战国诸子百家为什么争鸣？他们争论的中心议题是什么？先秦百家争鸣的中心议题是如何建立大一统的国家。孔、墨、孟、荀、韩非都提出了他们统一天下的方案，都不满意当时战争频繁、政治

① 古代印度缺乏文字记载，重视口头传授，他们的时间观念不及中国及西欧严格，印度古代哲学的发展也大致和中国、西欧相当。

不安定的社会状况。貌似超脱的老子、庄子，也设计了他们治理天下的蓝图，并不是不要统一，只是要上边有一个“圣王”以无为原则治理天下，结束混乱局面。先秦的百家争鸣只是为后来的中国哲学创建完整的思想体系打基础，先秦哲学仅仅是中国哲学正式登场的序幕。真正具有强大创造力、生命力，足以体现中华民族伟大性格的哲学体系，都出现在大一统的中国封建社会相对稳定的时期。

今天世界关心中国哲学的人士心目中的“中国哲学”的多种思潮和流派，仔细追寻，几乎都是指的秦汉以后的哲学和流派。各流派虽可以追溯到先秦，但他们所研究的“中国”哲学的内容，几乎都是生存或流传于秦汉以后，经历隋唐或宋元明清专家学者发展出来的新体系。比如人们关注最多的儒家，号称以孔子为代表，按其所指，多是汉儒、隋唐儒，更多情况下指的是受过佛教、道教洗礼，经过宋代改造过的程朱儒、陆王儒，并不是原始的孔子儒、孟子儒、荀子儒。

二

中国古代哲学变革是政治变革的一面镜子。

中国文化走向世界，与其他文化体系发生联系，并引起注意，是秦汉以后的事。秦汉统一中国以前，中华大地上，众多诸侯国林立，国家小，人口少，不能形成集中凝聚的力量，各国战争此起彼伏。秦汉开始，中华民族开始形成，其活动范围基本上以黄河及长江流域为中心，由中原地区向周边辐射。繁衍生息于九百六十多万平方公里土地上的众多民族相互学习、相互依存、相互融合，在漫长的历史时期，发展了自己，壮大了群体。

秦汉统一，奠定了此后两千年的政治格局。两千年间，不论在理论上或在实践上，举国上下已取得共识，认为国家统一是正常的，分裂割据是不正常的[①]。

比起春秋战国时期，秦汉以后各个朝代，虽然思想不及先秦活跃，但哲学问题钻研得较深，形成了比较完整的、反映时代特征的哲学思想体系。再从人民得到的实际利益来看，大一统的集权制度，对于治理像中国这样的大国，具有绝对优势，为历代朝野上下所接受。

历代统治者为了达到长治久安的目的，不断总结经验，吸取前朝覆亡的教训，及时调整政策，构建理论，从而发展了中国古代的哲学和史学。中国古代哲学主要讲的是治国平天下的理论，它是政治学、经济学、伦理学、人生价值论的复合体。中国古代史学范围比今天的史学范围广泛，它包括政治哲学。

中国古代的生产方式是小农自然经济，它各自独立，一家一户为生产单位，又是消费单位，分散经营，相互隔绝。小农自然经济本来不利于大一统的封建大国。中国大一统的政治体制得以不断巩固和发展，主要靠中央政府高度集权的政治制度。政治的高度集中，经济的极端分散，这两者互相对立又互相依存，构成了秦汉以来中国古代社会的一对基本矛盾。

强化政治统一，不能专用武力，要文武夹辅，才能相得益彰。

① 从秦汉到辛亥革命，两千年间基本上是统一的，最长的一段分裂时期是南北朝，也只有三百多年。南北朝分裂时期，南方有两次北伐，北方有一次南伐，双方都有结束分裂、完成统一的愿望，由于条件不具备，没有实现。

秦汉统一后，全国广大地区以政治手段推行了文字统一（“书同文”），从而克服了中国广大地区方言隔阻给中央统一政令推行带来的不便，汉字把广大地区各民族联系在一起。秦汉推行“行同伦”的教化措施，不像“书同文”那样有明显的社会效应，但它起着更深刻的社会影响。它向中华民族系统地传授共同的道德观、社会观、价值观。像“三纲五常”原则，秦汉以来成为两千年间稳定社会秩序、协调家庭关系和人际关系的普遍准则。[①] 违背了“三纲”为不忠、不孝，很难在社会上立足。“夷夏之辨”是中国判断文明先进与野蛮落后的界限。区别夷夏的标准，把文化体系放在重要地位。

秦汉统一是中国历史发展的大势所趋，历史通过秦始皇、汉刘邦个人的贪婪野心推动了社会前进。王夫之在他的《读通鉴论》中说：“秦以私天下之心而罢侯置守，而天假其私以行其大公。”这个论断是比较深刻的。

三

秦汉以后，长达两千年的封建社会以儒、道两家影响最为深远。

① 秦始皇并不完全反对“三纲”原则。《云梦秦简》载惩治儿子不孝的刑例。《绛山刻石》提倡“孝道”。秦始皇治理百姓用刑法，教育太子、贵族用礼义。对百姓用愚民政策，对统治阶层用儒家教化。比如当扶苏接到赵高伪造的迫使他自杀的遗诏，蒙恬知其中有阴谋，劝他写报告问明白后再死不迟。扶苏说：“父而赐子死，尚复安请？”公子高请求殉葬，说：“废兄而立弟，是不义也；不奉父诏而畏死，是不孝也。”（《史记·李斯列传》）秦始皇刻石表现的儒家“三纲”思想也不少，如“合同父子”“圣智仁义”“六亲相保”“男女挈诚”等（《史记·秦始皇本纪》）。

儒家以孔孟为代表，道家以老庄为代表。孔孟老庄影响中国哲学界的时间最久。事实上儒道两家都不是一成不变的，每改变一次，都要适应当时的历史需要改变一些旧观念，增加一些新内容。人们常说孔子思想影响了中国两千年（或说老子思想影响了中国两千年），这种说法与事实不符，不得不辩。

儒家思想在汉代经政府推广，定于一尊，以“三纲五常”为主要内容，吸收当时社会上流行的燕齐方术及黄老刑名之学，构成了以阴阳五行为框架的汉代神学经学，末流发展成谶纬经学。阴阳五行为框架的汉代神学经学，适应汉代大一统的思想要求，用它来解释当时的社会现象、自然现象，论证大一统的政治统治秩序，起了积极配合作用。汉代的神学经学成为汉武帝的政治措施的得力助手，以其粗陋的神学理论基本上可以回答社会生活中多方面的问题。董仲舒的儒学所起的作用超过了孔子在春秋时期所起的作用。孔子影响所及只限于东方，董仲舒的儒学遍及全国。

儒学到了宋代，又经历了一次大变革、大改造。朱熹以毕生精力创建并完成儒教。重新选定“四书”为儒教经典，“四书”取代了“五经”的地位。经过元、明、清三代继续推广，“四书”列为科举取士的教材，朱熹的观点规定为标准答案，应试者只能“代圣贤立言”（应试者体会“四书”中的观点来做文章，不得发挥个人的见解）。经过数百年的长期传播，反复灌输，儒家学说收到奇效，进一步稳定了封建社会秩序，“三纲”观念进一步深入人心。宋以后有弄权的奸臣，没有篡位的叛臣，有效地消灭影响中央集权的叛逆行为。曹操在唐以前名声还不坏，宋以后曹操成了奸臣。曹操定为奸臣叛逆，完全是按儒教的标准划定的。

与儒家长期并存的道家也有类似情况。汉代道家是经过黄老学派洗礼的道家，以黄老刑名为主，吸收齐地管仲学派，杂收阴阳、名、法、儒、墨之学，构建了新体系，虽也称为“道家”，与先秦的老子、庄子不同道。经过华北黄巾起义及四川五斗米道的农民运动的改造，《道德经》五千言成为道教徒用来讽诵、消灾免罪的圣经，老子也成为半人半神的教主。这是老子生前万万没有料到的。“汉儒”不同于孔孟，“汉道”也不同于老庄。学术研究不能不注意这种名同实异的变化。

魏晋道教发展成为中国型的系统宗教（不同于原始宗教），与佛教争高下，并得到有关帝王、贵族的支持，列入官方宗教。道教对下层社会的群众采取符咒治病方式，扩大了信徒团体。宋明以后的道教及时吸收佛教的心性之学，配合儒家的纲常名教观点，向两个方向发展：宗教理论专注于心性修养（道教称为内丹），其宗教实践专注于炼丹、修仙，以吸引上层贵族；练气、武术传播于社会下层，形成众多流派。

从名称上看，秦汉以后的中国哲学流派来自先秦，但考察其实际状况，不难发现其时代新内容，招牌未改，陈列的商品随着时代的变革而变换。这一普遍现象值得引起每个关心中国哲学发展的研究者的重视。

四

秦汉建立起的大一统的政治格局，经长期的改进，不断得到完善，遂成为中国古代政治、经济、文化、哲学的固定形态，因为大一统的政治格局，充分调动了人为力量，发展了小农经济可能达到的最大效益。统一大国给古代中国带来的利益，至少有以下五个方面显而易见，这些利益都不是分裂、割据的政治局面下所能办到的。

第一，消灭了内部战争。战国时期无年不战，统一后可以百年不见兵戈。这是小农自然经济切盼的太平日子，有利于发展经济，充实国力。

第二，广大黄河、长江流域的开发，要有全面规划，小国治水以邻国为壑，而不能考虑全局利益。大一统国家的建立，有利于国家经济建设的统筹规划，有利于生产的提高和国力的增强。

第三，自然经济本身不利于经济上互通有无，在国家统一领域下，南方的茶、木材，海滨的盐，北方的铁业，由国家经营，利及全国。小农经济除维持简单的再生产，所余无几。由国家集中赋税，集中调集人力（劳役），可以聚少成多，从事宏大工程建设，如国内交通、驿站、运河开凿、大型文化建设、大型图书编纂等，都是发挥了综合国力的优势，这种综合国力优势在抗击外来侵略、克服自然灾害方面，功用尤为突出。

第四，“书同文”的文字工具，“行同伦”的道德规范，形成了汉文化为主体的文化共同体，增强了中华民族的凝聚力。

第五，有安定的环境，增强国际交流，扩大民族视野，吸收友邦有用文化。

为了从理论上支持这样一种现实，从汉武帝定儒家于一尊，到宋儒建立形成完整的儒教体系，都集中研究治国平天下的道路。先是完善制度，如秦不分封子弟而速亡，汉分封子弟而招乱，经过长期反复，终于找到了合适的中央集权的制度。

秦汉到隋唐的中国哲学的主要课题是探究如何完善中央集权制度，宋元以后中国哲学的主题是如何巩固这个制度，使之尽可能做到自身调节，使之长治久安。这项任务，经过无数哲学家、思想家的建设性的创造（制度的、思想的），达到了预期的目的。

为了政治上的统一，中央必须高度集权，带有强制性，用法律、军事等等手段辅助中央集权，集权过头，超过农民所能承受的限度，就会激起农民的反抗。秦和隋这两个短命王朝，都亲身尝到了集权的利益，也遭受到过度集权的失败。中国古代哲学不断出现的“无君论”“桃花源”，反映了小农经济的本性，向往自给自足的生活。但小农经济十分脆弱，经不起天灾、战争，更无力抵抗外来强大的武力侵略，它要求有一位圣王君临天下，为民做主，保民平安。

由于这种相互需求、相互对抗的关系长期起作用，中国哲学历代相传的“内圣外王之道”“究天人之际”的中心内容，说到底，即如何协调政治高度集权、经济极端分散这对矛盾的学问。从董仲舒到宋代理学，进行了长期探索，最后找到了行之有效、比较完满的理论——《大学》。

《大学》从理论上充分论证了个体农民、小生产者在大一统国家的地位责任，提出修身、齐家到治国平天下“外王”的道路，对内心修养方面提出格物致知、正心诚意“内圣”的功夫，从而把小农经济和天下、国家有机地结为一体。《大学》本来是《礼记》中的一篇，唐代韩愈重新提出，开始接触到政治集权与经济分散两者之间的关系问题。宋儒对之进行了重新阐释，增加了新的含义。

朱熹的哲学体系，以格物说为起点。王守仁的哲学也是从格物说起步。在政治统一、经济分散的总格局下做文章，构成了秦汉到明清哲学史的主旋律。

五

从文化角度看中国哲学，哲学是文化的精华部分。中国哲学是中国众多民族共同创造的，随着时代前进，思想体系也有着相应的变革和演化。归纳起来，大致有四种文化现象值得引起注意。

第一，文化的继承与积累现象。文化的变革不同于政权转移，新旧之间不能割断联系。新文化都是在旧址上建造的。好像长江大河，导源于涓涓细流，下游汪洋浩瀚，下游水包含上游水。如中国古代诗歌，从口头文学到作家创作，先有四言，后有五言、七言，再后有律诗，都是后者在前者的基础上发展来的。有了七律，并没有废弃四言、五言。先用古文，后用白话，白话兴起，文言并未消失，它还保留着古文中有生命力的成分。有时忽略文化的继承与积累现象，过去曾经过分强调新旧哲学之间的对立，此种失误，应引为教训。

第二，文化衰减与增益现象。任何学说，都是当时当地的产物，时代和环境发生了改变，思想不能适应这种变化，就失去了市场。天下没有不变的事物，理论上也没有不变的成说。屈原的作品为不朽之作，但随着时代的推移，它的感染力也在衰减。汉初贾谊读到屈原的作品，为之叹息流泪，以至忧郁成疾，今天大学中文系的师生也能赏析屈原的作品，但读后为之感动流泪的情况想必不多；杨、墨之言盈天下，今天社会上知道杨、墨为何许人的已很少；庄子为文汪洋恣肆，现在真正读懂庄子的人并不多。所谓“君子之泽，五世而斩”，古代思想在后人眼里，其价值是经常改变的。历代都有人对其价值已衰减的思想及文化产品不断加以新的解释，注入新义，使它重新焕发活力。这就是文化的增益现象。一种思想或学说，脱离开它所生存的时代环境，其价值势必衰减。后代的思想家或哲学家不断对之进行新的解释，增加适应时代要求的新内容，新的学说从旧的学说发展而来，但已不同于原来的面目。古人“以述为作”，实际上是以述代作。

第三，文化的势差现象。两种不同的文化相接触，总是文化层次高的一方影响文化层次低的一方，文化层次低的一方则处于受影响、被改造的地位而不能逆转。元朝灭亡了宋朝，但这只是政权的转移，处于先进地位的中原地区文化不但没有被消灭，新朝的统治者反倒受了它的同化，宋朝的儒教文化完全被元朝继承，并在更大范围内予以推广。明对清也有类似情况。如两种文化层次高低大体相当时，双方则呈现对峙状态，互相吸收交融。古代中印文化相接触，佛教传入，经过长期对峙、融合，才完成佛教中国化的过程。西方基督教三次传入内地，都不能立足，但同一个基督教在传入云贵边远少数民族地区后，很快收纳众多信徒，因为少数民族地区没有文字，社会结构尚处于原始部落状态，对较高层次的基督教文化的抗拒力较差。

第四，文化的融会现象。文化不是死的东西，它有生命、有活力，具有开放性和包容性，不同文化相接触，很快就会发生融会现象。处在表层的生活文化（如衣食器用等），很容易被吸收；处在深层的观念文化（如哲学体系、价值观、思维方式等），不是一眼就能看透的，要有深厚的文化根基和较高的文化素养才有可能发生交融。中国人对西方的哲学、文学、艺术的理解和欣赏有一个逐步了解的过程，不是一下子就达到了今天的水平。今天我们能够把两者融合会通，并创造出新的文化成品，这是一种高层次的融合，这种融合只有在双方都有深厚文化基础的伟大民族间才有可能发生。古代的中印文化融合以及现在正在进行的中西文化融合，都是如此。

六

从以上文化发展的一般现象，我们可以对中国哲学的未来面貌做一概括性的推想。

中国哲学成熟发展并取得世界的关注和重视，都是在秦汉以后。如果中国哲学到春秋战国为止，没有以后两千年的补充发展，中国先秦哲学就只能成为考古研究的对象，成为博物馆中的陈列品，就如同古巴比伦的楔形文书一样，它不是有生命的有机体，也不会对后来的人民的社会生活发生实际的作用。事实上，中国哲学在此后的两千年间曾指导着中华民族的每一分子的政治生活、社会生活、文化生活、宗教生活以至家庭生活。它是活着的意识形态，曾经长期作为中华民族的思想支柱，屹立于天壤间。

进入近代，中国已不再是独立于世界之外的“天朝大国”，开始走上更广阔的世界舞台。中国哲学涉及的范围，已不专属于孔孟老庄、程朱陆王的世袭领地。今天的中国哲学领地，闯进了外国众多的“孔孟老庄、程朱陆王”。西方资本主义文化与中国原有的封建主义哲学相撞击，必然会产生新的效应。认真总结中国哲学几千年所走过的道路，使我们有更大的信心建设中国的新文化，形成中国哲学的新体系。根据以往文化现象的几种表现，可以帮助我们推想今后中国哲学发展的新形势。

中华民族的新哲学必然要继承中国传统文化的优秀成果，抱残守缺，用古老的封建思想体系来抵抗资本主义文化的做法固不可取，而忽视文化发展的继承和积累现象，割断新哲学同传统文化之间的联系，这种态度也是轻率的、有害的。文化建设从来没有暴发户，今后也不可能有。中国哲学的新局面不可能建立在一片空地上，它必然是在古代优秀文化传统的基础上发展、前进，注入新的血液，赋予适应时代要求的新内容，古人“以述为作”的成功经验可供借鉴。有些过时、阻碍中国现代化的思想观念要大胆弃置，任其衰减；对符合时代要求、有利于中华民族走向现代化的思想，则放手拿来，及时取用。

中国文化不是一个封闭的体系，新哲学的建立，不但应当包容古代哲学中仍然具有生命力的优秀成果，也要广泛吸收一切外来文化的有益成分，主动吸收一切先进哲学体系来充实自己。只有这样，才能保持先进的文化层次，建立起富有生机和活力的先进哲学体系。这是中国哲学发展的方向。文化的融会现象，是一切文化交流进步的总模式，也是未来中国哲学要走的道路。今后的中国哲学不限于出自中国学者头脑的哲学思想，应当承认凡是在中国生了根，发生了影响，为中国哲学所用的哲学和意识形态，都可以用来嫁接、移植在中国哲学园地，都是中国哲学。像马克思主义与中国实际相结合所产生的毛泽东思想，已成为现代中国哲学的一部分。当年佛教初传入时，曾被当作夷狄之教，遭到排斥，后来与传统文化融为一体。佛教哲学丰富了中国哲学的心性论和本体论，宋明理学得以超越前代，推动中国哲学前进，主要得力于佛、道二教的资粮。

当代其他西方哲学重要流派传入后，经过系统传播，为中国学术界所吸收的，如马克思主义者艾思奇的著作，也将视为中国哲学的一部分。我国现代老一辈哲学家中，如欧阳竟无、熊十力、贺麟、梁漱溟、冯友兰、金岳霖、方东美的思想都超出了中国传统哲学范围，不同程度地吸收西方某些哲学体系或观点、方法，他们的哲学思想都属于正规的中国哲学。

由此上溯到清末戊戌变法时期的哲学家，如康有为、谭嗣同，稍后的严复、王国维的哲学思想，因时代较早，他们移植或偷运西方思想的痕迹宛然，他们的哲学思想也是正规的中国哲学。谭嗣同在说明他的哲学体系所根据的思想资料时，曾列举：

> 凡为仁学者，于佛书当通华严及心宗相宗之书，于西书当通《新约》及算学格致、社会学之书，于中国当通《易》《春秋公羊传》《论语》及《礼记》《孟子》《庄子》《墨子》《史记》及陶渊明、周茂叔、张横渠、陆子、王阳明、王船山、黄梨洲之书。

谭氏的哲学融会了西方的宗教的思想、自然科学、西方的社会学及佛教哲学，更主要的是以中国传统哲学的经学和理学为主干。谭氏为中国哲学的发展开创了新生面，他建立起的哲学体系，尽管粗陋，有强扭硬接的痕迹，但是代表了中国哲学发展的方向。

“五四”新文化运动以后学术界多年的实践证明，这是一条中国哲学前进的必由之路，中国哲学的未来，必须以现代科学、西方哲学社会科学、中国传统哲学作为构架新体系的主干。

七

中国哲学的历史是中华民族的世界观发展的历史。中华民族，从秦汉到现在，做出重大贡献，或者说完成自己的历史使命，做过两件大事。第一件大事是把分散的、诸侯割据的列国，拢成统一的大国，把众多的民族，融成一个民族共同体——中华民族。中国所以有今天，是中国各个民族共同创造的成果。大一统的中国，发展了生产，创建了伟大的东方文明，建立了完善的封建政治制度，并使之得到巩固、完善，在封建制度下使生产力发挥出最大效益，哲学和文化达到极高成就，形成封建社会自我调节的机制。也要看到，成功所在，也就是局限所在。造成今天现代化步履艰难的重要原因之一，正是封建制度十分完备的后果。

第二件大事，是把古老的中国推向现代化。鸦片战争以后，由于西方列强的入侵和中国社会的发展，摆在中华民族面前的历史使命是摆脱贫困、走向富强，取消压迫、走向自主，打破专制、走向民主，建设一个高度发达、文明的现代化国家。建设现代化的中国，无前例可循，要甘冒风险。一百多年来，一代一代的先进中国人，从地主阶级内部的开明派，到资产阶级改良派、革命派，再到中国共产党人，都对中国的现代化事业贡献了力量。由于经验不足或措施失误，进展很大，困难和挫折也不少，实现现代化的任务还远未完成。思想界的任务，就是构建反映现代化要求的新的具有中国特色的哲学体系，为中国的现代化道路做理论上的探索，奠定现代化的理论基础。

中国哲学的传统，是“究天人之际”，以“内圣外王”为最高修养目标。“内圣”使人提高精神修养，培养关心人类的伟大胸怀；“外王”在于使国家太平、百姓乐业。在现代条件下，无论是进行“究天人之际”的理论探讨，还是贯彻“内圣外王之道”的最高理想，都要有新的内容。今天的“究天人之际”，要特别重视对自然科学领域的探索和对自然科学成果的借鉴、吸收，来丰富和完善新的哲学体系。今天的“内圣”修养要超出修养者个人精神境界的提高，而在于提高民族群体的精神境界和文明水准。现代化的“外王”，不是小农经济的田园丰足、邦国太平，而在于摆脱中世纪的束缚，促进国家的现代化。今天的“究天人之际”，要求哲学工作者要具备丰富的科学知识，要通晓诸多思想流派并做出合乎实际的取舍。现代的中国哲学家讲的“内圣外王之道”，仅仅重视先贤语录显然不够，至少要懂得从自然经济过渡到商品经济要具备哪些条件，提高全民族的精神境界、道德素养从何处入手。这些学问是哲学家应当熟悉却尚未熟悉的新领域。

当前许多政治评论家在评论国际形势时，经常提到两极政治消亡，国际上呈现多元（或多极）政治格局，有的学者看到目前哲学界众多学派纷纷出现、同时活跃，认为学术界也是多元化，这里套用政治评论的结论，是不恰当的。因为政治家多属现实主义，他们对形势的估价和评判往往深受近期利益关系的制约。现实主义的态度使他们很少有远大的政治理想，抱有远大的理想的崇高的人类关怀，是哲学家的天职。

在思想界呈现的思想流派的多元化，正好说明中国哲学在新境况下多方探索的现状及其不成熟。中国哲学必有一天吸取现代学问，并吸收人类一切精神成果为思想资料，构建成一个宏大思想体系，真正做到“致广大、极精微、综罗百代”的伟大体系，这个体系足以反映现代化的中华民族的思想成果。由于目前主客观条件均不具备，还只是停留在准备阶段，但前景光明则毋庸置疑。

新体系的完成要有三个条件：

第一，安定的政治环境，丰足的生活环境。

第二，完备丰富的思想资料（包括古今中外全人类文化遗产）。

第三，具备高度概括综合能力和创造能力的哲学家群体的出现。

这三个条件须同时具备，缺一不可，要实现这些条件可能需要几代人的努力。作为哲学工作者，我愿在准备思想资料方面做些力所能及的工作，为后来者铺路。中华民族是伟大的民族，历史使命召唤我们前进，我们莫辜负这个难得的机遇，以期无愧于这个伟大的时代。

重读《天演论》*

清朝末年，国家遭受外来侵略势力的欺侮，随时有被瓜分的危险。甲午战争，日本打败中国，全国上下为之震惊，这一时期严复翻译的《天演论》出版。这是一部振奋人心，激发中华民族爱国热情的名著。译文的影响甚至超过赫胥黎的英文原著。

《天演论》给千千万万爱国者敲响警钟。书中提出“物竞天择，适者生存”的观点，通过大量生物进化现象，揭示出凡不能适应环境的物种必遭淘汰，适应自然环境的物种才能保存下来，得以繁衍。严复通过《天演论》向全国人民大声疾呼，中华民族要奋发图强，才可以免遭亡国灭种的厄运。《天演论》出版后，举国上下掀起救亡图存的浪潮，各地出现以“竞存”命名的学校，新文学倡导者胡适的名字，也是受《天演论》“适者生存”的影响改名的。

社会现象不同于自然现象，不好生硬类比。这种区别，在当时似未引起重视。

地球上出现了人类，发明用火，首次能源开发，就开始改变着洪荒时期原始状态下的自然界。人类改变自然界时也改变着自己。

---

* 据《一代名师：人文阐释》，文化艺术出版社，2003年7月版。原载《人民日报》，1994年4月6日。曾收入《任继愈学术文化随笔》。

古人称“天、地、人”为“三才”，指出人类“可以参天地之化育”“与天地参”，就是说，人类与自然界打交道时，已渗进了人类的意向和价值观。生物学把鸟类分为益鸟、害鸟，都是按人类标准划分的，不是鸟类自身的特征。人类驯化野生动物为家养，培育谷物，改造盐碱地，古代大禹治水，种种活动，顺应了自然，又改造了自然。如果人类放弃对自然的干预，任凭生物种群间自然生长，优良品种绝对竞争不过劣等品种，禾苗必被杂草掩没，必致颗粒无收。

唐朝流行一部《阴符经》，这部书约成于南北朝后期（530—580年），全书三百来字。《老子》五千言，已经算言简意赅，《阴符经》篇幅更短，唐初欧阳询、褚遂良均手抄过若干部。唐人李筌对此书作注。宋人程颐、朱熹都对此书十分重视。《阴符经》明确提出，人类为了生存，必须向自然界掠夺、窃取：

> 天地，万物之盗也；万物，人之盗也；人，万物之盗也。三盗既宜，三才既安。

这里提出人与自然界互相依存又互相掠夺的观点，引起唐宋以来许多学者的重视，在认识史上应当说又前进了一步，有创见，同时也有局限性。《阴符经》作者看到人向自然索取的必然性，却没有指出人向自然索取要有一个限度，无限索求，必遭自然界的报复。比如滥伐林木、滥垦荒地、滥捕鸟兽，破坏生态平衡，会造成洪水、沙漠化，自然界和人类都受到损害。唐宋以前，我国地旷人稀，人类活动的空间较为宽松。到了今天，几千年向自然界掠夺造成的后果，都由我们今天的人承担了。总之，有了人类，已不再有“纯自然界”，因为人类出现后即对自然界进行了干预。

社会生活本来是人类自己的事，更不能不受人类行为的干预。当前由计划经济向市场经济转化（这是从管理体制说的）、由自然经济向商品经济转化（这是从生产形态方面说的），这种转化是社会发展的大势，不可能逆转。转化期间一切产品（包括精神产品），面临着严峻的竞争。现在有人认为市场最公平，一切产品交给市场去选择，优者胜，劣者汰。优者占领市场，劣者逐出市场。这种说法不为无据，但不全面。

社会生活中的竞争，只有在一定的社会规范内开展，竞争要合法。不正当的竞争，其后果必是劣质产品（包括精神产品）挤占了优质产品的市场，劣品充斥，危害群体多数人的利益，形成“反淘汰”。

正常的社会生活，离不开社会干预。提倡什么，反对什么；什么行为受鼓励，什么行为受限制，要由社会群体做出规范。前者，古人谓之教化；后者，古人谓之刑罚。这是人类群体，不分古今中外，都应遵循的通则。缺了社会规范制约的竞争，必然出现强凌弱、大欺小、劣等品排斥优等品的现象，造成社会混乱以致危机。

鸦片战争后，中国人民被迫卷进世界竞争的旋涡，被迫参加了不公平的竞争。地球上列国林立，还没有统一全球的社会规范，因此缺少一种有效的制约。一部世界史不过是一部大国争霸史，记录着某些大国扩张了，某些大国衰落了，如此而已。今天的中国已不同严复译《天演论》时期的旧中国，不存在被列强瓜分的危险。我国的国民收入有极大的增长，科技水平有极大的提高，现代工业、农业、国防都有极大的发展。人均收入在全世界不算高，但综合国力却成为全世界不可忽视的安定力量。

欢欣鼓舞之余，也要清醒地看到，新中国比旧中国是强大了，但是我们的国土还有强权插手，制造分裂，我国内政还有外来的干扰，公海航行有时受到无理的阻挠，说明我国还不够强大。新中国不再是“东亚病夫”，比旧中国富足了，这种富足表现在解决了中国众多人口的温饱问题，但还有若干贫困地区有待于脱贫，说明我们还不够富足。我们的教育、文化有极大的发展，但还有大量失学儿童、大量的新文盲，说明我们距离社会主义现代化国家的要求还有很大的差距。

安不忘危，才可以免遭危殆。《天演论》敲起的警钟，如果能经常在耳边回荡，上下一致，不忘奋发图强，同心合力促进社会主义祖国的现代化，我们的宏伟目标一定能达到。中华民族曾蒙受着八国联军占领我国首都的耻辱进入了20世纪，为了争取民族独立、解放和富强，进行了长时期的艰苦奋斗。我们将彻底摆脱贫困落后，以崭新的面貌迎接21世纪。

实现中华民族历史使命的巨人——毛泽东*

伟大的中华民族，有文字可考的历史至少有五千年。中华民族对世界文明做出过贡献，中华民族也吸收世界先进文明丰富了自己。回顾中华民族走过来的道路，五千年来，概括地看，可以说做了两件大事：第一件大事，建成多民族的大一统封建国家；第二件大事，摆脱近代帝国主义侵略势力和封建势力，建立现代化的人民民主国家。第一件大事已完成其历史使命，第二件大事已经开始，并正在进行中。毛泽东是中华民族从事第二件大事的参与者、推动者和领导者。

中华民族几千年来从事的第一件大事，是把生活、繁衍在黄河、长江流域广大地区的众多种族融为中华民族，把众多诸侯割据的小国建成大一统的国家。中华民族在大一统的政治制度下得以充分发挥其创造性，创建了伟大的东方文明，建立了完善的政治制度，使本来比较低下的小农经济发挥出最大效益，形成巨大综合国力，从而使中国封建社会的哲学和文化达到极高成就。汉唐以来，中华民族的贡献长期处在世界文明的前列。

也要看到，成就所在也就是局限所在。封建社会成功地贯彻了

* 原载《中国社会科学院研究生院学报》1993年第6期。

政教合一，使它难以从中世纪的锢闭中蜕变出来走向现代化。

中华民族的历史使命，赋予它的第二件大事是推进中国走向现代化。为实现现代化，首先要摆脱殖民统治，救亡图存，使民族免于被奴役，建成独立、自由、富强和民主的新中国。

1840年以前，中华民族走着自己安排的道路，在大一统的政治体制下，取得了文化、经济建设的预期效应，把中国封建社会推到顶峰。如果没有外来势力的干预，社会循着自己的规律发展，也会从中世纪的古堡中走出来，奔向现代化。但1840年以后，中国被迫卷进世界，当时先进的资本主义已成长起来，他们为了保持殖民者既得利益，不愿中国走向现代化。中国的现代化面临着双重阻力：一是外国侵略者的阻挠；二是中国封建主义保守势力维护其既得利益，反对任何变革。

中国人带着八国联军侵占首都北京的民族耻辱进入20世纪。民族的愿望和客观现实出现了强烈的反差。中华民族面临的抉择是不能生存就要亡国这样严峻的考验。两者之外没有第二条路可供选择。

中华民族仁人志士，一代接一代地为争独立、自由、救亡图存而奋斗。从鸦片战争起，为中华民族走向现代而努力的像林则徐为首的爱国官吏，洪秀全为首的爱国农民，康有为、梁启超为首的爱国知识分子，都在为中华民族的历史使命，完成第二件大事而努力奋斗。伟大的孙中山先生总结过去的经验，首先提出推翻几千年的君主制度、建立独立的民主国家，并为此而奋斗一生。孙中山的思想贯穿着中华民族爱国主义传统，紧紧把握救亡图存的大方向，把中国的现代化推进一步。要救亡，就要反对帝国主义的侵略；要图存，就要争取民族的生存权，要发展生产，要提高全民族的文化科学素质。正如鲁迅先生所说的，我们中华民族一要生存，二要温饱，三要发展，凡是阻碍我们达到这个要求的任何势力，都要坚决排除掉。孙中山先生未完成的事业，由中国共产党和毛泽东同志领导全国各族人民继续推进，把中华民族的解放事业推向更高阶段。

毛泽东同志的成就是多方面的，主要贡献在于他实现了中华民族的历史使命，他带领各族人民做了中华民族史上的第二件大事——建立一个独立、富强、自由、民主的现代化新中国，即中华人民共和国。毛泽东同志在1949年开国典礼上向全世界宣布“中国人民从此站起来了”，实现了百年来几代仁人志士的理想。

解放后，外国侵略势力不甘心让出已享有的特权，对新中国在经济上封锁、政治上孤立，在局部地区强行军事干预。救亡图存的大业已奠定了巩固基础，但统一尚未最后完成，领土边界还未得到完全的保障。这要我们这一代人继续努力。

由古代社会走向近代化，由自然经济向商品经济转轨，一般情况下，要经过几百年的反复探索，才能把关系理顺，使它走上正轨。我们要在短短几十年内走完一般要几百年的路，困难是可以想到的。毛泽东和全国各族人民一道共同探索着现代化的道路。

毛泽东之所以不朽，是因为他参与并领导了中华民族的这一不朽事业。中华民族五千年间做了第二件大事，为了建立新中国，既要除旧，又要布新。新兴事业正开始进行中，中华民族的历史使命不朽，毛泽东的业绩同样不朽。

忆毛主席谈古为今用*

我曾不止一次见到毛主席，最深刻难忘的是1959年10月的一个深夜的一次谈话。这次谈话内容很丰富，主要谈论的是关于哲学、哲学史、宗教研究等问题。毛主席的教导，使我在困难中增加勇气，在迷惘中有了前进方向。现在不讲全部内容，只举一例，说明毛主席对我国古代文化遗产是如何批判继承的。

毛主席在谈话中指出要善于学习古人的东西。他老人家举了三条，边讲边用手势。他屈着第一个手指说，我们学习《老子》的“不敢为天下先”，我们的原则是不放第一枪，“后发制人”，今天对敌斗争还是遵守这一条，好像被动，其实是主动。

毛主席对《老子》一书一向十分重视。在已出版的毛主席著作中有多处提到或引用老子的话。他对老子哲学中落后的东西表示反对，曾指出：“禁止人们跟谬误、丑恶、敌对的东西见面，跟唯心主义、形而上学的东西见面，跟孔子、老子、蒋介石的东西见面，这样的政策是危险的政策。它将引导人们思想衰退，单打一，见不得世面，唱不得对台戏。”（《毛泽东选集》第5卷第346页）对《老子》的哲学，毛主席基本上当作反面的东西，但也不是不加批

* 原载《文汇报》，1978年12月20日。

判地抛弃它、踢开它。写到这里，我想起在1956年陈毅同志有一次到北大一些老教师家串门，他说今后要经常到学校来交交朋友。在谈话中他说起曾国藩这个人反动透顶，但用兵打仗有些经验可资借鉴，曾国藩说两军对阵，为主而不为客，不杀第一刀，先让对方杀来，杀第一刀是客，我杀第二刀是主。陈毅同志接着说，我们解放军多年作战，毛主席教导“不放第一枪”。

老子的“不敢为天下先”是没落阶级面对新兴的封建势力，采用的自保的方法，怕出头，不抢先。我们革命的阶级、革命的政党满怀信心，迎接未来。我们利用前人的思想资料，给以改造，赋予新的内容，点石成金，化腐朽为神奇，“不敢为天下先”这个没落阶级的胆小怕事的思想原则，到了革命阶级手里，成了生气勃勃、克敌制胜的武器。

毛主席又屈着第二个指头说，要学《左传》的“退避三舍”。一舍三十里，三舍九十里，我们打仗有时一退几百里哩。我们的革命史告诉我们，毛主席指挥的几次反“围剿”的战役中，解放战争时期在莱芜战役中，以及在许多战役中，我军一直是大踏步前进、大踏步后退的，一退几百里是常有的事。《左传》这个故事发生在僖公二十八年（前632年），说的是晋楚两国为了争霸，在城濮这个地方进行的一次战役。在交战前，晋军为了表示报答楚国当年优礼流亡在外的晋公子重耳的情谊，同时也为了向晋军宣示楚国逼人太甚，自己退避了九十里，楚军还在进逼，这反倒鼓舞了晋军的士气。战斗开始了，晋军向楚军薄弱的两翼，发起进攻，打败了楚军。

毛主席批判地吸取了古人的经验，把它发展提高为规律性的认识，成为我们战胜敌人的法宝。

毛主席又屈着第三个手指说，我们学习《礼记》的礼尚往来，来而不往非礼也，我们对敌斗争，从不寻衅，无故挑起争端。有人对我们寻衅、滋事，也不立刻报复。让敌人充分表演，给他记下一笔总账，在适当时候和他总清算。我们和蒋介石的斗争就是坚持这个原则，有理、有利、有节。

《礼记·曲礼上》原文是这样说的："太上贵德，其次务施报。礼尚往来。往而不来，非礼也；来而不往，亦非礼也。人有礼则安，无礼则危，故曰：礼者不可不学也。夫礼者，自卑而尊人。虽负贩者，必有尊也，而况富贵乎？富贵而知好礼，则不骄不淫；贫贱而知好礼，则志不慑。"《曲礼》所谓"礼尚往来"，讲的是贵族阶级的伦理道德规范，它强调礼的重要性，"有礼则安，无礼则危"。长期以来的封建社会里这个礼，也成了一种维持统治、压迫人民的工具。毛主席没有管这一套陈腐的说教，而是运用这句成语，充以革命的新内容，改造成为对敌斗争、指导革命的一条策略原则。建国以来，我们耳闻目睹的国家间一系列事件，像苏修社会帝国主义及其走狗对我们的挑衅，我们一直采取这个基本态度。他们走了十步，我们才有一步。如他们猖狂过甚，我们绝不是软弱可欺。我们有理、有利、有节的斗争，使我们永远立于不败之地。这和《礼记》讲的道理是截然不同的两种精神面貌。

我们研究历史，特别是经常和古代打交道的同志，当自己没有从古代的范围跳出来时，往往泥古、信古，有的甚至不能自拔；一旦学到了新的理论，接受到革命的道理，往往又出现"左"的倾向，对古的东西产生厌弃的感情。我自己这两种情况都经历过。虽也知道批判地继承这一条原则，实际运用起来，总难免忽"左"忽右。毛主席这一次谈话里，可以说是扳着手指头教导我们如何对待古代文化遗产，而且做了示范。他老人家指出了方向，也提供了方法。我将永远铭记。

马克思主义的生命力*

鸦片战争引发了中国的变革，封闭多年的国门被迫打开，中国被迫卷入世界大潮。从1840年到1949年，中国经受了从未经历的劫难。近一百多年来，全国各族人民上上下下探索自救图存的道路，走向现代化。“没有共产党就没有新中国”已成事实，毋庸论证。

马克思主义产生在欧洲，有三个来源，三个组成部分，这是事实。马克思主义在中国出现并得到传播，一开始就具有中国特色，走自己的路。它只有一个来源——爱国主义。毛泽东说过，先进的中国人向西方寻求救国救民的真理，最后找到了马克思主义。试查一查中国共产党史，党的创建者和历届党的领导人无一例外，都是从爱国主义实践中成长为马克思主义者的。

马克思主义与中国社会实际相结合，就迸发出无限生命力；一旦脱离社会实际，它就出问题。马克思主义的生命力，就在于它提倡深入社会、深入生活，干预社会、干预生活。它是在这个原则下移植到中国的，必将在这一原则下持续发展。

用马克思主义指导社会生活，必将创造新天地。

---

* 原载《中国社会科学院研究生院学报》2001年第4期。本文系该刊组织的纪念中国共产党成立八十周年笔谈。

新旧交替之际*

中华民族五千年来，创造了华夏文明，丰富了世界文化宝库。中华文化持续前进，历久不衰，是人类史上的奇迹。

中国古代最昌盛时期首推汉唐。汉唐两代的人口最多时都超过了五千万。地旷人稀的古代，人力就是国力，广土众民，形成合力，国家就昌盛。汉唐的昌盛富强，主要原因在于国家统一形势下，充分发挥了兼收并蓄、融合众长的特点。

在民族方面，融合众多少数民族形成了中华民族。在文化方面，中华民族吸收了当时不同文化的特长，充实了自己的文化①。中华民族经过多次大的民族融合，迸发出刚健清新的活力。多种文化的会通，形成丰富多彩的中华民族文化。试以哲学为例。秦汉大一统后，儒家定于一尊，但儒家已非先秦儒，它吸收了燕齐方术、阴阳五行、申韩法家的思想形成新的学派。黄老思想曾流行于汉初，但也非先秦老庄原貌，吸取阴阳、儒、墨、名、法，形成新的道

---

* 原载《群言》1994年第2期《专题座谈——传统文化、改革开放、世界新格局》。

① 佛教传入中国，经过融合改造，成了中国佛教，它的活力和影响大大超过印度次大陆佛教发源地。

家。秦汉统一到鸦片战争，两千多年来，哲学显学不外孔、老两大流派。以孔子为代表的儒家不断总结统治天下的经验，使大一统的封建国家制度不断完善。以老子为代表的道家，宣传无为而治，主张顺应自然，使小农经济薄弱的生产力得到充分发挥。儒家体现了中央集权的功能，道家体现了小农经济的意愿，这两大思想体系协调、互补，出现了历史上所谓太平盛世。

如果没有鸦片战争的干扰，中华民族也会按照自己的方式从中古走向现代。鸦片战争打乱了这个文明大国的正常步伐，它被抛进了现代世界，列强却不允许它成为现代的强国。一部中国近代史从此开始。

一百五十年来，中华民族集中力量办一件大事——把中国引向现代化。无数爱国志士，一代接一代地为这一目标而努力。他们中间有林则徐为首的爱国官吏，洪秀全为首的爱国农民，康有为、梁启超为首的爱国知识分子，他们都为中国现代化探寻出路，取得可贵的经验。伟大的孙中山先生总结过去经验，联合全国各族人民推翻了几千年的君主专制制度，创建民主国家，并为此奋斗一生。孙中山未完成的事业由中国共产党和毛泽东同志领导的全国各族人民继续推进，建立了中华人民共和国，确定了走社会主义道路，把中国的现代化推向更高阶段。

新中国是从旧中国基地上建造的，新中国不能割断旧传统。新旧两种文化接触，要发生冲撞。旧文化中优秀传统起主导作用，如恢宏的气度、博采众长的融会精神等。旧文化中的糟粕也还起作用，如家族宗法残余、等级特权等腐蚀作用也不可低估。外来文化中健康、开拓进取精神，可以医治中国的守旧思想，同时，也要看到外来文化中的野蛮掠夺、殖民主义残余的传统也乘机传入。外来的落后文明对中国的现代化起着破坏作用，同样不可低估。

中国文化早已通过古丝绸之路传到西方，隋唐以后又增加了海上丝绸之路，西方对中国并不陌生。但近百多年来，中国文化的价值一直没有受到西方的重视。欧洲中心论起着决定性的影响。旧中国时期，中国文化仍然完整地保存着，西方并没有像今天这样重视中国文化。中国政局在旧中国备受西方殖民主义操纵，战乱不断，连年灾荒，“民有饥色，野有饿殍”。西方人眼中的中国是殖民地，是“东亚病夫”，看不出有什么优越性，更谈不上向东方这个古老的弱国学习。

解放后，政令统一，政局稳定，摆脱了旧中国贫弱病态，解决了十一亿人口的吃饭问题。建立了现代化工农业，有了现代化的国防，掌握核武器的制造技术及其运载手段，从而取得国际上与大国同等的发言权。特别是近十五年来的经济腾飞，更使世人瞩目。这些物质建设的变化和成就作为背景，才引起了西方对中国的文化价值的关注①。

最有资格总结中国文化的特点的是我们自己。至少有两大特点值得总结。

第一点，中国有长期集中统一的政府。有了强有力的统一国家，才能聚集众多微薄的生产力合成较大的生产量。我国古代的重

① 20世纪50年代抗美援朝战争，中国与美国打了个平手，促使北美各大学创建了许多研究中国的机构，大学开设了中国文化的课程。清朝末年，清政府吃了外国炮舰的亏，开始关心洋务，从洋务买机器到学习西方文化、哲学，都是先从物质着眼，进而着眼于文化。

大建设，如长城、运河、修《四库全书》等重大工程建设，都是靠了集锱铢为丘山，聚少成多，才能完成。直到当代，我们生产原子弹，建立现代化国防，还是靠政府有效地运用集中人力、物力而取得成功的。

第二点，中国有坚强、持久的民族凝聚力，因为我们民族之间长期融合，形成民族之间的共同意识。秦汉以来，我们有共同使用的汉字，汉字把不同方言的隔阂沟通起来。汉字成为民族联系的纽带。我们有共同认可的价值观，从而使中国历史上虽然出现过朝代更替，但文化发展是沿着同一个方向前进着，元朝灭宋，继承、发展了宋文化；清朝灭明，继承发展了明文化。宋元明清，经历四朝、近千年，不同民族的统治者当皇帝，但中国的文化传统、哲学体系则一脉相承，未曾中断，也没有改变方向。

政治统一，保证了哲学发展，哲学的成就指导着政治统一的完善化。几千年来是这样走过来的，今后，可能还要照这样走下去。

今天的中华民族，面临的任务比过去艰巨得多。我们有博采众长、熔铸百家的好传统。今天要博采世界文化的众长，文化资料丰富多样，要吸收它，先要认识它。对西方文化，我们所知不多，要有一个熟悉的过程。近几十年来，我们对西方的文化长期隔绝，相当隔膜。近几十年来，我们对本国文化也要用新观点，认真清理，摆脱长期所受极“左”思潮的影响，去粗取精也要一个过程。这两项工作（吸收外来文化，总结自己的文化）没有捷径可走，都不能草率从事。今天要做的事是一项宏大工程。要建立中华民族现代化的文化，必须综合古今中外的众家之长，使它熔铸成一个崭新的、宏大的思想体系，才能形成体现中华民族特色的社会主义新文化。

抬出中国古代传统中的某一家某一派，认为只要发扬这一家一派，就能建成社会主义新文化，是不够的。搬来外国文化中的一派，强加给中国文化，也有过失败的教训。在此新旧交替之际，我们要创造自己的社会主义新文化，必须继承中华民族成功的经验，善于运用融会贯通创造的特长，有目的地培养一批有研究能力、有远大志向的专家，大胆吸收世界文化中一切有价值的东西为我所用。

目前，先运用多学科、多方位、多层次的学术研究者的群体，共同探索创建中华民族新文化这一共同课题。聚合分科的成果，然后综合成为整体。要一代、两代人持续努力，可望成功。

群体认识上去了，社会进步才有保证*
——《周炳琳文集》序

老朋友张友仁同志要求我为《周炳琳文集》写序。对此，我深感责任太重。周先生是经济学界的老前辈。他一生从事争取民主的事业的光辉事迹早已传遍宇内。作为老一代知识分子，从“五四”开始直到新中国建立后，他为争取民主、为建设现代化中国而奔走呼号一生。他已经尽到了力所能及的一切，为争取民主，九死而不悔。周炳琳先生的伟大的理想和他一生的遭遇，足以说明中华民族历史使命的艰巨，路程遥远而前途远大。

周炳琳先生经历了新旧两个中国的时代。在旧中国，先是参加了反对北洋军阀政府的专制的斗争，参加“五四”运动，火烧赵家楼。但蒋政权所做所为完全背离孙中山先生的主张，令他完全失望。解放前夕，他和许多进步教授留在北大，迎接解放。他和广大知识分子一样，把民主的前景寄希望于新中国、共产党。解放后，中国人民真正站起来了，全国呈现一片新气象。但历史的进程并没有以周先生和爱国知识分子的希望为转移。

实行了几千年君主专制，从一个半殖民地半封建的旧基础上建

* 据《周炳琳文集》，浙江人民出版社，2009年12月版。

立起来的新中国，该如何走向现代化，建设中国特色的社会主义民主国家？对此我没有足够的依据妄发议论，只根据我所理解的中国的历史国情，谈一些个人的感想。

西方古代文明起于两河流域，中国的文明也起于两河流域。只是中国的两河流域（长江流域与黄河流域）比西方的两河流域面积大得多。在春秋战国时期，从孔子、墨子到荀子、韩非，出现了百家争鸣的局面。百家争鸣共同关心的是如何建立一个统一的国家。连看来不大关心政治的老庄学派也提出要由“圣人治天下”。《老子》主张“小国寡民”，他讲的“国”不是今天人们理解的“国家（nation）”，而是基础行政单位“乡镇（town）”，古代的“天下”也不是指世界（world），而是“国家”。

治理一个多民族的大国并要做到有效管理，必须加强中央政府的权力。因为中国本土辽阔，多民族共处，交通不便，方言不同，要有官方通用的文字。从考古发现的竹简、帛书、铜器铭文已证实，秦汉统一以前，已有了国际通行的文字。《诗经》是在春秋战国时期国际交流经常引用的雅言。孔子说“不学诗无以言”，是指国际交往的语言。《易经》已在战国时期通行各国。

秦汉统一以后，最明显的变化是百家争鸣不如春秋战国时期活跃了，但全国一统后，老百姓却得到了不少实惠。最明显的好处是消灭了国与国之间的战争，百姓生存环境安定了；用国家权力，以丰补歉，救济灾荒，人口增加；兴水利，除水患，上下游利益由全国统筹，再也不需要以邻国为壑，治了上游，害了下游；集中全国人力、物力兴建大型的工程，如长城、运河；提供食盐、皮毛、木材等物资，开展炼铁、采铜铸钱等活动；动用全国力量抗击外来侵略；

从全国范围选拔优秀人才，等等。这份遗产的作用一直发挥到现在，我们作为一个多民族统一的大国，屹立于世界民族之林，靠了我们“大”而统一，成为稳定世界的力量。

几千年来，必须维护这个多民族大国的统一，已经成为全国各民族的共识，认为统一是正常的，分裂是不正常的。古代的淝水之战，北方要统一南方；南朝刘裕北伐，南方要统一北方。只是条件不具备，没有做到。几千年来“多民族统一大国”是我们的国情，即便多次改朝换代，也是兄弟民族之间的“家务”。法制、文字、信仰，一线相承，没有改变。几千年来的专制不讲民主，这本是封建社会的共性，在旧中国实行得十分彻底。

在欧洲，政权教权合一，国王即位要得到教皇的加冕，才算合法。中国的封建社会，政教高度统一。历代皇帝诏书，开头总是“奉天承运，皇帝诏曰”，是政府行为，也是教皇敕书，从而中国的封建制度具有超常的稳定性。16 世纪以来，有几次资本主义萌芽，都被教权压下了。

中国的“无君论”，是要求轻徭薄赋的小农经济的平均主义，并不是民主思想。

近代意义的“民主”思想，“五四”时期才正式输入。由于中国长时期的专制制度曾给中国这个多民族的统一大国带来过实际利益，因此对民主思想的要求也不积极。广大农民只希望上有个开明纳谏的皇帝、下有爱民清廉的官吏就满足了。胡适是“五四”时代接受西方文化较早的先进人物，他主张“好人政府”。“好人政府”思想带有“圣君贤相”致太平的影子，与真正的人民当家做主的现代精神还有很大的距离。

在专制集权铜墙铁壁的包围中，要打开一个缺口，唤起民众，实行民主，绝非一朝一夕之功，更非一手一足之劳。一位忠诚为争取民主而奋斗一生的周炳琳先生所遭遇到的阻力和坎坷是明摆着的。

1938年，周炳琳先生应聘到重庆的中央政治学校当教务长，主持教务。周先生约了贺麟先生讲哲学，我随贺先生到了国民党中央政治学校。贺先生讲授哲学概论，我做他的助教。我和贺先生、陶元珍、尹文敬几位都是单身教员，在职工食堂包伙，我们几个人在一桌。一天在饭厅里吃饭时，一位不知姓名的职员（也许是教员），大声讲述他与蒋介石的关系不寻常，说“委员长亲自骂过我，骂的什么……”。有些听的人不但不以为怪，反倒对此人“亲自”挨蒋氏的责骂有艳羡之色。可以想见周先生想在这种学校里增加一点学术气氛，谈何容易！贺、尹、陶我们几个私下都认为周先生干不长。

据说有一次开国民参政会，周先生在会上批评通货膨胀，民怨沸腾。孔祥熙辩解说“没有通货膨胀”，周指出：“难道钞票发到用扫把扫，才算膨胀吗？”弄得孔祥熙下不了台，蒋介石忙出面为孔辩护。这是政校师生中的传闻。我和贺先生说，周先生在这个学校怕要待不长。果然，离暑假放假还有两个月，周先生就辞职了。贺先生和我等到放假，学生考试后，也离开了重庆，回到昆明。

蒋介石时代，假借民主的幌子实行独裁，四大家族沆瀣一气，本质是官僚资本主义，与民主不相干。周先生在国民党时期遭到歧视压制，是必然的。他真心实意寄希望于新中国。在共产党最困难时，周先生与几位民主人士辗转托人给共产党带去礼物，礼物虽轻，却足见他们对共产党寄有的深切希望。

刚解放的新中国，到处高歌《东方红》，歌唱毛泽东是大救星，并不是民主。

建国初，知识分子分散到各地参加土改。我参加了湖南省的土地改革运动。土改中分到土地的农民，把神龛上的神像取下，换上毛主席的像，供奉起来。各地土改做回京交流经验，汇报工作都把这种现象当作农民的觉悟而加以肯定，包括我自己。

在城镇，学校知识分子改造首当其冲，大规模批判运动接连不断：对《武训传》的批判，对胡风的批判，接着对胡适的批判。以后是反右派，接着是“大跃进”、人民公社化。

推倒“三座大山”，中国革命取得胜利了。认为最大敌人是资本主义、修正主义，唯独缺了清算封建主义，认为地主阶级已经打倒，封建基础已消灭，“皮之不存，毛将焉附”，封建专制主义自然会消灭。随后出现了人所共知的过“左”行为，这里不必重述。

有些政治评论者把新中国建立后的重大失误，完全归咎于个人，这不符合事实。社会群体对马克思主义没有学懂，包括共产党在内，忘了革命的目的是解放生产力，发展生产力。长期以来把均贫富、平均主义当作社会主义，把集体行动、归大堆、吃大锅饭当作社会主义，抹杀人的解放，每一个人是机器上的一颗螺丝钉。这不是个人的认识偏差，而是群体认识的不足。我个人对人民公社、“文化大革命”不理解，但不曾怀疑它不对，而是自怨认识跟不上形势，确实以虔诚的态度参加了人民公社以及后来的“文化大革命”。周先生作为一个坚信民主的忠诚战士，也被社会巨浪卷着前进。1952年他也曾写过《我的检讨》，话出自真心。毛泽东念及当年在困难时周先生对共产党的情谊，在《人民日报》发表时，对题目做了改动，改为《人民民主政权给了中国人民伟大的创造力以发挥的机会》[①]。

建国以来，全国上下把精力用在防止资本主义和修正主义方面，对封建主义的反民主的本质，并未重视。共产党员“少数服从多数，下级服从上级，全党服从中央”。中央由哪里约束？没有规定。“文化大革命”中因“批评林彪”“评论江青”被判为“现行反革命”重罪的不在少数。林彪摔死、粉碎“四人帮”后，批评者是否还有罪，不再提起了。到底中央要不要有监督机制？这正是现代民主制的关键，现在并没有触及。

个人认识有了偏差容易改正，如群体认识发生了偏差，改正极难，危害也大。只有群体的认识上去了，社会的进步才有保证。个人著作影响社会的哲学家的时代已经过去了，今后哲学上的认识论只能是群体认识论。这是现代社会实践所证明了的。

人们痛恨“文化大革命”的“造神论”，问题症结不在“神”而在信神的人。人不信神，就不会有神。人们需要一个万能的神，神才会出现。如广大人民不信神，“不靠神仙皇帝”（有《国际歌》的觉悟），即使有人想当神也当不成。“文化大革命”使全民受到了没有民主就会遭受苦难的教育，今后在民主的大道上可以前进了。

在《周炳琳文集》出版之际，全国人民经过“文化大革命”的炼狱考验，变得成熟了，为现代化民主提供了一个认识平台。

我们由计划经济向市场经济转型时，人们担心这是不是背离了社会主义大方向。邓小平指出，先不问姓社姓资，先从有利于脱贫

① 毛泽东将周炳琳写的《我的检讨》改题为《人民民主政权给了中国人民伟大的创造力以发挥的机会》，在1952年10月9日的《人民日报》上发表。

入手，穷困不是社会主义。

社会主义要民主，不怕谈民主，就怕沾染上资本主义的三权分立，削弱了中央集权。

“多民族统一大国”是我国的国情，是客观存在。只能在维持“多民族统一大国”的现实情况下逐渐推进民主。这个多民族统一大国不能破裂，也不能发生混乱，只有少数野心家和敌对势力希望中华民族分裂，不愿意看到中国统一。一旦这个多民族统一大国失控，具有五千年光荣历史的中国变成四分五裂的碎片，中华民族将陷入万劫不复的深渊。“民主”是方向，是不可逆转的历史潮流；但脱离了中国的实际，想从国外输入民主，也是走不通的。当今世界有一些势力，不正是要制造民族分裂、国土分治，搞垮一些他们不喜欢的国家吗？

我们用马克思主义的普遍原理与中国革命实际相结合，取得了胜利，建成了新中国；用马克思主义的普遍原理与中国经济建设相结合，使十三亿人口的多民族的大国经济持续三十年高速度发展，取得了世界瞩目的成就。我们还要以马克思主义为指导进行政治体制改革，这是一条前人未曾走过的路，必将走向辉煌。

美国的妇女1920年才取得选举权，比我国的五四运动迟了一年。美国的经验也是经济在先，政治改革在后。政治改革比经济改革难度大，风险也大。经济改革失败的后果无非是继续穷下去，政治改革（民主化）失败的结果却是天下大乱。中国经得起穷，却经不起乱。经济改革先行，政治改革随后跟进，这个战略部署是高明的。苏联政治改革先行造成的后遗症，到今天还没有完全消除。

善始还要善终。周先生奋斗一生的民主事业，我们这一辈人要继续向前，大家还要继续奋斗。民主方向要坚定不移，但不可速成。新中国建立后，有好几次经济变革，想快，反而慢了。政治改革更应慎重。

科教兴国，是百年大计。脱贫先脱愚。民主一词是外来引进的，民主的道路却要靠自己脚踏实地走出来。像我们这样一个十三亿人口的古国，经不起大起大落，只能摸着石头过河，千万不可迷信海外仙方，企图一步登天。

《周炳琳文集》使我们重温前辈民主人士走过的历史，使我们更加坚定地为推进中华民族民主事业继续前进。

中国传统文化的继承与发展*

中国是世界上少数几个文明古国之一。中国有文字可考的历史至少有五千年。但中国被世界所认识，引起世界的瞩目，是秦汉以后的事。

秦汉建立了大一统的国家，丝绸之路开辟了欧亚大陆的通道。公元7世纪，中国造船航海事业兴起，开辟了海上丝绸之路，增加了东南亚以至非洲的海路。在多边交往中，中国有机会接触多方面外来文化，有选择地对外来文化吸取、改造，充实了中国古代文化，给中国文化注入新的血液。

随着社会发展和历史的需要，中国文化也随时改变着自己，使自己不断发展、壮大。

古代中国传统文化有“三教”，这三教是儒教、道教和外来的佛教。佛教虽是外来宗教，但它一到中国，即与中国的传统意识形态相结合，接受了中国的“三纲”说，承认忠君、孝顺父母是出家人必须遵循的最高原则。佛教传入中国后，已不同于原来的精神面貌，它变成了“中国佛教”。道教出自中国下层社会，起于农村，后来成为官方宗教。这三教从不同的角度为统一的中央政权服务，

* 原载《齐鲁学刊》1994年第6期。亦刊于《百科知识》1994年第12期。

有时有矛盾，但最后趋于融会贯通。10世纪后，形成了新儒教。新儒教吸收了佛、道两教的心性修养方法，建立了自己的思想体系，佛、道两教看起来似乎被削弱了，但佛、道两教的宗教思想方法和宗教修养训练，被儒教吸收。儒、佛、道的思想融为一体，这种状况一直持续到鸦片战争，才开始了新的变化。

中国传统文化几千年不中断，保持发展，这是世界文化史的奇迹。因为几个文明古国，多半有头无尾，历史舞台中心不断转移，舞台主要表演者常常改变。唯有中国这个文明古国，几千年来，始终未离开这个舞台，演员始终以中华民族为主角，表演的历史剧，剧情连续，一幕连着一幕，越来越精彩。世界上从来没有几千年不变的社会，从蒙昧走向文明，社会的变革有制度上的、生活方式的、文学的、艺术的，也有思想和哲学的。

中国传统文化的历史为人类的文明史提供了证明，它展示了一个活生生的人类进步的实例，从古老到现代的必由之路。中国文化有条件来做出这样的论证。从古到今，几千年来，政治中心、经济中心、文化中心始终没有离开过黄河、长江流域。在这块九百六十多万平方公里的土地上，朝代更迭了十几代，主持这块土地的民族有汉族，有非汉族，也有汉族与非汉族混血的民族。这个多民族的统一大国，不管哪一个兄弟民族当权，都是现在中华民族共同体的一部分。几千年来，全国各族有共同使用的文字（汉字），有共同遵奉的“三纲五常”为最高准则。我们中华民族的文学家、哲学家、政治家、重大发明家包括中华民族的各个少数民族。中国的官方正史（二十四史）尊重历史事实，虽然汉族人数占绝对多数，并没有以汉族为中心。

儒、佛、道三教经典是中华民族文化的载体，世代相传的经典，像儒家的“四书五经”，字句从古到今没有变化，但“四书五经”传播的思想却随着时代的变迁而发生变化。变化的实质充分表现在历代的诠释中。有些不了解中国传统文化的学者，看到孔子的《论语》为历代儒生诵习，便以为儒家孔子思想影响了中国两千多年；看到老子的《道德经》五千言流传不断，便以为老子的思想影响了中国两千多年；看到佛教传入中国的几部主要经典千年不变，就认为佛教经典的精神几千年不变。表面现象确是如此。但历代学者对孔子、老子、佛教思想的理解，由于时代不同，解释则大不一样。从汉初到清末，关于《论语》《道德经》的注释，汗牛充栋，使人目不暇接。有的注释是孔子、老子原来的思想，也有的是注释者引申、发挥的，还有一些是孔子、老子本来不存在的思想，完全是不同的历史时期注释者强加给孔子、老子的。佛教经典的注释也有同样情况。

汉儒注经有神学倾向，宋儒注经有禅学倾向。汉初制定与民休息的政策，自称来源于黄老。张鲁创五斗米教，利用《老子》五千言，教人讽诵，用来治病、消灾。王弼注《老子》，构建了魏晋玄学体系。同一部《老子》，有的当作兵书，有的用来炼丹，有的用来治国、养生。中国传统文化基本上是借用注释的方式，在继承旧传统中注入新内容。中国传统文化与时代步伐相配合，变化着，前进着。像儒家的《礼运·大同》篇，本是对古代历史、社会的追述。清末康有为的《大同书》，借用“大同”的名义，传播中国资产阶级政治改革的主张。康有为的《大同书》与《礼运》的大同思想根本是两种体系。

“五四”时代有些进步思想家反对孔子。他们反对的并不是先秦时代的孔子。先秦的孔子是开创儒家的思想家，是教育界开风气的伟大人物。“五四”反对的是经过宋儒改造、思想僵化、反对新生事物、禁锢个性发展的“孔子”。“五四”时代，孔子不幸成了保守思想的替身。抓住这个特点，我们就不难理解中国传统文化既古老，又年轻，上接几千年的旧传统，它还活着，具有强大的生命力，没有成为考古的对象。中国古代文化是在传统名义下随时补充新的内容。外来的思想也要接受中国的注释，才能站得住脚。古代的佛教经典，凡是发生过广泛社会影响的教派、典籍，没有不经过中国学者注释改造的。直到近现代，中国人吸收外来文化，也还是沿着这条路前进的。社会主义本是西方的思潮，在中国要建设有中国特色的社会主义，就是要用中国人所能接受的方式来建设社会主义。从前也曾生搬硬套地学习西方的社会主义，实践证明，它脱离中国的实际，所以成效不大，推广不开。

所谓结合中国实际，既包括社会经济结构的实际，也包括传统文化的实际，这两种“实际”，都是培养新文化的基础和土壤，缺一不可。善于结合中国的实际的措施，与中国这个历史文化悠久的文明古国的国情相适应、相衔接，就有了群众基础，容易收到实效。

古人说“周虽旧邦，其命维新”，照我们的解释就是，在旧的经济、文化的基础上建立新制度、新文化，这样的文化年轻而不会衰老，永远进步而不会停滞，我们正满怀信心地继承过去的优良传统，创建未来的新文化。

试论“天人合一”[*]

近年来，“天人合一”问题重新被学术界关注。这本来是个古老的问题，自从人类自觉地从自然界分离出来，就提出关于“天”的问题。中国哲学（一切哲学，不只是中国哲学）讲到“天”，不单纯地涉及高高在上的“天帝”，其意义在于探索天命与人事的关系。古代的政治领袖同时也是宗教领袖。君主有资格与上天打交道。中国哲学从殷周时期（有了文字记载）就有天命不可违、天决定朝代兴亡的文献记载。今天旧话重提，不是翻旧账，而是根据今天的形势，对这个老问题予以再认识。

最早提出了“天”，已包含了“人”。到了西汉董仲舒才明确提出“天人合一”的命题，用以表达天与人的关系密切不可分。

一

天人关系的提出，标志着人类认识世界的深化过程。据中国哲学史的记述，春秋战国以来，“天”有五种含义：主宰之天、命运之天、

* 原载《传统文化与现代化》1996年第1期。

义理之天、自然之天、人格之天。

（一）主宰之天

《论语》记载中保存较多：

> 天丧予。
>
> 天厌之。
>
> 知我者，其天乎。
>
> 获罪于天，无所祷也。
>
> 天之将丧斯文也。
>
> 天何言哉？

《孟子》中也说过："尧荐舜于天。"《老子》"天网恢恢，疏而不失"，"天之道其犹张弓欤"，认为天有绝对权威，可以主宰人的命运。

（二）命运之天

《孟子》保存这方面的言论较多，如：

> 莫之为而为者，天也，莫之致而致者，命也。
>
> 尽其心者知其性也，知性则知天矣。存其心，养其性，所以事天也。寿夭不贰，修身以俟之，所以立命也。
>
> 若夫成功，则天也。……强为善而已矣。

认为"天"是命运，人类应尽力而为，最后成败还要看命运，命运有极大权威，人力无法改变。

（三）义理之天

孟子认为仁、义、礼、智四种善端是天生的，“天之所以与我者”。“万物皆备于我，反身而诚，乐莫大焉。”“（浩然之气）其为气也，至大至刚，以直养而无害，则塞乎天地之间。”《中庸》开首讲“天命之谓性”。“君子所过者化，所存者神，上下与天地同流。”

（四）自然之天

《老子》讲“天地不仁，以万物为刍狗”。《庄子》说：

> 天地固有常矣，日月固有明矣，星辰固有群矣，树木固有立矣。[1]
>
> 天其运乎，地其处乎。[2]
>
> 无以人灭天，无以故灭命。[3]
>
> 牛马四足之谓天。[4]

《荀子》讲：

> 列星随旋，日月递照，四时代御，阴阳大化，风雨博洽，万物各得其和以生，各得其养以成。不见其事而见其功，夫是之谓神。皆知其所以成，莫知其无形，夫是谓之天。惟圣人为不求知天。……大天而思之，孰与物畜而制之？从天而欲之，孰与制天命而用之？……故错人而思天，则失万物之情。[5]

---

① 《庄子·天道》。

② 《庄子·天运》。

③ 《庄子·秋水》。

④ 同上。

⑤ 《荀子·天论》。

天是自然存在，对人没有主宰力量，也没有义理的含义，不过是自然物，可以利用自然界为人类造福。

（五）人格之天

董仲舒的著作中此种观点十分明显并形成体系：

> 仁义之美者在于天，天，仁也。天覆育万物，既化而生之，有养而成之。……天常以爱利为意，以养长为事，春秋冬夏，皆其用也。①
>
> 天地之物有不成之变者，谓之异，小者谓之灾。灾常先至而异乃随之。灾者，天之谴也；异者，天之威也。……谴告之而不知变，乃见怪异以惊骇之，惊骇之尚不知畏恐，其殃咎乃至。以此见天意之仁而不欲陷人也。②
>
> 人受命乎天也。……人有三百六十节，偶天之数也。形体骨肉，偶地之厚也。上有耳目聪明，日月之象也。体有空窍理脉，川谷之象也。……观人之体，亦何高物之甚而类于天也。……人之身，首坌而圆，象天容也。发，象星辰也，耳目戾戾，象日月也。鼻口呼吸，象风气也，胸中达知，象神明也，……身犹天也，……小节三百六十六，副日数也。大节十二分，副月数也。内有五脏，副五行数也。有四肢，副四时数也。乍视乍瞑，副昼夜也。乍刚乍柔，副冬夏也。乍哀乍乐，副阴阳也。③

董仲舒的“天人合一”吸收了当时流行的天人感应思潮，把“天”

① 《春秋繁露·王道通三》。

② 《春秋繁露·必仁且智》。

③ 《春秋繁露·人副天数》。

看成大的“人”，把“人”看成小的“天”。天具有人的品格，有喜怒哀乐。董仲舒的体系具有宗教特征，它是儒教的前身。我称之为“准儒教”。

先秦儒家及后来各学派关于“人”的解释，不像对“天”的解释那样分歧，一般都指现实社会的人类人群。只有佛教，从六道轮回的报应观念来看待“天”和“人”，那是另外的问题，在中国传统天人观念中不占主要地位，这里不予讨论。

中国哲学史中也有反对前一派的大哲学家，如老子、庄子，主张人性中不包含道德属性、政治属性，人的本性和动物没有两样，政治属性是被后来的“圣人”们强加上的、灌输进去的。自从产生了国家，组织了社会，人类失去了他的本性，天性受了限制，病苦、罪恶由此而起。这种“天人合一”不是加强社会秩序，学习文化知识，而是要求人们回到自然，恢复天性，这和儒教系统的“天人合一”形成鲜明对照，因为它言之成理、持之有故，拥有广大支持者。

中国几千年来，儒、道两家长期对立，源远流长，两家虽然都讲天人合一，但如何去“合”，以天为主，还是以人为主，长期未得解决。这里有双方理论的争辩，也有双方社会基础的对立。主张天为义理的天、主宰的天、命运的天的学派，多为政府官方立言，以“天尊地卑”来论证君尊民卑的社会秩序的合理性。主张“天”为自然的一些学派，则以为人应向自然依附，教人解脱政治束缚，回到自然，反映了中国小农经济的个体农民的性格，希望过自给自足的生活，不希望政府过多地干预。

除了上述两种倾向不同的“天人合一”学说，还有反对“天人合一”的学派。如荀子即主张天归天、人归人，两不相涉，天人无法合一；

唐朝刘禹锡主张“天人交相胜”，不但不能合一，而且两者处在对立的地位。荀子、刘禹锡等人对中国哲学的发展也做出了贡献。

二

生活在21世纪，人们受过现代思想的熏陶，不同于古人的地方在于有进化观点和社会发展观点。这是时代给我们这个时代人的特殊机遇。现代人生活环境比古人优越的地方还在于打破了古代专制主义设下的许多禁忌。禁忌，有语言的禁忌、行为的禁忌以及思想的禁忌。比如中国古代儒教有一条基本信条（从周公、孔子到康有为）是“敬天法祖”，“欺君灭祖”是十恶不赦的。君，天之子，是天的代理人。造反的人天理不容。古人的禁忌是可以理解的，但并不合理。各类宗教的“天”的崇高地位，对君父的绝对权威，是不容许怀疑的，更无从讨论它是否合理，有没有存在的必要。

“天”在古人心中有特殊地位，它崇高而庄严，是真理的化身，这是人类亲手塑造出来转而向它膜拜而产生的形象。宗教理论构造了绝对存在（大写的存在，有时称为“道”“理”）。

其所以产生上述多种含义的“天”，正足以说明人类在认识世界中若明若暗的处境。人们在生活道路上遇到了阻碍，挡住了去路，无法逾越，但又不能不前进。小者如个人事业的成败、人生的寿夭，大者如国家的兴亡、民族厄难，总希望找到可以依靠的凭借。穷竭无数英雄豪杰的智力，还是无从把握，看不到出路。人的智慧才力是无限的，无限开发也不会枯竭，在改变自然、发展生产方面已充分显示其威力，却不是万能的。

自以为无所不能的人类，可以改天换地，连嫦娥独占的月宫也敢上去漫步，唯独不能解决自己的困惑和亲手给自己造成的灾难。像身体的结构、疾病的发生，消灭了旧疾病，又产生了新疾病。社会失业、家庭纠纷、人口失控、环境污染……虽有种种设想，推行过一些措施，但收效不大。怎么办？原因何在？只有归结为“天”。

中国古代哲人提出的多种关于“天”的理解和解释，就是人类对社会生活中遇到困惑的答案。答案之所以分歧，莫衷一是，反映了人类企图对社会生活干预却又无能为力而从事的艰难探索。

出于以上的原因，我们现代人没有必要按照古人曲谱填词。“天人合一”无论如何解释，已不能反映现代人今天所要解决的问题，任何诠释也难以做到正确无误。“天人合一”的文章已做不下去。

中外哲人回顾人类走过的道路，归结为主客观关系的问题。司马迁说过，他写《史记》目的在于“究天人之际，通古今之变，成一家之言”。司马迁对“究天人之际”做了工作，这是一个永恒的主题，要继续探究下去。

天人之际，即主客关系，即认识者（主）与被认识者（客）的关系，也就是人与天的关系。今天，哲学面临新时代，对主客关系应比前人有所突破。它对主客观的理解不应停留在个别的主体与个别客体的关系，而是群体的主客关系（个别的主体与客体关系也要继续探究，但不够）。个人的认识即使正确，如果不被任何人理解和接受，这个正确的新见解可能被当成梦呓，不会发生任何作用，说了等于没说，发现等于没有发现。触犯了群体的禁忌还会招来灾祸。

“天人合一”作为哲学史中出现过的问题，不能不研究，我们哲学工作者当前的职责用力所在是探究“天人之际”，进一步探究天人之间究竟是什么样的关系，而不是想方设法去论证它的“合一”或“不合一”。

自从地球上产生了人类，即意味着客观世界在人的参与下发生了变化。洪荒时代的原始森林、荒漠原野已遭到改变（我不叫作破坏，因为这是自然的，也是客观的）。人类发明用火，第一次发现能源，开始熟食肉类，就改变了原始森林的自然状态。人类开始发明驯养家畜（传说有伏羲氏），就改变了动物界全野生的状态。人类发明耕种（传说有神农氏），就改变了野生植物自生自灭的自然状态。总之，人类出现之日起，就存在着与自然的斗争。人与自然有对抗的一面，也有互相依存的一面。

有的哲学家盛赞中国哲学好就好在“天人合一”，这不对。人吃肉类，吃鱼类，意味着对动物的摧残，何曾合一？王阳明也讲“天人合一”，人吃谷物可以养人，谷物和人有相通处，故曰合一。肉类也可养人，动物（如牛羊）宛转死于屠刀下，又怎好说人与牛羊和谐无间？生物链本身包含着对立的统一，并不是一味地“合一”。人类保护环境，保护稀有动植物中日渐消灭的种类，已说明天人之间并不那么合一。

退回到洪荒时代已不可能，伤害动物的是人，伤害人的是人类自身，看来，“天人合一”这个历史命题可以归到哲学史中去讲。现在需要的是如何深化探究“天人之际”，也就是司马迁以来，几千年研究而未解决的天人关系。这个课题不是短期可以找到答案的。“天人合一”讲了几千年，研究“天人之际”看来几千年以后还要讲。事在人为，共同努力吧。

哲学的重要性*

一

动物界的生存，完全依赖自然环境，适者生存。人类从动物界分离出来，对自然界既有依赖又有改造，同时还得到社会的保障。社会功能发挥得越充分，对自然环境的依赖会逐渐减弱。这是20世纪以来人们对社会关系的一般认识。

人类社会有两种群体组织对人类生存影响最大，一是民族，一是国家。文化发达的民族的生活融融泄泄，调达而上遂，生活较为舒畅。繁荣强大的国家法制繁密，境内宴然，其成员比生产落后的国家的成员生活得比较安全。所谓舒畅看起来好像海阔天空，自由翱翔，但飞不出文化传统价值观的界限。强大国家成员的安全，只能在法律制约范围内得到保证。

欧洲工业革命后的生产能力超过了人类有史以来创造的总和。

* 据《竹影集》。原载《人的素质》，台湾法鼓人文社会学院，1999年版，题为《人·自然·社会》。

上帝造不出完全相同的两片树叶，今天人类却复制出完全相同的生命个体。今天的人类气壮山河，硬要与造物主比比高低。

物极必反是天之常道，真理向前多跨进一步，也会陷于谬误。自然界默默无言地滋养着万物，如果对它过分掠夺，也会遭到报复。全世界的水旱灾害，去年我们南北江河大水灾就是明证。人类过于自信，以为无所不能，事实表明人对自然的关系还有待于进一步理顺。

二

人类赖以生存所凭倚的最高的政治群体单位是国家。国家下属的各个行政区划都从属于最高行政机构（国家的政府）。以血缘为纽带，语言、风俗文化结成的群体是民族。民族成员由众多分支构成。最高层的单位是民族。中华民族处在最高层，下属汉、满、蒙古、藏等五十六个民族，构成中华民族共同体。国家、集体的利益是“公”，违反或不遵守国家、集体利益的行为是“私”。个体与集体的行为原则是不得以私害公。

为了提高民族素质，增强国家的综合国力，使全体人民明辨公私，成为健全人生的重要课题。中华民族有过光荣道德传统，先人后己，先公后私，先天下之忧而忧，后天下之乐而乐。在共同生活、相互依赖、相互支持的集体中，任何个体都要摆正公与私的关系。古代人类群体共同遵循的标准，现代文明国家的成员同样要遵守。以私害公，损公利己，因私废公，轻者背离道德，重者违法。如果违反民族内部共同习惯，违反民族文化传统，必受到谴责和制裁。但在不同民族之间发生矛盾，甲民族触犯乙民族的习惯和文化传统，迄今尚未找到有效、有法可依的制裁标准。

世界上有一百多个国家，国家有大有小，国家历史有长有短。各国境内成员都应受该国法律制约。国家法制只限于规范本国成员，它管不了外国的成员。爱国是各国公认的美德，卖国行为被万人唾弃。“人生自古谁无死，留取丹心照汗青”，文天祥为国献身的爱国精神、崇高的民族气节受到称赞。同样一种行为，同样一个文天祥，在宋朝、元朝受到不同对待，原因在于文天祥爱的是宋朝，宋、元有不同的利益。我们说公私关系，一般限于同一群体之内。在当前，政治群体最高层次是国家。国家之上，现在还没有更高的群体。二次大战以前有国联，二次大战以后有联合国。它是一个松散的国际组织，只是一个政治讲坛，对各国没有约束力，不具备实际制约和管理的能力。大国欺侮小国，它无力干预，甚至参与战争的一方。迄今为止还没有形成国家以上、更高层次的国家群体组织。

秦汉以后，中国内部做到“车同轨，书同文，行同伦”。这几个“同”，奠定了中国两千年繁荣昌盛的基础。今天的世界有点像春秋战国，面临分久必合的前景。当前世界上经济生活已开始一体化，一个地区的金融危机，一夜之间会波及全世界。古人的“车同轨”，今天世界交通可以用电脑联网，沟通全球信息，车不同轨，尚不影响地区间的交通。最成问题的是“行同伦”。因为道德标准、价值观，各国有各国的传统，有不同的理解。由于国家之间、民族之间利益不一致，以及文化传统的差异，有共同使用的名词，而缺乏共同认可的准则。

三

古人论史，关于政治变革的规律，称作“一治一乱”，“分久必合，合久必分”。回头看看，我们20世纪似乎乱多而治少。面对21世纪，从各种迹象看，局部动乱持续不断，世界大战的迹象不太明显。

再从社会心理现象考察，全世界人民人心厌战、厌乱。个别政治人物唯恐不乱，这毕竟是少数。欧洲成立共同体，亚洲、拉美、亚太地区也相继成立松散的联合的机构。从趋向看，东方、西方都萌发某些联合的愿望。欧元集团的设计者把欧元作为政治一元化的先导。今天的世界像我国古代连年混战的春秋战国，人们企望有一天能改变这种局面。春秋战国百家争鸣，所争不外一个主题——如何实现天下统一。各家都有自己的方案。孔子尊周室，是利用已有框架，结束无序混乱局面，达到统一；孟子、商鞅、荀子、韩非都要统一天下，只是手段不同。老、庄不像孔、孟那样主动谈统一，但他们也提出要有“治天下”，治天下，说到底还要统一。天下统一的构想，从理论探索到秦汉建国，经历了漫长的过程。前代的经验对后人有所启发。

历史的变革，总有英雄人物出现，而其结局却不是几个英雄人物可以草率决定的。事后思忖，好像有一只看不见的手在操纵着，又好像沿着一条既定的方向前进。古人叫作“天心”“天意”。天有没有心，有没有意志，不必妄测。而人群的意愿则是随时随地可以摸触到的。一个人的主观意志，作用有限。如果千千万万人的意志汇集在一起，将形成思潮，不再是个人的主观倾向，而是一种实实在在的社会力量。

中国古人的天下，局限于九州之内。今天人们的天下，是全世界，中国只是世界的一部分。春秋战国的强国不外秦、楚，今天的强国集中在欧美。全世界形成南北贫富悬殊的两大集团。虽然有由分至合的意向，但距离全世界的统一的目标尚十分遥远。

四

古代人的道德观、价值观，基本上是本民族以内的行为规则。孔子说，“三年之丧，天下之通丧也”。孔子的“天下”不出鲁、宋诸国。道德标准主要是本群体以内的个体与群体的关系的准则。中国被迫推向世界，生活在众多国家并存的国际大家庭里，个体、群体之间关系的处理准则起了变化。譬如，为本民族、为本国而殉难者成为烈士，受到本族、本国人民的尊仰。各个国家和民族差不多都有自己的人民英雄，为民族献身的号曰“成仁”“取义”。同样是死，譬如各国派出联合国维和部队，在非洲种族混乱区内，误蹈地雷身亡，死者值得同情，在人民心目中的形象，中国人看来似不及岳飞、文天祥等高大，在美国人心中似不及中弹而死的林肯伟大。

忠、诚、信、义、仁爱，这些道德的内涵超越国界，超越时代。但人们对本群体的义、利、公、私关系看得较重，要求严格。以大欺小，以强凌弱，在本群体之内被禁止，受谴责。在本群体以外发生的同类事件，人民反响的程度，不如反对国内、族内的不合理行为那样强烈。《墨子·非攻》说，“入人园圃，窃人桃李，谓之不义”。攻人之国，杀害外国无辜人民，战胜国不以为不义，反倒把这些行为载入史册，传之后世。《墨子》所指窃人桃李的行为，损害的是本国人的利益；攻人之国，掠夺杀戮，损害的是别国人民的利益。掠夺者从外国抢来的财物如能使本国人分享一部分，还可能得到本国人的拥护。墨子用类推法指出，窃人桃李为不义，攻人之国的行为不但不受批评，反而受到称颂，认为“不知类”（概念混乱）。墨子没有细分损害本群体利益与损害另外群体利益。在国内国外上，标准是不同的。

五

国家的法律保护内部成员的生命财产，而海外殖民者掠夺外国的财富，回到本国受到称赞，成为民族英雄。

人们都相信，世界有公理、正义，社会应当有公平合理的秩序。前人所构想的天下为公的“大同世界”，反映了有正义感的人士的善良愿望。少数人的愿望，如果只流行在少数人小范围之内，不过是空想。如果充分发挥人类的群体智慧，不断地把宏伟理想反复传播，像墨子那样“上说下教”，像荀子那样“锲而不舍”，真理总会被更多人所接受。多数人的愿望汇集起来，形成社会思潮，便是物质力量，势将所向披靡。在更广泛范围内，真理、正义终将会实现。

促进世界大同，经济因素能从内部起推动作用。经济交流可以带动政治交流。欧洲欧元的出现已初步显示经济一体化，将促进政治一体化的倾向。康有为《大同书》曾设想，将来大同世界的出现，泯除国界，无种族歧视，取消家庭，没有贫困，个体与群体之间完全是新型的社会关系。古人习惯称颂的天下如一家、中国如一人，虽然遥远，并非虚幻。

哲学讲认识论，是探究认识主体与外在客体关系之学。今天新的认识论不同于旧的认识论之处，在于我们讲的认识主体以群体为主体，而不是个体的主体。群体认识提高了，才能更有效地提高认识的广度和深度，减少片面性和偶然性。群体认识提高了认识的准确程度，人的认识不再停留在书本上，不只表现在理论体系上，而是见诸社会实践，体现在家庭生活、社会政治生活，哲学不仅给人以知识，而且给人以行为力量。不仅独善其身，自己成为明白人，而是兼善天下，造就一大批明白人。个人素质的提高是认识的起点，全民族的素质提高，才能符合人类共同前进的要求。

六

当代知识领域各门学科越分越细，甚至细到同一门类的不同分支学科不能赞一辞。二战以后，国家数目急剧增加，学术流派纷然并出。多元化的世界给现实生活带来新的困惑。于是学术界新趋势又趋向开始调整，呈现了交叉学科、边缘学科、综合学科。自然科学与社会科学之间，交流互补，呈上升趋势。由于信息手段的改善，交流融会，已初见成效。自然科学本无国界，只有文学、艺术带有民族特色，其精品也能超越民族界线，被更多的人所欣赏。

众多学科中，唯有哲学未能与现实社会发展步骤相协调。哲学是智慧之学，看来它高入云霄，却不离日用；看似不着边际，却深系天下安危、万民忧乐。就是这个学术王冠顶点的哲学，在众多学科中发展得最缓慢。其他学科借助交通工具，比较容易收到促进交流的效益，而哲学相形见绌。今日哲学认识到唯一可以称为超越前人的是哲学认识的群体化。化个人智慧为群体智慧，化个人道德修养为群体道德修养。迄今为止，过去的哲学家的著作为个人著作，传之后世，但远远没有达到影响群体的社会生活、行为准则的地步。群体智慧尚未充分发挥。古代小农经济谚云："万恶淫为首，百行孝为先。"而人类的混乱愚昧为万恶之源。脱愚以智慧为先。

从20世纪经历过的人，深知世界污染严重，要使之净化。这一目的并非一朝一夕可以做到。只要坚持不懈，发扬集体认识的力量，化个体智慧为群体智慧，发挥群体智慧，即可参天地之化育。不去改造世界，必被世界所吞没。世界前途光明，人类前途无限，事在人为。

中华五千年的历史经验*

今天我讲的题目是《中华五千年的历史经验》。说是五千年，实际上越往后，咱们知道的事情越多。这五千年中间，越往后，对我们的关系就越深。从古代联系到现在，这个问题可以看得更清楚。我们常说“事后诸葛亮”，这是个贬义词，过去的事情发生了，事后你才提。如果从全面的角度理解这句话，也有很深的道理。因为总结经验，就是事后才能总结，当事情进行中间，你反倒看不清楚，事后冷静下来，看得才更清楚。古代有一个诗人说，“睫在眼前常不见”，就是说睫毛离眼睛最近，你反倒看不见它，越近的，越不一定看得清楚，就是这个道理。我们回头看一看五千年是怎么走过来的，因为正在走的时候，你看不清楚。我们上山最有经验，正在爬山的时候，只顾眼前那一点，看不清楚，可是到了一定的高度，在高处，回头望望你刚才走过的路，哪个地方有点弯路，哪个地方走错了，或是走不合适了，越到高处，看得越清楚。学习历史就有这么个作用，事后让你总结，回头看看，让你增加些

* 原载《部级领导干部历史文化讲座·2002》，国家图书馆出版社，2003年3月版。本文系作者2002年在中央国家机关工委、文化部、中国社会科学院共同主办的“部级领导干部历史文化讲座”的讲话内容整理而成，出版时经作者审定。

知识，总结经验，吸取教训。这五千年我们走过来的路，有成功的，也有失败的，总起来说，成功的多，失败的少，所以才取得今天的成就。如果失败的多，成功的少，那么五千年越来越萎缩，就没有今天的局面了。

最近我看媒体和一些书刊，对历史有些埋怨情绪，说当初要是辛亥革命以后，袁世凯不叛变多好，再往上推，戊戌变法要是成功多好，甚至抱怨五四运动，说五四运动否定得太多，现在看还得重新估价，诸如此类。这个看法我觉得是非历史的看法，也是不科学的。历史本身不会有什么错误，世界上发生的事情，就是客观事实，事实是不可改变的，也不可能按照你的意志来改变。但人在历史中间，处理问题的时候，对待历史所采取的措施会发生错误。这个错误不是历史本身造成的，这点应该说明。

我们现在从民族的、经济的、政治的、文化的四个方面来谈谈这五千年。

中华民族，这是个统称，细分下面有五十六个民族，汉族是其中之一，汉族以外还有五十五个民族，汉族的人数最多，占百分之九十以上。这五千年是怎么走过来的，我们全部的历史也不能说详细，也不可能说得清楚，我们就拿几个大的变化时代来看。汉族，中华民族，它的形成，我想可以分成五个时期：第一个时期是春秋战国时期。春秋战国时期，是个民族大融合时期，融合交流，通过战争，经济交流，政治交往。第二个时期是魏晋南北朝时期，前后将近三四百年，也是个大的融合时期。在第二个时期里，很多民族共同向封建化进步。“五胡十六国”变化是北方少数民族接受封建文化，特别是汉文化的一个过程。魏晋时期佛教来了，道教也有了，意味着宗教影响了民族文化的融合。第三次民族大融合就是隋唐时期。这个时期民族的融合又深入了一步，从南北对立的两个政权合成一个，隋唐统一了，合成一个统一的大国。这个时候的民族关系更深了，融合得更多了。比如，唐朝的皇帝，他的身份是汉族，其实他是个混血儿，他的母系是少数民族。窦氏、独孤氏、长孙氏都是北方的少数民族，皇族本身就是一个混血的家族。隋唐时代政府的重要官员，像将军、官吏，好多都是少数民族。我们看农村里过春节贴门神，门神挂的两个像，一个是尉迟恭，一个是秦琼，门神尉迟恭就是新疆少数民族人。尉迟，从这个姓就知道是少数民族。唐太宗重用他，做禁卫军的领袖。隋唐时候，文官、武官不分种族，一律对待，升官一样地升，处分也一样地处分，融合得比较好。第四次是元朝。元朝是蒙古族统治，蒙古族人当皇帝了，可下面也用大量的非蒙古族的各级官员和士兵，蒙古族军是少数，大量的还是汉族及其他民族。元朝是皇帝改朝换代，皇帝换了，可是指导治国的方针及治国的思想，完全继承了宋朝的，甚至是宋朝以前的一些制度。元朝在全国地方州县普遍建立孔庙，云南有孔庙是从元朝开始的，继承了宋朝，奉孔子思想为治国最高准则。根据孔府的档案，从元朝开始，孔府的档案保存得较完好，没有遗失，中国的档案保存最完整的其中一个就是孔府。第五次是清朝，清朝满族入关，是一次大的融合。

汉族是一个很优秀的民族。汉族有一个特点，那就是各族中间的通婚关系不像别的民族限制得那么严、那么死，远缘通婚的比较普遍。我们从遗传的角度来看，近亲繁殖违反优生原理。古代早已发现近亲结婚子孙繁衍得不好。云南滇西地方的一个寨子，世世代代在小范围里内部通婚，据统计它那个地方痴呆症占百分之十，男人身高最高的是一点六米，历次招兵，体格检验都不合格。所以，一个族群封闭起来不和外边来往，近亲繁殖，就越来越退化，越来越退步。汉族不是这个情况。因为汉族有这么一个特点，从隋唐以后，种族歧视在中国不像世界上别的国家那么严重。

大家学过历史，知道犹太族是最顽强的一个民族，谁都消化不了它，它是独立的，经历也很艰难，失去了祖国，经过很多波折，不过最终还是存在下来了。以色列是第二次世界大战以后，通过联合国新建的国家。犹太族也有一部分流浪到了中国，宋朝的时候在开封就有一支，以后就消失了。最难与别的民族融合的犹太族，只有到了中国就消失了。这么一个顽强的民族，怎么到了中国就不见了呢？可见中国民族政策的传统没有什么歧视。因为中国有科举制度，许他科举，许他读书、考秀才、考举人，做了官，世界观慢慢地就一致起来，接受教育，改变了宗教信仰，接受中国的汉文化，流浪到中国的犹太族就不见了。

那年我到尼泊尔去，尼泊尔人说，北京白塔寺是尼泊尔的工程师建筑的，他们很关心这位工程师，问他的后裔还有没有，我说早已无从查询了。明朝到现在五六百年，他与当地华人通婚，慢慢地就成了中华民族成员了。中华民族，从春秋战国、南北朝、隋唐，到宋、元、明、清，经过几次大的民族的交融，犹如河流汇合，慢慢地融成一个多民族的海洋，总称为中华民族。全世界许多地区，民族纠纷非常严重，可只有中国，不能说没有，可比有些国家的问题和矛盾少多了。所以，我们说中华民族是各个民族共同创造的，长期的几千年的交流融合、取长补短、互相交往这么过来的，形成了中华民族。

下面从经济方面来看这个问题。地缘关系，越在古代占的比重就越大，因为人控制自然的能力有限，所以在古代，受地区的影响就大一点。中华民族的活动范围，一个是长江流域，一个是黄河流域。根据史志文献记载，黄河是我们的母亲河,中国的黄河流域是中华民族的摇篮，这当然不成问题。近年来，我们将考古发现与历史文献、古代传说相结合，可知长江流域也是中华民族的摇篮。传说，禹会诸侯于涂山，涂山就是现在的绍兴一带；舜南巡到苍梧，苍梧就是湖南一带；周穆王南巡，死在汉水，也是到南方；舜死后，娥皇、女英也死在湖南。可见，从传说尧、舜、禹开始到现在的长江流域，是我们中华民族共同活动的区域。因为历史朝代不同，有的朝代辖区向外扩展一点，有的朝代向里收缩一些。我们中华民族活动的舞台，生活栖息的地方，范围就是以长江流域、黄河流域为中心，向东北可延伸一点，向西也可延伸一点，再远就有沙漠限制了，再往西有大山挡着了，几千年来，就在这个范围里头，经济上有它的互补性。三千年前从春秋战国开始，荀子的《富国篇》就提到铁出在北方，皮毛也出在北方，盐是出在东方,木材出在南方。经济上的互补，各个国家都不能自己独立，都要求加强交流，大家互相受益。所以，经济上互相交流、互相补充，迫使我们中华民族的交流越来越密切，国家与国家的交流、人群与人群之间的交流越来越密切。比如春秋战国时期，人才流动非常频繁，学有专长的人，从这个国家跑到那个国家，从那个国家跑到这个国家。古时候的国有点像城邦的意思，不像现在的国家这么严格。孔子、孟子都曾周游列国，这个国家不用，那个国家可以用，希望能做官，实施政治上的抱负。互相补充、互相需要、互相满足，也是促成我们这个中华民族发展的动力。这是从经济上来说。虽然古代的经济不像现在的经济交流这么频繁，可是也需要互相交流。

再从政治上来看五千年我们是怎么走过来的。最早国家很多，像禹有三千个诸侯，武王伐纣有八个，然后几百个诸侯参加战争，一个国家就一个部落、一个群体，头儿很多。经过发展，国家的数目越来越少了。到了战国时期，就剩了七个大的、强的国家，称战国七雄，最后就统一到秦了。这个统一是秦始皇个人的野心呢，还是什么原因呢？我看不能这么看，因为从民族交流来看，从经济的交流来看，已经有这个需要。所以，我们看春秋战国，百家争鸣，诸子百家都在提出治国平天下的方案，那方案中间各个学派都不一样。孔子也提出统一，以周天子为主。孟子也讲天下要定为一，要统一天下。荀子也要统一天下，韩非也要统一天下。老子、庄子好像没有讲到统一天下，可是讲到小国寡民。这个小国寡民，你仔细看，不是讲的国家要那么大，讲的是地方单位，基层组织要小，不是国家要小。因为老子、庄子都讲圣人治天下，这个圣人，不是一个村子的圣人，而是对天下来说的。在百家争鸣的不同中间，我们看到一个共同的地方。哪个共同地方呢？就是要求我们把天下怎么合在一起。有这么一个愿望，方法不同，手段也不一样，可是统一这个要求是一致的。思想家能看到历史的潮流、历史前进的方向，就是要统一。统一后，才可以避免好多没有统一前的毛病。

原先讲秦始皇“焚书坑儒”，说秦始皇比较粗暴。后来秦朝实际的措施以及地下发掘的资料来看，我看秦始皇没有真正地“焚书坑儒”。他坑的那些儒生是什么人呢？就是帮助秦始皇求长生的那些人——方术上的儒生，不是孔孟之道的那些儒生。儒家的书，秦朝还保留了，不但保留了，而且还学习它，用来教育秦始皇的子弟。历史记载，秦始皇死的时候，赵高给胡亥出主意，唆使幼子胡亥假借秦始皇的口气，让太子扶苏自尽。扶苏接到赵高他们这个假诏书，当时与扶苏同时镇守在北方的一个大将蒙恬，说这个诏书可能是假的，你是不是再去核实核实，问问是真是假。扶苏说这个不能问，这事不需要问。按忠孝的原则，父亲交下的任务只能完成，不能怀疑，一定要遵守，用不着问。可见秦始皇教育子弟，用孔孟的思想来教育他们，不是用法治。赵高又劝胡亥，说你可以当皇帝，你可以继位。胡亥说我有兄长，我替他，不合理，我不能越过他去继位，违反孝道，废兄而立弟，这是不义。可见胡亥也是接受孔孟之道的教育，《史记》上，司马迁有明确记载，有他们的原话。

这么一个大国怎么实行有效统治？从政治上看，要有理论指导才行，就是秦始皇开始已经采纳了“孝”“忠”，忠君，孝父母，用这个观念统治全国、统一思想。因为这么大块地方，要直接管理很难，必须统一思想才行。总的格局是中央权力要集中，分散的农民要安居乐业。秦汉以后就是这么一个总的局面，一直维持了两千多年，就是政治上要求集中，这是个总的趋势。秦朝亡国很快，秦始皇统一了十几年，国家就亡了。后来对秦始皇的评价不是太公正，说秦始皇是暴君。因为秦朝的历史是汉朝人写的，汉朝人代替了秦朝，它打倒了秦朝，它就把秦朝说得坏些。怎么看出秦始皇没那么坏呢？就是秦朝那些法律，汉朝很批评、很抱怨的法律，到了汉朝得了天下二十多年以后，还实行秦朝的法律。比如，秦始皇不准带着书，书不能传播，这是秦始皇定的。可是汉朝到了汉惠帝的时候，还用这条法律，还没有废，可见秦朝的法律汉朝还在执行。如果说是暴虐，汉朝和秦朝是一样的，继承了它。从政治上看秦朝大变革，就是由中央直接管理全国这么大的地方，就是长江流域、黄河流域这么一大块地方。

这个新体制的变化很复杂，在今天就是一个系统工程，很难的一个事情，管理经验也不足，所以十多年就失败了。刘邦继承后，认为秦朝失败可能与没有分封他的子弟有关系，所以刘邦就纠正秦始皇这个问题，他的子弟都封王，分兵把守各省，还公布“非刘氏而王，天下共击之”。后来又传了两代，他的子弟自己起来造反，反对汉朝的中央政府。汉朝一看这个不行，又放弃了分封的办法，这是汉朝变更秦朝制度的一次反弹。秦朝亡得快，主要是经验不足，统治这么个大国经验不足。统一六国以前，秦朝在国内行之有效的一些办法，要推广到从长江到黄河流域，一大片的地域，就很难行得通。比如出工，秦国原来以陕西咸阳为中心，国土面积小，老百姓给国家干活，他自带干粮，干完一个月就回家了。统治全国以后，国土面积扩大了，从广东、福建调民工到咸阳来做工，要自带干粮，就算服劳役一个月，那路上的耗费就不得了，那怎么受得了呢？秦朝灭亡就是劳工带头造反搞起来的，是刘邦利用征调的民工起义。民间有孟姜女哭长城的传说，流传很广。虽不能断定实有其人，但确可断言必有其理。当时是天怒人怨受不了。秦汉这一代是建立多民族的统一的大国，有成功，也有失败处。

怎么样把这个多民族的统一大国巩固下来，进行有效管理，是很困难、很麻烦、很不容易的。经历了差不多一千年之久的探索，才找到一个路子把它稳定下来，有效地统治起来。关键在哪里？最大的困难在于中央政府要绝对地统一，没有绝对的权力，它不能支配这个全局。这么大个面积等于整个欧洲，欧洲现在还统一不起来，还在争论，何况中国这么大面积？要有效地控制实在不容易。另一方面，还要老百姓维持生活，要保证生产，才能维持小农经济的正常发展。小农经济非常脆弱，一家一户是生产单位，又是消费单位，经不起风吹雨打。一有天灾人祸，这个家的主要劳动力一生病，一下就垮下去了。既要维护、保证小农经济的生产，又要维持中央政府的绝对统治，这一对长期的矛盾当中，怎么取得平衡，让它有效地运转？找到这条有效的道路，差不多找了一千年。直到唐朝中期才开始找到这条道路，而从理论上提出则是《大学》这个书。《大学》字数不是太多，是《礼记》的一篇，唐朝就把它单独提出来，着重地讲《大学》。这个《大学》主要讲什么呢？它就讲一个人从个人的思想活动、家庭关系、社会关系，一直到国王治国平天下，分八个步骤、八个阶段、八个层次。修身、齐家、治国、平天下，这是一个步骤。对内，是正心、诚意、格物、致知，内心修养叫一个人从内心到行动都要纳入这个大一统的国家的要求范围之内。唐朝韩愈总结了《大学》的这个思想以后，宋朝就接受了。在唐朝以前，考试主要是考“五经”，宋以后“四书”代替了“五经”的地位。“四书”包括《论语》《孟子》《大学》《中庸》这四部书，宋明以后考试都用“四书”，这是思想方面有这么个变化。

再从政治体制上来看，君臣之间的关系、地位也在变化。在汉唐的时候，皇帝和宰相坐而论道，坐下来互相讨论问题，几乎是平等地讨论问题，君臣之间的关系，不像后来离那么远。汉光武帝写信问他的大臣：“你的夫人对你很好，是不是给你挠挠背、抓抓痒？”再一个就是汉朝皇帝的姐姐新寡，皇帝看上一个大臣宋弘忠厚正直，想把宋弘介绍给他姐姐，让他姐姐与宋弘结婚。皇帝有一天找宋弘谈话，说："听说富易交、贵易妻，有这个话吗？"意思是说，富了以后可以换一换朋友，做了大官，地位变了，可以换换老婆，有这话没有？宋弘说："我只听说'贫贱之交不可忘，糟糠之妻不下堂'。"皇帝一听宋弘的态度很明朗，他姐姐就在屏风后面很近，他回头对他姐姐说"事不谐矣"，事情办不成了。可见君臣之间很自由，不像后来地位那么悬殊。到了宋朝以后，宰相与皇帝之间讨论问题时，皇帝坐着，宰相、大臣站着。朱熹是南宋的著名学者，给皇帝讲书，皇帝不喜欢朱熹这个老师，于是就赶他走，给他下了个条子，说"天气冷了，我看你岁数大了，站着讲书也很累，就不要讲了，你回去吧"，就给辞退了。可是再往后，明朝、清朝君臣关系又进一步拉开距离，君臣之间对话站着也不行，得跪着。试想一个人坐着，一个人跪着，根本没法讨论问题，只能一个发指示，一个接受命令。

所以从历史上看，这几千年来中央政府的权力越来越重，皇帝的权威越来越大，人民的地位越来越受限制。这个变化说明，君权越来越重。所以，有人说中国向来有民主的传统，这话不符合事实。孟子说过："民为贵，君为轻，社稷次之。"那个"贵"的意思，不是民比君主还贵重，而是说农民问题很重要，民心的向背很重要，孟子没有民比君还尊贵的意思。从政治上看，五千年来中央权力越重，人民和臣的地位越低。

从文化上来看，这五千年来也很有变化。文化，就是中国的长期统一，中央政令不受隔阂，一直通行无阻。靠的是什么呢？一个是靠工具好，中国有统一的汉字，这是很了不起的，在全世界是绝无仅有的。你看古希腊文，也是古文字。有一次在雅典图书馆，见有一个人在借柏拉图的书，当然是用古希腊文写的。我就问那个借书的人，我说："你看这个？"他说："我看不懂，我是来查字典的。"我说："你是教什么的？"他说："我是教希腊语文的老师。"就这个语文老师，看不懂柏拉图用古文写的书。可中国这个汉字怎么样呢？你们看从甲骨文到现在，文字没有中断，你写吃的那个鱼、马，没有死亡，现在还认得出、看得见，它不是考古的对象，它还活着。这汉字起的作用太大了。我们到福建、广东出差，语言不通，说话很困难，可是你拿着《人民日报》就通行无阻。完全可以看得出，中国的长期的凝聚力与这个古汉字大有关系，而且秦始皇统一做了很有功劳的一件事。前几年发现在湖北楚墓的竹简，那些字我们有些不认识，怎么才能找到认识的途径呢？里头有些书是北方的书，有的是《老子》的，有的是《论语》的，对照着看，对着上下文猜，这是什么字，那是什么字，而且还认不全。我们现在的楚文字还认不全，这是发现楚国有文字，别的国家也有各国文字，北方也有各国文字，不过没有发现，那没法推论了。

语言的统一，也有记载。北京话，咱们在北京住这么多年，从北京往西走，走到门头沟，这个语言就跟北京话不一样。再往东走到天津，北京话和天津话显然就不一样。河北省也有不一样的地方。北京话这个区域里从什么时候开始出现北京官话呢？明朝的笔记记载，明朝是太监专政，说着官话，穿着华贵的衣服，骑着大马，到这里来的就是朝廷来的，是北京派来的。明朝开始已经出现了以北京语言为中心的变化，清朝就更普遍了。这个北京话，科举考试除了考他的文章，还有一个口试，这个口试不一定考别的，就让他讲一段书，拿一段书让他讲一讲、念一念。广东人也不能用广东话来念，福建人也不能用福建话来念，只能用国语普通话来念，语言的统一已经在做这个工作。总的来讲，对民族的统一起到了巨大的作用。这一点欧洲还远远没做到。这是从语言、从工具、从文字来看。

我们再从信仰来看，也看出我们中国文化的统一也很早。3 世纪时候，五胡十六国，北方正在乱，有一个大臣就劝国王，说信佛没什么好处吧，佛是外国人。那个国王就说，正因为他是外国人我才信，我也是外国人嘛。那个时候皇帝自己不是汉族。又过了若干年，到了 10 世纪的时候，或者 9 世纪末，辽国与宋对立，南边是宋，北边是辽。辽国国王对大臣说："咱们要提出一个信仰，让大家共奉，才有一个中心，你想想信什么好？"大臣说："当然信佛了，大家都崇拜佛。"辽国国王说："不，我想，信孔子好，这孔子治国平天下，对我们辽国有好处。"从辽开始就信孔子，儒家的思想。这种思想，这种意识，就在少数民族里都有接受，也不是强迫它，是自己选择的。后来战争这么多，孔庙没有焚毁过，一直保存较好，各个民族都尊重它、供奉它。就是说文化上也有这种条件，有一个倾向，就是有一个共同喜欢的中心的东西。

清朝乾隆皇帝，自觉地保持满族的传统，说他们这个骑射、尚武精神不要丢掉。他从心里很欣赏、佩服汉族的文化和礼教。乾隆曾经让人画过《行乐图》，也就是现在的生活照，画有山、水、竹林、七弦琴，乾隆穿着晋人的衣冠，不扎辫子，未穿箭袖袍服，这说明乾隆心里觉得中华文化很可爱，很愿意学习，而且接受了中华汉文化的伦理标准。咱们都知道，清朝顺治的母亲改嫁过，改嫁给多尔衮，在清朝入关前风俗就这样，哥哥死了，嫂子跟小叔结婚，社会认可，没什么奇怪的，不存在问题。接受汉文化以后，采用了汉文化的伦理标准，清朝历史就有意回避这一段。北大孟森教授，是研究清史的专家，他为这个事情辩护，说没这回事，是汉人造谣中伤。胡适有次和他辩论，说你举的理由都没有说明没有这回事情，你只是推断说不可能、不应该，还没有证明来否定这个事情。可见从辽到清都认为这个汉文化很深厚，值得学习，值得信奉，因此接近它、认同它。所以从文化上讲，中华文化的认同感大家也是很明确，也是自觉自愿接受的。

这是从四个方面来讲，说起来是为了方便。实际上，这四个方面是混融地、交替地发生关系，绝不是单独地发生关系。中华民族这五千年，整个是共同走过来的。在这个过程中，有文化的、民族的、经济的、政治的，各方面的综合，造成了越融合越近、越融合越密切，形成共同的一个机构、一个组织、一个意识。这个意识，变成牢不可破的一种意识，就是认为中华民族的统一是正常的，不统一是不正常的；统一是应该的，不统一是不应该的。这个意识也不是后来才有的，就是从分裂开始，就有这个倾向。三国时候，诸葛亮要恢复汉室，他要统一；曹操的赤壁之战，他要打孙权，他也为的是统一；到了淝水之战，五胡时代的苻坚打晋朝，在安徽寿县附近打了一仗，苻坚打败了，他打仗也是为了统一，当然也有他的政治野心，从理论上说他要统一天下；南朝也有几次北伐，像刘裕也打到过洛阳，打到过北方，也要统一。这说明什么呢，就说统一是中华民族的正常状态，应该是统一，不应该是分裂。我们看中国历史实际情况，也是这么一种情况。我初步把这个分裂与统一的年代算了一算，分裂的时间从秦汉以后占中华七分之一的时间，七分之六是统一时代。

统一给我们国家和民族带来什么好处呢？我初步地想一想，有这么几个好处：

第一，消灭了内战。我们看历史，战国时代没有一天不打仗的。这个战争，打败了就不用说了，当了奴隶，当了俘虏；打胜的也是灾难重重，吃亏的也是老百姓，比如战后的瘟疫、灾荒，一定会有这些事情。但战争也锻炼了人，提高了战争的理论。比如说，《孙子兵法》那个书就是战争的总结，是战争理论的总结。有一个朋友说《孙子兵法》是春秋时期完成的，后来没有发展，是不是后来不行了。我看他问得有道理，事出有因，实际上也很自然，因为秦汉以后没有大战争了，没有大战你总结什么呢？所以说中国的兵书自《孙子兵法》以后就没有新的大的发展，就是因为战争规模也小了，时间也短了，经验自然也不足嘛。有些地方有过水战、火器，那只是补充，但战略思想没什么变化。损失就是这个兵法没有继续发展，可好处就太多了，不死人了，百年繁荣，发展生产，老百姓安居乐业，这是天大的好事。消灭了战争，是内部战争，如果有战争，那是外边来的。农民起义是另外一回事，农民起义是政府力量控制不了，农民起来了。那时也有战争，不过地方之间的混战没有了。

第二，兴修水利，防止水害，没有统一的国家不可能实现。像前几年长江大水，要不是全国力量，光是局部力量，湖北治湖北，江西治江西，那就治不好，永远不可能治好。有了统一，可以除水害、兴水利，有统一的规划，这个是显著的好处。特别是像黄河这种河，这种害河，要不在统一的国家，不治，老百姓要遭大殃。

第三，全国统一还有一个显而易见的好处，就是中国这么大，总是有荒年，不是这里旱灾，就是那里涝灾，就是那里虫灾。有了统一的国家，它可以统一调拨、调剂，以丰补歉，可以免灾区的赋税，施行救济。唐朝还有一个规定，可以易地避荒灾，政府允许逃荒。唐玄奘就是混在逃荒的队伍里跑出国境的。要是没有统一的国家，就没有这个措施，就不可能，有个界限管着，你怎么能随便流动呢？不可能。

第四，统一还有一个好处，就是防止外在方面的侵略。因外来的侵略是从一个方面来的，从局部来的，过去中国历史上从北方来的多，从山西大同、河套、绥远来的多，要不是统一的话，谁挨着边界最近，首当其冲，它就受损害，别人也不管。统一就不一样，统一后，你打山西，可广东、河南都来支援你。所以，后来抵抗外来的侵略，统一的政府有这个条件、有这个能力，要不是统一，没有这个条件，也没有这个能力。抗日战争咱们记忆犹新，日本并不是首先占领南京，它是先占的东北。我们不承认、不认可，非跟它打不可。后来占了华北，还不行，还要打。一直打到最后，我们把日本的人力、财力给耗光，结果它失败了，我们胜利了。欧洲就不一样，欧洲不统一，欧洲希特勒打捷克，别国不管。所以这个多民族的统一大国，给中国人民带来了实际的好处，这是亲身感受得到的。

第五，统一带来的好处，一直到最近。比如咱们增加内需，要不是统一大国的话，别国没有资格提这个条件。新加坡的经济学家很多，日本的经济学家也不少，它就不能用增加内需来解决国内的经济困难。我们有这个条件，这就是沾统一大国这个光，没有统一就不可能有这个条件。

第六，多民族统一大国还有一个好处，就是我们大规模的物质文明、精神文明的建设，要靠全国的人力、财力来完成，靠局部完成不了。比如说我们的运河，牵扯到好多省；我们修长城，也是牵扯到好多省，这是物质方面的建设。精神文明建设就更多了。我们修书，如明朝的《永乐大典》、清朝的《四库全书》。《四库全书》用钱不是很多，纸张、书籍用不了很多钱。可是精神产品光有钱是做不到的，要有人才，要有专家，要有人力，人才绝不是有了钱就可以解决的。今天我投入两亿，明天你就给我多少人才，没有这回事。人才要从全国选拔才行。前几年，台湾的经济比大陆平均发达得多，可是台湾编个像样的书就编不出来。人才就那么多，就两千万人，你选拔人才，能选出多少？选不出来。所以它们向大陆盗版的很多，就是这个道理，它没有。修《四库》有多少人才？来自安徽的戴东原，来自江苏的王念孙、河北的纪晓岚，还有各省的专家。所以人才的集中，不是全国选，选不出来。不论物质文明建设，还是精神文明建设，靠全国的人才来完成，这就是多民族的统一大国给我们带来的好处。正因为有这么些好处，所以，政府改朝换代换了多少次，皇帝有汉族，也有非汉族的，可这个多民族的统一的体制始终没有变，而且维持得很好，全国各族人民接受了这种体制。

那么，也有人会怀疑，怎能说明中国的老百姓拥护这种制度呢？这个问题，孟子就答复过。孟子说，尧传给舜，舜传给禹，这是天命。那个孟子的学生也很调皮，问天命是怎么告诉你的，是怎么知道的呀。孟子说："天不言，以行与事示之而已。"人民有了问题找谁，他找禹还是找舜的儿子呢？最后还是到禹那里去告状。他们主持祭祀，被天接受了，他们主持国家事务，被老百姓接受了、服从了，这就证明是天命，这是民意，这是一种很自然的表示同意、不同意的方式。这个方式是低级的、初步的方式，动物也有，不光人有，不顺从它就不干。比如你驯服一匹马，它不听你的话，不让你骑，也是它的意志的表现。老百姓也是这样，他不给你好好干活，证明你违反了民意，违反了天意。其实就是这么个道理。成立人民公社那时候，我正在大兴乡下，当初还认为老百姓觉悟不高，这样的通向共产主义的好事，你怎么不赞成呢？后来实践证明，这是民意不同意，不但是北京大兴农民不同意，别的地方的农民也不同意，所以他们采用不合作、不给你好好干来表示。公社干部来检查，就派人去放哨，看到有人来检查就干，没人来检查就躺地上睡觉，这就是民意。中国，这个统一的多民族的大国，不管改朝换代怎么变，始终维持多民族统一这个形式，这是民意愿意采取这个方式，所以这个方式就维持两千年之久。

所以说中国两千年的国情，就是“多民族的统一的大国”。我们从历史上看国情，这就是我们的国情。这是摸索了若干年才找到的道路。长治久安、抵抗外来侵略、防御自然灾害、从事建设都离不开这个体制。人口多，有它的好处。比如一个人拿一块钱，凑齐了就是十二三亿；一个人两块钱，二十多亿就出来了。这是一个了不起的综合力量。这个条件举世无双，只有中国才有这么个条件。印度人口跟我们差不多，也是十亿以上，它的民族问题始终没解决，而且矛盾很尖锐。俄罗斯国家也很大，民族问题也没解决。欧洲更别说，迄今仍是列国林立，统一不起来。民族之间绝对没有问题那也不可能，亲兄弟有时还吵吵闹闹，夫妻还有离婚的。总体来看，民族关系在中国处理得是相当好的。

中华民族共同生活、共同组成这么个国家，这么大一个范围的集体，长治久安，维持几千年不断发展，克服了很多困难，而且最后站起来了、前进了，靠的是什么呢？靠的是我们多民族的统一的大国，这个条件是很了不起的，是买不到的，是长期积累下来的丰厚的遗产。如果要不是这么一个大国，清朝道光以后，连割地带赔款，割到最后我们还剩九百六十多万平方公里（我们以前是一千三百多万平方公里）。只有这么一个统一的、多民族的大国，才能扛得住沉重的磨难，没有被摧垮。

一直到今天，我们的国力也不算很强大。可是，就连不喜欢我们的列强，也不敢轻视我们。是什么原因呢？我看主要的原因，不是我们强，是我们大。这个大是买不来的条件，它不是现在变大的，是从来就大，几千年了就这么大。我们这个国家，在世界来说是唯一五千年持续不断发展的大国。你看历史上没有啊，埃及历史比我们早一点，中亚那边也比我们早一点，两河流域巴比伦也比我们早一点，赫梯比我们早一点，他们都中断了。希腊也是古代文明古国，后来也不行了。到过雅典的人，看到很残破的一些旧殿宇，给人以破落户的印象，风景很好，就是败落。那些大殿都是破烂的样子。从古到今几千年维持不断、持续发展，唯一的国家就是我们中国。要充分地认识这个国情。这是我们考虑问题，选择方向、道路的依据，这是个出发点，也是落脚点。我们对过去的优点、长处要给予足够的认识。这就说明封建文化给我们创造了举世无比的、丰厚的遗产。我们中国这么多的科学家、文学家、艺术家，很多成就都是在两千多年来的封建社会里完成的。比一比欧洲封建社会，它也有成就，比起中国来就差得太远了。就是中国共产党产生的历史与西方的共产党也不一样。咱们学过的马克思主义三个来源、三个组成部分，那是根据欧洲情况讲的。在我们中国，马克思主义的来源在哪里呢？

我看就一个来源，就是爱国主义。它是从救国救民的真理，从这里来接触了马克思主义。有识之士为了这个多民族的统一大国不受肢解，不当亡国奴，自强独立，走现代化，才找到马克思主义。中国从一开始就是要走自己的道路，所以有些西方国家不了解中国的国情，认为苏联一垮，就跟多米诺骨牌一样，都倒了。国情不一样，它不会跟着倒，这个话毛泽东也说过，先进的中国人寻找救国救民的真理，这样接受了马列主义。封建社会给我们留下了丰厚的遗产，这个一定要把它讲够，要认识够。

今天我们面临一个新问题，这个现代化的任务摆在我们面前。我们了解过去，在过去的基础上，怎么样才能不被目前激烈的竞争所淘汰，立于不败之地？这个现代化的道路还很艰难，不能躺在古人的成就上、躺在祖宗遗产上来过日子。我们应该做些什么？封建社会给我们带来好多实惠、好多好处，让我们避免了亡国，克服了灾难，创造了灿烂的文化。可是，同时也要看到，在我们走向现代化的今天，这个封建主义思想的残余对我们起到什么干扰、起到什么阻碍，也要充分地认识到、认识足，才能迈开步，要不然很容易变成复古主义，说我们祖宗样样都好，一直都是好，好到没法再前进了。这行吗？显然是不对的。

有哪些封建残余到现在还有影响呢？比如说家长制。家长式的不民主影响到各级政府，影响到党内，党员对民主精神也不是了解得那么透。家长制在过去有它的根源，小农经济需要家长制，一家的生产计划、劳力安排都要听家长的，家长有绝对的权威，他有支配权。所以封建社会需要有家长制，要没有家长制，这个生产就不能维持。家庭是个生产单位，也是个消费单位，没有家长当家怎么行呢？所以说家长制的产生是必然的，非有不可，它立过功。可是现在过民主生活，家长制要继续起作用，人民之间没有平等讨论的机会，一个人说了算，这个显然是不行的。再比如小农经济的生产，它生产的产品，不是为了交换，是为了自己消费。小农经济不存在成本核算的意识，它也不需要成本核算，一家一户过日子可以行得通。如果把这种思想带到企业里，管理一个企业，管理一个国家的财政，成本核算的观念不强，甚至不懂得成本核算，不计成本，这个企业非关门不可，它不适应现代化。再比如，小农经济很容易看重近期效益，不看长远，眼前利益看得很重。从我们多年经济建设看来，各地方的领导官员，近期效益看得非常重。五年之内你能拿个什么成果出来，十年之内又怎么样，再远就没有了。成绩做在本届政府当任上最好，不能太遥远。中国教育为什么不发达？因为教育，特别是中小学教育，普及教育，对象是青少年，十年八年看不见效益，有了效益也不是你在任的时候看得出来的。初中孩子毕业，在二十年以后才起作用呢，你培养得再好又怎么样呢？我们现在历届政府抓大学抓得多，抓中学抓得不够。有的小学老师欠薪打白条，大学就好得多。大学校长容易见成绩，我有多少多少发明，开个展览会，一五一十地摆出来给人看。我在大学教了十多年书，我感觉大学教育现在比世界发达国家有差距。大学上不去，就是中学没上去。各地方、各政府、各级官员看重近期效益，投入中小学看不见近期效益，没有回报，所以就不往这里使劲，欠薪、教员缺额，小农意识对我们的现代化影响有多大！

小农经济的另一个特点，就是直接经验看得多，看不起书本知识，认为书没用。其实书本知识，就是前人的直接经验的记录。

如果书本知识不重要，光看直接经验，那么就狭窄得很、有限得很。直接经验只能对你当前有帮助，它具有限制性。把一个人的经验变成千万人的经验，要靠间接经验，靠传播媒体的普及、传播、推广。没有文化，知识贫乏能行吗？建设现代化国家，要提高国民文化素质，就是要扫文化盲。这个文化盲不是说不识字，而是文化素质不够，只看近的，不看远的，只看眼前，不看将来。欣赏能力也跟文化有关。古典音乐不是每个人一听就懂的，外国的朋友对于交响乐，也是学习、学习，欣赏、欣赏才听得懂的。媒体公布的犯罪的官员狂嫖乱赌，一个晚上，连一个工厂输掉的都有。文化素质不高，他认为赌博是享受，是快乐。18世纪末19世纪初，法国曾经流行享受主义，追求快乐，大吃大喝。人的肚子是有限的，吃饱了就不能再吃了，屋角放上只桶，用羽毛探进嘴里，引起呕吐，吐光了，回头再接着吃。这种“享受”，算享福吗？一个文化素质欠缺的人他就喜欢这个，停留在低级的消费、低级的刺激上。报上公布的赖昌星拉干部下水，无非拉这些文化素质不高的人。

中国的家族观念很强，这也是小农意识的体现。我看好多现代企业用人，特别是农村乡镇企业用人，第一代发展得很好，后来发展不下去了，因为什么呢？因为任人唯亲！美国有个王安电脑公司，是一个很不错的企业，但王安的儿子把事业给毁了。我们的企业，私人创业的有多少是传给他的亲属、家属、家族的，看董事会、董事长、理事长有多少都是亲属的！这都是封建主义的残余带到现代社会的。外国人很少靠他的父亲，外国人看重的是自己创出来的，不是靠祖先。就说中关村，这个现代企业的核心地方，有人初步统计一下，那些管事的人，跟家族血缘有关系的人很多，如果属实，这就限制了现代化的发展，现代化不能这样做。家族意识、小农意识，不放手家族以外的人。从消极方面来说，贪污腐败，也是以家族为单位。正面的、反面的都有，说明封建残余的势力是造成我们今天现代化的障碍，而且还在起作用。我们农村干部的选举，如果这个村姓张的多，这个书记如果不是姓张，是个外姓的，你就办不通。这说明封建残余思想已经阻碍现代化。这是长期以来留下这么个观念。我们有时骂一个人，说这个人不好，六亲不认，其实真正秉公办事，六亲有什么非照顾不可的呢？五四运动是革命行动，北大打个大旗，说曹汝霖卖国，是曹操的后代，不是好人。曹操变成坏人是宋朝以后变的，不是以前变的。曹操在唐朝还有一个很好的名声，杜甫《丹青引》头一句就是“将军魏武之子孙”。曹操的后代变成卖国贼了，坏人就是曹操的后代，显然是封建思想在作怪。

农村包围城市，共产党从此逐步取得全国胜利，就因为是封闭型的自然经济。我们当初革命根据地大大小小好几十块，延安这块是最大的，南到海南岛都有，当年靠小农经济积蓄了革命力量。今天我们走现代化，应当突破那个范围继续前进才对。看事物的利与弊，往往是纠缠在一起，当初你沾了它的光，如要继续前进，就要摆脱小农意识，实现大同世界，达到共产主义，那时没有国界，没有国家，消灭政党。

国家是保护一个群体最基本的单位，也是最有效的一个单位。中国、外国、大国、小国都一样。国家的作用绝对不能忽视。爱国主义在今天来说，绝不是过时的东西。因为现在，国与国没有一个有权力的机构能够仲裁它，虽然有个国际法庭，有个联合国，但那是个讲坛，没有行政力量。所以一个国家若是不强大，科技不发展，就要挨打，事实已经证明这点。爱国主义没有过时。世界要和平，最好都放下武器，可也要注意一点，要同时放下武器，不能你首先放下武器，就像宋襄公那样仁义之师，那蠢事，不可学。我们中国今天所以有发言权，就是因为我们有一定的综合国力，有这么多的人力、物力，还有我们的核武器。我们收回香港就是一个很明显的例子。二战结束后，顾维钧代表中国就提出香港何时收回的问题，丘吉尔说以后再说吧，这一句话就过去了。国力强盛以后，香港就收回来了。50年代，陈毅外长到北大讲话，跟老师、学生见面，他说科学技术发达后，我这个外交部部长也好当，就是这么个道理。所以说爱国主义一定要坚持、要抓紧。爱国，就是爱我们这个多民族统一的大国，要爱这个社会主义国家。

从反面来看更能说明爱国主义的重要性。外国敌对势力企图使这个多民族国家分裂，支持“台独”、达赖集团的分裂活动，还有“东突”活动。我们要搞多民族的统一，敌对势力就反对这个统一。他们反对多民族的统一，说明这个存在是应该的，而且是必须的。我们说科学，自然科学落后，要挨打，这个已经为多数人所接受了。文科，社会科学落后，要挨打，还没引起足够的注意。如果忽视这个问题，不去重视，同样也要挨打，甚至还要给国家造成极大的伤害。近代一位史学家讲：“亡人之国者必先亡其史。”日本占领东北后，成立一个伪满洲国，它不让学生学中国历史，一学历史就知道这是霸占，日本侵略就站不住脚。日本占领了台湾就重写台湾的历史。李登辉受的教育就是日本教给他的历史。越南被法国占了之后，办了一些专科学校，学工程可以，学技术可以，学医可以，学文科不行，更不能研究越南的历史。这从反面来说明，亡国必定亡它的历史。日本政府官员多次参拜靖国神社，就是军国主义的爱国主义，不光是东条英机，凡是为国战死的都放在那里。所以爱国主义对于今天来说非常重要，决不可忽视。

为了我们国家的兴旺发达、繁荣昌盛，我们要加强爱国主义教育，特别是中小学生的爱国主义教育尤其重要。现在南京的中学生中知道南京大屠杀发生的地方的很少，甚至不知道，这怎么可以呢？日本广岛第二次世界大战中遭过原子弹的轰炸，他们让客人去参观，以受害者的身份述说当时的历史。广岛死的人和南京死的人数差不多，南京死难的人是日本人跑到我们国家来，用刀砍杀的，日本广岛挨炸与南京大屠杀不属于同一性质，不可以类比。所以爱国主义不能不讲，教育好下一代，是百年大计。我觉得中小学的历史教科书爱国主义讲得不够。电影讲乾隆皇帝讲得多，可是当前的爱国主义讲得很少。希望爱国主义要抓紧、抓好，中学青少年更重要，21世纪全靠他们了。

我们也有光荣的传统不能丢，有孔子、孟子、庄子、老子以及后来一系列科学家、文学家，多得很。同时也要放开眼光，外国也有一些他们的英雄人物，我们也要学习，也要知道，光看到我们也不行。我们中华民族是一个勤劳、勇敢的民族，可是外国（比如欧洲）也不都是懒惰、愚昧的，他们也有他们的长处。我们胸怀要大一点，真正放眼世界、走向世界，要吸收一切有价值的文化，为建设社会主义所用，这才是我们努力的方向。我从事教育这么多年，深感全国上下对人文科学、社会科学，没有放在足够重视的地位上，这个很危险。人文科学、社会科学不像自然科学那么立竿见影，好像慢性病，潜伏期很长，不治它，也不至于当时要了命。正因为这样，所以大家更要及早引起注意，早点抓抓爱国主义，让国家立于不败之地。因为国际是非，最后的判断者是以综合国力来仲裁。以前尼克松回忆录上讲过："国际条约的有效程度，就是看双方遵守的程度。"你遵守就有效，不遵守就无效，因为国家没它的上级机构，上面没人管它。一国之内可以守法，有最高法院、基层法院管着它。国际上没这个，国际法是个理论的东西，不能真正解决问题。"科教兴国"是我们的国策，是根本。"科教兴国"是真理。直到大家摆脱了愚昧，才能走向富强。愚昧怎么能够发展呢？过去我们工作中的许多失误，不就是无知造成的吗？不就是只顾眼前利益，不顾后果造成的吗？现代化需要各个方面努力才行。世界很复杂，个人的见识有限，谨以个人的感受跟大家交换一下意见，这些意见仅供参考。

21 世纪的中国哲学*

一、出发点和落脚点

时间如逝水，世界各国都为迎接 21 世纪做准备。各国国情不同，21 世纪将会给不同的国家、不同的民族带来不同的命运。虽然同住在一个“地球村”，却是有人喜、有人忧，各自承受自己的命运。

全球经济一体化的趋势越来越明显，20世纪已出现征兆。今后的影响更深广，势成燎原，不可逆转。各民族、各国家的现状有差别，全球经济一体化造成的效果也有差别，这里只谈中国哲学这个小领域。

经济一体化，政治多极化，是当前的现状。我们要从中国的国情说起。“多民族的统一大国”是中国的国情。从两千多年前奠定这种格局，就被全国各族人民所接受。古代没有民意测验，从人民默认它，安于这种制度的行为中即可以看出，人民是愿意接受的。两千多年间曾有几度民族不统一的时期，但人们并不喜欢这种分裂，因为分裂给人民带来更多的灾难，生活不安定，战争频繁。即使在

* 原载《中国哲学史》2001年第1期。曾收入《皓首学术随笔·任继愈卷》。

分裂时期，有识之士都主张统一，认为分裂是不正常的。多民族和平共处和要求全国统一一样，得到各族人民的支持、认可。

关于民族的认同，在中国历史上，不大看重肤色、血统，更看重文化、礼教的异同。秦汉以来，当初中原杂居的众多民族、部落群体，逐渐融合为华夏族。以长江、黄河流域为基地。华夏族不断与周边邻近的民族交流、融合，共同生活，形成了人数占绝大多数的汉族。汉族人数众多，但追根穷源，中国并没有纯汉族。汉族本身就是华夏众多种族融合、交流的总称。

“多民族统一大国”是两千年来的国情。这个国情显示着中华民族的思想文化、生活准则、宗教信仰、伦理规范、风俗习惯、政治制度的综合体。这个综合体决定着中国哲学的全部内容。

观察中国的历史，研究中国的哲学，都不能不以此为出发点，又落脚到这个出发点。中国哲学必然带有中国的民族特点、历史文化特点，反映它的祈向和理想。

二、中国哲学的定位

社会发展如何分期，世界迄今没有定论。我们采用按照生产方式划分法，即原始社会、奴隶社会、封建社会、资本主义社会、社会主义社会、共产主义社会五种社会形态。其次序是按人类社会发展的历史顺序排列的。原始社会只有宗教，还没有哲学。进入奴隶社会，由于出现了生产分工，有人有了多余的时间从事精神创造，开始有了文化产品，哲学逐渐从宗教中分化出来。世界上各种流派的哲学都产生在奴隶社会，西方的古希腊、罗马，古希伯来，中国的春秋战国。秦汉统一后，建成统一的多民族封建大国，这种情况一直持续到1840年鸦片战争后，中国才开始摆脱封建社会，走向近代化，有了微弱的资本主义。这就是说，中国哲学的形成、发展、成熟，其精彩的演出、主要活动都在中国封建社会阶段，此前的奴隶制阶段和后来的资本主义社会阶段的哲学都不及西方欧洲哲学丰富，而封建社会的哲学，从全世界来看，中国哲学最丰富。因为中国封建社会发展得最完备、最典型。为中国封建社会配套的哲学体系最完整、齐全，增加了封建社会的稳定性。

中国古代传统哲学与世界各国古代哲学一样，主要是依附于神学的主干上，它总称为“经学”。经学，经天纬地，裁成辅相，包罗万象。既包括认识论，又有世界观、价值观、方法论，还有政治经济学。中国古代（从7世纪开始）流传很广的《大学》“三纲领”“八条目”，为中国传统哲学提供了一个完整的思想体系框架。

近世学者多以为中国哲学重人伦实用，西方欧洲各派哲学重逻辑推理，由此推演下去，又有人区分西方哲学为思辨之学，中国哲学为实践之学。这种区分看起来简洁明快，但不准确。持这种观点的人采用横切办法，把当时传入中国被中国人看到、感到的中西哲学差异现象，当成中西哲学差别的属性。原因在于他们不曾做历史的考察。西方中世纪与中国古代同属于神学统治时期。西方传统宗教是基督教，中国的传统宗教是儒教。这两种宗教都是深入社会、沁入人心、干预生活、支配政治的庞大精神力量。

西方基督教的奥古斯丁（Auretius Augustinus，354—430年）说，“理解为了信仰，信仰以便理解”，提出精神是实体，“上帝”是真理、至善，倡“原罪”说。后来有安瑟伦（Anselmus，1033—1109 年），与中国的周、程、邵、张同时；托马斯·阿奎那（Thomas Aquines，1222—1274 年），约当南宋末年，晚于朱熹。把他们神学家的著作与中国的程朱学派对照，他们也大讲存天理之正，去人欲之私，以及原罪论，居然与程朱学说若合符节。他们从未谋面，不通声气，但他们对人生、对社会及人生价值的看法竟出奇地相似。

鸦片战争以后，中国被迫打开国门，面向世界。这时西方欧洲已进入资本主义阶段。中国鸦片战争的失败，表现为战争工具落后，大刀长矛打不过洋枪大炮，实质上是两种社会制度正面较量的必然结果。封建社会必然抵抗不住资本主义社会，不只是战争工具落后，主要是封建专制主义落后，民意不得伸张，朝廷官员与广大群众想法脱节。

五四新文化运动从政治制度深入到文化层次，引发了中西文化对比的研究兴趣。西方的哲学开始引起更多知识分子的兴趣。中西文化对比成为热门话题。中西对比，人们注意到了东西方地区文化的差异，却忽略了中西双方还有社会发展所处阶段的差异。当时人们看到的西方文化是近代资本主义文化，当时中国占领思想阵地的是中国封建社会文化。双方相比，中西文化相差一个社会发展阶段。

西方经过文艺复兴运动，经过三四百年的反对封建思潮，中世纪的封建文化受到长期的清算，西方近代科学思想得到社会多数的认同、接受。可是当时中国的封建思想并没有得到批判性的清算。批判性的研究不是对旧文化一棍子打死，抛弃不顾，而是仔细分析，采取其中的有用的，抛弃其中的过时的糟粕。“五四”时代有志之士、爱国学者把主要精力用在反对外来侵略势力，反对替外国侵略势力充当帮凶的军阀，全力用于救亡图存，没有顾得上对封建文化进行剖析，取其可用，弃其糟粕。这一任务，直到今天，还不能认为已经做够了，应当说还远远不够。

中国封建势力、封建思想的根子比西欧扎得更深、更牢固。因为西方中世纪的封建势力一是教皇代表的教权，一是各国诸侯贵族割据势力代表的政权。这两股力量互有起伏，没有合成一股。中国封建社会不同于欧洲封建社会，在于它的多民族统一大国，秦汉以后结束了诸侯割据，不像欧洲长期诸侯国林立、政教双轨。中国自 10 世纪以后，建成了儒教，形成了完整的政教合一的封建机制，皇帝是教主，教主也是皇帝。欧洲皇帝即位，要教皇加冕才算取得上帝的批准。中国的皇帝即位，自己给自己任命就够了，历代皇帝的诏书都自己宣称“奉天承运”。政教合一，政教不二，是中国国家的特点，也是中国宗教的特点。由于中国缺少了西方的产业革命，缺了文艺复兴以后长期批判封建的过程，封建思想的根子扎得既深且广，它不仅表现在哲学思想方面，也深入到人们的生活方面，家庭生活（如孝）、政治生活（如忠君）、宗族生活（如拜祖先、尊族权）。这些思想对团结群众、抵抗外来侵略、稳定社会秩序、增强民族凝聚力诸多方面都曾起过积极作用。长期分散经营的自然经济、小生产的封建社会得以长久维系，与儒教思想的凝聚作用有不可分割的关系。

三、中国哲学如何走向世界

我国学术界经过长期观察比较，流行一种看法，认为中国哲学与西方哲学不同，中国重综合，善于从整体观点看问题；西方哲学重分析。这种看法，事出有因，事实上确有此种现象。重综合，有整体观念，是中国哲学的特点，这应当看作近代科学出现以前共同的特点。近代科学出现，最先建立功绩的是分类学，因为科学实验、观察，最有效的手段是从整体中截取一部分，放在特定的、有控制的环境中，经过反复考察试验，直到用同一方法，在同一条件下得出的结论相同，证明这个结果是可信的，可以放诸四海而皆准。西方的医学发展得力于解剖学，生物学的进步得力于植物分类学；有了显微镜产生了细胞学，有了望远镜推进了天文学，通过长期大量的生物考察创建了进化论。分门别类越来越细，对于某一门类的认识越来越深。这是 19 世纪到 20 世纪科学发展的总趋势，18、19 世纪有物理学家、化学家，20 世纪由于学科分类过细，再也不可能产生全能物理学家、化学家。因为物理学研究者只能精通物理学中的一个门类一个分支，不可能产生全能物理学家。

20 世纪末，出于社会生产的需要、制造产品的需要，社会要求将极端分散的众多学科集中起来，合成一个产品。一部汽车的零部件多达万种，后来导弹、原子弹要求的综合程度更高。由分散到综合，跨学科、多学科协作将是 21 世纪学科的趋势。看来中国哲学的喜欢综合、习惯从整体考察的思维模式又将引起人们的重视。

我们从事中国哲学研究的人，现在还不要过早地乐观。因为现代社会要求的综合、整体观，是几百年精密分析、细致分工的基础上的综合，不是原始状态的分析以前的一种朴素浑沌状态。试以中医为例。中医有很好的临床经验，有些验方很灵验，但中医要在 21 世纪取得大发展，走向世界，为世人所接受，还要经过近代分析化学、生理学、解剖学、生物学的洗礼，把《黄帝内经》中朴素直观的五行、阴阳、三焦、虚实表里等辨证施治的经验，用科学语言表达出来，才可以立足于不败之地，为全人类造福。

中国哲学也面临这样的处境。只是与医学科学不同，任务更艰巨，涉及学科更广。

四、中国哲学前途无限

经过近代到现代，西方哲学与自然科学一样，也是走越分越细的道路。当初哲学从宗教分离出去，还包括一部分宗教功能，试图解决人生归宿、终极精神安慰等人人都遇到的困惑。还有一些社会不平等造成的心理不平衡等问题，都曾要求哲学来答复、解释。后来，终极精神追求由宗教去解决，心理不平衡由心理学分担；价值观、伦理学避开法律制度，法律学追求纯理论的探索。本来与生活十分贴近的学问（哲学）都逐渐远离生活，深入到概念分析、语言分析的狭窄地带。

中国哲学本来脱离中世纪哲学不太远，一直干预生活、深入生活，在古代曾起过积极作用。进入近代社会后，由于没有洗尽封建残余影响，个人的权利不被重视，合理的物质要求得不到合理的对待，轻视科学技术，以贫困为荣，以生活富裕为精神堕落的契机，把农村田园贫困生活当成改造思想的课堂，把城市现代文化看成罪恶的渊薮。在极“左”思潮泛滥时期，哲学思想一度与现代社会背道而驰，对资本主义带来的弊端没有克服的信心，缺少对治的办法。这种精神状态根本缺乏建设有中国特色社会主义的勇气。

中国哲学的前景无限广阔。因为我们有前人没有遇到的机遇，有前人留下的丰厚遗产。文化遗产早已存在，只是过去没有科学地对待它，有时捧到天一样高，不敢触动一根毫毛；有时弃置不顾，或一脚踢开，贬斥得一无是处。这两种偏向，是我们这一代人都有的切身经历。

文化有继承性，不能白手起家，传统文化是抛不掉、打不烂的。“文化大革命”中曾捣毁曲阜孔林孔庙。这样疯狂行为恰恰是披着马克思主义外衣的封建迷信的泛滥，借打孔子之神，造马列之神。

中国哲学的封建主义的深层次的问题清理得不够，我们责无旁贷。

世界各种思潮一齐涌来，我们对它们要鉴别取舍，还要有一个消化吸收的过程。为了鉴别取舍，要提高我们的文化识别本领，才不致上当受骗。有的人到外国取经，取经者正赶上某种学说流行，流行的未必是真经。即使是真经，他们用得上，拿来是否对我们适用，还要通过实践检验。“五四”以后，我们有成功经验，也有失败的教训。这些经验和教训都是可贵的教材。

西方哲学发展，由混沌到分析，又由分析到综合，看来这是 21 世纪的大致轮廓。对中国哲学来说，我们不能安于自己的混沌、综合，认为比西方的分析更高明，这是一种误解。有人讲今天电子计算机的二进制法，《易经》早已讲过了；火箭发射原理，宋代早已发明，只是西方火箭飞得更高而已。这是极端无知的说法。从混沌的统一，经过近代科学分析的洗礼，再进行综合，这个否定之否定（黑格尔说的正—反—合）的认识步骤必不可少。融会中西，经过新的否定之否定的必由之路，从宗教分离出来的哲学，今天要以崭新面貌，接过当年宗教负担的职能，化解人们的心理精神负担，解答人生的终极追求和终极关怀问题。未来的哲学要干预生活、深入生活，提高人们的精神境界，使人性的优点、特点，得到充分教养，全面发展。哲学要解决人类最自由的追求，最大的精神安适。人类社会生活中总会遇到问题。要通过自己的力量来对待一切发生的疑难问题，如果不图侥幸，不靠神仙皇帝，那只有靠哲学，哲学必将与人类共存。我相信，到了“大同”社会，国家机构自然消亡后，哲学还要继续存在下去。

继承古代　开创现代*

一、中国哲学的出发点和落脚点

21世纪，最明显的特征是在经济生活中的全球一体化，在政治生活中的世界多极化。在文化生活中，人们正在探索一条从未走过的路，既不可能一体化，也不可能满足于目前强制推行的双重的多标准的失序状态。哲学是追寻真理，追求真理，探索人生安身立命的一门学问，不能没有自己的立足点，应当有自己的标准。

哲学是一定时期发生在一定的地区、一定的民族的社会群体文化长期积累的精神产品。它是一个民族、一个地区社会文化的精华部分。中国哲学带有中华民族的民族性、地区性。哲学离开它赖以生存的群体的理解和支持，就失去生命力。历史上不断有新的哲学理论代替旧的哲学理论，基本上与社会的变迁、文化的发展同步前进。哲学理论有时超前一些，有时滞后一些，但大致与它的社会发展变迁的步伐如影随形，相去不远。

---

* 据《竹影集》。原载《中国社会科学院研究生院学报》2001年第4期，题为《瞻望二十一世纪的中国哲学》。

也有异时异地异民族的哲学理论被介绍到新的地区、新的环境，那是该学派的理论适应了该地区、民族的需要，按照该地区、民族的理解而被接纳的。

哲学问题看似悬在高空，并不是解决一个一个的具体问题，但它又不是可有可无的空谈，关系到人类的今天和明天。

不同的国家和地区有不同的社会环境和文化传统，因而给哲学打上国别的、地域的、民族的烙印。这是哲学不同于自然科学的地方。欧洲近代哲学史给我们提供有益的借鉴：法德毗邻，鸡犬相闻；英法相隔，一衣带水，英、法、德三国的哲学精神面貌各异。中国哲学发生在长江、黄河两大流域。春秋战国时期同属古代社会（包括奴隶制、封建制），而邹鲁、荆楚、燕齐、巴蜀、闽粤等不同地区文化各异，才有了不同学派的百家争鸣。秦汉以后，国家统一，增强内部交融的机会，但地区间仍有某些文化生活的差异。南北朝的南北文化不同，唐宋以后的地区发展不平衡，也为后来不同学派提供了各自的理论的讲坛。中国的国情是“多民族的统一大国”。从两千多年前奠定这种格局，就被全国各族人民所接受。两千多年来人民默认它，可见这种制度人们是愿意接受的。两千年间曾有几度国家不统一的时期，但人们不喜欢这种分裂，因为分裂给人民带来更多的灾难，生活不安定，战争频繁。即使在分裂时期，有识之士都主张统一，认为分裂是不正常的。

关于民族的认同，在中国历史上，不大看重肤色、血统，更看重文化、礼教的异同。秦汉以来，当初中原杂居的众多民族、部落群体，逐渐融合为华夏族。以长江、黄河流域为基地。华夏族不断与周边的民族交流、融合，共同生活，形成了人数占绝大多数的汉族。

汉族本身就是华夏众多种族融合、交流的总称。中国并没有纯汉族。

“多民族统一大国”是两千年来的国情。这个国情显示着中华民族的思想文化、生活准则、宗教信仰、伦理规范、风俗习惯、政治制度的综合体。这个综合体决定着中国哲学的全部内容。

观察中国的历史，研究中国的哲学，都不能不以此为出发点，又落脚到这个出发点。中国哲学必然带有中国的民族特点、历史文化特点，反映它的祈向和理想。

二、中国哲学的定位

社会发展如何分期，学术界迄今没有定论。现在按照生产方式划分法，即原始社会、奴隶社会、封建社会、资本主义社会、社会主义社会和共产主义社会五种社会形式。其次序是按人类社会发展的历史顺序排列的。原始社会只有宗教，还没有哲学。进入奴隶社会，由于出现了生产分工，有人有了多余的时间从事精神创造，开始有了精神产品，哲学逐渐从宗教中分化出来。世界上各地区的哲学都产生在奴隶社会，西方的古希腊、罗马，古希伯来，中国的春秋战国。秦汉统一后，建成统一的多民族封建大国，这种情况一直持续到 1840 年鸦片战争后结束，中国才开始摆脱封建社会，有了微弱的资本主义，走向近代化。这就是说，中国哲学的形成、发展、成熟，其精彩的演出、主要活动都在中国封建社会阶段，此前的奴隶制阶段和资本主义社会阶段的哲学都不及西方欧洲哲学丰富，而封建社会的哲学，从全世界来看，中国哲学最丰富。因为中国封建社会发展得最完备，最典型。为中国封建社会配套的哲学体系最完整、齐全，增加了封建社会的稳定性。

中国古代传统哲学与世界各国古代哲学一样，主要是依附于神学的主干上，中国古代总称为“经学”。经学，经天纬地，裁成辅相，包罗万象，既包括认识论，又有世界观、价值观、方法论、伦理学、美学，还有政治经济学。中国古代(从6世纪开始)流传很广的《大学》“三纲领”“八条目”，为中国传统哲学提供了一个完整的中古封建思想体系框架。

近世学者多以中国哲学重人伦实用，西方欧洲各派哲学重逻辑推理，由此推演下去，又有人区分西方哲学为思辨之学，中国哲学为实践之学。持这种观点的人采用横切办法，把当时传入中国，被中国人看到、感到的中西哲学差异现象，当成中西哲学差别的属性。原因在于他们不曾对中西双方做历史的考察。西方中世纪与中国古代同属于神学统治时期。西方传统宗教是基督教，中国的传统宗教是儒教。这两种宗教都是深入社会、沁入人心、干预生活、支配政治的巨大精神力量。

西方基督教的奥古斯丁(Aurelius Augustinus，354—430年)说“理解为了信仰，信仰以便理解”，提出精神是实体，“上帝”是真理、至善，倡“原罪”说。后来有安瑟伦（Anselmus，1033—1109年），与中国的周、程、邵、张同时；托马斯·阿奎那（Thomas Aquines，1222—1274年）约当南宋末年，晚于朱熹。他们也大讲存天理之正，去人欲之私，以及原罪论，居然与程朱学说若合符节。他们从未谋面，不通声气，把这些神学家的著作与中国的程朱学派对照，会发现他们对人生、对社会及人生价值的看法竟出奇地相似。

鸦片战争是西方资本主义与中国封建主义制度正面较量的结果。民意不得伸张，朝廷官员与广大群众想法脱节，封建社会必然抵抗不住资本主义社会。

五四的新文化运动从政治制度深入到文化层次，引发了中西文化对比的研究兴趣。西方的哲学开始引起更多知识分子的广泛关注。中西对比，人们注意到了东西方地区文化的差异，却忽略了中西双方还有社会发展所处阶段的差异。当时人们看到的西方文化是近代资本主义文化，“五四”时代及以前占领中国思想阵地的是中国封建社会文化。双方相比，中西文化差一个社会发展阶段。

西方经过文艺复兴运动，经过三四百年的反对封建思潮，中世纪的封建文化得到长期的清算，西方近代科学思想得到社会多数的认同、接受。可是“五四”时期中国的封建思想并没有得到批判性的、科学的清算，而是对旧文化一棍子打死，抛弃不顾。“五四”时代有识之士、爱国学者把主要精力用在反对外来侵略势力，反对替外国侵略势力充当帮凶的卖国军阀，全力用于救亡图存，没有顾得上对封建文化进行剖析，取其可用，弃其糟粕。这一任务，直到今天，还不能认为已经做够了，应当说还远远不够，还要我们这一代人继续来清理。

中国封建势力、封建思想的根子比西欧扎得更深、更牢固。因为西方中世纪的封建势力一是教皇代表的教权，一是各国诸侯贵族割据势力代表的政权。这两股力量主要是配合，也有矛盾，没有合成一股。中国这个多民族统一大国，秦汉以后结束了诸侯割据，不像欧洲长期诸侯国林立、政教双轨。中国自10世纪以后，建成了儒教，形成了完整的政教合一的封建机制，皇帝是教主，教主也是皇帝，欧洲皇帝即位，要教皇加冕才算取得上帝的批准，中国的皇帝即位，自己给自己任命就够了，历代皇帝的诏书都自己宣称“奉天承运”。政教合一，政教不二，是中国国家的特点，也是中国宗教的特点。由于中国缺少了西方的产业革命，缺了文艺复兴以后长期反封建的过程，封建思想的根子扎得既深且广，它不仅表现在哲学思想方面，也深入到人们的生活方面，政治生活（如忠君）、家庭生活（如孝）、宗族生活（如拜祖先、尊族权）。这些思想对团结群众、抵抗外来侵略、稳定社会秩序、增强民族凝聚力诸多方面都曾起过积极作用。长期分散经营的自然经济、小生产的封建社会得以长久维系，与儒教思想的凝聚作用有不可分割的关系。

三、中国哲学如何走向世界

我国学术界经过长期观察比较，流行一种看法，认为中国哲学与西方哲学不同，中国重综合，善于从整体观点看问题；西方哲学重分析。这种看法可谓事出有因，事实上确有此种现象。重综合，有整体观念，应当看作近代科学出现以前共同的特点。近代科学出现，最先建立功绩的是分类学。因为科学实验、观察，最有效的手段是从整体中截取一部分，放在特定的、有控制的环境中试验，反复考察试验，直到用同一方法，在同一条件下得出的结论相同，证明这个结果是可信的，可以放诸四海而皆准。西方的医学发展得力于解剖学，生物学的进步得力于植物分类学，有了显微镜产生了细胞学，有了望远镜推进了天文学，通过长期大量的生物考察创建了进化论。

分门别类越来越细，对于某一门类的认识越来越深。这是 19 世纪到 20 世纪科学发展的总趋势，18、19 世纪欧洲出现了大物理学家、化学家，20 世纪由于学科分类过细，再也不可能产生全能物理学家、化学家。因为物理学研究者只能精通物理学中的一个门类一个分支，不可能产生全能物理学家。

20 世纪末，出于社会生产的需要、制造产品的需要，社会要求将极端分散的众多学科集中起来，合成一个产品。一部汽车的零部件多达万种，后来导弹、原子弹的制造，分工更细，要求的综合程度更高。由分散到综合，跨学科、多学科协作将是 21 世纪学科的大趋势。看来中国哲学的喜欢综合、从整体考察的思维模式会重新引起人们的重视。

我们从事中国哲学研究的人，好像可以以逸待劳，赶上了好机会。现在还不要过分高兴。因为现代社会要求的综合、整体观，是经过近现代科学几百年精密分析、细致分工的基础上更高一级的综合，不是中世纪原始状态的混沌、笼统，混沌是分析以前的一种朴素状态。试以中医为例。中医有很好的临床经验，有些验方很灵验，但中医将要在21世纪取得大发展，走向世界，为世人所接受，却必须经过近代分析化学、近代生理、解剖学、生物学的洗礼，把《黄帝内经》中朴素直观的五行、阴阳、三焦、虚实表里等辨证施治的经验，用科学语言表达出来，才可以丰富医学知识，为全人类造福。

中国哲学也面临这样的处境。只是与医学科学不同，任务更艰巨，涉及学科更广。

四、中国哲学前途无限

文化交流是文化发展的生命所系。按照交流的通则，总是文化高的一方影响文化低的一方，文化低的一方则处于被支配的地位。没有文化的民族，在世界民族之林没有发言权。科学文化落后要挨打，受奴役。

每一个有良心、向往美好理想、维护正义的民族，处在不美满、不合理的现实世界，将何以自处？中华民族向往的“大同”世界必将来临，但要在“大同”世界来临之前先要做到自存自保。我们尊重其他民族文化的生存权利，也要保持住中华民族文化的生存和发展的权利。不可忽视文化交流中的势差现象。世界“大同”之前，自己民族有先被消融的危险。

经过近代到现代，西方哲学与自然科学一样，也是走越分越细的道路。当初哲学从宗教分离出去，还包括一部分宗教功能，试图解决人生归宿，终极精神安慰，人人都遇到的困惑。还有一些社会不平等造成的心理不平衡等问题，都曾要求哲学来答复、解释。后来，终极精神的安慰由宗教去解决，心理不平衡由心理学分担；伦理学与法学彻底分开，避开法律制度，法律学追求纯理论的探索。哲学本来与生活十分贴近，却逐渐远离生活，陷入概念分析、语言分析的狭窄地带。20世纪的西方哲学已面临萧条局面，因为它成为哲学家的纯思维训练，以致成为思维游戏。因为它远离生活，不能解决人们的最大困惑，倒是西方的宗教得以大行其道，西方欧美的高等院校的哲学系相当冷落，而宗教系门庭兴旺。这种现象足以发人深思。

中国哲学本来脱离中世纪哲学不太远，它一直干预生活、深入生活，在古代曾起过积极作用。进入近代社会后，由于没有洗尽封建残余影响，个人的权利不被重视，合理的物质要求得不到合理的对待，轻视科学技术，以贫困为荣，以生活富裕为精神堕落的契机，把农村田园贫困生活当成改造思想的课堂，把城市现代文化看成罪恶的渊薮。在马克思主义受到歪曲，极“左”思潮泛滥时期，哲学思想一度与现代社会背道而驰，对资本主义带来的弊端没有克服的信心，缺少治理的办法。这种精神状态根本缺乏建设有中国特色社会主义的勇气。

中国哲学遇到了前人没有遇到的机遇。历史留下的文化遗产十分丰厚，只是过去没有人花力气坐下来认真研究它，缺少细入毫芒的科学分析功夫，有时捧到天一样高，不敢触动它一根毫毛；有时弃置不顾或一脚踢开，贬斥得一无是处。这两种偏向是我们这一代人的切身经历，这类错误不能再犯。

文化有继承性，不能白手起家，传统文化是抛不掉、打不烂的。“文化大革命”中曾捣毁曲阜孔林孔庙。这样疯狂行为恰恰是披着马克思主义外衣的封建迷信的泛滥，借打孔子之神，造马列之神。

中国哲学的封建主义的深层次的问题清理得不够，还要继续清理，我们责无旁贷。

世界各种思潮一齐涌来，我们对它们要鉴别取舍，要有一个消化吸收的过程。为了鉴别取舍，首先要提高我们的文化识别本领，才不致上当受骗。有的人到外国取经，正赶上某种学说流行（流行的未必是真经），即使是真经，他们用得上，中国拿来是否适用，还要通过实践检验。“五四”以后，我们移植外来学说，有成功经验，也有失败的教训。这些经验和教训都是可贵的教材。

西方哲学发展，由混沌到分析，又由分析到综合，看来这是21世纪的大致轮廓。对中国哲学来说，我们不能安于自己的混沌、综合，认为比西方的分析更高明，这是一种误解。有人讲今天电子计算机的二进制法，《易经》早已讲过了；火箭发射原理，宋代早已发明，只是西方火箭飞得更高而已。这是极端无知有害的说法。从混沌的统一，经过近代科学分析的洗礼，再进行综合，这个否定之否定（黑格尔说的正—反—合）的认识步骤必不可少。融会中西，经过新的否定之否定的必由之路，从宗教分离出来的哲学，今天要以崭新面貌，接过当年宗教曾担负过的职能，化解人们的心理精神困惑，解答人生的终极追求和终极关怀问题。未来的哲学要干预生活、深入生活，提高人们的精神境界，使人性的优点、特点，得到充分教养，全面发展。哲学要解决人类最自由的追求，最大的精神安适。人类社会生活中总会遇到疑难问题，要通过自己的力量来对待，如果不图侥幸，不靠神仙皇帝，那只有靠哲学，哲学必将与人类共存。我相信，到了“大同”社会，国家机构自然消亡后，哲学还要继续存在下去。

哲学必将与人类共存*

中国哲学与西方哲学

21 世纪，最明显的特征是在经济生活中的全球一体化，在政治生活中的世界多极化。在文化生活中，人们正在探索一条从未走过的路，既不可能一体化，也不可能满足于目前某些强国推行的双重的多标准的失序状态。哲学是追寻真理，追求真理，探索人生安身立命的一门学问，不能没有自己的立足点，应当有自己的标准。

中国哲学带有中华民族的民族性、地区性。“多民族统一大国”是几千年来的国情。这个国情显示着中华民族的思想文化、生活准则、宗教信仰、伦理规范、风俗习惯、政治制度的综合体。这个综合体决定着中国哲学的全部内容。观察中国的历史，研究中国的哲学，都不能不以此为出发点，又落脚到这个出发点。中国哲学必然带有中国的民族特点、历史文化特点，反映它的祈向和理想。

我国学术界经过长期观察比较，流行一种看法，认为中国哲学与西方哲学不同。中国哲学重综合，善于从整体观点看问题；西方

---

* 原载《文明》2002年第6期。2009年第8期重载。

哲学重分析。这种看法可谓事出有因，事实上确有此种现象。重综合，有整体观念，应当看作近代科学出现以前共同的特点。近代科学出现，最先建立功绩的是分类学，因为科学实验、观察，最有效的手段是从整体中截取一部分，放在特定的、有控制的环境中试验，反复考察试验，直到用同一方法，在同一条件下得出的结论相同，证明这个结果是可信的，可以放诸四海而皆准。西方的医学发展得力于解剖学，生物学的进步得力于植物分类学，有了显微镜产生了细胞学，有了望远镜推进了天文学，通过长期大量的生物考察创建了进化论。分门别类越来越细，对于某一门类的认识越来越深。这是19世纪到20世纪科学发展的总趋势。18世纪和19世纪欧洲出现了大物理学家、化学家，20世纪由于学科分类过细，再也不可能产生全能物理学家、化学家。因为物理学研究者只能精通物理学中的一个门类一个分支，不可能产生全能物理学家。

20世纪末，出于社会生产的需要、制造产品的需要，社会要求将极端分散的众多学科集中起来，合成一个产品。一部汽车的零部件多达万种，后来导弹、原子弹的制造，分工更细，要求的综合程度更高。由分散到综合，跨学科、多学科协作将是21世纪学科发展的大趋势。看来中国哲学的喜欢综合、从整体考察的思维模式重新引起人们的重视。

我们从事中国哲学研究的人，好像可以以逸待劳，赶上了好机会。现在还不要过分高兴。因为现代社会要求的综合、整体观，是经过近现代科学几百年精密分析、细致分工的基础上更高一级的综合，不是中世纪原始状态的浑沦、笼统，浑沦是分析之前的一种朴素状态。试以中医为例。中医有很好的临床经验，有些验方很灵验，但中医要在21世纪取得大发展，走向世界，为世人所接受，就必须经过近代分析化学、近代生理、解剖学、生物学的洗礼，把《黄帝内经》中朴素直观的五行、阴阳、三焦、虚实表里等辨证施治的经验，用科学语言表达出来，才可以丰富医学知识，为全人类造福。

中国哲学也面临这样的处境。只是与医学科学不同，任务更艰巨，涉及学科更广。

交流发展　前途无限

文化交流是文化发展的生命所系。按照交流的通则，总是文化高的一方影响文化低的一方，文化低的一方则处于被支配的地位。没有文化的民族，在世界民族之林没有发言权。科学文化落后要挨打，受奴役。每一个有良心、向往美好理想、维护正义的民族，处在不美满、不合理的现实世界，将何以自处？中华民族向往的“大同”世界必将来临，但要在“大同”世界来临之前先要做到自存自保。我们尊重其他民族文化的生存权利，也要保持住中华民族文化的生存和发展的权利。不可忽视文化交流中的势差现象。世界“大同”之前，自己民族有先被消融的危险。

经过近代到现代，西方哲学与自然科学一样，也是走越分越细的道路。当初哲学从宗教分离出去，还包括一部分宗教功能，试图解决人生归宿、终极精神安慰、人人都遇到的困惑。还有一些社会不平等造成的心理不平衡等问题，都曾要求哲学来答复、解释。后来，终极精神的安慰由宗教去解决，心理不平衡由心理学分担，伦理学与法学彻底分开，避开法律制度，法律学追求纯理论的探索。哲学本来与生活十分切近，却逐渐远离生活，陷入概念分析、语言分析的狭窄地带。20世纪的西方哲学已面临萧条局面，因为它成为哲学家的纯思维训练，以致成为思维游戏。因为它远离生活，不能解决人们的最大困惑，倒是西方的宗教得以大行其道，西方欧美的高等院校的哲学系相当冷落，而宗教系门庭兴旺。这种现象足以发人深思。

中国哲学本来脱离中世纪哲学不太远，它一直干预生活、深入生活，在古代曾起过积极作用。进入近代社会后，由于没有洗尽封建残余影响，个人的权利不被重视，合理的物质要求得不到合理的对待，轻视科学技术，以贫困为荣，以生活富裕为精神堕落的契机，把农村田园贫困生活当成改造思想的课堂，把城市现代文化看成罪恶的渊薮。在马克思主义受到歪曲的极“左”思潮泛滥时期，哲学思想一度与现代社会背道而驰，对资本主义带来的弊端没有克服的信心，缺少对治的办法。

中国哲学遇到了前人没有遇到的机遇。历史留下的文化遗产十分丰厚，只是过去没有人花力气坐下来认真研究它，缺少细入毫芒的科学分析功夫，有时捧到天一样高，不敢触动它一根毫毛；有时弃置不顾或一脚踢开，贬斥得一无是处。这两种偏向，是我们这一代人的切身经历，这类错误不能再犯了。

世界各种思潮一齐涌来，我们对它们要鉴别取舍，要有一个消化吸收的过程。为了鉴别取舍，首先要提高我们的文化识别本领，才不致上当受骗。有的人到外国取经，正赶上某种学说流行（流行的未必是真经），即使是真经，他们用得上，中国拿来是否适用，还要通过实践检验。“五四”以后，我们移植外来学说，有成功经验，也有失败的教训，这些经验和教训都是可贵的教材。

西方哲学发展，由混沌到分析，又由分析到综合，看来这是21世纪的大致轮廓。对中国哲学来说，我们不能安于自己的混沌、综合，认为比西方的分析更高明，这是一种误解。有人讲今天电子计算机的二进制法，《易经》早已讲过了；火箭发射原理，宋代早已发明，只是西方火箭飞得更高而已。这是极端无知有害的说法。从混沌的统一，经过近代科学分析的洗礼，再进行综合，这个否定之否定（黑格尔说的正—反—合）的认识步骤必不可少。融会中西，经过新的否定之否定的必由之路，从宗教分离出来的哲学，今天要以崭新面貌，接过当年宗教曾负担过的职能，化解人们心理精神困惑，解答人生的终极追求和终极关怀问题。未来的哲学要干预生活、深入生活，提高人们的精神境界，使人性的优点、特点，得到充分教养，全面发展。哲学要解决人类最自由的追求，最大的精神安适。人类社会生活中总会遇到疑难问题。要通过自己的力量来对待，如果不图侥幸，不靠神仙皇帝，那只有靠哲学，哲学必将与人类共存。

毛泽东哲学是继承和发展中国传统哲学的新哲学*
——高令印《简明中国哲学通史》序

高令印先生的《简明中国哲学通史》即将出版，远道来函，要我为此书写一篇序。我与高令印先生学术上相知多年，他在中国哲学史领域从事多年的教学和研究，成绩斐然，得到同行的重视。他的文章时有创意，这里无须多说。我只就这部分文稿谈一点意见。

中国哲学发生发展在中国，它随着社会的变革带来了思想变革，涌现许多哲学家、哲学学派，他们的学说丰富了中国思想文化宝库。

中国哲学史思想之所以丰富多彩，除了内部原因，外来文化也引起中国哲学的变化。中华民族善于随时吸收先进的新思想，融合外来思想，及时形成新体系。在中国哲学史上，秦汉不同于先秦，魏晋不同于两汉，原因在于能代表时代思潮，创造新形式，增加新内容。中国哲学史上最大的一次变革是把外来的印度佛教思想改造成中国佛教，又把中国佛教与本土的道教、儒教结合，形成以儒教为主的三教会通的新体系。这一变革改变了中国哲学的旧面貌，铸成儒教新体系。这一体系在中国长期统治达一千多年之久。直到“五四”以后，中国与西方近代思想接触，中西文化交流，中国更

---

* 据高令印《简明中国哲学通史》，厦门大学出版社，2002年11月版。

多地接触了西方文化，其中既有西方近代资本主义文化，又有欧洲新兴的马克思主义思潮。马克思主义输入俄国，引发了十月革命，创造了社会主义苏联政权。马克思主义传入中国，经过了几十年的吸收融会，形成了毛泽东思想。

自从马克思主义中国化以后，为中国哲学思想增加了新内容，即毛泽东思想。过去的中国哲学史著，只讲中国本土的哲学自身的传承流变，把毛泽东思想归入马克思主义哲学，让它自成体系。高令印先生新著的《简明中国哲学通史》正式把毛泽东思想纳入中国哲学史序列，这是中国哲学史研究的一次创举，一次意义重大的变革。不包括毛泽东哲学的中国哲学史是不完整的。

毛泽东哲学是继承并发展中国传统哲学的新哲学。毛泽东哲学决不能看作单纯地从外国引进的西方思想，而是在中国原有的基础上融入了西方马克思主义的新思想体系。马克思主义是历史的产物，必然受历史的局限，毛泽东哲学既纳入中国哲学史众多哲学家的序列，人们对它也要像对待古往今来的一切哲学家一样，供人们学习研究，研究它的形成发展的规律。这是一项十分困难，是必须不避艰险去完成的重要任务。愿哲学界大家共勉，加强研究，使之深化。

高令印先生要我为此书写一篇序，我认为他这本书把毛泽东哲学列入中国哲学史，使中国哲学史开了新生面，值得欢迎。

2002 年 4 月 1 日

我国哲学发展的正道*

新世纪新阶段，我国社会主义现代化建设和中华民族的伟大复兴展现出光明前景，我国哲学发展也迎来了黄金时期。继往开来、立足生活、提倡争鸣、确立规范，是我国哲学发展的正道。

在社会大变革、大发展的时代，人们常说“继往开来”。如果认真追问一下，只要承认哲学的发展观，就无处不是“继往”，无处不是“开来”。看得见的和看不见的变化，生生不息，数不胜数。文化是有机体，也有它的生命，随时在继往开来，从未停止。承认这种事实，就不难看出，“继往”继的是五千年来的中外一切哲学成果；“开来”开的是社会主义新文化、新哲学。文化有继承性。这是现象，也是规律。在极“左”思潮泛滥时期，曾提出过“与一切传统思想彻底决裂”。事实上，这是办不到的。孔庙的石碑砸破了不少，但一些人头脑中的封建专制思想依然存在。这说明，我们只能批判地吸收前人的成果来创建新业绩，只能在已有的基础上不断前进，而不是推倒重来。文化建设不能“白手起家”。

哲学是文化的精华部分（不少民族有着丰富独特的文化而没有哲学），文化来源于生活创造，哲学则是对生活创造的精神产品进

---

* 原载《人民日报》，2004年9月10日。

一步的反思、确认、提炼、组织、构建。哲学体系成长很慢，但它一旦形成，就可以影响千千万万人的生活方向，形成生活准则、社会准则。大到立国之本，小到为人处世，都与哲学有关。没有哲学的民族是没有前途的民族。我国的哲学工作者不可妄自菲薄，而有责任把我国的哲学研究好、发展好，使全社会认识到哲学的重要作用，脱离愚昧，启迪智慧。

哲学发展的最好方式，也许是唯一方式，是交流与争鸣。揆诸中外，概莫能外。我们应当倍加珍视争鸣，善于利用争鸣，积极营造争鸣的环境。珍视争鸣，就要对不同学术流派、学术观点予以宽容，听对方把话说完。真理只有一个，走向真理、发展真理的路径不止一条。“非此即彼”的两分思维方式，只能阻碍学术的健康发展。无疑，学术交流的渠道今后会更通畅，这是有利的条件。但与交流渠道通畅同步，我们自己鉴别是非真伪的本领也要相应提高，这样才会从交流中受益。鉴别本领不高，将会被迫或盲目接纳伪劣文化，不但不能受益，反而会交流越多受害越大。

建立学术规范，维护科学尊严，纠正浮躁不实、急功近利的短视行为，也是我们共同的责任。有两点似应成为学界的共识：第一，讲自己懂得的问题。专家不是万事通，不能什么都讲。第二，讲自己同意的话，尽量不说违心的话。学术著作是精神文化产品，它的寿命应尽可能延长一些。如果拿不准、想不通，宁可不说，而不能以其昏昏，使人昭昭。

建设中华民族共有精神家园*

——中国哲学的未来

一、中国哲学的特点

“哲学”这个词中国过去没有，在1903年以前都没有，但关于哲学的问题是有的。我们现在的教科书里面讲的大都是近代西方的哲学及标准，意思说哲学是研究思维与存在的关系。这个定义对西方哲学来说是有意义的，但是对中国哲学来说就不完全是这样了。司马迁在《史记》中说，他写这部书是“究天人之际”，就是探求人和自然的关系，这一条恰恰是中国哲学要解决和研究的问题。古希腊有“爱智”，“智”包括很广，社会政治、自然，还有哲学都属于“智”。后来希腊的哲学思想就提出做学问没有什么目的，而是要每一个人认识他自己，这是研究人的问题。提出人要认识自己，这是一个很大的进步。为什么这样说呢？人类要生存，首先要解决认识自然的问题，人的进步也是从认识自然开始的。人的衣食足了

* 原载《光明日报》2007年12月13日第10版。

以后，他要考虑更多的问题，哲学总是从先解决温饱以后才产生的。所以当人开始认识自己的时候，是很大的进步。

哲学的产生是有条件的，要有一定文化的基础。每一个民族都有自己独特的文化，而且每一个民族的文化都对世界文化宝库有所贡献。比如诗歌、舞蹈、饮食、服装，这些都包含有文化内容。但是哲学不同，哲学是抽象思维，不是认识一件一件具体的事物，它是要抽象到涵盖面更广的领域和范围。每一个民族都有它的独特文化，但不能说每一个民族都有哲学，没有文字的民族就没有哲学，这是哲学的抽象意义决定的。过去我在云南少数民族地区做社会调查，发现那里的人们对好坏、大小这样的概念可以理解，但是对“仁、义、礼、智”这个程度的概念就很难理解。哲学有更高的抽象思维，比一般的科学还要更抽象一些。西方有的学说认为哲学是一个高入云霄的概念，也就是说随着科技的发展，很多的哲学都要解决一个问题的，这是它的任务。哲学“究天人之际”，将自然、社会、人生都包括在里面，它又不是针对具体的某一个问题，但任何问题如果缺少了哲学的指导，就会出问题。哲学有一种看不见的用处，就是中国人说的“无用之用”。哲学能盖工厂、盖房子吗？都不行。但哲学与社会活动、社会生活以及社会的需要是分不开的。如果哲学脱离社会和现实生活，不能解决实际生活中的问题，那这样的哲学就没有尽到它的责任，就不够格。我看到中国人对哲学的定义范围与西方近代不同。宋朝的哲学家张载说一个读书人的任务是“为天地立心，为生民立命，为往圣继绝学，为万世开太平”，这是最高的目的，这个目的就中国的哲学家来说是一个很重要的定义，很多哲学家、很多种中国哲学史也提出这个定义。在西方看来这个是哲学问题吗？“为万世开太平”是政治家的事情，“为天地立心，为生民立命”是宗教的事情，他们总是觉得不一样。

在西方，中世纪的时候，哲学和神学没有分开，一切的学问都属于神学，哲学是神学的奴婢，神学统管哲学，哲学比神学低一层。随着人类对自然认识的深入，各门学科分类越来越细，自然科学分物理、化学、生物等等，哲学也分美学、伦理学、认识论、价值论、方法论等等。中国的哲学为什么没有分那么细呢？因为西方“文艺复兴”以后自然科学逐渐发达，使用的机器也越来越多，手工业开始发展，开始有手工业的工厂，劳动者集中，分工细致，这使社会科学的研究发展方向分散，哲学与宗教就分开了。中国封建社会维持时间特别长，但资本主义兴起比西方迟，缺少西方的“越分越细”的一个历史的过程，中国哲学一开始就宏观地看思想的发展和存在。

中国哲学讲综合，西方哲学讲分析，这种说法不算错。但是有一点必须提醒大家，就是西方哲学的分析也是跟现代的科学分类和科学发展分不开的，中国缺少了这一段历史，因此它讲“分”就讲得少，而且分类不像西方这么细，这都是社会历史发展阶段的差异造成的，不是说生来就是这样的。从历史发展阶段来看，西方的苏格拉底、柏拉图的时代就相当于中国的孔、孟时代，人类认识自己都大致有这样一个过程。

中国的哲学还有一个特点，就是它始终跟宗教密切结合。西方有一个政治和宗教分离的过程，教权、政权这两者是对立的、有矛盾的，教权的地位比政权高，实际控制的地位和影响比较大。拿破仑在欧洲是英雄，他当皇帝要教皇给他加冕，皇帝地位才合法，政权和教权是分离的。中国政权和教权从秦汉以后一直是结合在一起的，中国的政治和宗教也是结合在一起的，皇帝是天子，天子是上帝的儿子，是宗教的名称。在外国，天子是耶稣，国王不是天子。中国的政权巩固也跟这个制度有关系。10世纪以后在教育制度上，“四书”代替了“五经”，成为全国通用教材，任用官员必须经过“四书”的考试，官吏同时具有教职人员的身份，中央统治就更稳定了。多民族、统一的大国的好处就是内部没有战争，它的弊病也就是出在这里。那时中国自认为是世界的中心，只有中国是最好、最强的，所以在这期间中国的哲学发展有一段停滞时期。当时老百姓的要求和权利也就没有机会表达，人们的痛苦也就没有机会改变。这时中国是靠圣人、圣君来治理国家的，这种状况也不利于哲学发展，哲学要不断地接触新的事物、阶段地解决新问题才能发展。但在中国古代，你只能照古代圣人说的去做，不能改变，甚至有怀疑圣人的想法都是有罪的。比如说孝，就不能问为什么要孝，问这个问题本身就有罪，因为孝是天经地义的。这就像西方的教徒问为什么要信上帝，有这样的怀疑就是犯罪。

可是科学是不断在发展的，政教不分的长期统治，这个流弊越来越明显——考试内容、教学内容陈旧，人们不接受新生事物，自我封闭。从鸦片战争以后，特别是五四运动以后，旧的哲学思想不那么灵了，从西方传来的新思想被人们广泛地接受。新思想的传播有一个特点，从南往北产生影响。太平天国起义是从广西开始的，康有为、梁启超是广东人，接下来的孙中山也是广东的，国民党改组是从广东开始的，第一次国共合作也是从广东开始。思想的进步必然要交流，广东是一个对外交流的大门，而此时的中国北方相对锢闭保守。近代以后，思想上南方比北方的影响大一些，就是这个道理。

二、中国哲学的发展阶段

下面我简单介绍一下中国哲学的发展阶段，可以分三个时期。

第一个阶段是导源期。这个阶段提出了好多问题：人类责任、人类社会的关系、人与自然的关系等问题都提出来了。导源时期哲学家们对人和天（包括人对自然）的关系产生了不同的看法，有的哲学家说天是不可抗拒的，是最高的命令者；也有的哲学家说人可以胜天。还有人性问题的争论，有的说人性善，有的说人性恶。这些争论都没有确切的结论，但是这些问题都涉及了。代表人物就是孔、孟、老、庄，孔孟算一个大的流派，老庄算又一个大的流派。孔孟更多的是从政治和统治阶层方面考论问题，怎么样解决人民的温饱问题。老庄注重自然，主张政府少干涉个人，希望个人的思想、行动自由多一些。后来有很多“家”，基本上从这两个主流派生出来的。我有文章讲过，孔孟是代表从政府管理者的立场观察世界，提出方案；老庄从劳动者的角度考虑，怎么样能过得自由一点，不受到政府过多的干涉。后来孔孟代表在朝的方面多一些，老庄代表在野方面多一些。过去中国的知识分子，同样一个人在朝的时候就讲孔孟，被贬官到了外地或者不当官退休了就讲老庄，同时具有这两种思想，像苏东坡、白居易，也在过朝，也在过野。他们既崇孔孟，也崇老庄。

进一步发展到了秦汉时期，哲学进入了第二个时期——奠基期。奠基期是从秦汉开始的，这是一个特殊的阶段。因为在春秋战国时期，列国分立，诸侯国家很多，武王伐纣的时候有八百多个国家参加，到了春秋只有几十个国家，到了战国时期只剩下了七个大国，国家之间最后兼并成一个国家——秦。秦朝统治时间很短。汉朝继起，统治时间长一些。

这个时期中国成为多民族统一大国，这是顺应时代和社会进步的需要。因为在战国时期，没有一年不打仗，老百姓不得安宁，战胜的也有损失，战败的损失更大。当时百家争鸣，许多学派提出不同主张。归纳一下这些不同的主张，他们都关心一个共同的问题，就是怎么样治天下。当时的天下不是指现在的世界，是指国家，如何把国家治理好、管理好。无论是孔孟还是老庄，他们都是在讲自己治理天下的主张，有一些主张强硬一点，有一些主张则缓和一点，不过有一个共同的要求就是要统一，诸子百家反映了那个时代的趋势。

统一以后对哲学有新的要求。秦汉统一非同寻常，因为国土面积太大了，南方从长江流域延伸到珠江流域，北方是黄河流域，这么大的一个国家，要实行有效管理，怎么把它管理好？汉武帝征求把国家治理好的方法，其中董仲舒的“天人感应”学说应运而生。这种学说认为天跟人是一个整体，人自身就是一个小天地，天上（自然）有的，在人身上也有所体现——人的眼睛代表日月、血脉代表江河、毛发代表草木森林，天与人是相配的。因此人做好事上天会有所反映，人做坏事上天会有所告诫。即使是皇帝，施行的政策好，上天就会有祥瑞；施政不好，上天就有灾难。当时也通过这一学说对统治者的作为有所制约。

“阴阳五行”是基于“天人感应”说法的一套框架。金、木、水、火、土，有互相克制的作用，也有互相辅助的作用。金克木，这是从生活经验提炼出来的，金属的刀子可以砍木头，水可以克火，火可以克金；反过来木可以生火，火可以生土，土可以生木。“五行”相生相克的知识作为一个框架，可以推广解释其他现象。比如说中医用“阴阳五行”的学说来解决治病的问题，人的脾胃属土、肝属木、肾属水等等。还有朝代的更替也是用“五行”来说明的。秦朝“五行”占水，接下来的汉朝就把自己作为土的象征，土可以克水，水来土掩嘛。而且颜色也不一样，秦朝上朝以黑色为尊贵，汉朝则以黄色为尊贵。这个体系从汉朝一直到后来很长的时间解释人们生活中的许多问题，给现实提供一个框架或说明。今天看来这种说明很粗糙，也不科学，可是在当时却起了很大的作用，它能够解答问题，成为一个体系。“阴阳五行”学说被董仲舒建立以后，长期影响着社会，这是现实社会的产物，当时的现实社会需要这么一个哲学，这个哲学可以解答当时社会的一些问题。这是第二个时期。

第三个时期是成熟时期。中国统一以后，多民族的国家形成了，战国时期的弊端没有了，生产可以稳定了，像长江、黄河这样的大河如果发生灾难，可以全国统一治理，外来的侵略可以组织全国的力量抵抗。像长城，可以动用全国的力量兴建。这样，物质建设、精神建设都取得了跨越。从汉朝开始，国家开始兴办学校，还开辟了丝绸之路，对外交流使人们的眼界扩大了。但是从秦汉到宋朝，威胁统治的问题不是出自下层的老百姓，而是出自上层统治者之间，他们不断发生宫廷政变，这时还没有建立一个稳定的统治制度和体系。从宋朝开始，哲学需要进一步为巩固中央政权服务，所以对人类社会的地位、国家的职能考虑得更多、更周到。比如说“四书五经”中，“四书”比“五经”的内容浓缩了，《论语》《孟子》《大学》《中庸》加起来不到三万字。这就说明我们的哲学慢慢自“五经”集中到“四书”。

“四书”中的《大学》特别强调教育的三个主要原则：一个是“明德”，一个是“亲民”，一个是“止于至善”。完善你的人格，造就一个完整的人。有八个详细的条目，从格物开始，致知、诚意、正心，这是内心的修养，推广开以后就是修身、齐家、治国、平天下，从内部到外部，使整个社会有一个框架。《大学》从天子到老百姓都给摆正了地位，制定了一个制度，这个变化是宋以前没有的。从宋以后，《大学》从上到下的中心思想，一个是忠，一个是孝，这两个观念深入千家万户，如果你不忠不孝，在社会上就没有立身之地。客观上这是适合于封建社会的要求，能稳定封建社会的秩序。忠、孝两个观念是中国社会自秦汉以后一路强调下来的，这两个关系的轻重有点变化。在汉魏以前，孝比忠的地位更重要一些。管仲参加战斗时经常打败仗，不是他没有勇气，而是家里有老母要照顾，不能拼死一战。可见那个时候，忠与孝相比，孝更重要。后来忠被放在更重要的位置，当忠、孝产生矛盾的时候，孝必须让位于忠。这也说明国家越来越集权。在汉唐的时候，君臣是坐而论道，都是坐着讨论问题。到了宋朝，宰相以下包括宰相没有坐着的。朱熹当过皇帝的老师，他老是发议论，皇帝不喜欢他，给他写了一个客气的指示，说你年纪大了，讲课也很辛苦，以后就别来了，就辞退他了。到了明清以后，君臣会面时站着都不行了，臣要跪着，跪着就不是讨论了，就是听命令。所以君权更为集中，哲学也进入了最后的停滞时期。这个时期国家比较统一，综合国力比较强，可是从明朝中叶以后，科学已经开始停滞不前。以前中国的科学是世界领先的，宋以后就开始停滞了，到明以后天文历法、日食月食都算不准了，西方的科技开始超过了我们，西方资本主义萌芽了。

三、中国哲学的未来

将来中国哲学的前途与中国的国家命运是合在一起的，因为中国哲学始终离不开实际，离不开社会问题，哲学必须结合实际。马克思没有讲哲学原理，他的《资本论》就体现了哲学，具体地进行分析，实事求是地来说明一个社会，他不会回避问题。

我认为现在社会的转型时期就是我们正在吸收各种文化，总结自己的文化，来展望将来、创造未来。将来我们要寻找一个新的思想体系，应该是吸收世界所有先进文化融合成有中国特色的哲学，现在它正在形成中，还很不成熟。因为第一，中国自己的哲学我们现在没有一个明确的答案。我们有几千年的哲学没有整理透。有一些哲学家个人的著作里面写出自己的看法，真正讲到一个哲学应该是有生命的，有很多人接受它，很多人支持它、了解它，这样的哲学寿命就长。一个哲学家的书可以成为畅销书，但是不能指导社会。中国现在首先要积累资料，这是第一步，有了完备的资料，下结论就可以放心，中国自己正在做。外国情况怎么样？我们比中国哲学知道得更少，因为留学生到外国去要看当时流行的思潮，是什么思潮才带回来什么样的思潮，这是照搬。我们也照搬过不少，但都是不成功的。哲学不是靠照搬，而是要靠实践的考验，哪些是正确的，哪些经得起实践的考验，实践是检验真理的唯一标准。

经过近代到现代，西方哲学与自然科学一样，也是走越分越细的道路。当初哲学从宗教分离出去，还包括一部分宗教功能，试图解决人生归宿、终极精神安慰等人人都会遇到的困惑。还有一些社会不平等造成的心理不平衡等问题，都曾要求哲学来答复、解释。人生终极精神追求由宗教去解决，心理不平衡由心理学分担。本来与生活十分贴近的学问（哲学）都逐渐脱离生活，陷入概念分析、语言分析的狭窄地带。

中国哲学本来离中世纪哲学不太远，它一直在干预生活，在古代曾起过重要作用。进入近代社会后，由于没有洗尽封建残余的影响，个人的权利不被重视，合理的物质要求得不到合理的对待，轻视科学技术，以贫困为荣，以生活富裕为精神堕落的诱因，把农村田园贫困生活当成净化思想的课堂，把城市现代化看成罪恶的渊薮。在极“左”思潮泛滥时期，哲学思想一度与现代社会背道而驰，对资本主义带来的弊端没有克服的信心，缺少对应的办法。对封建社会的不适应现代社会的流弊不予重视，这种精神状态根本缺乏建设有中国特色社会主义的勇气。

中国哲学的前景无限广阔。因为我们有前人没有遇到的机遇，有前人留下的丰厚遗产。文化遗产早已存在，只是过去没有科学地对待它，有时捧到天一样高，不敢触动它一根毫毛；有时贬斥得一无是处。这两种偏向，我们这一代人都有切身经历。文化有继承性，不能白手起家，传统文化是抛不掉、打不烂的。“文化大革命”中曾捣毁曲阜孔庙，这种疯狂行为恰恰是披着马克思主义外衣的封建迷信的泛滥。中国哲学的封建主义的深层次的问题清理得不够，我们责无旁贷。

世界各种思潮一齐涌来，我们对它们要鉴别取舍，还要有一个消化吸收的过程。为了鉴别取舍，要提高我们的文化识别本领，才不致上当受害。有的人到外国取经，取经者正赶上某种学说流行，取回的未必是真经。即使是真经，他们用得上，拿来是否对我们适用，还要通过实践检验。“五四”以后，我们有成功的经验，也有失败的教训。这些经验和教训都是可贵的教材。

西方哲学发展，由混沌到分析，又由分析到综合，看来这是21世纪的大致轮廓。对中国哲学来说，我们不能安于自己的混沌、综合，认为比西方的分析更高明，这是一种误解。有人讲今天电子计算机的二进制法，《易经》早已讲过了；火箭发射原理，宋代早已发明，只是西方火箭飞得更高而已。这是极端无知的说法。从原始混沌的统一，经过近代科学分析的洗礼，再进行综合，这个否定之否定（黑格尔说的正—反—合）的认识步骤必不可少。融会中西，经过新的否定之否定的必由之路，从宗教分离出来的哲学，今天要以崭新面貌，接过当年宗教担负的职能，化解人们的心理和精神负担，解答人生的终极追求和终极关怀问题。未来的哲学要干预生活、深入生活，提高人们的精神境界，使人性的优点、特点得到充分陶冶，全面发展。哲学要解决人类最自由的追求、最大的精神安适。人类社会生活中总会遇到问题，要通过自己的力量来对待一切发生的疑难问题，如果不图侥幸，不靠神仙皇帝，那只有靠哲学，哲学必将与人类共存。我相信，到了“大同”社会，国家机构自然消亡后，哲学还要继续存在发展。

哲学的使命是指导整个人类怎么生活，不是指导哪一个人，使整个社会、整个人群受益，不是哪一部分人受益。过去董仲舒的哲学指导汉朝四百多年，现在我们的哲学应该有更长久的效益。未来是酝酿和准备阶段，我们正在转型之中，希望大家共同努力，共同把转型期的工作做好。

附：问　答

提问：任老您好！您在一些著作中提到中国的儒学也是一种宗教，因为儒教有它的信仰，忠、孝，讲“三纲”，在中国的传统社会中有这样的儒教形式。但是随着现代社会的发展，人们对这种儒教的信仰发生质疑。您认为现在儒教是否还是中国环境中的一种宗教形式？

任继愈：在辛亥革命以后，消灭了帝制，废除了皇帝，没有“教皇”，儒教组织就不存在了，为“教皇”服务的各种机构都不在了。儒教这种教虽然没有了，但是它的思想影响还是有的，不过这种思想是封建社会时候的思想，在那个时候才有效。现在是新社会了，它的情况又变了。比如孝，它是对父母的服从和尊敬。过去的孝是一面的任务，是子女对父母要感恩、要图报。那父母对子女有没有责任？这是一点。再一个是社会和家庭变了，过去一个家长为什么有权威呢？因为一家人的生产、生活资料的分配由家长管。可现在父亲和儿子可能生活在两个地方，一个在北京，一个在上海，见面都很困难，而且独生子女多了以后，过一个团圆年都成问题，这些都是新的问题。人对父母哪有不尊重、不爱护的？可是现在社会生活变了以后，就影响了孝的实际操作，衡量标准也会有所改变。

孝还有一个副作用，家族观念和孝是连在一起的。我在农村也待过，一个村选支部书记，比如一个村叫王家庄，如果姓王的不当书记，换一个少数姓的人当，大家就不支持他。孝在今天的社会上应该是一种心理秩序的建立。美国人不讲孝，可是美国也有“孝”，它的孝是倒过来用的。父母对子女很关心，有义务，有法律保护，有社会舆论支持。父母如果打骂子女，轻则受罚，重则承担法律责任。子女对父母也很好，对父母有义务。我们提倡敬老，他们提倡爱幼，这也是一种孝。忠也是一样，看你忠是怎么个忠法，如果是盲目服从的忠，就是“文化大革命”要求的那种忠，那个忠是封建的东西。传统美德都有，都应该保持，可是怎么样使一个新的理解、新的解释可行，有可操作性，有社会等一系列其他的问题。

提问：任老您好！请问您对《易经》预测和“阴阳五行”的算卦怎么看？

任继愈：讲一点科学的问题。现在我们的科学发展得很了不起了，可以向太空发展了。可是我们的科学有一个缺点，中国科学与玄学的论战20世纪30年代就开始了，他们把数理化当作科学，社会、文学、艺术不叫作科学，其实这是人文科学，也是很重要的一种科学。现在外国人文科学发展得很少，现在我们看柏拉图、庄子、《论语》没有觉得很过时，为什么？就说明现在我们进步不大，没有像自然科学、太空、地下研究得那么深那么远。现在我们变成一条自然科学腿长，一条社会科学腿短。科学是一个整体，绝不光是自然科学，只会向自然索取已经遭到了报应，气候异常，未尝不跟这个有关系，因为破坏了平衡，这也是一个问题。贯彻落实科学发展观，必须包含人文科学和社会科学，如果缺了这一条腿的话，科学就不完整，这也是有待于我们进一步努力和加强认识的。

提问："四书五经"的利大还是弊大？

任继愈：至于"四书五经"的利大还是弊大，当时社会上不接受，有时当时是利，后来成为害。应该是不断与时俱进，这是历史地看它，比较公平一点。

提问：中国哲学未来怎么样发展和指导人类社会发展？

任继愈：哲学不是强迫你信，你认为它好你就相信它，你认为它不好就不相信它，这是一种自然的选择，哲学不能强迫。

提问：能否对中国历史系的大学新生提出几点阅读建议？

任继愈：我觉得中国不光是大学新生，现在小学、中学到大学的教科书或者历史知识讲得太少，不够。美国的历史讲一年就够了，因为美国总共才两百多年历史。我们五千年也放在一年里面讲根本讲不完。而且我们中国有很多英雄人物，有克服困难的，有追求真理的，有创造发明的，有抵抗侵略的，有数不尽的英雄人物，每一个人物都值得讲一讲。小学、中学以讲故事为主，大学讲规律，这样对增强民族的自信心有好处。

提问：您认为哲学和宗教是怎样相互影响的？

任继愈：中国哲学跟宗教是分不开的，所以中国哲学的特点就是政教高度统一，它的作用就是导致了政治的高度稳定，但是也限制了事物的新的萌芽。资本主义萌芽在中国有好几次机会，都被打下去了。比如说修铁路，原来的路线经过曲阜，因为曲阜有孔子的坟墓在那里，所以拐了一个弯，现在曲阜人后悔了，这是当时的迷信影响历史的发展。

提问：您觉得哲学对现实生活的指导作用有哪些呢？

任继愈：哲学的指导有明显作用，首先是无用之用。可是它给人的好处是很多。现在我们简单地说，哲学从《周易》开始提出了两个重要的观点。一个是发展观，事物是变化发展的，走到极限就会走向它的反面。我看这个还是有它的道理的。还有一个全局观，这个很重要，看问题是全局着眼，不只看局部，这是哲学的一个基本观点。比如说我们一个现实项目，有可行性论证。我想可行性论证并不是错误的，也不能说它是假的，数据也不能说是假的，可是我们的哲学告诉我们，你看问题正面要看，反面也要看。还要有一个不可行性论证才全面。我记得白洋淀的围湖造田做了一个可行性论证，围湖以后产生多少稻米，第二年见效不是假的，可是对大环境和气候的破坏就没提到。哲学告诉我们要全面看。因为中国经济持续发展近三十年，我们的领导人都不是经济学家，都不是搞经济的，为什么能够提出这种发展方向呢？我们的哲学，包括马克思主义哲学是从全局来看，我们有政府的调控，政府的调控很起作用。《管子》就提出政府要起调剂的作用，完全交给市场是不行的。而且市场是很不公平的，如果没有合理的法规保护，任凭市场操作，结果会是劣货淘汰优货、假的淘汰真的。现在市场经济已经影响到我们学术界，假学问挤真学问，完全是靠交给市场一定糟糕，所以政府要调控引导。

哲学史是唯物主义和唯心主义、辩证法和形而上学的斗争史*

——《中国哲学史简编》绪论

全国人民热烈响应伟大领袖毛主席关于“认真看书学习，弄通马克思主义”的号召，正在掀起一个声势浩大的学习运动的新高潮。学习马克思主义、列宁主义、毛泽东思想，首先要认真攻读马列主义经典作家的原著，也需要学一点哲学史。毛主席在谈到学习马、列著作的问题时，提倡要读几本哲学史，包括中国哲学史、欧洲哲学史。毛主席这一重要指示，对于进一步深入开展批林整风，学会掌握辩证唯物主义和历史唯物主义的立场、观点和方法，加强党的思想理论建设，具有深远的意义。

在这里，根据我们学习毛主席指示的一些粗浅的体会，谈一谈对以下三个问题的看法：第一，学习哲学史的目的和意义；第二，在马列主义、毛泽东思想指导下学习哲学史；第三，中国哲学史的发展过程。

---

* 据《中国哲学史简编》，人民出版社，1973年7月版。1984年再版时删除了这篇绪论。

一、学习哲学史的目的和意义

首先，我们学习哲学史，是为了适应当前两个阶级、两条路线斗争的需要，提高识别真假马克思主义的能力，彻底认清林彪反党集团的反革命真面目，提高阶级斗争和路线斗争的觉悟。

林彪反党集团从历史上反动哲学的武库中寻找破烂的武器，用来作为向党进攻的罪恶工具。他们用剥削阶级的反动哲学来歪曲和篡改马列主义、毛泽东思想，宣扬唯心论的先验论，反对唯物论的反映论，鼓吹英雄创造历史的唯心史观，反对奴隶们创造历史的唯物史观，贩卖地主资产阶级人性论，反对马克思主义的阶级斗争学说。凡此种种，都是为他们颠覆无产阶级专政、复辟资本主义的反革命修正主义路线服务的，都是为他们篡党窃国的阴谋活动制造反动舆论的。要及时识破林彪反党集团反马克思主义的真面目，避免受骗上当，就必须认真学好马列主义、毛泽东思想，并了解哲学史上唯物论和唯心论两条路线的斗争，分清什么是唯物论，什么是唯心论。

哲学斗争是社会上阶级斗争的反映，它归根到底是为政治服务的。因此，离开阶级斗争，离开一定的政治路线，而侈谈什么哲学的“无党性”，纯粹是欺人之谈。列宁说：“不能不看到哲学上的党派斗争，这种斗争归根到底表现着现代社会中敌对阶级的倾向和思想体系。最新的哲学像在两千年前一样，也是有党性的。唯物主义和唯心主义按实质来说，是两个斗争着的党派，而这种实质被冒牌学者的新名词或愚蠢的无党性所掩盖着。”[1]无产阶级政党内两条路线的斗争，是阶级斗争在党内的反映，这种斗争不仅表现为政治上和组织上的路线斗争，而且也必然表现为思想上和理论上的斗争。共产主义运动的历史经验证明，一切机会主义路线的头子，从第二国际的修正主义头目们到中国的叛徒为了反对马克思主义的正确路线，除了在政治上和组织上提出和推行机会主义的纲领，总是要利用一套反动哲学来作为他们的机会主义路线的“理论”基础，与马克思列宁主义相对抗。哲学斗争从来就是路线斗争的一个重要方面，要彻底清算机会主义路线，就必须从理论上粉碎它所依据的反动哲学。马克思主义哲学作为无产阶级的革命世界观，也正是在两条路线的激烈搏斗中，通过对形形色色的反动哲学的批判和斗争而发展起来的。

全部哲学史就是唯物主义和唯心主义，辩证法和形而上学的斗争史。哲学上的两军对战，归根到底反映着社会上各个敌对阶级之间的利害冲突。从历史上来看，一般地说，唯物主义和辩证法往往是进步的社会阶级的世界观，经常被用来作为同反动阶级进行斗争的哲学武器；而唯心主义和形而上学则通常是反动阶级的世界观，总是充当巩固反动统治、欺骗和奴役人民的压迫工具。马克思主义的辩证唯物主义和历史唯物主义，是在无产阶级反对资产阶级的阶级斗争中，是在唯物主义和唯心主义、辩证法和形而上学的长期斗争中产生的。它是历史上最进步的阶级，即无产阶级的革命的世界观，是无产阶级改造世界的最强大的思想武器。一切机会主义路线的头子，作为钻进党内的资产阶级代表人物，也总是用唯心主义来反对

---

① 《唯物主义和经验批判主义》，《列宁选集》第二卷，人民出版社，1972年10月第2版，第365页。

唯物主义，用形而上学来反对辩证法，妄图从根本上推翻或篡改马克思列宁主义的理论基础。学习哲学史，就是要学会识别什么是唯物主义，什么是唯心主义，总结历史上唯物主义对唯心主义、辩证法对形而上学的斗争，从中吸取经验教训，以便更好地掌握这种斗争的规律，看清这种斗争的阶级实质。这对于我们今天坚持辩证唯物主义和历史唯物主义，批判林彪反党集团所散布的唯心主义和形而上学的反动谬论，无疑是有帮助的。

应该指出，一切机会主义者、修正主义者在哲学上是极端贫乏的，他们实际上拿不出任何像样的东西来。他们一贯掇拾地主资产阶级的唾余，从历史上的反动哲学中捡取唯心主义和形而上学的破烂，经过乔装打扮，冒充“最新的”哲学抛出兜售。修正主义的祖师爷伯恩施坦，在哲学上跟着资产阶级叫喊“回到康德去”的反动口号，妄图用康德的唯心主义哲学来“修正”马克思主义学说。俄国修正主义者波格丹诺夫之流，则拿出贝克莱和马赫的陈词滥调作为向马克思主义进攻的武器。林彪反党集团也并不例外，他们所贩卖的唯心论的先验论、“天才”论、唯心史观、人性论等等，也统统不是什么新鲜的货色，而只是中国和外国历史上的反动唯心主义哲学的老调重弹。林彪反党集团所鼓吹的反动哲学不是没有思想渊源的，它和历史上的唯心主义和形而上学反动哲学有着一脉相承的血缘关系，是用古今中外反动哲学拼凑成的乌七八糟的大杂烩。读几本哲学史，深挖林彪反党集团所贩卖的反动哲学的老根，就有助于进一步认清其假马克思主义的反动实质，彻底肃清其一切流毒。

通过学习哲学史，我们还可以增加关于历史上的阶级斗争的知识，可以进一步理解哲学斗争和阶级斗争的关系。哲学史是各个时代的阶级斗争在意识形态领域内的反映，哲学史上两条路线斗争的规律，也反映着阶级斗争本身的发展规律。历史唯物主义认为，“一切重要历史事件的终极原因和伟大动力是社会的经济发展、生产方式和交换方式的改变、由此产生的社会之划分为不同的阶级，以及这些阶级彼此之间的斗争”[①]。阶级斗争是推动社会发展的动力，归根到底也是推动哲学思想发展的动力。中国历史上大规模的阶级斗争，特别是从陈胜、吴广到洪秀全的许多次伟大的农民革命战争，对哲学思想的发展都发生了直接的或间接的影响。但是，属于社会上层建筑范畴的哲学，不仅受经济基础的制约，而且也对经济基础发生反作用，从而也对阶级斗争施加这样或那样的影响。例如，中国封建地主阶级的一套哲学，是特定的封建生产关系和阶级关系下的必然产物，但它又反过来对封建生产关系起反作用，替束缚人民的四大绳索做“论证”，成为巩固和维持封建关系的工具，从而对阶级斗争发生影响。学习哲学史，就是要弄清楚在各个历史时代哲学和阶级斗争的相互作用，了解哲学怎样为阶级斗争服务的。

读几本哲学史，对于我们在工作中端正认识，克服唯心主义、形而上学的思想方法，树立马克思主义认识论的观点，也是有益处的。列宁曾经指出，哲学史“简略地说，就是整个认识的历史”[②]。在整个人类认识过程中有许多经验教训，哲学史就是这些经验的总结。因此，为了发展和锻炼我们的思维能力，学习哲学史是个好办

① 恩格斯：《社会主义从空想到科学的发展》，《马克思恩格斯选集》第三卷，人民出版社，1972年5月版，第389页。

② 《拉萨尔〈爱非斯的晦涩哲人赫拉克利特的哲学〉一书摘要》，《列宁全集》第三十八卷，人民出版社，1959年9月版，第399页。

法。人的认识不是一条直线，而是无限地近似一串圆圈，近似于螺旋的曲线，而这个曲线的任何一个片断，如果被片面地当成独立的完整的直线，就能把人们引到唯心主义的泥坑。因此，唯心主义不仅有着深刻的社会阶级根源，而且也有其认识论根源。列宁说："从粗陋的、简单的、形而上学的唯物主义的观点看来，哲学唯心主义不过是胡说。相反地，从辩证唯物主义的观点看来，哲学唯心主义是把认识的某一个特征、方面、部分片面地、夸大地发展（膨胀、扩大）为脱离了物质、脱离了自然的、神化了的绝对。"又说："直线性和片面性，死板和僵化，主观主义和主观盲目性就是唯心主义的认识论根源。"[①] 所以列宁指出，唯心主义虽然无疑是"一朵不结果实的花"[②]，却是生长在活生生的人类认识之树上的一朵不结果实的花，它是经过人的无限复杂的认识的一个成分而通向僧侣主义的。因此，像形而上学的唯物主义者那样简单地把唯心主义宣布为谬误，而不去挖掘它的社会阶级根源和认识论根源，是不可能真正战胜和防止唯心主义的。恰恰相反，当他们从自然的领域转向社会历史的领域时，他们自己也陷入了唯心主义。要彻底战胜唯心主义并防止重犯唯心主义的错误，就必须一方面揭露它为剥削阶级利益服务的阶级本质，另一方面从认识论上弄清它是在什么地方失足的。在历史上，只有马克思主义哲学才能承担这个任务。马克思主义把辩证法应用于认识论，应用于认识的过程和发展，克服了形而上学的唯物主义的根本缺陷，从而也就在认识论上揭露了唯心主义的直线性、

① 《谈谈辩证法问题》，《列宁选集》第二卷，人民出版社，1972年10月第2版，第715页。

② 同上。

片面性和主观主义。读几本哲学史，了解在历史上人们由于不能以唯物辩证的态度对待认识的过程而犯的各种各样的唯心主义错误，了解辩证唯物主义怎样在认识论上批判和纠正了这些错误，就将有助于我们今天批判唯心主义，弄通马克思主义，懂得运用马克思主义认识论去分清路线是非。

早在三十多年前，毛主席就指示我们："从孔夫子到孙中山，我们应当给以总结，承继这一份珍贵的遗产。这对于指导当前的伟大的运动，是有重要的帮助的。"[①] 毛主席的这一指示在今天仍然具有巨大的现实意义。对于无产阶级的政党来说，研究历史是十分重要的，从孔夫子到孙中山，从考古发掘出来的乌龟壳到当代的共产主义，都统统要加以研究。我们学习和研究哲学史，当然不是"为历史而历史"，而首先是为现实斗争服务的。只要我们坚持理论联系实际，把历史的斗争同现实的斗争结合起来，力求"古为今用"，使"古"为"今"服务，就可以从哲学史中总结出许多有益的经验教训，应用于当前的路线斗争和阶级斗争。那种认为学习哲学史与现实斗争无关的错误看法，完全是没有根据的。

二、在马列主义、毛泽东思想指导下学习哲学史

那么，我们学习哲学史应当采取什么态度呢？

马克思主义认为，对待哲学遗产，也像对待一切文化遗产一样，

① 《中国共产党在民族战争中的地位》,《毛泽东选集》第二卷，人民出版社，1966年7月版，第499页。

必须采取批判地继承的态度。早在《新民主主义论》里，毛主席就已对这一马克思主义的方针做了纲领性的说明：

> 中国的长期封建社会中，创造了灿烂的古代文化。清理古代文化的发展过程，剔除其封建性的糟粕，吸收其民主性的精华，是发展民族新文化提高民族自信心的必要条件；但是决不能无批判地兼收并蓄。必须将古代封建统治阶级的一切腐朽的东西和古代优秀的人民文化即多少带有民主性和革命性的东西区别开来。中国现时的新政治新经济是从古代的旧政治旧经济发展而来的，中国现时的新文化也是从古代的旧文化发展而来，因此，我们必须尊重自己的历史，决不能割断历史。但是这种尊重，是给历史以一定的科学的地位，是尊重历史的辩证法的发展，而不是颂古非今，不是赞扬任何封建的毒素。对于人民群众和青年学生主要地不是要引导他们向后看，而是要引导他们向前看。[①]

这是对待以往文化遗产问题上唯一正确的马克思列宁主义路线，也是我们今天学习哲学史所必须遵循的指导方针。离开了毛主席所指示的这条路线，就必然要犯这样那样的错误。林彪反党集团为了推行反革命的修正主义路线，对抗毛主席的无产阶级革命路线，在对待文化遗产的问题上也蓄意反对批判继承的正确方针。他们在本质上一贯极右，竭力吸取和利用以往剥削阶级的反动思想来为他们的反革命阴谋活动服务。他们实质是全盘继承了中国哲学史上的一切反动糟粕，把它们作为搞资本主义复辟的工具，为他们实行地主

① 《新民主主义论》，《毛泽东选集》第二卷，人民出版社，1966年7月版，第667—668页。

买办资产阶级的法西斯专政制造反革命舆论。要贯彻执行毛主席制定的批判地继承文化遗产的无产阶级革命路线，就必须高举革命大批判的旗帜，彻底肃清林彪反党集团所散布的流毒。

列宁早就指出过批判地继承文化遗产对于建设无产阶级文化的重要性。列宁说："应当明确地认识到，只有确切地了解人类全部发展过程所创造的文化，只有对这种文化加以改造，才能建设无产阶级的文化，没有这样的认识，我们就不能完成这项任务。无产阶级文化并不是从天上掉下来的，也不是那些自命为无产阶级文化专家的人杜撰出来的。这完全是胡说。无产阶级文化应当是人类在资本主义社会、地主社会和官僚社会压迫下创造出来的全部知识发展的必然结果。"[①]列宁的这一重要指示，当然也完全适用于哲学。马克思主义哲学既不是从天上掉下来的，也不是凭空从头脑里想出来的，它是马克思、恩格斯总结无产阶级革命实践的经验，批判地继承以往哲学遗产，特别是德国古典哲学而得出的必然结果。正是在这个意义上，恩格斯说"德国的工人运动是德国古典哲学的继承者"[②]。

对于中国哲学的历史遗产，也有一个如何正确对待的问题。五四运动后，围绕着这个问题也曾展开激烈的斗争。在当时旧中国的半殖民地半封建社会条件下，买办资产阶级文人适应帝国主义对中国的文化侵略的政治需要，竭力用现代外国资产阶级反动哲学来歪曲中国哲学史，鼓吹唯心主义和形而上学，宣传奴化思想。此外，

---

① 《青年团的任务》，《列宁全集》第三十一卷，人民出版社，1958年8月版，第254页。

② 《路德维希·费尔巴哈和德国古典哲学的终结》，《马克思恩格斯选集》第四卷，人民出版社，1972年5月版，第254页。

还有一些封建余孽则标榜“国粹主义”，大肆鼓吹复古，主张尊孔读经，提倡旧礼教旧思想，反对新文化新思想。两者结成文化上的反动同盟，歪曲利用中国哲学史来为国民党反动统治制造反革命舆论，疯狂反对中国共产党领导下的文化革命。他们当然不可能正确地对待中国哲学的历史遗产。至于外国资产阶级学者，则由于他们带着强烈的阶级偏见和民族偏见，也往往有意吹捧中国哲学中的封建主义和唯心主义的糟粕，抹杀唯物主义和辩证法的优良传统。他们总是处心积虑地贬低中国哲学在世界哲学思想发展中的地位。例如，黑格尔就断言：“真正的哲学是自西方开始。”[①] 干脆否认包括中国哲学在内的东方哲学属于哲学史的范围。这些不值一驳的胡言乱语，适足见其对中国哲学的偏见和无知而已。事实上，中国哲学思想萌芽于商周时期，约与古希腊哲学同时进入了它的繁荣时期，往后延续发展二千余年，产生了许多光辉的唯物主义、辩证法和无神论思想，这在世界哲学史上也是少见的。这份丰富的中国哲学遗产，正有待于我们从马克思主义的立场去批判地加以总结。

当然，在所有的社会科学领域里，包括哲学在内，马克思主义的出现都造成了彻底的革命。马克思主义哲学的产生，是哲学史上最伟大的变革。马克思主义哲学是对以往一切剥削阶级哲学的最彻底、最坚决的否定，但这种否定不是形而上学的简单的否定，而是辩证的革命的否定。批判地继承就是要在否定对方的过程中发展和丰富自己。正如中共中央《通知》（1966 年 5 月 16 日）指出：“不破不立。破，就是批判，就是革命。破，就要讲道理，讲道理就是立，破字当头，立也就在其中了。”按其本质来说，马克思主义辩证法

① 参阅黑格尔《哲学史讲演录》。

就是批判的、革命的，它对一切剥削阶级的旧制度、旧思想、旧文化、旧习惯都要进行彻底的批判。《共产党宣言》说得很明白："共产主义革命就是同传统的所有制关系实行最彻底的决裂；毫不奇怪，它在自己的发展进程中要同传统的观念实行最彻底的决裂。"[①] 我们是一切旧世界的批判者，也是一切旧时代的批判者，一切传统思想和观念的批判者。如果离开了马克思主义的批判的立场去谈什么继承，用什么"抽象继承法"去维护和美化剥削阶级的旧事物、旧思想，那就必然会迷失方向，沦为封建主义、资本主义和修正主义思想的俘虏。

应该看到，对于无产阶级来说，一切哲学遗产在其现成的形式下都是不适用的。即使像黑格尔的辩证法那样含有"合理内核"的东西，也必须经过彻底的批判改造，把它从倒立的状态下颠倒过来以后，才能为无产阶级革命服务。因此，对于过去的哲学遗产，包括唯物主义和辩证法的卓越代表者的学说在内，无论是中国的还是外国的，我们决不能无条件地全盘接受，而必须从无产阶级的世界观来加以检验，根据"古为今用"的方针，经过认真的批判分析，剔除其糟粕，吸收其精华。对于在历史上起过反动作用而至今仍有流毒的唯心主义和形而上学思想，要特别作为批判的重点，彻底揭露其反动的阶级实质。对于历史上曾经起过进步作用的唯物主义和辩证法思想，也不能采取盲目崇拜的态度，无批判地硬搬和美化，而必须看到它们在当时历史条件下不可避免的局限性和剥削阶级的烙印。总之，我们要牢记毛主席的教导，对于文化遗产，"既不是

① 《共产党宣言》,《马克思恩格斯选集》第一卷，人民出版社，1972年5月版，第271−272页。

一概排斥，也不是盲目搬用，而是批判地接收它，以利于推进中国的新文化”[①]。

批判地继承以往的哲学遗产，首先要求我们贯彻马克思主义的阶级分析方法。毛主席教导我们：“在阶级社会中，每一个人都在一定的阶级地位中生活，各种思想无不打上阶级的烙印。”[②]哲学思想属于社会意识形态的范畴，它是上层建筑的一部分，虽然它与政治、法律相比，同经济基础的关系较远，因此往往不是直接地，而是间接地同它发生联系。但归根到底它仍然是为社会经济基础所决定的，也是为经济基础服务的。哲学思想产生于阶级社会业已形成的时期，根据迄今为止我们所掌握的最早的哲学思想资料，在西方开始于古希腊，在中国开始于商周，都是社会已初次分裂为阶级、奴隶制度业已确立的时代。因此，全部哲学史无例外地只是阶级社会里的哲学思想发展史。而在阶级社会里，任何一种哲学思想总是带着深刻的阶级的烙印，总是代表着（有时是公开的、直接的，有时是隐晦的、间接的）特定阶级的利益和需要，任何一个哲学家也无非是特定阶级的代言人。恩格斯指出：“正是马克思最先发现了伟大的历史运动规律，根据这个规律，一切历史上的斗争，无论是在政治、宗教、哲学的领域中进行的，还是在任何其他意识形态领域中进行的，实际上只是各社会阶级的斗争或多或少明显的表现。”[③]我们不能满足于描述表面现象，而应更深刻地揭示出哲学斗争的本质，弄清哲学

① 《论联合政府》，《毛泽东选集》第三卷，人民出版社，1966年7月版，第984页。

② 《实践论》，《毛泽东选集》第一卷，人民出版社，1966年7月版，第260页。

③ 《〈路易·波拿巴的雾月十八日〉一书德文第三版序言》，《马克思恩格斯全集》第二十一卷，人民出版社，1965年9月版，第291页。

思想发展的内在逻辑，那就必须掌握马克思主义的阶级分析方法。在充满着许多复杂的矛盾现象的阶级社会里，只有应用阶级分析的方法，才能找出各种事物发展的客观规律性。阶级分析的方法是研究阶级社会里一切社会历史现象的普遍适用的方法，也是唯一正确的最基本的科学方法。只要离开阶级分析方法一步，就必然会堕入资产阶级客观主义和唯心主义的泥沼。

马克思主义的阶级分析方法，要求我们必须对具体情况进行具体的分析。列宁把对具体情况的具体分析叫作马克思主义的“真髓”和“活的灵魂”。马克思主义不承认有什么抽象的真理，真理总是具体的，一切都依时间、地点和条件为转移。因此，我们绝不能够离开具体的历史条件去抽象地谈论阶级分析，这种做法本身就是违反马克思主义精神的，因为“在分析任何一个社会问题时，马克思主义理论的绝对要求，就是要把问题提到一定的历史范围之内”[①]。即以研究哲学史来说，就往往遇到一些非常矛盾而又错综复杂的现象，除非对产生这些现象的全部历史条件进行认真的研究，就不可能做出正确的判断。比如说，由于我国幅员广大辽阔，在奴隶制和封建制的统治下，各地区的政治、经济和文化的发展很不平衡。这种地区性的不平衡也反映在哲学思想的发展上。一般说来，先进的哲学和社会思想往往产生于阶级斗争激烈、新的生产关系的萌芽首先出现的地方。例如春秋时期代表新兴封建势力的朴素唯物主义思想和明、清之际代表新兴市民阶层的反封建思想的出现，都是如此。只有对这种不平衡性做充分的估计和具体的研究，才能更好地解释

---

① 《论民族自决权》，《列宁全集》第二十卷，人民出版社，1958年10月版，第401页。

哲学思想的发展。又如，整个封建社会的基本矛盾是地主阶级和农民的矛盾，这是贯穿这一历史阶段的主线。但是有时在民族压迫严重的时刻，反抗民族压迫的斗争会暂时上升为主要矛盾。在反抗民族压迫的尖锐斗争中，统治阶级内部会发生分化，其中某些人站到人民群众这一边来反对民族压迫，有些进步的唯物主义思想家就是这样，他们在反对民族压迫这一点上往往反映了人民的利益，而与地主阶级中的反动派进行斗争。

在哲学史的研究中坚持阶级分析方法，也就是贯彻历史唯物主义。迄今为止一切有文字可考的历史，都是阶级斗争的历史，有的阶级胜利了，有的阶级消灭了，全部人类历史就是这样地通过阶级斗争而向前发展的。与此相应，我们在哲学史上也可以看到复杂多样的各种不同哲学学说的更迭。应该怎样去评判它们呢？列宁着重指出："马克思的方法首先是考虑具体时间、具体环境里的历史过程的客观内容，以便首先了解，在这个具体环境里，哪一个阶级的运动是可能推动社会进步的主要动力。"[①] 只有依据历史唯物主义观点对每一特殊的历史情况进行具体的分析以后，才能对某一个阶级和它的哲学做出科学的评价。每个阶级都有它自己的兴衰史，作为它的意识形态的哲学也随之而发生相应的变化。毛主席说："历史上奴隶主阶级、封建地主阶级和资产阶级，在它们取得统治权力以前和取得统治权力以后的一段时间内，它们是生气勃勃的，是革命者，是先进者，是真老虎。在随后的一段时间，由于它们的对立面，奴隶阶级、农民阶级和无产阶级，逐步壮大，并同它们进行斗争，

① 《打着别人的旗帜》，《列宁全集》第二十一卷，人民出版社，1959年7月版，第121页。

越来越厉害，它们就逐步向反面转化，化为反动派，化为落后的人们，化为纸老虎，终究被或者将被人民所推翻。”[1] 在这里，毛主席深刻地揭示了阶级斗争导致阶级兴衰的一条极其重要的规律，这条规律对于我们理解哲学思想的发展具有巨大的意义。一个阶级的哲学也不是一成不变的，当这个阶级处于上升时期的时候，它的占主导地位的哲学也是生气勃勃的、革命的、先进的；而当这个阶级处于衰落状态，行将退出历史舞台的时候，它的占主导地位的哲学也就逐步向反面转化，成为反动的、落后的，变成纸老虎。由于这个规律的作用，中国封建地主阶级当它处于上升时期时，有过像荀子、韩非那样的唯物主义者作为它的主要思想代表；而当它处于衰落状态时，朱熹、王阳明这样的反动的唯心主义哲学就成了它的思想主流。

由于哲学的发展归根到底是受阶级斗争制约的，因此在研究任何一种哲学思想时，首先必须弄清当时社会历史条件下的生产关系和阶级关系以及在这个基础上产生的阶级斗争的实际情况，其次才可以去探溯这种哲学思想和以往哲学思想之间的联系。这就涉及研究哲学史的“源”和“流”的问题。哲学作为一种社会意识形态，有它自己发展的规律性，一种哲学学说总是从已有的思想材料出发的，因而与以往的哲学思想有着这样或那样的关系。但是，这种思想上的关系毕竟只是“流”而不是“源”。如果不适当地夸大了它的作用，把它放在首位，那就会犯“从思想到思想”的唯心主义的错误。哲学的真正的“源”深藏在社会的物质生产和阶级斗争中。根据历史唯物主义的原理，是社会存在决定社会意识，而不是社会

① 《和美国记者安娜·路易斯·斯特朗的谈话》，《毛泽东选集》第四卷，人民出版社，1966年7月版，第1088页。

意识决定社会存在。哲学思想无非是社会存在的一种反映，它本身是不可能离开社会存在而独立发展的。恩格斯曾经指出：“必须重新研究全部历史，必须详细研究各种社会形态存在的条件，然后设法从这些条件中找出相应的政治、私法、美学、哲学、宗教等等的观点。”[①]恩格斯在这里指明了“从社会存在到思想”的正确路线，也就是马克思主义研究哲学史的科学方法。“源”和“流”相比，“源”始终应该占第一位，只有摆正了“源”和“流”的关系，才能对哲学史做出正确的解释。由于我们过去对社会历史缺乏深入的研究，因此在本书中对哲学思想的“源”阐述得很不够。恩格斯的上述指示，应该作为我们的今后努力方向。特别是由于历代统治阶级有意地歪曲历史和销毁文献，许多有关奴隶起义、农民战争及其对哲学思想的影响的资料已经被埋没了，还有待于进一步努力发掘和研究。

三、中国哲学史的发展过程

毛主席教导我们说：“马克思主义者认为人类社会的生产活动，是一步又一步地由低级向高级发展，因此，人们的认识，不论对于自然界方面，对于社会方面，也都是一步又一步地由低级向高级发展，即由浅入深，由片面到更多的方面。”[②]毛主席指出，人的认识来源于社会实践，而人的社会实践，不限于生产活动一种形式，还有多

① 恩格斯《致康·施米特（1890年8月5日）》，《马克思恩格斯全集》第三十七卷，1971年6月版，第432页。

② 《实践论》，《毛泽东选集》第一卷，人民出版社，1966年7月版，第260页。

种其他的形式，如阶级斗争、政治生活、科学和艺术的活动等等，“其中，尤以各种形式的阶级斗争，给予人的认识发展以深刻的影响”[①]。

中国哲学思想正是循着毛主席所指出的规律一步又一步地由低级向高级发展的，逐渐由浅入深，由片面到更多的方面。同时，由于中国哲学思想是在中国的具体历史条件下发展起来的，所以中国哲学史是在各式各样的阶级斗争的直接推动下，不断前进、不断发展的。阶级斗争的形势总是有起有伏，波浪式地前进。与此相应，唯物主义的发展也有高潮有低潮，也是波浪起伏的。而经过每一次波浪起伏，总是把唯物主义推向一个新的高潮。唯物主义的胜利不是轻易得来的，它经历了激烈的斗争，经历了艰苦的探索和长期思想资料的积累，经历了多次的反复，经历了几个不同的发展阶段。唯物主义的发展道路并不是一帆风顺、平坦无阻的，而是通过斗争曲折前进的，这正是阶级斗争的曲折性和反复性的反映。

奴隶制社会的基本矛盾是奴隶主和奴隶的矛盾，封建社会的基本矛盾是封建地主和农民的矛盾。奴隶主和奴隶、地主和农民之间进行着剥削与反剥削、压迫与反压迫的激烈的阶级斗争。从陈胜、吴广到洪秀全，中国伟大的农民阶级高举着反抗斗争的大旗，与封建地主统治者进行了长期英勇的浴血战斗。无数次大大小小的农民起义和农民战争，是中国封建社会历史发展的真正动力，也是中国封建文化（包括哲学在内）发展的主要基础。毛主席说：“中国历史上的农民起义和农民战争的规模之大，是世界历史上所仅见的。在中国封建社会里，只有这种农民的阶级斗争、农民的起义和农民

① 《实践论》，《毛泽东选集》第一卷，人民出版社，1966年7月版，第260页。

的战争，才是历史发展的真正动力。”[①]

远离经济基础的哲学上层建筑，通过唯物主义与唯心主义两条路线的斗争，迂回曲折地反映了奴隶社会、封建社会中的这些基本矛盾，也从属于和服务于上述的阶级斗争。

此外，在奴隶制濒于崩溃、封建制开始兴起的时代，没落的奴隶主阶级和新兴的封建地主阶级曾经为了争夺政权而进行激烈的斗争。在封建社会末期，新兴的资产阶级也曾经和垂死的封建势力发生了尖锐的矛盾和斗争。这些矛盾和斗争也必然在中国哲学思想的发展上有所反映。

在中国哲学史上，朴素唯物主义最初是在和反动奴隶主世代信奉的上帝创世说的唯心主义的严重斗争中成长起来的。以奴隶制为基础的商王朝的统治者们，为了加强对被剥削的奴隶们的思想统治，巩固其反动奴隶主贵族的专政，宣扬一套“上帝”主宰世界的宗教唯心主义天命论，并自封为“上帝”的儿子，以论证其反动统治的“自然合理性”。但是，随着奴隶们对奴隶主阶级的反抗和斗争的发展，商王朝的统治发生了严重的危机，反动奴隶主统治者所鼓吹的宗教迷信也帮不了他的忙。商末的奴隶倒戈大起义倾覆了商王朝的统治，使当时奴隶主阶级中比较进步的集团——周得以掌握政权。正是在这样的阶级斗争的历史背景下，开始出现了朴素唯物主义的“五行说”。它提出“五行”（金、木、水、火、土）作为万物的本源，在自然物质本身中去寻求万物的根源，从日常生活的对象中挑出几种有形体的特定物质，当作自然现象无限多样性的统一的基础，这

① 《中国革命和中国共产党》，《毛泽东选集》第二卷，人民出版社，1966年7月版，第588页。

显然是对宗教唯心主义上帝创世说、天命论的背离和驳斥。这种唯物主义是唯物主义的最早的形态，是在与宗教唯心主义的斗争中产生的。

但是，用一种或几种特殊物质作为万物的共同根源来解释世界和万物的构成，显然有着不可避免的困难。例如，主张五行是万物的根本元素，如何解释别的物质（如石头）又不属于根本元素。凡此种种，尽管他们有所解释，因为与实际不符，总的说来是有困难的。这样，也就给了唯心主义以可乘之隙。在奴隶制度下，宗教唯心主义是符合于奴隶主阶级的利益的，因此主张上帝创造和决定世界的宗教天命论仍然占着统治地位。

春秋战国时代，是社会大变动时期，腐朽的奴隶制生产关系，已经成为严重地阻碍生产发展的桎梏，必须摧毁奴隶制，建立新的封建制生产关系，才能适合生产力的发展。没落的奴隶主阶级不甘心退出历史舞台，他们为了维护奴隶制而进行垂死的挣扎。新兴的封建地主阶级则不断发动进攻，力图从奴隶主手里夺取政权，实行变革，为封建生产关系的确立开辟道路。这种激烈的阶级斗争反映在哲学思想上，表现为唯物主义和唯心主义两条路线的斗争。以孔、孟为代表的唯心主义路线，代表着没落奴隶主的利益，竭力维护奴隶制的思想支柱——唯心主义天命论，宣扬奴隶主阶级的“礼”和“仁”，在认识论方面则鼓吹唯心论的先验论。他们逆历史的潮流而动，主张复古主义的“法先王”，妄想挽救或恢复必然要遭到灭亡的奴隶制度。以老、庄为代表的另一派唯心主义者，则宣扬宿命论，对新的社会制度采取消极对抗态度，主张人在自然面前无所作为。他们从另一个角度鼓吹唯心论的先验论。与唯心主义路线相对立，唯物主义路线的代表者则是新兴封建地主阶级的杰出思想家荀子和他的学生韩非。荀子大胆地把批判的矛头直接指向唯心主义的天命论，他驳斥把“天”说成是主宰一切的有意志的“上帝”这种唯心主义谬论，而用唯物主义的精神把“天”解释为物质的天，亦即自然界。他不仅否认有什么人们必须服从的“天命”，而且提出“制天命而用之”的“戡天”的思想，主张发挥人的主观能动作用，征服自然界。这充分表现了当时新兴封建地主阶级的积极进取精神。荀子为以后的法家奠定了思想基础。韩非继承和发展了荀子的反天命思想，主张彻底的社会变革，实行封建地主阶级的法治，反对复古，反对法先王。在认识论上，他们批判了唯心论的先验论，提出了唯物论的反映论。人的聪明才干，唯心主义者说是天生的，是上帝的安排，他们却认为“气”才是构成万物和人的最根本的物质，知识和才能是后天经过学习得来的。在自然观上，他们也不再以一种或几种日常生活中的物质元素来解释世界，而发展到用一种更具有概括性的、不是可以直接感知的极其细微的原始物质（“气”）来解释世界。这种学说是与当时开始发展的一些自然科学（如医学）有密切关系的。它一方面继承了上一阶段朴素唯物主义的优良传统，坚持从世界物质本身来解释世界，坚持万物有它的统一的物质根源，而不承认有什么神灵主宰。另一方面它能更为合理地说明世界的物质统一性，也能更好地解释世界事物构成、差异、变化等现象，它所处理的课题和论证的范围也更为广泛和复杂。这一时期的哲学思想斗争充分表明，唯物主义的胜利、人类对自然和社会的认识的深化，是阶级斗争深入的思想反映，只有阶级斗争才是推动哲学思想发展的真正动力。

唯物主义与唯心主义的斗争始终是一浪高一浪，从来没有休战过。以陈胜、吴广为伟大代表的农民大起义推翻了秦王朝，也使唯物主义思想在汉初得到发展和传播，传统的宗教唯心主义是日趋没落了。但随着汉代地主阶级中央集权的形成，为了给王权神授制造理论根据，巩固封建地主阶级专政，上了台的封建地主阶级又重新乞助于反动的唯心主义哲学。董仲舒将神学与哲学结合起来，建立了目的论的唯心主义哲学体系。它不像宗教神学那样笨拙地直接宣扬上帝，而是强调通过自然界的许多现象来体认上帝的意志。这就是说，上帝虽然不像人那样有眼耳鼻舌，虽然不能像人那样发号施令，但是上帝通过自然界的种种阴晴雷电、灾异变化表达了自己的喜怒、好恶和意志、要求。董仲舒歪曲了唯物主义五行说的性质，把阴阳五行说成是天的恩德刑罚的表现，与封建社会的伦常关系类比地联系了起来。五行的运转具有道德的目的，整个自然万物都是为了体现上帝的意志，有目的地为着人类存在着的。很清楚，这种目的论唯心主义不过是宗教唯心主义更为精巧的变化发展，具有更多的伪装和更大的欺骗性。它到门阀士族开始抬头的东汉王朝，与谶纬迷信结合在一起，成了反科学、反进步的极其愚昧、反动的官方正统哲学。

哪里有压迫，哪里就有反抗和斗争。绿林、赤眉、铜马等农民大起义，摧毁了篡夺西汉政权的王莽豪强地主集团的残暴统治，但胜利的果实却被以刘秀为首的另一个豪强地主集团所窃取了。农民战争虽然失败了，但它有力地冲击了封建地主的统治及其一整套意识形态，对哲学思想的发展留下了深远的影响。正是在这种影响下，出身于“细族孤门”的东汉哲学家王充，敢于对当时的统治阶级的正统思想提出挑战，把矛头指向孔、孟，与董仲舒鼓吹的目的论唯心主义针锋相对，提出了元气自然论的理论。王充认为，世界万物的发生消灭都是由于“元气”自然运动聚散的结果，并不是“天”有意识、有目的地制造出来的，不能把人所独有的、有意识、有目的的活动强加于“天”。“天”没有意志，万物的产生都出于自然，并没有目的。王充以大量事实和雄辩的论证揭露和驳斥了目的论唯心主义种种荒诞不经的观点。王充以其对各种自然现象和社会现象的观察和分析，和对汉代初步发展的自然科学的领会、概括，一方面继承了前一阶段朴素唯物主义传统，另一方面又发展了它，把它与现实世界的各种具体的自然规律和运动形态更紧密地联系了起来，使唯物主义哲学达到了新的高度。

魏晋以后，门阀士族地主取得了绝对的统治地位，成为地主阶级中最为腐朽、寄生的阶层。这个阶层极力推行和维护落后的农奴剥削制度，沉重的劳役地租、突出的超经济剥削、严重的人身依附，压在广大农民身上。与这种经济形态相适应的，是政治军事上严重的封建割据、地方分权和一套“上品无寒门，下品无势族”的门阀垄断的政治统治制度。为了维护这种反动的经济政治利益，门阀士族地主王弼等人提出了唯心主义本体论。由于东汉末年农民大起义给封建地主阶级及其意识形态以严重打击，东汉官方正统哲学随着汉王朝的覆灭而衰落了，旧的唯心主义破产了，王弼等人不能再正面论证创造世界的宗教“上帝”的存在，也不能再直接主张“天”能赏罚的目的论，他们通过提出“体用”“本末”等“纯粹哲学”的命题，来达到与宗教神学和目的论唯心主义同样的反动目的。他们说，具体的事物虽说是存在的，但是在具体事物之后、之上，还有一个更为根本的本体存在着，这个本体虽然看不见，但它却是一切看得见的东西赖以存在的基础，万事万物都不外是这个精神性的本体的体现。这个精神性的本体，王弼叫作“无”或叫作“本”。他认为，“无”是第一性的、本源的，而一切具体事物和现实世界作为与本体（“本”“无”）相对待的现象（“末”“有”），只是第二性的、派生的。这种唯心主义本体论实际上是又一次改换了服装的神学。抽象的“本体”代替了神学的“上帝”和目的论的“天人感应”，哲学的精致语言代替了宗教的粗浅说教。唯心主义变得更狡猾、更隐蔽了，它披上了漂亮的理论外衣，使用了更为“纯粹”的哲学语言，以更精巧的方式欺骗和迷惑着人们。实质上，它却与宗教神学和唯心主义目的论一脉相承，是反对唯物主义，为维护门阀士族地主阶级的反动统治服务的。玄之又玄的“纯粹”哲学却具有十分现实的阶级内容。并非偶然，这种著名的魏晋玄学很快就与传入中国的佛教唯心主义融化结合起来。唯心主义本体论经过佛教唯心主义的大量补充，变得更为全面和更为精致了。它成为南北朝隋唐整个历史时期统治社会的意识形态。

庶族地主与门阀士族地主的斗争，只是地主阶级内部的斗争。真正使门阀士族地主这个腐朽透顶的阶层彻底灭亡的，是唐末以黄巢为首的农民大起义。要求废除人身奴役，争取最低限度的生活权利，伟大的农民起义和农民战争给整个地主阶级，特别是给占据社会最上层的门阀士族地主以沉重打击，给这个阶层赖以生存而严重束缚生产力的农奴剥削方式以摧毁和扫荡。为门阀士族地主所倡导而盛极一时的佛教唯心主义终于衰落下来。但是，农民阶级的战斗成果却总是被地主阶级篡夺了去。中唐以后以租佃制或实物地租为主、人身依附比较松弛的封建剥削方式充分地发展和巩固起来。代替门阀士族地主，宋以后由官僚地主阶层垄断了政权。这个阶层占据了社会的上层统治地位，形成了与其经济基础相适应的高度中央集权的官僚统治制度。这种制度更为广泛地接受和容纳全国各地的地主阶级的政治代表，建立了一整套空前集中和巨大的国家军队、法庭、监狱等国家机器，以直接统治、剥削、压迫全国的农民阶级，极大地加强了封建统治。与这种政治要求相吻合，宋、明的唯心主义继承孔孟哲学和魏晋以来的唯心主义哲学，吸收和改造了佛教唯心主义的有关成分，提出“理”“道”“太极”等作为世界万物的本体，并与整个封建伦常道德密切联系起来，用它来囊括整个自然和社会，为封建社会的四条绳索（政权、族权、神权、夫权）提供了哲学依据，比魏晋玄学和佛教等唯心主义本体论具有更为现实的世俗特征。这样，也就把唯心主义本体论发展到了极致，成为中国封建地主阶级最完备、最系统也最反动的哲学唯心主义的体系。它统治中国封建社会近千年之久，给中国人民加上了沉重的精神镣铐，成为剥削人民、镇压农民起义的极为重要的反动工具。明、清统治者把朱熹请入孔庙，叩头礼拜，正好说明了这种哲学鲜明的反动党性，而朱熹正是唯心主义本体论集大成的人物。

然而，历史潮流是不可抗拒的。不管唯心主义哲学在一段时期内如何猖獗，但唯物主义哲学的发展终究是阻挡不住的。宋、明以来的农民起义和农民战争提出了“均贫富”“不纳粮”等更高的斗争纲领和要求。元末、明末的农民大起义给社会发展和思想意识以巨大的推动和影响。例如，中国 17—18 世纪的唯物主义思潮就是在明末农民大起义的历史条件和阶级斗争的背景下产生和发展起来的。与官僚地主阶层有某种矛盾的某些进步思想家，或者为了反抗民族压迫，反对生产关系倒退，或者与某种资本主义萌芽和倾向有联系，逐渐与孕育在后期封建社会母体内的市民阶层结成联盟，反对占据社会统治地位的封建官僚大地主。其中一些人比较接近实际、接近下层，注意研究和接受当时自然科学的发展成果，能够在剧烈的阶级斗争和民族斗争的环境下，较实际地观察分析社会现象，在客观上反映历史发展的某种趋向，从而具有唯物主义的哲学思想。为了答复唯心主义的严重挑战，他们针对唯心主义哲学所提出的种种问题，经历了长期的艰苦探索，经过反复的斗争，把唯物主义哲学又向前推进了一步。王安石、张载、王夫之就是这一阶段的卓越的代表。他们强调指出，物质的“气”“器”等是第一性的、本源的，而“理”“道”只是第二性的、派生的。他们坚决反对和驳斥了超越事物之上以“理”“道”为本体的唯心主义本体论，指出“理”“道”不能脱离物质或物质的种种具体事物（“气”“器”）而超然存在。“道”只是“器”的“道”，不能倒过来说“器”是“道”的“器”。“道”“理”是从属于“气”“器”的。从这个观点出发，他们针对唯心主义本体论所提出的“体用”“心性”等等问题做了针锋相对的唯物主义的解答，从而把自然观、认识论、方法论等哲学各个方面的问题联系贯通起来，构成了比较完整的朴素唯物主义思想体系。

但是，朴素唯物主义毕竟是封建社会的产物，仍然具有种种缺陷。例如，由于缺乏近代科学作为基础，它所使用的概念、范畴如“元气”等等，就带着主观臆测的特征，而没有严格的科学规定。它所讲的自然规律和各种现象，具有直观的性质，缺乏近代科学的论证。又如，他们反对精神性的“心”或“理”为本体，却提出了“元气”是本体。但是“本体”这个概念本身就是不科学的，辩证唯物主义不承认有什么本体，我们只承认运动着的物质是世界的本源。中国的朴素唯物主义者在自然观方面坚持了唯物主义，但当他们涉及社会历史的领域时，他们仍然是历史唯心主义者。这是马克思主义以前的一切唯物主义者所无法避免的局限性。

1840年鸦片战争以后，外国资本主义和帝国主义的侵略，使中国沦为半封建半殖民地社会。中国人民反帝反封建的伟大斗争，开辟了中国历史上的新时期。阶级斗争无论在深度或广度上都达到了前所未有的规模，民主革命的任务已经被提到日程上来了。中国要不要变、用什么方法去变，成为当时思想斗争的焦点。封建地主阶级顽固派坚持“祖宗之法不能变”，根本反对一切变革；代表地主买办阶级利益的洋务派则主张“中学为体，西学为用”，同样反对变革封建制度。与顽固派和洋务派相对立，新兴资产阶级的一些代表人物则竭力宣传“变”的思想，主张由封建制度变为资本主义制度，并力图为这种“变”做哲学论证。资产阶级的启蒙思想家严复是有代表性的，他通过介绍达尔文学说广泛宣传了进化论的思想，为资产阶级的变革制造舆论，对当时的思想发展产生了很大的影响。但是，由于中国民族资本在封建主义和帝国主义双重压迫下，没有得到充分发展，中国资产阶级在经济上、政治上极端软弱动摇，又非常害怕革命群众，反帝反封建的决心和力量都不大。他们向西方寻求真理，而当时的西方资本主义社会已开始走上没落阶段，流行的哲学已不是机械唯物主义，而是形形色色的唯心主义。因此，虽然他们接受了当时的近代自然科学的强烈影响，在反帝反封建的政治、经济要求的推动下，他们也曾产生过唯物主义的思想倾向，但是很不坚决、很不彻底，经常和唯心主义划不清界线。如谭嗣同的以太说、孙中山的生元说等等，一方面有着机械唯物主义的思想倾向，但另一方面却被唯心主义所渗透和压倒。中国资产阶级未能建立任何比较完整和彻底的唯物主义哲学体系。这正是中国资产阶级的阶级特性所决定的。毛主席说："近百年来输入了欧洲的机械唯物论和庸俗进化论，则为资产阶级所拥护。"① 又说："那时的所谓学校、新学、西学，基本上都是资产阶级代表们所需要的自然科学和资产阶级的社会政治学说（说基本上，是说那中间还夹杂了许多中国的封建余毒在内）。在当时，这种所谓新学的思想，有同中国封建思想做斗争的革命作用，是替旧时期的中国资产阶级民主革命服务的。可是，因为中国资产阶级的无力和世界已经进到帝国主义时代，这种资产阶级思想只能上阵打几个回合，就被外国帝国主义的奴化思想和中国封建主义的复古思想的反动同盟所打退了。"② 中国近代资产阶级的机械唯物主义哲学思想倾向，也正是如此。它与传统的封建唯心主义哲学做过斗争，但很快就被唯心主义所打败，偃旗息鼓，宣告退却了。中国资产阶级由于本身的两面性和软弱性，不可能领导资产阶级民主革命直到彻底胜利，领导反帝反封建的民主革命的历史任务不得不落到了伟大的中国无产阶级的肩上。五四运动以后，无产阶级的革命的哲学——辩证唯物主义和历史唯物主义，就登上了历史舞台，以摧枯拉朽之势扫荡了封建地主阶级和资产阶级的形形色色的反动唯心主义哲学，在中国哲学史上造成了翻天覆地的彻底的革命，从此中国哲学思想的发展进入了马克思列宁主义、毛泽东思想的伟大的新阶段。

---

① 《矛盾论》,《毛泽东选集》第一卷，人民出版社，1966年7月版，第276页。

② 《新民主主义论》,《毛泽东选集》第二卷，人民出版社，1966年7月版，第657页。

中国哲学史上的辩证法思想和唯物主义同样悠久、同样丰富，也有它的发展过程。辩证法发展的过程也是沿着“一步又一步地由低级向高级发展，即由浅入深，由片面到更多的方面”[①]这样一个人类认识的总规律进行的。

辩证法是一种宇宙观，又是一种方法论。在哲学史上有唯物主义与唯心主义的斗争，也就有辩证法与形而上学的斗争，因为客观世界（自然界、社会）总是辩证地、唯物地存在着、发展着的。

古代的朴素的辩证法和朴素的唯物主义，缺乏近代科学实践的考验，所以都具有直观、臆测的性质。朴素的辩证法接触到事物发展的客观实际，但是还不够精确，失之笼统、含混，经不起严格的科学分析。

朴素的辩证法和朴素的唯物主义往往是相伴出现的。朴素的辩证法中经常包含着朴素的唯物主义，朴素唯物主义中也经常具有朴素的辩证法观点。但由于它们都是朴素的，缺乏有机的结合，它们之间的关系有时互相配合得较好，有时两者若即若离。对于某一个学派或某一个哲学家来说，有时朴素辩证法比较突出，朴素唯物主义较弱；也有时情况相反。从古代朴素辩证法的全部发展过程来考察，越到后期，这两者的结合越紧密。

朴素的辩证法思想总是不彻底的。辩证法的根本规律是对立统一的规律。朴素的辩证法思想家们没有把矛盾的对立和斗争放在主导地位，而是把矛盾的统一放在首位，企图调和矛盾，这就必然导致走向形而上学的结局。以我国朴素的辩证法思想家中最有成就的王夫之为例，就有这样的缺陷，更不用说其他人了。

---

① 《实践论》,《毛泽东选集》第一卷，人民出版社，1966年7月版，第260页。

朴素辩证法是自发的，它和唯物主义不是有机地、内在地结合在一起，而仅仅是自发地相联系。在中国哲学史上，像《易经》中的辩证法思想，还是在宗教的外壳下，透露出朴素的辩证法的曙光。当时进步的周奴隶主集团，为了反对腐败的商奴隶主集团，通过他们的生活实践（“近取诸身，远取诸物”）提出了“阴阳”两种势力作为推动世界万物变化、发展的基本动力。《易经》的基本思想也是朴素唯物主义的。与《易经》同时的《洪范》中提出“五行”的观念，它也是当时阶级斗争和生产斗争的反映，认为“五行”（金、木、水、火、土）是构成万物的本源，但“五行”之间又是互相配合、互相联系，而不是孤立的。《洪范》中透露出朴素的唯物主义，也包含了朴素的辩证法思想。

阶级斗争、生产斗争进一步深入了，人们对于客观世界的观察、理解也逐渐深入。对客观世界的某一方面的理解加深了，但却忽略了对世界的总体的把握。因此，春秋以后直到汉、魏、隋、唐这一较长的时期，朴素的辩证法和朴素的唯物主义并不是经常紧密结合的。比如《易传》有辩证法而缺少唯物主义；《孙子兵法》、汉初的《黄帝内经》、唐朝李筌的兵书，有朴素的辩证法，也有朴素的唯物主义，但它们只涉及某一特殊学科领域内的知识的概括、总结，还提不到对客观世界总体的概括、总结。王充是汉代重要的唯物主义哲学家，他大量吸取了当时可能掌握的科学知识，提出了光辉的唯物主义无神论思想，建立了元气自然论的朴素唯物主义。但王充的思想体系缺少辩证法，他反驳神学目的论，就事论事的地方多，统观全局的辩证的观点很少。南北朝的范缜也有类似的缺点。

阶级斗争和生产斗争总是不断深入发展，宋以后，朴素的辩证法与朴素的唯物主义相结合的事实越来越普遍。如王安石、张载以及王夫之都是比较突出的代表。这些哲学家既有朴素的唯物主义思想，也有比较丰富的朴素辩证法思想。在他们以前的朴素的唯物主义还有宿命论（如王充）或偶然论（如范缜）的缺点，把人的主观能动的观点让给唯心主义者去讲。这一时期，朴素的辩证法和朴素唯物主义结合得较紧，从而使唯心主义本体论陷于被动挨打的地位。唯心主义者如程、朱、陆、王等虽然得到反动封建统治者的大力支持，在理论上却被驳斥得体无完肤。从王安石、张载到王夫之把朴素辩证法思想提高到中国哲学史上一个新的水平。

宋以后的朴素辩证法思想，比起周秦两汉魏晋隋唐有了提高，但它仍处在朴素的、自发的阶段，也就是说朴素的辩证法和朴素唯物主义的结合还未达到自觉的、有机的结合，它和科学的辩证唯物主义有本质的不同。因而古代哲学家虽然对于世界的发展做了辩证的描述，对某些现象也从发展的观点加以解释，但这种描述和解释只限于一定范围，而且也是很不完备、很不彻底的。

进入近代资本主义社会后，由于大工业的分工、科学的分类，以及资产阶级本身的阶级局限性，代表新兴资产阶级利益的机械唯物主义和辩证法陷于完全割裂的境地，有辩证法思想的哲学家就往往不是唯物主义者，而机械唯物主义者就缺少辩证法。辩证法和唯物主义本来是一家，却长期分裂着。辩证法思想被唯心主义体系所闷死，坚定的唯物主义者又陷于形而上学的死胡同。欧洲哲学史是如此，中国哲学史基本上也是如此。只是由于中国资本主义没有条件得到充分发展，中国近代资产阶级的唯物主义很不彻底，水平也不高，但辩证法和唯物主义相脱离这一基本状况还是大体相似。中国资产阶级思想家有的倾向于机械唯物主义，有的宣扬庸俗进化论，但都缺少革命的辩证法。

以上是对中国哲学思想的发展过程的一个极为概略的描述。历史的事实雄辩地说明，哲学始终是有党派性的，哲学史上唯物主义和唯心主义两条路线的斗争，只是社会上的阶级斗争的反映。唯物主义和唯心主义的斗争永远不会陈腐，只要存在着阶级和阶级斗争，反映着敌对阶级利益的哲学上的路线斗争也就永远不会停息。

*　　*　　*

本书初稿完成后，得到北京、上海、广州、武汉、山东及各地同志们的热情帮助，提出了很多宝贵意见，使我们纠正了一些明显的错误。由于我们的水平不高，有些问题研究得也不够，必定还有不少缺点错误，欢迎广大读者批评指正。

哲学史是唯物主义和唯心主义、辩证法和形而上学的斗争史，是整个人类的认识发展史*

——《中国哲学史》（四卷本）1979 年版绪论

哲学史是一个伟大的思想宝库。在这里我们可以看到人类认识的发展进程，看到各个哲学派别的斗争和转化，学到理论思维的经验教训。古往今来，各阶级、各流派的哲学家都重视哲学史的研究，从哲学史中汲取精神营养。无产阶级的革命导师在创立和发展马克思主义哲学的过程中，都对哲学史做了深刻的研究。今天学习哲学史有什么意义？哲学史的对象和任务是什么，我们应该怎样学习它？中国哲学史发展的基本过程如何？在这儿谈谈我们的看法。

一、学习哲学史的目的和意义

学习哲学史有助于我们深刻理解马克思主义哲学，树立辩证唯物主义世界观。马克思主义哲学是无产阶级斗争经验的理论概括，

---

* 据《中国哲学史》，人民出版社，1979年3月第3版。

是阶级斗争和生产斗争知识的最高总结，同时也是以往哲学全部发展的合乎逻辑的结果。马克思主义是人类认识的高峰，但是这个高峰不是一下子从天上掉下来的，而是经过认识的许多低级阶段，逐步成长起来的。翻开哲学史，我们可以看到，泰利斯以来欧洲哲学的发展，给黑格尔和费尔巴哈的哲学提供了思想前提，使黑格尔有可能把辩证法发展到一个新的高度，费尔巴哈恢复了唯物主义的地位。在这个基础上，马克思、恩格斯又前进一步，他们批判地继承了黑格尔、费尔巴哈的哲学思想，创立了辩证唯物主义和历史唯物主义，完成了哲学上的伟大革命。正如没有从古希腊到近代欧洲文明的发展就没有科学社会主义一样，没有古希腊哲学到德国古典哲学的发展就没有辩证唯物主义世界观。因此，只有了解欧洲哲学的整个历史，才能深刻理解马克思主义哲学。第一次世界大战期间，为了批判第二国际修正主义，正确处理错综复杂的矛盾，列宁曾精心阅读了黑格尔的哲学著作。在《哲学笔记》中他深有感慨地说："不钻研和不理解黑格尔的全部逻辑学，就不能完全理解马克思的《资本论》，特别是它的第一章。因此，半世纪以来，没有一个马克思主义者是理解马克思的！！"[①]可见理解黑格尔、理解以往哲学对理解马克思主义的重要性。

毛主席的哲学思想是马克思主义哲学的继承和发展，也是两千年来中国哲学思想的批判总结。要理解毛主席的哲学思想，不但要懂得马列，还要懂得中国哲学史。如毛主席的《实践论》阐明了马克思主义认识论，对中国哲学史上长期争论的知行关系问题做了光辉总结。不了解历史上的争论，就不能理解《实践论》的重要历史

① 《哲学笔记》,《列宁全集》第三十八卷，人民出版社，1959年9月版，第191页。

意义。

学习哲学史可以帮助我们更好地批判封建主义、资本主义、修正主义，更好地批判“四人帮”。地主资产阶级为了破坏无产阶级革命，推翻社会主义制度，总是不遗余力地向马克思主义哲学进攻。但他们手中没有什么像样的货色，一贯从哲学史上拾取唯心主义和形而上学的破烂，冒充“最新的”哲学到处兜售。因此斗争不可避免地要牵涉到哲学史。19 世纪末 20 世纪初，新康德主义、马赫主义在欧洲出笼，重新宣扬康德、贝克莱的唯心主义哲学。工人运动内部的修正主义分子如德国的伯恩施坦、俄国的波格丹诺夫之流，把它们奉为至宝，拿来向马克思主义猖狂进攻。列宁在批判第二国际和俄国修正主义者时，对康德、贝克莱进行了深入的批判。中国共产党成立后，马克思主义在中国得到广泛传播，中外反动派十分恐惧，抬出孔教、国粹来进行对抗。后来国民党反动派及其御用文人又鼓吹什么新理学、力行哲学、唯生论等等，借助孔丘、朱熹、王阳明以及韩非、张居正等人的亡灵，反对马克思主义。对此，毛主席和党内外马克思主义者曾给以毁灭性的批判。林彪、“四人帮”在篡党夺权、复辟资本主义的阴谋活动中，完全继承了国民党反动派的衣钵，用最陈腐、最反动的封建主义毒素反对马列主义。林彪尊儒，宣扬唯心论的先验论、天才论和唯心史观。“四人帮”尊法，贩卖蒙昧主义和封建专制主义。服装不同，骨子里完全一致。“四人帮”掌握宣传大权的时候，用他们伪造的“儒法斗争史”冒充中国哲学史，利用什么“尊法批儒”，无耻吹捧自己，恶毒攻击老一辈无产阶级革命家，为他们反动的政治纲领制造理论根据。我们同“四人帮”的斗争就直接在哲学史领域内进行。事实证明，现实的阶级斗争与哲学史关系非常密切。我们研究哲学史，能够进一步学会识别什么是唯物主义和唯心主义，什么是辩证法和形而上学，更好地掌握哲学斗争的规律，认清反动哲学的阶级实质和血缘关系，这样就能更深刻地批判封、资、修和“四人帮”。而研究中国哲学史，对于揭穿“四人帮”的历史伪造，批判他们反革命的罪恶目的，肃清他们散布的封建毒素，有更直接的作用。

学习哲学史，可以增加历史知识，深入理解人类社会的矛盾运动，可以吸取理论思维的经验教训，提高思维能力。这是提高全民族科学文化水平的必要一环。历史唯物主义认为，经济基础决定上层建筑，上层建筑又反过来影响经济基础。在中国哲学史上，我们可以看到从陈胜、吴广到洪秀全的多次伟大的农民革命战争，对哲学思想的发展造成的影响，同时也可以看到地主阶级哲学为维护封建的生产关系所起的实际作用。这样就使我们对社会的基础和上层建筑这对矛盾有更具体的理解。从认识论来说，我们可以在哲学史中发现许许多多由于认识的直线性、片面性、主观性而走上唯心主义的生动事实。这不仅能使我们清楚地指出唯心主义是在什么地方失足的，更好地对它进行批判，而且使我们得到了理论思维的宝贵教训，在探讨社会科学和自然科学的理论问题时，避免唯心主义的错误。

二、哲学史的对象和任务

哲学史是唯物主义和唯心主义、辩证法和形而上学斗争的历史，是整个人类的认识发展史。哲学史的任务是通过对唯物主义和唯心主义对立统一的研究，揭示人类认识日益深化的辩证发展过程，总结理论思维的经验教训，阐明马克思主义哲学基本原理的无比正确。同时，通过对哲学思想根源的探求，说明包括科学技术在内的社会生产力，特别是阶级斗争的发展，对哲学思想发展的决定性影响，以及后者对前者的反作用。这是哲学史特有的对象和任务，是任何其他学科的历史，如政治思想史所不能代替的。然而"四人帮"及其御用文人用儒法斗争取代唯物主义同唯心主义的斗争，制造了严重的理论混乱，把中国哲学史搞得一塌糊涂。

坚持以唯物主义与唯心主义的斗争作为哲学史的对象，有重要的理论意义。恩格斯说："全部哲学，特别是近代哲学的重大的基本问题，是思维和存在的关系问题。"[①]思维与存在，哪个是第一性的？对这个问题彻底的、明确的解决，从古到今只有两种。唯物主义认为物质先于精神，唯心主义认为精神产生一切。这就是哲学史上的两个基本派别，两条基本路线。承认哲学史上存在着唯物、唯心两大基本派别，就是承认哲学的党性原则。列宁一生坚持这条原则，对那些口头上叫嚷无党性，实际上鼓吹唯心主义的人进行了不调和的斗争。把唯物主义与唯心主义的斗争作为哲学史的对象，是尊重哲学史的基本事实，也是坚持哲学的党性原则，不但对哲学史研究是必要的，对坚持马克思主义也是必要的。马克思主义关于哲学党派性的论述，关于唯物唯心的科学划分，关于哲学史是唯物主义与唯心主义斗争的历史的基本观点，为广大人民弄清什么是唯物主义和唯心主义以及它们与现实阶级斗争的密切关系，提供了强大的思

① 《路德维希·费尔巴哈和德国古典哲学的终结》，《马克思恩格斯选集》第四卷，人民出版社，1972年5月版，第219页。

想武器，它像一面照妖镜，使一切与革命人民为敌的妖魔鬼怪现出原形。马克思主义的敌人在哲学和哲学史上首先攻击哲学的党性原则，因为只有抛弃了这个原则，他们才能浑水摸鱼，贩卖唯心主义。“四人帮”正是这样，他们公然把“存在第一，思维第二，客观第一，主观第二”这个唯物主义原则诋毁为“反动的形而上学”，他们大搞实用主义、主观唯心主义的影射史学，因此容不得把唯物主义与唯心主义斗争作为对象的哲学史，一定要把哲学史弄成什么“儒法斗争史”。他们这样干不是偶然的，这是他们反动政治立场和唯心主义世界观的必然暴露。

“四人帮”的“儒法斗争”在理论上是荒谬的，在事实上也是虚构的。儒法斗争是地主阶级内部关于如何建设封建政权、如何实现全国统一的争论。“四人帮”为了篡党夺权的政治需要，硬把它说成奴隶主阶级与地主阶级复辟与反复辟的斗争。事实上，奴隶制瓦解和封建制形成是自发性很强的过程。由于奴隶的起义和逃亡，奴隶来源枯竭，奴隶劳动已经不能给奴隶主带来利益。他们被迫改变剥削方式，使奴隶制让位于有利可图的封建制。近年来的出土文物证明，中国封建制的形成期，只能早于春秋战国时代，而它的立法期当在春秋战国之交。史书上记载公元前594年鲁国“初税亩”，是在税收制度上承认了封建制。但是在这两个时期都没有什么复辟、反复辟。儒法斗争是在战国中期出现的，距封建制的立法期已经二百多年，离封建生产关系的形成期就更远，难道他们如此迟钝，直到这时才感到有必要进行复辟、反复辟的斗争吗？当然不是。他们关心的不是历史的陈迹，而是当时政治的中心课题，即封建国家的政体和全国统一的问题。

其次，“四人帮”还歪曲了包括儒、法在内的百家争鸣和百家融合的过程。儒、法在先秦不过是“百家”中的两家，此外还有墨、道、名、兵、农等各家。各家之间和各家内部都曾有过程度不同的斗争。“四人帮”硬说先秦百家实际上只是儒法两家，把其他各家削足适履地纳入儒、法“同盟军”的框子中去，或干脆排斥于哲学史之外。先秦时期本来十分错综复杂的政治斗争和丰富多彩的哲学思想，被歪曲、篡改得单调干瘪，面目全非。百家争鸣孕育着百家融合，儒法斗争走向儒法合流。为地主阶级服务的各派学说本来是互相渗透、互相补充的，到了秦汉，统一的封建大帝国形成之后，融合已成为地主阶级的迫切需要。汉统治者接受秦亡的教训，采取“文武并用”“霸王道杂之”的两手策略，推动百家迅速融合。到了汉武帝时，出现了董仲舒哲学，在儒家礼治、德政的基础上，综合法家的法、术、势思想，形成统一的封建主义思想体系。从此，儒法斗争就不再存在了。但是“四人帮”以矛盾的斗争性否定同一性，矢口否认儒法合流的历史事实，捏造出“延续二千年”的“儒法斗争史”。

最不能令人容忍的是“四人帮”不顾历史事实，把儒法斗争从先秦引向今天，引向共产党内。胡说历史上存在着一个“法家”的先进、革新的“传统”，“四人帮”及其追随者就是这个“传统”的“继承者”，就是现代的“法家”；和“法家”对立的还有一个儒家的保守、反动的“传统”，一大批参加过民主革命的老一辈无产阶级革命家就是这个“传统”的“继承者”，就是当代的“儒家”。他们大肆宣传“儒法斗争”的政治目的就是要推行他们“老干部就是民主派，民主派就是走资派”的反革命政治纲领，打倒革命老干部，实行篡党夺权。

他们的“儒法斗争”的要害也就在这里。

三、哲学史的方法

阶级分析是马克思主义的基本方法，在研究哲学史的时候要坚持阶级分析。迄今为止的一切哲学都是在阶级社会里发生发展的，虽然它离经济基础最远，它跟经济基础的关系往往被一些中间环节弄得模糊不清，但是联系毕竟是存在着的，归根结底，它是经济基础的反映。因此任何一种哲学总是带着深刻的阶级烙印，总是代表着（有时是公开的、直接的，有时是隐晦的、间接的）特定阶级的利益和需要，任何一个哲学家都是特定阶级的代言人。我们在考察哲学思想的发生发展、相互斗争、相互转化的过程时，一刻也不能脱离阶级分析。在万象纷纭、充满矛盾的阶级社会里，只有运用阶级分析的方法，才能找到历史发展的客观规律，否则就要迷失方向，堕入资产阶级客观主义和唯心主义的泥沼。

马克思主义的敌人历来反对阶级分析。在无产阶级专政条件下，有些人不敢公开攻击阶级分析，便在暗中进行破坏。“四人帮”惯于以极“左”面目出现，推行极右路线。在阶级分析问题上，他们装扮成阶级分析的行家，用非阶级观点的大棒打击别人，但背后采取种种卑劣手段，使阶级分析成为抽象的空谈，彻底地败坏它。

阶级和阶级斗争是由经济关系决定的。承认阶级观点，就要承认经济决定政治和整个社会生活，承认经济地位决定人们的政治态度和思想感情。但“四人帮”恰恰相反，“阶级分析”对于他们仅仅是用来进行诈骗的面具，他们贩卖的是主观精神决定一切的唯心史观。在“四人帮”御用文人笔下，中国两千年来历史的发展不是生产力生产关系的矛盾推动的，而是儒法两家的思想斗争决定的。社会制度的更替、朝代的兴亡、政治的治乱、战争的胜败，无不取决于“儒法斗争”。他们说，秦的统一是由于“法家路线”的贯彻，而灭亡是因为“法家路线”的中断；刘邦战胜项羽是“法家路线”的胜利；汉初的兴盛是尊法的结果；“尊儒的结果是西汉的灭亡”[①]，如此等等，不一而足。用唯心史观取代唯物史观，使“阶级观点”成了无源之水、无本之木，也就从根本上否定了阶级分析。

“思想决定历史”是为“英雄创造历史”找借口的。“四人帮”把法家路线吹得神乎其神，很自然地就把“法家人物”捧到救世主的地位。因为“法家路线”的制定靠“法家”思想家，而推行、贯彻则离不开“法家”帝王。哪一个帝王喜欢并听信了“法家”学说，重用了“法家”思想家，“法家路线”得到贯彻，于是国家兴盛，天下太平，“黔首讴歌”；如果帝王听信了儒家学说，重用了儒家人物，“法家路线”中断，“法家人物”倒霉，于是国家衰亡，天下大乱，百姓遭殃。这不仅是林彪“天才论”的翻版，而且是它的更恶性的发展。在“四人帮”御用文人笔下，帝王将相创造历史，人民群众只是体现“法家路线”的走卒、群氓。他们彻底背叛了人民群众创造历史的唯物史观。

马克思主义认为，阶级斗争总是一定生产方式、一定历史条件下的阶级斗争，因此它是具体的而不是抽象的。生产方式是发展变化的，这就决定阶级斗争的形式和内容也是发展变化的，不是凝固

① 《红旗》1974年第10期。

不变的。因此在进行阶级分析的时候，必须具体分析具体问题，绝不能用僵死的公式去范围无比丰富的历史。“四人帮”恰恰不是这样，在他们捏造的历史中，一个抽象的“儒法斗争”的模式囊括一切，贯通古今。他们不仅在地主阶级中划分儒法，在资产阶级中划分儒法，甚至在共产党内也要划分儒法，荒谬到了无以复加的地步。被他们指定为儒家的集团和个人坚持保守路线，被指定为法家的集团或个人则坚持进步路线，这两家为着千年一贯的路线，进行千年一贯的斗争。这种不以时间、地点、条件为转移的，不受经济发展程度、生产与交换的性质、方式制约的“阶级斗争”，历史上从来不曾存在过。“四人帮”的御用文人们不择手段地歪曲事实，把写了不少尊儒诗文的柳宗元、王安石描绘成“大法家”，攻击申、韩的王夫之也被说成“法家”。

一个社会的基本的阶级矛盾即这个社会的压迫阶级和被压迫阶级的矛盾，是贯彻该社会始终、决定该社会性质的，是不能调和的。在封建社会，地主同农民的矛盾就是这样。而压迫阶级内部，譬如说地主阶级内部，也有错综复杂的矛盾，但这些矛盾都不是基本的，而是从属于地主同农民这个基本矛盾的。这些矛盾在一定条件下，特别是农民起义危及整个封建政权的情况下，是可以调和的，地主阶级各派会联合起来向农民进攻。这本来是马克思主义起码的常识，但“四人帮”硬是向常识进攻。他们认为主要的决定性的阶级矛盾是地主阶级内部的“儒法斗争”，而地主与农民的阶级斗争倒是次要的、从属的东西。儒法之间不可调和，地主与农民却不一定势不两立，他们甚至是可以合作的。“四人帮”及其御用文人断言，只有儒家对人民进行“残酷的经济剥削和政治压迫”，而法家则是“爱人民”的。“儒家路线”激化了矛盾，造成农民起义。农民反儒而尊法，农民起义是为推翻儒家统治，为“法家人物”推行“法家路线”开辟道路。蒲鲁东在分析资本主义经济的各个范畴的时候，一律把它们分为好坏两方面，主张去掉坏的方面，保留好的方面。他的目的是鼓吹阶级合作，维护资本主义制度。“四人帮”与蒲鲁东如出一辙，所谓“尊法反儒”即拥护好地主，反对坏地主，其实质是宣扬阶级合作，宣扬农民对整个地主阶级和封建制度的阶级调和和阶级投降。这样，“四人帮”就把阶级观点、阶级分析彻底葬送了。

不但要研究阶级斗争对哲学思想的影响，而且要研究生产力和自然科学对哲学思想的影响。哲学是时代精神的精华，它不仅概括了阶级斗争的知识，也概括了生产斗争包括自然科学的知识。研究阶级斗争与哲学思想的关系固然重要，生产斗争、科学实验与哲学思想的关系同样不可忽视。三大革命实践是推动社会前进的动力、源泉。实践出真知，实践出哲学。三大革命实践对哲学的发生发展都起决定作用。探讨每一历史时代自然科学与哲学发展的关系，这是哲学史研究的一个重要方面。

全部哲学史告诉我们，唯物主义哲学的各种形态都与当时的生产力、自然科学水平相适应。恩格斯说：“随着自然科学领域中每一个划时代的发现，唯物主义也必然要改变着自己的形式。”[①]

在古代，生产力低下，各经济部门都依靠手工劳动，工具也都非常简单、原始，人们改造自然的能力十分有限，这便决定了人们

① 《路德维希·费尔巴哈和德国古典哲学的终结》，《马克思恩格斯选集》第四卷，人民出版社，1972年5月版，第224页。

关于自然的知识完全依赖于有限的日常经验。因此古代的唯物主义必然是朴素的、直观的。同时由于没有分门别类地研究世界，人们习惯于从总体上、从联系和运动中观察客观世界，当时的唯物主义学说把世界描绘成能动的、相互联系的、发展变化的，这便使这些学说与17、18世纪的机械唯物主义迥然不同，具有丰富的辩证法思想。

从文艺复兴到18世纪，西欧资产阶级不断成长壮大。为了推翻反动、愚昧的基督教神学的思想统治，资产阶级哲学家们坚持、发展了唯物主义学说。古代的朴素唯物主义学说，已经被证明是不科学的、落后的了，哲学家们建立起符合近代科学发展水平的机械唯物主义学说。由于资本主义生产迅猛发展，工业、交通等部门逐步实现着从手工劳动到大机器生产的过渡，这便推动着自然科学不断进步。在自然科学领域，与机器制造、航海等有关的数学、力学、天文学取得了巨大的成就，然而化学、生物学、地质学却还处在萌芽状态。唯物主义哲学家们根据最发达的科学——力学的观点，把世界看成一部大机器，把动物和人也都看成机器。根据这个理论，他们否定了作为宇宙主宰的上帝，也否定了脱离肉体的灵魂，但是把一切运动形态归结为简单的机械运动，则是当时唯物主义哲学的严重缺陷。不仅如此，那时的各门科学都收集事实，对这些事实进行分门别类的研究，这种情况反映在哲学中就产生了一种形而上学的观点，认为世界是孤立的静止的，是事物的堆积，而不是相互联系的整体、无限的发展过程。这就使机械唯物主义虽然在个别问题上胜过朴素唯物主义，但对世界的联系和发展的理解却低于朴素唯物主义。

辩证唯物主义是无产阶级的世界观，它是马克思和恩格斯在总结人类社会发展史和工人运动经验的基础上，同历史唯物主义一起创立的。但是只认识这些还不够，辩证唯物主义的产生与19世纪科学的巨大进步，特别是细胞、能量转化、进化论三个伟大发现有密切关系。各门自然科学的新成就揭露了自然界的辩证本性，严重地冲击了形而上学的世界观。时刻注意自然科学进展的马克思、恩格斯，吸收了这些成果，与其他方面的研究结合在一起，创立了辩证唯物主义。如果没有19世纪科学的进步，自然界还像以前的科学家说的那样，一成不变，亘古如斯，那么在这无比保守的自然界面前，怎么可能建立起彻底革命的无产阶级的世界观呢？还应该看到，科学的进步和辩证唯物主义的产生，使哲学的内容发生了根本的变化。以前的哲学都是“科学的科学”，在自然哲学这一部分中，为了从总体上说明世界，不得不以幻想补科学之不足。但是现在自然科学对许多现象都给予了科学的解释，依靠自然科学本身已经能够形成从宏观世界到微观世界的比较完整的宇宙图画，这样，自然哲学就成为多余的东西，哲学再没有理由作为“科学的科学”而存在了。辩证唯物主义只研究自然、社会、思维发展的最一般的规律，不再是包罗万象的学问了。

当然，自然科学对哲学的影响绝不是刻板的、机械的。对自然科学提供的思想材料，理论思维可以做出不同的概括。进步阶级或阶层的理论代表，特别是其中一些善于吸取前代理论思维的经验教训，对辩证思维规律有所了解的人，在某些方面有可能超越当时科学水平，提出较高的哲学思想。同样是在没有近代自然科学的条件下，古希腊的德谟克里特提出了原子论，中国汉代的王充倡导了元气自然论。他们用理想的一般物质解释世界，克服了用某种具体物质解释世界带来的一些困难。在形而上学思想占统治地位的 18 世纪，法国唯物主义哲学家狄德罗在物质和运动、肉体和精神、无机界和有机界的关系问题上，提出了精辟的辩证法思想，批判了把它们割裂开来的形而上学观念，有力地捍卫了唯物主义学说。应该指出的是，因为没有自然科学做基础，他们的一些观点只能是天才的猜测，其中也还包含着一些错误的见解。可见即使是这些杰出的人物，归根到底也还是受自己时代生产力和科学发展水平的限制。

自然科学不但影响着唯物主义，同时也影响着唯心主义。哲学史和科学史表明，狡猾的唯心主义，一般地并不赤裸裸地反对科学和常识，它是把自己伪装成科学，利用科学暂时解决不了的问题，做出唯心主义的结论，每当科学思想发生深刻变革的时候，这种情况就显得更为突出。历史上不断发生这样的事情，随着自然科学的新发展，唯心主义哲学也相应地改变着自己的面貌，只不过它的改法与唯物主义不同而已。因此为了深入把握和批判唯心主义哲学，也必须了解和熟悉各个历史时代生产力和自然科学发展的状况与水平。

其次，要用实事求是的科学态度对待哲学史。我们主张古为今用，公开申明研究哲学史的目的不是为学术而学术，而是为无产阶级政治服务。但是我们又认为，无产阶级的党性与科学性是统一的，无产阶级党性离不开科学性。社会主义革命和社会主义建设的无数历史经验证明，只有科学才能为无产阶级服务，反科学的东西只会给无产阶级事业带来损害。恩格斯指出："科学愈是毫无顾忌和大公无私，它就愈加符合于工人的利益和愿望。"[①] 剥削阶级刚刚相反。

---

① 《路德维希·费尔巴哈和德国古典哲学的终结》，《马克思恩格斯选集》第四卷，人民出版社，1972年5月版，第254页。

他们的利益与最广大的人民群众的利益相对立，与历史的发展背道而驰，科学愈是毫无顾忌和大公无私，就愈会触犯他们的利益。他们害怕科学，当然不能科学地对待历史，而是千方百计根据自己的利益去歪曲、篡改历史。资产阶级实用主义是这方面的典型。胡适把历史比作一堆任人摆布的铜钱、一个任人打扮的女孩子，因而是可以任意编造的，怎样对自己有用就怎样编造。“四人帮”这伙地主资产阶级的代表人物，完全继承了胡适的衣钵，用需要代替真理，用臆想代替事实，把“古为今用”篡改为“古为帮用”，大搞实用主义的影射史学。

科学是实事求是的，而实用主义是反对实事求是的，这是两者的根本区别。什么是实事求是？毛主席说：“‘实事’就是客观存在着的一切事物，‘是’就是客观事物的内部联系，即规律性，‘求’就是我们去研究。”[①]对于研究中国哲学史，实事求是就是掌握大量的、丰富的、实在而非虚构的历史资料，在马克思列宁主义指导下，从中引出哲学史固有的规律性，并为历史所验证。

“四人帮”反对实事求是，他们根据主观需要，任意捏造史料。胡适说，实用主义的方法是“大胆假设，小心求证”，这种方法是“创造证据的方法”，“自由产生材料的考证方法”[②]。“四人帮”为了打倒老一辈无产阶级革命家，臆造一个永恒不变的“儒法斗争”框子，然后把他们“创造”的“证据”和“自由产生”的“材料”塞进去。“四人帮”的方法，也就是胡适的方法。当他们一伙控制宣传大权的时候，

① 《改造我们的学习》，《毛泽东选集》第三卷，人民出版社，1966年7月版，第759页。

② 《胡适文存》第三集第二卷，第204页。

“柳下跖痛斥孔丘”的文章、书籍、连环画到处皆是，好像历史上真有这么一回事。唯一的“证据”就是《庄子·盗跖》篇。人所共知，庄周的许多论文包括《盗跖》篇在内，所讲的故事大部分是寓言，用编造的故事表达庄周对当时新事物的不满的思想。根据先秦史料略加分析便可看出，所谓“盗跖”既不姓“柳下”，也不是生活在春秋时期，又怎能与孔丘会见，做那一番绘声绘色的“痛斥”呢？“四人帮”为了借“柳下跖”之口指桑骂槐、攻击敬爱的周总理，把《盗跖》篇当作信史，斩头去尾加以引用，并且禁止人们说它是寓言，谁说就给谁扣政治帽子，企图一手掩尽天下人耳目。这就更加暴露了“四人帮”实用主义影射史学的反动性。

“四人帮”对哲学史的客观规律毫无兴趣，他们寻求的不是规律而是抽象类比。帝国主义的走狗、买办文人胡适曾把中国的东周比作神圣罗马帝国，把几千年前的《诗经》篇章说成是“描写女工放假急忙要归的情景”。“四人帮”的影射史学大大发展了这种抽象类比的方法。他们把20世纪70年代的社会主义中国有时比作商鞅变法时的秦国，有时比作刘邦晚年的汉朝，把老一辈无产阶级革命家比作奴隶主贵族、儒家、地主阶级保守派，把我军的高级将领比作居功邀赏的秦将王翦，把光荣的人民军队比作唐代的藩镇。而他们自己则是当代的“法家”“地主阶级革新派”，为了赢得这场“新儒法斗争”的胜利，他们要用“秦始皇的暴力手段”对付我们的党、军队和全国人民。最令人愤慨的是为攻击周总理和华国锋同志，他们多次掀起批宰相的妖风；为江青当女皇而大肆吹捧吕后、武则天。这种影射史学只是为了发射反革命的冷枪暗箭，只能表现他们反动、卑鄙、阴险、狡诈、虚弱和愚蠢，与历史的研究毫不相干。

我们并不是一般地否定类比。马克思主义经典作家也曾以历史的经验来作为当前斗争的借鉴，曾用历史上某些事实或它们的某些方面、某些特征与当前或未来做比较。这种比较绝不是取外貌的类似，而取其在客观规律性上的相同或近似。这里有一个起码的条件，就是要弄清拿来做比较的各个历史事件是否可以互相比较。如果不具备可比的条件，在不可比的情况下硬做抽象类比，那就必定犯错误。“四人帮”及其御用文人在反革命的目的之下，把抽象类比弄到荒谬绝伦的地步，使人妖颠倒、是非混淆，彻底地糟蹋了中国历史和哲学史。

影射史学与科学的历史研究是势不两立的。“四人帮”一面大搞影射史学，一面疯狂反对广大史学工作者的科学研究。多年来，他们无中生有地给史学工作者强加过许多罪名，其中重要一条是借古非今，影射攻击。影射本来是他们的拿手好戏，但是当他们要搞“文字狱”的时候，却把这个罪名戴在别人头上。“四人帮”用影射的有色眼镜来看史学界，于是无往而不是影射，许多问题不能研究，一研究就是“影射”。这样就在历史、哲学史领域造成了许多禁区。譬如秦始皇，他统一六国，建立了中国历史上第一个专制主义中央集权的国家，在历史上有进步作用，同时他又是残暴的封建统治者，给人民群众带来了极大的灾难。这样的认识符合历史事实，也符合秦始皇的阶级本性，早已成为群众的历史常识。但是“四人帮”不许这样看问题。他们认为秦始皇有功无过，如果硬要说有什么过的话，那就是“镇反”不彻底，杀人还不多。他们还认为陈涉起义的原因不在秦始皇的残暴，而在于什么赵高“篡权复辟”，等等，完全歪曲了历史。但是谁对这种谬论有异议，谁就是大逆不道。再如洪秀全，他是太平天国农民起义的领袖，领导了轰轰烈烈的反帝反封建斗争，但他信奉天父耶和华，世界观是宗教唯心主义的。这是事实，而且是符合客观规律的事实。封建时代的农民起义多是在宗教旗帜下进行的，农民领袖信仰宗教是普遍现象。但是“四人帮”不许对洪秀全一分为二，一定要把他的世界观说成唯物主义的。“四人帮”搞这一套，为的是打击历史科学，以便使他们的影射史学横行天下；同时对领袖做出极力维护的姿态，突出他们“紧跟”“高举”的极“左”面目，以便捞取政治资本，实行篡党夺权。他们把无产阶级领袖同农民领袖甚至封建皇帝相提并论、相互比附，不是提高了，恰恰是降低了无产阶级领袖的历史地位，损害了无产阶级领袖的形象，政治影响极为恶劣。在清算“四人帮”反革命罪行的时候，我们要批倒他们把历史科学看作影射的荒谬观点，冲破他们设置的个个禁区，为历史和哲学史研究开辟广阔的天地。

第三，坚持辩证的方法。哲学史的重要任务之一是研究人类认识日益深化的辩证发展过程，总结理论思维的经验教训。要完成这一任务，特别需要用对立统一规律来研究概念的运动和发展，因为认识的成果体现在概念之中。列宁说：“从逻辑的一般概念和范畴的发展与运用的观点出发的思想史——这才是需要的东西！”[①]这是一个困难的但是非常重要的工作，到现在为止，只有黑格尔在唯心主义基础上从事过这方面的研究。我们要做好这项工作，就要像列宁指示的那样，考察概念的毫无例外的相互依赖、毫无例外的相互转化，特别是概念的对立面的同一。不应当把哲学看作是概念

① 《黑格尔〈逻辑学〉一书摘要》，《列宁全集》第三十八卷，人民出版社，1959年9月版，第188页。

毫无联系的堆积，应该看作概念由对立和转化联系在一起的整体，每一概念都体现着人类认识的一个阶段、一个方面。在中国哲学中，要追踪人类对客观实在的不断深入的认识过程，必须考察“五行”“阴阳”气这些概念的联系、转化，考察从先秦、两汉到宋明清“气”概念的发展与变化。

列宁指出：“人的认识不是直线（也就是说，不是沿着直线进行的），而是无限地近似于一串圆圈、近似于螺旋的曲线。这一曲线的任何一个片断、碎片、小段都能被变成（被片面地变成）独立的完整的直线，而这条直线能把人们（如果只见树木不见森林的话）引到泥坑里去，引到僧侣主义那里去（在那里统治阶级的阶级利益就会把它巩固起来）。直线性和片面性，死板和僵化，主观主义和主观盲目性就是唯心主义的认识论根源。”[①]哲学史就是要研究人类认识的曲线运动，探讨圆圈上的各个哲学体系如何体现了人类认识的深化，各唯心主义派别在认识的哪一些片断上，将曲线变成直线，从而走向僧侣主义的。人类的认识本身是辩证的，是活生生的多方面的认识，其中包含着无数的各式各样观察和接近现实的成分，是沿着螺旋的曲线不断上升的，如果我们用形而上学的观点去考察人类的认识，就不能理解人类认识的客观性、丰富性、生动性、无限性，同时也不能理解认识过程中通向唯心主义、通向谬误的种种歧途。

为了正确评价每个哲学家在人类认识发展中的地位、作用，必须用历史主义的眼光来看待他们。任何一个哲学家都是历史发展链条上的一个环节，各有贡献又各有局限，既不能贬低他们的历史功

① 《谈谈辩证法问题》，《列宁全集》第三十八卷，人民出版社，1959年9月版，第411—412页。

绩，又不能把后来的进步归功于他们。如果什么都是古已有之，把我们能够了解而古人根本没有的一种思想硬算到他们账上，那么历史就不存在了。在“四人帮”御用文人所写的“儒法斗争史”中，两千年前的法家又懂“阶级斗争”和“路线斗争”，又懂“反复辟”，比今天的共产党人还要“高明”。这是根本违反历史发展的实际的。

哲学史是认识发展史，要深入研究哲学史，就要同时研究构成认识论的各个知识领域，这就是各门科学的历史、儿童智力发展的历史、动物智力发展的历史、语言史、心理学、感觉器官的生理学以及控制论、信息论、智能模拟等等。吸取所有这些学科的积极成果，丰富哲学史的研究内容，就能更正确、更全面地反映出人类认识的辩证发展过程。这是更为宏伟的工程，需要在马克思列宁主义指导下，各学科工作者的通力协作。我们相信，经过长期的艰苦努力，哲学史的研究工作一定会出现崭新的面貌，写出高水平的认识发展史。

四、中国哲学史的发展过程

实践是认识的基础，随着实践的发展，人们的认识也在向前发展。

中国哲学思想由于生产的提高、阶级斗争的发展，一步又一步地由低级向高级发展着，逐步地由浅入深，由片面到更多的方面。但是这个发展不是直线前进的。因为生产发展是不平衡的，特别是阶级斗争是有起有伏、波浪式前进的，作为它的反映，哲学思想也是有高潮有低潮，波浪起伏的。哲学唯物主义在同唯心主义的斗争中，在总的起伏中沿着螺旋曲线前进。唯物主义的发展不是一帆风顺的，它的胜利不是轻易得来的，它经历了艰苦的探索、激烈的斗争、多次的反复。

在奴隶制时代，基本矛盾是奴隶主和奴隶的矛盾。奴隶们为求解放，同奴隶主进行了长期、英勇的斗争。进入封建社会之后，地主和农民的矛盾成为基本矛盾，从陈胜、吴广到洪秀全，中国农民阶级高举造反大旗，与封建统治者进行了长期艰苦卓绝的斗争。这无数次农民起义和农民战争，是中国封建社会发展的真正动力，也是中国封建文化（包括哲学在内）发展的主要基础。哲学作为远离经济基础的上层建筑，通过唯物主义与唯心主义、辩证法和形而上学的斗争，迂回曲折地反映了奴隶社会、封建社会中的这些基本矛盾，也从属于和服务于上述的阶级斗争。在封建社会末期，新兴的资产阶级同垂死的封建势力发生了尖锐的矛盾和斗争。这些矛盾和斗争也必然在中国哲学思想的发展上有所反映。

在中国哲学史上，朴素唯物主义最初是在和反动奴隶主世代信奉的上帝创世说的唯心主义的严重斗争中成长起来的。以奴隶制为基础的商王朝的统治者们，为了加强对被剥削的奴隶们的思想统治，巩固反动奴隶主贵族的专政，宣扬一套“上帝”主宰世界的宗教唯心主义谬论，以论证其反动统治的自然合理性。但是，随着奴隶们对奴隶主阶级的反抗和斗争的发展，商王朝的统治发生了严重的危机。商末奴隶起义倾覆了商王朝，使周王朝得以建立。正是在这样的阶级斗争的历史背景下，出现了朴素唯物主义的“五行说”。它提出“五行”（金、木、水、火、土）作为万物的本源，在自然物质本身中去寻求万物的根源，从常见的生产、生活资料中，选出几种有形体的特定物质，当作自然现象无限多样性的统一的基础，这显然是对宗教唯心主义的上帝创世说的否定和驳斥。

但是，用一种或几种特殊物质作为万物的共同根源来解释世界和万物的构成显然有困难。例如，主张“五行”是万物的根本元素，如何解释别的物质（如石头）又不属于根本元素。凡此种种，尽管他们有所解释，因为与实际不符，总的说来是有困难的。这样，也就给了唯心主义以可乘之隙。在奴隶制度下，宗教唯心主义是符合于奴隶主阶级的利益的，因此主张上帝创造和决定世界的宗教天命论仍然占着统治地位。

周人在夺取商王朝的政权的时候，是个刚刚进入父系家长制不久的民族。为了统治商王朝的广大地域，周人把民族组织变为国家机关，在意识形态领域强调宗法、天命，并将这两者紧密联系在一起，形成一整套礼治、德治、敬天保民的思想。这些在中国历史上产生了深远的影响。由于奴隶起义、逃亡和奴隶来源枯竭，西周末年奴隶制便没落了。东周以后，开始了向封建制自发而缓慢的过渡。奴隶主意识到奴隶制已经无利可图，于是改变剥削方式，让劳动者以一家一户为单位，有其细小的个体经济，收取劳役或实物地租。这样奴隶主变成了封建主，奴隶变成了农奴。在封建化过程的中后期，有相当数量的自由民、商人转化为地主。到了战国时代各封建国家已经确立，摆在地主阶级面前的任务是巩固地主阶级政权，实现天下统一。这时，孟子继承并发展了孔子的思想，认为天命、宗法思想对地主阶级的统治仍然是得力的工具，宣传礼治、仁政，主张以仁义王天下。在认识论上则鼓吹唯心论的先验论。而以老庄为代表的另一派唯心主义者则宣扬宿命论，他们不满封建统治，幻想回到公社制度，然而对现实无可奈何，因此主张人在自然面前无所作为，在精神世界求得解脱。

与唯心主义路线相对立，唯物主义路线的代表是荀子和他的学生韩非。荀子大胆地把批判的矛头直接指向唯心主义的天命论，他驳斥了把天说成是主宰一切的有意志的上帝这种唯心主义谬论，而用唯物主义精神把天解释为物质的天，亦即自然界。他不仅否认有什么人们必须服从的“天命”，而且提出“制天命而用之”的“戡天”思想，主张发挥人的主观能动作用，征服自然界。这充分表现了当时新兴封建地主阶级的积极进取精神。荀子、韩非反对天命思想的同时，在认识论上批判了唯心主义的先验论，提出了唯物主义的反映论。人的聪明才干，唯心主义者说是天生的，是上帝的恩赐，他们却认为知识和才能是后天经过学习得来的。在自然观上，他们也不再以一种或几种常见的物质元素来解释世界，而发展到用一种更具有概括性的、不是可以直接感知的极其细微的原始物质“气”来解释世界，认为天地万物是由“气”构成的。这种学说与当时发展起来的自然科学如医学有密切关系。它一方面继承了上一阶段朴素唯物主义的优良传统，坚持从世界物质本身来解释世界，坚持万物有它的统一的物质根源，而不承认有什么神灵主宰。另一方面它能更为合理地说明世界的物质统一性，也能更好地解释世界事物构成、差异、变化等现象，它所处理的课题和论证的范围也更为广泛和复杂。韩非在政治上反对礼治，主张法治，要彻底摧毁宗法制度，提倡耕战政策，以武力统一天下，是法家的代表人物。

唯物主义与唯心主义的斗争始终是一浪高一浪，从来没有休战过。秦国实行法家路线，国富兵强，统一了天下。但是由于秦王朝凭着刑罚法令残酷压榨人民群众，激化了地主阶级与农民阶级的矛盾。以陈胜、吴广为代表的农民大起义推翻了秦王朝，也使唯物主义思想在汉初得到发展和传播，传统的宗教唯心主义日趋没落。但是随着汉代地主阶级中央集权的形成，为了给王权神授制造理论根据，巩固封建地主阶级专政，上了台的封建地主阶级又重新乞灵于唯心主义哲学。董仲舒将神学与哲学结合起来，建立了目的论的唯心主义哲学体系。它不像宗教神学那样笨拙地直接宣扬上帝，而是强调通过自然界的许多现象来体认“上帝”的意志。这就是说，“上帝”虽然不像人那样有眼耳鼻舌，那样发号施令，但是“上帝”通过自然界的阴晴雷电、灾异变化表达了自己的喜怒、好恶和意志、要求。董仲舒歪曲了唯物主义五行说的性质，把阴阳五行说成是“天”的恩德刑罚的表现，与宗法的伦理关系类比地联系了起来。五行的运转具有道德的目的，整个自然万物都是为了体现“上帝”的意志，有目的地为人类存在着的。很清楚，这种目的论唯心主义不过是宗教唯心主义更为精巧的形式，有更大的欺骗性。到了东汉王朝，与谶纬迷信结合在一起，成了反科学、反进步的极其愚昧反动的官方正统哲学。

哪里有压迫，哪里就有反抗和斗争。绿林、赤眉、铜马等农民大起义，摧毁了篡夺西汉政权的王莽豪强地主集团的残暴统治，但胜利的果实却被以刘秀为首的另一个豪强地主集团所窃取了。农民战争虽然失败了，但它有力地冲击了封建地主的统治及其一整套意识形态，对哲学思想的发展带来了深远的影响。正是在这种影响下，出身于“细族孤门”的东汉哲学家王充，敢于对当时的统治阶级的正统思想提出挑战，把矛头指向孔孟，与董仲舒鼓吹的目的论唯心主义针锋相对，提出了元气自然论的理论。王充认为，世界万物的发生消灭都是由于元气自然运动聚散的结果，并不是天有目的、有意识地创造出来的，不能把人所独有的、有意识、有目的的活动强加于天。天没有意志，万物的产生都出于自然，并没有目的。王充以大量事实和雄辩的论证揭露和驳斥了目的论唯心主义种种荒诞不经的观点。王充以其对各种自然现象和社会现象的观察和分析，和对汉代初步发展的自然科学的领会、概括，一方面继承了前一阶段的朴素唯物主义传统，另一方面又发展了它，把它与现实世界的各种具体的自然规律和运动形态更紧密地联系了起来，使唯物主义哲学达到了新的高度。

魏晋以后，门阀士族地主取得了绝对的统治地位，成为地主阶级中最为腐朽、寄生的阶层，这个阶层极力推行和维护落后的农奴剥削制度。沉重的劳役地租，突出的超经济剥削，严重的人身依附，压在广大农民身上。与这种经济形态相适应的，是政治军事上严重的封建割据、地方分权和一套“上品无寒门，下品无势族”的门阀垄断的政治统治制度。为了维护这种反动的政治经济利益，门阀士族地主王弼等人提出了唯心主义本体论。由于东汉末年农民大起义给地主阶级及其意识形态以严重打击，东汉官方正统哲学随着汉王朝的覆灭而衰落了，旧的唯心主义破产了，王弼等人不能再正面论证创造世界的上帝的存在，也不能再直接主张天能赏罚的目的论，他们通过提出体用、本末等“纯粹哲学”的命题，来达到与宗教神学和目的论唯心主义同样的反动目的。他们说，具体的事物虽说是存在的，但是在具体事物之后、之上，还有一个更为根本的本体存在着，这个本体虽然看不见，但它却是一切看得见的东西赖以存在的基础，万事万物都不外是这个精神性的本体的体现。这个精神性的本体，王弼叫作“无”或叫作“本”。他认为，“无”是第一性的、本源的，而一切具体事物和现实世界作为与本体（“本”“无”）相对待的现象（“末”“有”），只是第二性的、派生的。这种唯心主义本体论实际上是又一次改换了服装的神学。抽象的本体代替了神学的“上帝”和目的论的“天人感应”，哲学的精致语言代替了宗教的粗浅说教。唯心主义变得更狡猾更隐蔽了，它披上了漂亮的理论外衣，使用更为“纯粹”的哲学语言，以更精巧的方式欺骗和迷惑着人们。实质上，它却与宗教神学和唯心主义目的论一脉相承，是反对唯物主义，为维护门阀士族地主阶级的反动统治服务的。玄之又玄的纯粹哲学却具有十分现实的阶级内容。并非偶然，这种著名的魏晋玄学很快就与传入中国的佛教唯心主义融化结合起来。唯心主义本体论经过佛教唯心主义的大量补充，变得更为全面和更为精致了。它成为南北朝隋唐整个历史时期统治社会的意识形态。

庶族地主与门阀士族地主的斗争，只是地主阶级内部的斗争。真正使门阀士族地主这个腐朽透顶的阶层彻底灭亡的，是唐末以黄巢为首的农民大起义。要求废除人身奴役，争取最低限度的生活权利，伟大的农民起义和农民战争给整个地主阶级，特别是给占据社会最上层的门阀士族地主以沉重打击，给这个阶级赖以生存而严重束缚生产力的农奴剥削方式以摧毁和扫荡。为门阀士族地主所倡导而盛极一时的佛教唯心主义终于衰落下来。但是，农民阶级的战斗成果总是被地主阶级篡夺了去。中唐以后以租佃制或实物地租为主、人身依附比较松弛的封建剥削方式充分地发展和巩固起来。代替门阀士族地主，宋以后由官僚地主阶层垄断了政权。这个阶层占据了社会的上层统治地位，形成了与经济基础相适应的高度中央集权的官僚统治制度。这种制度更为广泛地接受和容纳全国各地地主阶级的政治代表，建立了一整套空前集中和巨大的国家军队、法庭、监狱等国家机器，以直接统治、剥削和压迫全国的农民阶级，极大地加强了封建统治。与这种政治要求相吻合，宋、明的唯心主义继承孔孟哲学和魏晋以来的唯心主义哲学，吸收和改造了佛教唯心主义的有关成分，提出“理”“道”“太极”等作为世界万物的本体，并与整个封建道德伦常密切联系起来，用它来囊括整个自然和社会，为封建社会的四条绳索（政权、族权、神权、夫权）提供了哲学根据，比魏晋玄学和佛教等唯心主义本体论具有更为现实的世俗特征。这样，也就把唯心主义本体论发展到了极致，成为中国封建地主阶级最完备、最系统也最反动的哲学唯心主义体系。它统治中国封建社会近千年之久，给中国人民加上了沉重的精神镣铐，成为剥削人民、镇压农民起义的极为重要的反动工具。明清统治者把朱熹请入孔庙，叩头礼拜，正好说明了这种哲学的鲜明的反动党性，而朱熹正是唯心主义本体论集大成的人物。

然而，历史潮流是不可抗拒的。不管唯心主义哲学在一段时期内如何猖獗，但唯物主义哲学的发展终究是阻挡不住的。宋、明以来的农民起义和农民战争提出了“均贫富”“不纳粮”等更高的斗争纲领和要求。元末、明末的农民大起义给社会发展和思想意识以巨大的推动和影响。例如，中国17—18世纪的唯物主义思潮就是在明末农民大起义的历史条件和阶级斗争的背景下产生和发展起来的。与官僚地主阶层有某种矛盾的某些进步思想家，或者为了反抗民族压迫，反对生产关系倒退，或者与某种资本主义萌芽和倾向有联系，逐渐与孕育在后期封建社会母体内的市民阶层结成联盟，反对占据统治地位的封建官僚大地主。其中一些人比较接近实际、接近下层，注意研究和接受当时自然科学的发展成果，能够在剧烈的阶级斗争和民族斗争的环境下，较实际地观察分析社会现象，在客观上反映历史发展的某种趋向，从而具有唯物主义的哲学思想。为了答复唯心主义的严重挑战，他们针对唯心主义哲学所提出的种种问题，经历了长期的艰苦探索，经过反复的斗争，把唯物主义哲学又向前推进了一步。王安石、张载、王夫之就是这一阶段的卓越的代表。他们强调指出，物质的“气”“器”等是第一性的、本源的，而“理”“道”只是第二性的、派生的。他们坚决反对和驳斥了超越事物之上以“理”“道”为本体的唯心主义本体论，指出“理”“道”不能脱离物质或具体事物（“气”“器”）而超然存在。“道”只是“器”的“道”，不能倒过来说“器”是“道”的“器”。“道”“理”是从属于“气”“器”的。从这个观点出发，他们对于唯心主义本体论所提出的体用、心性等问题，做了针锋相对的唯物主义的解释，从而把自然观、认识论、方法论等哲学各个方面的问题联系贯通起来，构成了比较完整的朴素唯物主义思想体系。在认识论上，他们比较重视实践的作用。王夫之认为，在知行关系上，行可以包含知，体现知、获得知、但知不能包含行，如果知而不行，就等于不知。王夫之还指出宋明理学的共同特点是排斥行，不用行去检验知，因而都表现出言行不一、道德沦丧的趋向。虽然他所说的行主要还是指道德实践，但强调行在认识过程中的地位，毕竟是进步的。“四人帮”否定实践是认识的源泉和真理标准，摘取经典著作的片言只语，作为不受实践检验的，一切时间、地点、条件下的真理，他们的认识倒退到王夫之的水平以下，与宋明理学毫无二致。

但是，朴素唯物主义毕竟是封建社会的产物，仍然具有种种缺陷。例如，由于没有近代科学知识做基础，它所使用的概念、范畴如“元气”等等，就带着主观臆测的特征，而没有严格的科学规定。它所讲的自然规律和各种现象，具有直观的性质，缺乏近代科学的论证。又如，他们反对精神性的“心”或“理”为“本体”，却提出了“元气”是“本体”。但“本体”这个概念本身就是不科学的，辩证唯物主义认为世界就是运动着的物质本身，不承认它们之后有什么“本体”。中国的朴素唯物主义者在自然观方面坚持了唯物主义，但当他们涉及社会历史的领域时，仍然是唯心主义者。这是马克思主义以前的一切唯物主义者所无法避免的局限性。

1840年鸦片战争以后，外国资本主义的侵略，使中国沦为半殖民地半封建社会。中国人民反帝反封建的伟大斗争，开辟了中国历史上的新时期，阶级斗争无论在深度或广度上都是前所未有的，民主革命的任务已经提到日程上来了。中国要不要变、用什么方法去变，成为当时思想斗争的焦点。封建地主阶级顽固派坚持“祖宗之法不能变”，根本反对一切变革；代表地主买办阶级利益的洋务派则主张“中学为体，西学为用”，同样反对变革封建制度。与顽固派、洋务派相对立，新兴资产阶级的一些代表人物则竭力宣传“变”的思想，主张由封建制度变为资本主义制度，并力图为这种“变”做哲学论证。资产阶级启蒙思想家严复是有代表性的，他通过介绍达尔文学说广泛宣传了进化论的思想，为资产阶级的变革制造舆论，对当时的思想发展起了很大的影响。但是，由于中国民族资本在封建主义和帝国主义双重压迫下没有得到充分发展，中国资产阶级在经济上、政治上极端软弱，又非常害怕革命群众，反帝反封建的决心和力量都不大。他们向西方寻求真理，而当时的西方资本主义社会已开始走上没落阶段，流行的哲学已不是机械唯物主义，而是形形色色的唯心主义。因此，虽然他们接受了当时的近代自然科学的强烈影响，在反帝反封建的政治、经济要求的推动下，他们也曾经产生过唯物主义的思想倾向，但是很不坚决、很不彻底，经常和唯心主义划不清界限。如谭嗣同的以太说、孙中山的生元说等等，一方面有机械唯物主义的思想倾向，但另一方面却被唯心主义所渗透和压倒。中国资产阶级未能建立任何比较完整和彻底的唯物主义哲学体系。这正是中国资产阶级的阶级特性所决定的。毛主席说："近百年来输入了欧洲的机械唯物论和庸俗进化论，则为资产阶级所拥护。"① 又说："那时的所谓学校、新学、西学，基本上都是资产阶级代表们所需要的自然科学和资产阶级的社会政治学说（说基本上，是说那中间还夹杂了许多中国的封建余毒在内）。在当时，这种所谓新学的思想，有同中国封建思想做斗争的革命作用，是替旧时期的中国资产阶级民主革命服务的。可是，因为中国资产阶级的无力和世界已经进到帝国主义时代，这种资产阶级思想只能上阵打几个回合，就被外国帝国主义的奴化思想和中国封建主义的复古思想的反动同盟所打退了。"② 中国近代资产阶级的机械唯物主义的思想倾向，也正是如此。它与传统的封建唯心主义哲学做过斗争，但很快就被唯心主义所打败，偃旗息鼓，宣告退却了。中国资产阶级由于

① 《矛盾论》,《毛泽东选集》第一卷，人民出版社，1966年7月版，第276页。

② 《新民主主义论》,《毛泽东选集》第二卷，人民出版社，1966年7月版，第657页。

本身的软弱性和两面性，不可能领导资产阶级民主革命直到彻底胜利，领导反帝反封建的民主革命的历史任务不得不落到了伟大的中国无产阶级的肩上。五四运动以后，无产阶级的革命的哲学——辩证唯物主义和历史唯物主义，就登上了历史舞台，以摧枯拉朽之势扫荡了封建地主阶级和资产阶级的形形色色的反动唯心主义哲学，在中国哲学史上造成了翻天覆地的彻底的革命。从此中国哲学思想的发展进入了马克思列宁主义、毛泽东思想的伟大的新阶段。

中国哲学史上的辩证法思想同唯物主义同样悠久、同样丰富，也有它的发展过程。辩证法的发展过程也是由浅入深、由低级到高级、由片面到更多的方面的。

辩证法是一种宇宙观，又是一种方法论。在哲学史上有唯物主义与唯心主义的斗争，也就有辩证法与形而上学的斗争，因为客观世界（自然界、社会）总是辩证地、唯物地存在着、发展着的。

古代朴素的辩证法和朴素的唯物主义，都具有直观、臆测的性质。朴素的辩证法接触到事物发展的客观实际，但是还不够精确，失之笼统、含混，经不起严格的科学分析。

朴素的辩证法和朴素的唯物主义往往是相伴出现的。朴素的辩证法中经常包含着朴素的唯物主义，朴素的唯物主义中也经常具有朴素的辩证法观点。但由于它们都是朴素的，缺乏有机的结合，它们之间的关系有时互相配合得较好，有时两者若即若离。对于某一个学派或某一个哲学家来说，有的朴素辩证法比较突出，朴素唯物主义较弱；也有时情况相反。从古代朴素辩证法的全部发展过程来考察，越到后期，这两者的结合越紧密。

朴素辩证法总是不彻底的。辩证法的根本规律是对立统一的规律。朴素的辩证法思想家们没有把矛盾的对立和斗争放在主导地位，而是把矛盾的统一放在首位，企图调和矛盾，这样，就陷入了形而上学。

朴素辩证法是自发的。在中国哲学史上，殷周之际的《易经》，在宗教的外壳下，透露出朴素的辩证法的曙光。当时周人通过他们的生活实践（“近取诸身，远取诸物”）提出了“阴阳”概念，认为这两种对立物的相互作用是推动世界万物产生、发展的基本动力。与《易经》同时的《洪范》，提出“五行”的观念，这也是当时生产斗争和阶级斗争的反映。它认为“五行”是构成万物的本原，但“五行”之间又是互相配合、互相联系，而不是孤立的。《洪范》中透露出朴素的唯物主义，也包含了朴素的辩证法思想。

认识的过程总是曲折前进的，人们对客观世界的某一方面理解加深了，但却忽略了对世界的总体的把握。因此，春秋以后到汉魏隋唐这一较长的时期，朴素的辩证法和朴素的唯物主义并不是经常结合的。比如《老子》《易传》有辩证法而缺少唯物主义；《孙子兵法》和汉初的《黄帝内经》、唐朝李筌的兵书，有朴素的辩证法，也有朴素的唯物主义，但它们只是某一特殊学科领域内的知识的概括，不是对世界总体的辩证法的说明。王充是汉代重要的唯物主义哲学家，他大量吸取了当时可能掌握的科学知识，提出了光辉的唯物主义无神论思想，建立了元气自然论的朴素唯物主义。但他的思想里缺少辩证法，他反驳神学目的论，就事论事的地方多，统观全局的辩证法观点很少。南北朝的范缜也有类似缺点。

阶级斗争和生产斗争总是不断深入发展，宋以后，朴素的辩证法与朴素的唯物主义相结合的事实越来越普遍。如王安石、张载以及王夫之都是比较突出的代表。这些哲学家既有朴素的唯物主义思想，也有比较丰富的朴素辩证法思想。在他们以前的朴素的唯物主义还有宿命论（如王充）或偶然论（如范缜）的缺点，把人的主观能动的观点让给唯心论去讲。这一时期，朴素的辩证法和朴素唯物主义结合较紧，从而使唯心主义本体论陷于被动挨打的地位。唯心主义者如程、朱、陆、王等虽然得到反动统治者的大力支持，在理论上却被驳斥得体无完肤。从王安石、张载到王夫之把朴素辩证法思想提高到中国哲学史上一个新的水平。

宋以后的辩证法思想比以前虽有提高，但它仍处在朴素的、自发的阶段，也就是说，朴素的辩证法和朴素唯物主义的结合还未达到自觉的、有机的结合，它和科学的辩证唯物主义有本质的不同。因而古代哲学家虽然对世界的发展做了辩证的描述，对某些现象也从发展的观点加以解释，但这种描述和解释只限于一定范围，而且也是很不完备、很不彻底的。

人类进入资本主义社会以后，由于科学进行分门别类的研究而缺少综合，由于资产阶级本身的局限性，代表新兴资产阶级利益的机械唯物主义和辩证法陷于完全割裂的境地，有辩证法思想的哲学家往往不是唯物主义者，而机械唯物主义者则缺少辩证法。辩证法和唯物主义本来是一家，却长期分裂着。辩证法思想被唯心主义体系所闷死，坚决的唯物主义者又往往陷于形而上学的死胡同。欧洲哲学史是如此，中国哲学史基本上也是如此。只是由于中国资本主义没有得到充分发展，中国近代资产阶级的唯物主义很不彻底，水平也不高，但辩证法和唯物主义相脱离这一基本状况还是大体相似。中国资产阶级思想家有的倾向于机械唯物主义，有的宣扬庸俗进化论，都缺少革命的辩证法。

以上是对中国哲学思想的发展过程的一个极为概略的描述。历史事实雄辩地说明，哲学始终是有党派性的，哲学史上唯物主义和唯心主义两条路线的斗争，只是社会上阶级斗争的反映。唯物主义与唯心主义的斗争永远不会陈腐，只要存在着阶级和阶级斗争，反映着敌对阶级利益的哲学上的路线斗争也就永远不会停息。

中国哲学史是中华民族不断发展着的认识史*

——《中国哲学发展史（先秦）》导言

中国哲学源远流长，已经有了近三千年的发展历史。把中国哲学史建立为一门科学，距今不过三十多年。三十多年来，中国哲学史这门学科受到国内政治经济发展的总形势的影响，有时繁荣和前进，有时停滞和倒退，但总的趋势是前进而非倒退。

封建社会的哲学史名著，如黄宗羲的《明儒学案》《宋元学案》，其中汇集了相当丰富的资料，注重各个学派思想演变的来龙去脉，今天仍然不失为研究宋明理学的有用的参考书。但是这两部学案却有一个根本的弱点，就是不敢触及“经学”的禁区，不敢大胆非议“圣人”。如同中世纪的欧洲哲学是包括在神学里面一样，在中国的封建时代，哲学还没有从经学中分化出来。“经”是圣贤垂训的典籍，封建社会的一切成员，只能宣传它、解释它、信奉它，不能怀疑它、议论它，更不能批判它。“五四”前夕，胡适出版了《中国哲学史大纲》上卷。这是用近代资产阶级观点研究中国哲学史的第一部著作，虽然有头无尾，却使当时人们的耳目为之一新，得到社会的广泛重视。

---

* 据《中国哲学发展史（先秦）》，人民出版社，1983年10月版。其中一部分曾以《中国哲学史的对象和方法》为名发表于《中国哲学》1982年第8辑。

当时人们认为“新”的地方主要在于它不同于封建时代哲学史书的代圣人立言、为经传做注解，而敢于打破封建时代沿袭下来的不准议论古代圣贤的禁例，把孔子和其他哲学家摆在同样的地位，供人们评论。这是一大变革，标志着哲学开始从古代经学的禁锢下解放出来，步入近代。继胡适之后，冯友兰的《中国哲学史》，梁启超、萧公权、钱穆等人的政治思想史、学术史，比封建时代的哲学史都不同程度地有所前进，但是由于缺少历史唯物主义这个先进的武器，总的说来，都不能算作阐明中国哲学史发展规律的科学著作。

解放前，郭沫若、范文澜、翦伯赞、吕振羽、侯外庐、杜国庠等同志运用马克思主义观点对中国的古代社会、古代历史以及古代思想进行了卓有成效的探索。他们开始运用历史唯物主义，进行科学的分析，从而有可能透过各种现象的迷雾，看到了一些真相，或者说更接近于真相。这正是马克思主义学者高出于资产阶级学者的地方。尽管这几位前辈们的著作有一些论点可以讨论，但他们走的道路是一条阳关大道，他们开拓荒地的功劳是不可磨灭的。使中国哲学史开始成为一门科学，他们的著作具有示范作用。

全国解放之后，在党的领导下，马克思主义被广大学者所接受，并被运用于一切社会历史研究领域内。中国哲学史研究这个阵地也在被马克思主义所占领。三十多年来，我们出版了通史、断代史、专题研究、论文集等，举行了几次大规模的讨论。尽管研究者在对于一些重要哲学家或学派进行历史探讨时，得到的结论不同，甚至相反，但是绝大多数人对于以马克思主义作为中国哲学史研究的指导思想，基本上没有分歧。问题在于我们怎样正确理解马克思主义的基本原则，怎样把这些原则和中国哲学发展的具体实际相结合。

在这个问题上，我们取得了一些成功的经验，也走了不少弯路。粉碎“四人帮”以后，通过拨乱反正，正确贯彻党的十一届三中全会路线，学术界充满了前所未有的自由讨论的气氛，中国哲学史又呈现繁荣景象。过去曾经讨论后来被窒息了的一些问题，今天又得到哲学史研究者的深切关注。在建国三十多年之后的今天，我们有了丰富的正反两方面的经验，这将大大有益于开展实事求是的学术研究，为进一步发展中国哲学史提供了新的起点。

60年代初期，在教育部主持下，为高等院校开设中国哲学史这门课程，由北京大学、人民大学、中国科学院哲学研究所的几位同志共同编写了四卷本的《中国哲学史》教科书。作为一部用于教学的教科书，讲的是一些比较基本的简明的知识，授课时间的限制不允许对某一方面的问题多做发挥，同时，观点也力求稳妥，学术界争论大的问题，则尽量避免采入。《中国哲学史》（四卷本）教科书，前三卷出版近二十年，我们对已出版的教科书不能满意，因为有些应当说的，没有说到；也有些问题，书成后我们的观点有了改变，认识有所前进。为了适应于这门学科进一步发展的需要，应当写出一部新的反映我们目前认识水平，比二十年前出版的四卷本教科书更详尽的哲学史专著来。

几十年来，对中国哲学史的特点、道路、发展规律以及中国哲学史的地位，有我们自己的想法和看法，经过多年酝酿、考虑，这些想法和看法更趋明朗。这些看法是否符合中国哲学史的实际，将接受客观实践和历史的考验。但是我们的结论是在消化原始资料，广泛吸取已有的研究成果的基础上，亲手撷取来的。我们力图做到材料和观点的统一，力图运用马克思主义的指导原则，下结论要有事实的依据，对中国哲学史的发展做一次严肃认真的探索。

这部哲学史将分成七卷。以华夏民族的认识史为开端，说明哲学如何从原始宗教中逐渐分化出来的逻辑过程，以先秦哲学发展史为全书的第一卷。汉承秦制，从社会结构到政治体制都是一脉相承的。对秦汉之际、两汉之间、东汉之末，我们将在一些专题研究的基础上进行系统的探究，对谶纬思想也有较多的论述，以秦汉哲学发展史为第二卷。魏晋时期，哲学从两汉神学目的论中获得一定的解放，在农民起义失败后，佛教、道教都在建立，儒学玄学化，与佛教、道教同时并存，形成时代特点，以魏晋哲学发展史为第三卷。隋唐时期，儒、释、道并称“三教”，互争雄长，国力达到封建社会的高峰，而宗教思想也发展到高峰，以隋唐哲学发展史为第四卷。宋元明清，儒教建立，形成体大思精的宗教神学体系，不但关联到中国近千年的国运的兴衰，也影响到东亚诸邻国。由于儒教的内容复杂，体系庞大，在人们的精神生活中直到今天还在起作用，宋元明清哲学发展史将分第五、第六两卷叙述。鸦片战争到“五四”前夕，中国社会发生质变，哲学思想亦迥异于前期，近代哲学发展史纳入第七卷。七卷既竟，如乘槎以穷河源，如汇百川而归大海，事实既明，条理自见，哲学史规律亦将从此引出。

本书写的是一家之言，不求每个章节字数按比例分配。我们认为重要的或研究得比较多的问题，就多讲；认为不重要或没有多少新见、学术界都已注意到或讲得烂熟的问题，我们就少讲或不讲。因此，对各个哲学家和哲学流派之间的论述占用的篇幅就显得不够匀称，而有些任其自然了。

参加这一工作的同志，有的共同合作过一二十年，也有年代较短的，除了在京的几位同志是基本队伍，也有外地的同志参与某一专题的讨论和写作。第一卷撰写人（按姓氏笔画为序）有孔繁、任继愈、牟钟鉴、余敦康、周继旨、阎韬同志。以后各卷的撰写人，将根据工作的需要而有些调整，但基本队伍不变。我们这个写作集体，学术观点十分相似以至相同，因而本书的脉络得以自然地保持一贯。本书着眼于中国哲学逻辑的发展过程，所以称之为“中国哲学发展史”。

下面就中国哲学史的对象、特点、方法和目的，分别谈一谈我们的一些看法，这是编写本书的指导思想。

一、中国哲学史是中华民族的认识史

中国哲学史记录了伟大的中华民族在漫长的岁月里改变世界、认识世界的艰难曲折的历程，集中了中华民族的智慧。中华民族远在两千多年前就有了成系统的哲学体系出现，这是可以引为自豪的。在中国历史上，从孔子到孙中山，涌现出了许多重要的哲学家和哲学流派，有如群星灿烂，他们各自体现了时代的精神面貌，代表着认识前进运动中的各个发展阶段。

每个民族的哲学是该民族的精神文明的一面镜子。文学、音乐、美术、宗教都能表现各个民族的文化特点，虽然都反映着民族智慧发展某一方面的成果，但不能表现各民族抽象思维的最高水平。既能表现该民族的特点，又能衡量该民族抽象思维最高水平的只有哲学。哲学是思维进行高度概括的结果，要有相当发达的生产力水平，有相当发达的科学、相当丰富的社会历史经验作为发生发展的前提。只有达到一定发展水平的文明社会才会有哲学，迄今，世界上每一民族都有自己的文学（包括口头文学）、美术、音乐、宗教，它们可以内容丰富、各具特色，甚至具有永恒的魅力，但不能说每一民族都有哲学。社会调查表明，一些停留于氏族社会的民族，抽象的概念还没有产生，他们的社会生活用不着那些抽象概念，因而不会有哲学。没有哲学，当然不会有哲学史。

中国哲学史绵延数千年，这在世界上是仅有的。纵观世界各国，有的民族文化，古代灿烂，后来消沉；有的近代煊赫震烁，其古代则渺茫难考；也有些文化，中世纪时曾横跨欧亚，不久即分崩离析，往事繁华、徒供后人凭吊。中华民族则不同，它经历了无数艰难险阻，历数千年之久，融合多种民族的优秀文化，如百川汇归大海，最后形成中华民族的文化。中国哲学史是中华民族优良精神文明的集中表现。中华民族以汉族为主体，实际上汉族是许多兄弟民族长期融合的结果，今天已不具有“纯粹”的汉族。中国哲学史上的优秀哲学家、伟大哲人，既反映了汉族文化的先进水平，也反映了各兄弟民族文化的先进水平。没有多民族大家庭的不断交流[1]，多次大规模的渗透、竞争、融合，就没有今天中华民族的文化。

① 春秋战国以前华戎杂处，氏族之间交往频繁，已经融合为华夏族。秦汉时期，六国贵族及边区游牧区贵族牧主大迁徙即形成今天的汉族。南北朝时期，北方汉族地主阶级与北方少数民族的贵族互相结合，共同统治，南迁的汉族也与当地土著相融合，共同统治，这是一次更大规模的民族融合。隋唐时期，皇室、贵族是汉族与少数民族混血的后裔，唐王朝实际上是我国多民族地主阶级共同专政的政权，所以在文化上也互相学习，取长补短，共同进步。宋、元、明、清，自然是多民族共同进步的历史。

因此，中国哲学史实际上是中华民族的精神文明的一面总的镜子。它以逻辑的形式记录了中华民族认识世界的经历，它的历史经验为人类认识史提供了极可宝贵的丰富的内容。总结过去，为的是创造未来，为今后更高的精神文明贡献一份财富。

马克思列宁主义能够在中国生根，并取得伟大成绩，除了中国的革命实践的需要这个决定的因素，中国文化的优良传统，中国哲学史提供的思想资料也是一个因素。1949年以前，世界上半殖民地半封建的社会不只中国，而毛泽东思想却诞生在中国，它成功地把马克思列宁主义的普遍原理与中国革命实际相结合，形成具有中华民族特色的马克思列宁主义，不能认为是偶然现象。

哲学史作为人类认识的发展史，唯物主义和唯心主义的斗争史，在古代，在奴隶社会和封建社会具体表现为哲学和宗教、理性和信仰的斗争史。哲学的发展过程，就是一步一步摆脱宗教的束缚的过程，征诸中外历史，没有例外。

哲学起源于宗教，古代的希腊是如此，古代的印度是如此，古代的中国也是如此。

人类最初由古猿进化而来，猿人没有宗教，那时人类还不能够从自然中把自己分离出来。后来才产生了宗教。原始社会有宗教而无哲学。由于当时生产力的极度低下、生活的极端困苦，大自然给予人类的考验十分严酷，人类为了生存，把一切力量都用来对付自然。天灾、疾病、部落之间的争夺无情地摆在人类面前，人类无力克服这些苦难，于是产生了宗教，这是自发的宗教，和后来阶级社会的人为的宗教不同。人类从没有宗教到形成宗教，是一个进步，它是人类思维能力向前发展、人类从与自然界浑然一体的状态下分离出来的标志。

进入阶级社会以后，由氏族部落掌权者演变而来的奴隶主贵族，把原始宗教改造成为论证剥削压迫制度合理性的工具。宗教本身所具有的消极特性，恰恰适合了统治阶级的这种需要。

宗教是人类对现实世界的歪曲的反映。它立足于信仰和虔诚，而不是立足于理性的思辨和逻辑的论证；它祈求超自然的神秘力量的拯救，而不是激发人们自身的聪明才智；它指示人们向“上帝”投降，屈服于异己力量，而不赞同人们向压迫自己的自然力量和社会力量进行反抗。

哲学与宗教不同，它是人们通过实践而产生的理性思维，是生产斗争知识和阶级斗争知识的概括。人们在生产斗争和阶级斗争中，犯过错误，也取得过成功。总结成功的经验，吸收错误的教训，人们就逐渐变得聪明起来。不断地积累这些经验教训，并把它们抽象概括为原则性的、总结性的格言，这就是哲学的雏形。为了便于记忆和流传，先用诗的形式，后来才有文字的著作。总结经验要有科学的知识、科学的方法、科学的态度。哲学的基础是科学，哲学本身就包含着与宗教分离的内在因素。最早宗教指导着人类生活的全部，后来宗教的阵地逐渐被哲学所挤占，才被迫缩小了它管辖的范围。

哲学必须对自然现象和社会现象做出规律性的解释，它一开始就注意物质和精神的关系问题，由于解释的不同而划分为唯物主义哲学和唯心主义哲学。宗教反对科学实践，而唯心主义哲学则歪曲科学实践。在历史上，宗教和唯心主义哲学经常结成同盟军。宗教是粗糙的唯心主义，唯心主义是精致的神学，这两者的任务和目的相同，只有高低精粗的差别。代表人类正确思维的哲学是唯物主义，它可以称为哲学的主流。但是，人类认识世界不是沿着直线前进的，走过不少的弯路，唯心主义和唯物主义也存在着互相转化和互相促进的复杂情况。不过从总的方面来看，哲学每前进一步，特别在古代，都要和宗教发生冲突。但也有宗教渗入哲学、哲学屈服于宗教的情况。

自发的宗教产生于原始社会，人为的宗教产生于奴隶社会，但宗教得到广泛的滋长传播，无论中外，都是在封建社会。封建社会比奴隶社会前进了一个历史阶段。奴隶社会的存在和巩固，更多的靠暴力。封建社会的经济特点是个体小农经济，统治者采用的统治手段比奴隶制有所改变，不专靠皮鞭和刑罚，允许农民耕种小块土地，使他们对生产比奴隶有较高的积极性。但这并不等于放松了对农民的暴力压迫和剥削，而是更多地用宗教作为思想武器，推行奴化说教，以巩固封建统治秩序。佛教、基督教和伊斯兰教的广泛流传，形成世界宗教，都得力于封建社会统治阶级的支持和推动。

在封建社会，哲学只是宗教的附庸。中外的历史都已表明哲学没有能力从宗教神学的绝对权威下解放出来。中国封建社会的历史特别长，哲学从属于宗教的这种状态也特别久。进入资本主义社会，有了近代生产和实验科学，哲学才具备了独立存在的现实基础，神学才失去了垄断意识形态的至上地位。只有在这时，哲学的基本问题——思维与存在的关系问题，才被十分清楚地突出起来，获得了它的完全意义。哲学发展史的任务就是把人类认识、挣脱宗教的过程的规律性揭示出来。

哲学史是整个认识的历史，这是列宁给哲学史下的定义[①]。同时列宁也指出，在两千年的哲学发展过程中，唯心主义和唯物主义的斗争、柏拉图的和德谟克利特的倾向或路线的斗争不会陈腐[②]。苏联日丹诺夫根据列宁的后一种说法否定了苏联亚历山大洛夫的哲学史定义，其实亚历山大洛夫把哲学史看作是认识史也是根据列宁的说法而来的。哲学史是认识史，哲学史是唯物主义和唯心主义的斗争史，这两个说法本来是互相补充、并不排斥的。但是在有些马克思主义学者中间，对它的理解却往往产生偏向，似乎用了其中的一个说法就非得反对另外一个说法不可。亚历山大洛夫用哲学史是认识史的定义写他的《西欧哲学史》，确实是忽略了唯物主义和唯心主义的斗争，把认识的发展描述成为一种和平的量的渐进过程，日丹诺夫对他的批评不是没有道理的。解放以后，我们接受了日丹诺夫的定义来研究中国哲学史，又产生了另一种偏向，只看到哲学史上的两军对战，用全部注意力去给哲学家划分阵营，而不去着重研究人类认识螺旋上升的曲折复杂的发展过程，不去总结这种发展过程中的

---

① 列宁认为“哲学史……简略地说，就是整个认识的历史”，并认为“全部认识领域”，包括“各门科学的历史，儿童智力发展的历史，动物智力发展的历史，语言的历史”，加上“心理学”和“感觉器官的生理学”，“这就是那些应当构成认识论和辩证法的知识领域”。见《哲学笔记》，《列宁全集》第三十八卷，人民出版社，1959年9月版，第399页。

② 列宁认为：“在两千年的哲学发展过程中，唯心主义和唯物主义的斗争难道会陈腐吗？哲学上柏拉图的和德谟克利特的倾向或路线的斗争难道会陈腐吗？宗教和科学的斗争难道会陈腐吗？否定客观真理和承认客观真理的斗争难道会陈腐吗？超感觉知识的维护者和反对者的斗争难道会陈腐吗？”见《唯物主义和经验批判主义》，《列宁选集》第二卷，人民出版社，1972年10月版，第128－129页。

规律和经验教训，也不去注意分析每个哲学体系的内部结构和它在认识史上的地位。现在有人提出要否定日丹诺夫的定义，回到列宁的定义上来。也有人表示担心，认为如果否定了日丹诺夫的定义，将会重复亚历山大洛夫所犯的错误。我们认为，列宁的定义是全面的、完整的，日丹诺夫和亚历山大洛夫的定义都只见其一，不见其二。为了克服我们研究工作中的偏向，必须全面地理解列宁的思想。

哲学史，顾名思义，就是哲学发展的历史。哲学这门学科不同于自然科学、社会学、历史学等具体学科，它是一门世界观的学问，所涉及的领域是人类对自然、社会和思维的一般规律的认识。因此，哲学史讲的是各个历史时期人们对自然界发生、发展的认识，即自然观；对社会历史发生、发展的认识，即社会历史观；对思维规律的认识，即逻辑学和认识论。把这些概括起来，哲学史的研究对象就是整个人类认识的历史。认识是不断发展、不断深化的，在各个认识领域里，认识过程中总有先进与保守、正确与错误的斗争。一般说来，唯物主义的认识路线方向对头，能比较正确地反映客观实际；唯心主义的认识路线方向不对头，不能正确地反映客观实际。说唯物主义只是比较正确，是因为人类的认识不可避免地要受到历史的和阶级的局限，只能做到比较正确，不可能完全正确。唯心主义有它的认识论和阶级根源，是人类认识前进运动中的一个必然环节，表现了认识过程的复杂性和曲折性。它是不结果的花。唯心主义对唯物主义提出了质疑，出难题，从而淬砺、锻炼了唯物主义，促进了认识的深化。从这个意义上来说，哲学史也是唯物主义和唯心主义的斗争史。离开唯物主义和唯心主义的斗争来讲认识的发展，它的发展也是讲不清楚的。过去我们离开认识的发展来讲唯物主义和唯心主义的斗争，又陷入了另一种片面性。从亚历山大洛夫的定义到日丹诺夫的定义，再回到列宁的定义，是一个否定之否定的过程。如果我们在具体的研究工作中避免这两种片面性，就能够比较准确地掌握列宁的思想了。

哲学史上的重要人物和重要学派，如果说他们有过重大贡献，就在于他们曾经站在认识世界的最前列，体现了当时的思想高度。他们把当时人们的认识推进到一个新水平，无愧于是他们各自时代的思潮的代表。有贡献的哲学家们提出的一些哲学思想不应仅仅看作属于他们个人的见解，他们是集体智慧的代言人。哲学家虽属于某一个民族，但也不应把他看作仅仅某一个民族的哲学家，同时也具有全人类的意义。后人看前人，不难发现他们的理论有这样那样的缺点，甚至错误。但是更应去发现他们比前人提出了哪些新的命题，进行了哪些新的探索，揭示了哪些新的范畴。这样，哲学史就不是一系列错误观念的积累，而是人类认识世界、解释世界前进道路上连绵不断的里程碑。先进的哲学家（或哲学流派）所以称为先进，就在于他们站在当时人类认识的尖端，给后来人提供了精神财富。凡是不能体现当时先进水平的哲学家或流派，有时得到某种外力的支持，也能行时一阵子，毕竟不能行久及远，经不起历史的考验。

二、中国哲学史的特点

哲学史作为认识史，作为唯物主义和唯心主义的斗争史，在不同的国家和地区，表现形式是不一样的。中国哲学是在中国这块土地上生长、发展的，中国社会历史的特点决定了中国哲学史的特点，正像欧洲社会历史的特点决定欧洲哲学史的特点一样。中国社会历史大约有以下几个特点：

第一，奴隶制度不典型；但封建制度发展得相当充分而完善，封建社会维持得比较长久和稳定；近代资本主义力量则软弱，始终没有达到成熟阶段。

第二，始自奴隶社会的宗法制度，在封建社会里发展得较为完备，成为联结社会最重要的纽带，一直延续到近代，直到今天还有它的影响。

第三，中央集权下的多民族的大一统国家结构形成得早，统一的时间长，分裂不能持久。

第四，农民起义次数多、规模大；封建统治者在对付农民反抗和进行内部斗争中，积累了较丰富的统治经验。

中国社会历史的特点，给中国哲学史带来如下特点：

（一）封建社会的哲学历史最长

中国有文字记载的历史绝大部分是封建社会的历史，中国哲学发生于奴隶社会，其主要发展过程是在封建社会进行的。如果把中国封建社会的哲学史研究清楚了，找到它的基本规律，中国哲学史的主要研究任务也接近完成了。这是一个长期的任务，不是一代人、两代人的努力就能办到的。从世界范围看，希腊、罗马的奴隶制具有典型性，它的哲学光彩夺目；欧洲的资本主义制度具有典型性，资产阶级哲学最发达兴旺，影响了全世界。中国的封建制度具有典型性，封建时代的哲学最丰富、系统，成为中国哲学史的重点。中国的资本主义没有得到正常的发展，自然科学也没有达到近代实验科学的水平，所以中国哲学史中自然哲学的成分很少。近代的机械唯物论和生物进化论，都是从西方传进来的，不是自身发展出来的。

（二）神学化了的儒学占有极大优势

中国封建社会是宗法制社会，它要求建立与之相适应的意识形态。中国同欧洲的封建社会一样，都是宗教神学在意识形态中占统治地位，但是中国封建社会占统治地位的宗教不是佛教，不是道教，也不是基督教和伊斯兰教，而是一种具有特殊形态的适合于中国封建社会历史特点的宗教，即儒教。表面上看来，儒教这种宗教不同于一般的宗教，甚至它还打出反对佛、道的幌子，缺少一般宗教的外在特征，但是却具有宗教的一切本质属性。

儒教的思想基础是孔子所创立的儒家学说。儒家学说虽然是直接继承了殷周奴隶制时期的天命神学和祖宗崇拜的宗教思想发展而来，但是在先秦它还不是宗教，只是作为一种政治伦理学说与其他各家进行争鸣。由于这种学说强调尊尊、亲亲，维护君父的绝对统治地位，巩固专制宗法的等级制度，能够对劳动人民起极大的麻醉欺骗作用，汉代开始把它推崇为占统治地位的意识形态。为了使这种意识形态有效地稳定封建社会秩序，更好地发挥控制人心的作用，汉以后的历代封建统治者及其思想家们不断地对它加工改造，用政治手段不断扩大它的影响，使它朝着宗教神学的方向发展。他们进行了儒学的造神活动，把孔子偶像化，把儒家经典神圣化，到了宋代又吸收佛教、道教的思想，将儒家学说变成了体大思精的宗教神学。它在整个中国封建社会时期一直占据着正统地位，对于巩固封建制度和延长其寿命，起了巨大的作用。

由儒学发展为儒教是伴随着封建统一大帝国的建立和巩固逐渐

进行的，曾经历了千余年的过程。这一过程中，孔子的学说共经历了两次大的改造。第一次改造在汉代。它是由汉武帝主持、由董仲舒倡导的，这就是中国历史上所谓“罢黜百家，独尊儒术”的措施。汉代大一统的中央集权封建宗法专制国家需要一套在意识形态上和它紧密配合的宗教、哲学体系。董仲舒、《白虎通》借孔子的口，宣传适合汉代统治者要求的宗教思想。第二次改造在宋代。宋代统治者从唐末五代分散割据的混乱局面中捞到了政权，鉴于前朝覆亡的教训而要求强化中央集权的封建宗法专制制度，思想文化领域里也要有与它相适应的意识形态相配合，于是产生了宋代理学。如果说汉代董仲舒和《白虎通》的神学目的论是一种比较粗糙的宗教神学，经过第二次改造后产生的宋代的理学就精致得多了。它是儒、释、道三教合一的产物。它以儒家的封建伦理为中心，吸取了佛教、道教的一些宗教修行方法，加上烦琐的逻辑思辨的论证，形成了一个体系严密、规模庞大的宗教神学结构。它既是宗教又是哲学，既是政治准则又是道德规范，将四者融合为一体。理学的建立，标志着中国儒教的完成。

传统的看法认为儒学不是宗教，或者董仲舒的神学目的论虽可称为宗教，但宋明理学却不是宗教，而是一种哲学。其实，在封建社会的历史条件下，无论中外，都是神学笼罩一切。人们不能摆脱宗教这个异己的力量，而统治者则极力把神学树立为正统思想。神学需要利用唯心主义哲学为自己提出论证，唯心主义哲学也只有依附于神学才能发展。欧洲中世纪的经院哲学既是宗教，也是哲学。托马斯·阿奎那的《神学大全》，用亚里士多德的哲学来论证基督教的神学，就是明显的例子。宋明理学不像董仲舒那样宣扬活灵活现的人格神，但是理、气、心、性之辨，天理、人欲之辨，所宣扬的是一种神秘的宗教世界观，中心目的是把维护封建宗法制度的“三纲五常”抬到神圣不可侵犯的地位，叫人把它们当作宗教教条来信奉。说宋明理学是一种哲学，这和说它是一种神学并不矛盾。正如我们研究欧洲中世纪托马斯·阿奎那的思想，既把它看作是一种哲学，也把它看作是一种神学一样。但是，也只有首先注意到这些在封建社会用来禁锢人心的思想的神学性质，才能把握他们的实质。

由于欧洲封建社会的历史特点，神权高于王权，因而欧洲中世纪的宗教和教会具有垄断一切的势力，基督教神学成了当时支配一切的意识形态。在中国，封建统治阶级始终是把神权限制在王权之下，而不允许平起平坐，更不用说神权凌驾王权之上了。这种历史特点使得中国封建社会在意识形态领域不像欧洲中世纪那样单调呆板，而是丰富多彩。统治阶级虽然极力培植儒教，同时也利用佛教和道教。儒、释、道三教并行，既斗争，又联合。它们在互相争夺正统地位的斗争过程中，尽量吸取对方所长，以补己之所短，不断地进行渗透交融，这就推动了它们逐渐由粗糙向精致的方向发展。

（三）有光辉的唯物论和无神论传统

中国是文明古国，殷周时代就有了高度文化。进入封建时代以后，这种文明继续昌盛发达，造就了优秀的唯物论和无神论传统，它的朴素唯物论和朴素辩证法达到了古代的最高水平。唯物论和辩证法思想是中国哲学史的精华，它在中国封建社会能够得到较充分的发展，具体地说，得力于以下的社会条件：

1. 根本说来，中国的古代社会比较有生气。地主阶级在上升时期表现出充分的活力，即使到了中、后期，也不乏主张进步、勇于革新的集团或派别。农民起义不断发生，每一次都打击了腐朽势力，推动了社会的前进。在民族危亡的关头，总有一批志士仁人挺身而出来救危图存，寻求真理，主持正义。阶级斗争、民族斗争和统治阶级的内部斗争交织在一起，使社会生活起伏多变、错综复杂，人们从中积累了大量的社会斗争的经验教训，给唯物论和辩证法的发展，提供了现实的动力和生动的资料。

2. 中国古代的自然科学起步早。在封建社会之初，天文、历法、医学、数学、生物、物理等学科就有较高成就。在数千年的封建社会里，自然科学都达到封建制度下可能达到的最高水平，长期保持着世界领先地位。它们为唯物主义者提供了丰富而有价值的自然科学知识，给予哲学的发展以直接的推动。荀子、王充、范缜、王夫之、戴震等人，都是吸收了当时自然科学的成果而成为一代哲人。

3. 在中国封建社会里，意识形态各个部门都得到较充分的发展，不像欧洲中世纪，基督教是唯一的意识形态。在文学、艺术、道德、法学、政治学、史学等领域里，涌现出一大批杰出的学者，撰写出数量众多的鸿篇巨制和不朽的传世之作，给社会增添了宝贵的精神财富。先秦时期诸子百家的思想资料也基本保存下来，给后来的哲学提供了相当大的选择余地。唯物主义者受到丰富的文化典籍的熏陶，在构造自己理论体系时，有广博的文史知识作为基础，有多方面的资料可资借鉴。

4. 道高一尺，魔高一丈。中国封建社会的宗教和唯心论，经历了一个由粗糙到精致的发展过程，在理论上达到相当系统周密的程度。例如宋明理学和佛教哲学，都有庞大的体系，它们在结论上是错误的，对认识过程的分析却有相当的深度。这就从反面诱发了唯物论，使得唯物论者不得不在理论上认真对付这种挑战，用更高水平的唯物论和辩证法去回答对方提出的难题，从而使自己的体系不断完备，使正确的认识不断深化，形成一浪高过一浪的发展势头。

中国哲学史上有许多伟大的唯物论者、无神论者和辩证法思想家，这是中华民族的骄傲。不过我们也不能过分夸大他们的贡献；比起资产阶级的唯物论和辩证法来说，他们的学说毕竟处在朴素、自发的水平，低了一个历史阶段。而且在儒教影响遍及全国以后，从唯物论者身上，或多或少都可以看到儒教（即中国特有的宗教神学）的烙印。这种历史的局限性，我们也要给以足够的注意。

三、中国哲学史的研究方法

科学的世界观和方法论是一致的，如何把历史唯物主义的基本原理与中国哲学发展的实际相结合，是我们长期努力实践的课题。历史唯物主义运用得正确，人们才能从历史上纷繁复杂的现象中揭示出事物的本质和发展规律。历史唯物主义运用得好与不好，是中国哲学史能否真正成为科学的关键。为此，要注意几个问题：

（一）把问题提到一定的历史范围

历史唯物主义要求我们把所研究的问题提到一定的具体历史范围之内，努力还其本来的历史面貌。

“五四”以后，中国文化与西方文化有了大量广泛的接触，无疑给中国哲学史的研究打开了眼界。但是在我国学术界过去缺少现代科学方法的长期训练的传统，借鉴西方本来是件好事，搞不好，流弊所及成了依样画葫芦，生搬硬套。先是生搬西方资产阶级的，后来又生搬苏联的。实际效果证明，这种方法无助于弄清哲学史的本来面貌，反而增加了混乱。我们不能按照西方哲学史的图式来写中国哲学史。老子的“道”绝不同于黑格尔的“绝对理念”，王阳明的心学也不能与贝克莱的主观唯心论相比附，老子和王学属于封建时代的哲学体系，贝克莱和黑格尔属于资本主义时代的哲学体系。把不同时代的哲学强拉在一起机械相比，就是犯了不知类的错误。即使是时代相同或相近，中西的具体历史条件也有差异。孔子不是苏格拉底，孟子不是柏拉图，荀子也不是亚里士多德。不顾中国和西欧古代的历史特点，强行比较，不是一种科学的态度。

我们也不能强使古人穿上时装。孔子是春秋末期的思想家，他不是汉以后封建统治者塑造的孔圣人，更不是“四人帮”笔下的“孔丘”。封建时代的正统思想家，标榜尊孔，实际上他们并不尊重历史上的孔子，而把孔子任意改造打扮，名为尊孔，实则用孔。如果说封建地主阶级把孔子当成一面旗子，以此来整肃人心，那么林彪、“四人帮”则把孔子当成一个靶子，用以影射攻击革命家。他们的用意都不在研究历史，而在施展政治策略和手段。无论是正统经学的尊孔，还是影射史学的骂孔，现在都已成为历史陈迹，都不能引起研究者的兴趣。应当指出的是，一个哲学史家怀着善良愿望的借古喻今，同怀着鬼蜮动机的影射史学，作为历史研究的方法，都是不足取的。这样的做法，不可避免地要用主观的好恶去涂抹历史，既歪曲了历史的真实性，也破坏了历史科学，只会引起思想上的混乱。我们不能根据今天某种需要去塑造古代哲学家的形象，不论这种实际需要是否正当。实际需要是经常起变化的，而历史是不能改变的。

历史事实是不应涂抹，也涂抹不掉的。否则，我们和实用主义就划不清界限，哲学史的研究就不成为科学。我们只有在揭示历史上客观存在的规律性的前提下，才能正确总结历史经验教训，绝不是任意截取或歪曲历史资料以满足眼前的需要。还有，彻底的唯物主义者只需要老老实实地做事，明明白白地讲话，毫不含糊地表明自己的观点，不需要戴着古人的脸谱、穿着古人的服装来演出历史的新场面。

（二）进行具体的阶级分析

人类的文明史，从根本上说来是生产和科学发展史，是阶级斗争的历史。哲学作为意识形态之一，是人类社会活动在理论上的反映。哲学史研究要想从复杂多变的社会历史现象中，发现社会发展和思想演变的规律性，就要对古代哲学思想进行全面、具体的分析，揭示它的社会属性及时代特征。

阶级分析是历史唯物主义观察社会、认识历史的主要方法。但是不能把阶级分析简单化、公式化。不同的社会形态，有不同的阶级和阶级斗争，在同一社会形态之内的不同时期，阶级斗争的表现也不相同；不同的阶级有不同的属性，而同一个阶级在不同的历史时期，其表现也是有变化的，在其内部还存在着不同的阶层、集团和派别。这一切都需要进行具体的、细致的分析。从哲学同阶级斗争的关系来说，哲学是距离社会经济基础较远的上层建筑。它和基础之间的关系是间接的，有时被一些中间环节弄得模糊了，给哲学家贴标签并不能如实地反映哲学家本来的情况。

不能认为，一个阶级只信奉一种学说，他们都说一样的话。历史的实际情况要复杂得多。比如说先秦时期涌现了新兴地主阶级，他们中间有从工商业者和平民上升而成的，有以军功起家的，有从奴隶主转化过来的。他们都要求打破奴隶制，实行封建制，但他们又各有自己的特殊的利益和不同的文化教养，因而具有不同的宇宙观和治国方案。孟子、荀子、韩非三家的异同，直接与上述复杂的社会阶级背景有关。当时的小生产者阶级中，有来自从宗法奴隶制下解放出来的平民或奴隶，有来自没落的奴隶主贵族。同属小生产者阶级，其中有主张“兼爱”“非攻”的墨子，有崇尚“自然无为”的老子和庄周。历史事实表明，一个阶级不仅会有许多主义，这些主义甚至有唯物与唯心的差别；而一个具体的哲学家，由于带着各自的现实条件的烙印，他只能表现特定阶级众多属性中的某些属性，在共同的阶级属性之外，他总还有着自己的个性，并以此在哲学史上表现出自己鲜明的特色。

如何理解唯物主义与唯心主义对立的阶级基础，是一个复杂的问题。秦汉以后，直到鸦片战争以前，中国封建社会的主要矛盾，是地主阶级和农民阶级的矛盾。农民阶级虽然是社会物质财富的直接创造者和文化财富的间接创造者，但是它不是新的生产方式的体现者，又被剥夺了受教育的权利，所以不能产生自己的大理论家，他们往往要靠别的阶级的政治家和思想家来“代表”他们自己。封建时代的主要哲学家，不论是唯物论者还是唯心论者，都出自地主阶级。那么，哲学如何反映出封建社会的阶级斗争，这不仅要对每个历史时期阶级总形势进行分析，还要对地主阶级的发展变化及其内部斗争进行具体分析。封建社会经历了上升、停滞和没落几个重大阶段，地主阶级也从朝气蓬勃的进步阶级逐步转化为腐朽没落的阶级。与此相适应，封建意识形态也经历了很多的变化。

两汉时期有豪强地主阶级和普通地主阶级的矛盾。魏晋南北朝时期有门阀士族阶级和寒门庶族阶级的矛盾，还有世俗地主阶级和僧侣地主阶级以及僧侣地主阶级内部的矛盾，这后一种矛盾一直延续到明清。隋唐以后，有官僚地主阶级同中小地主阶级的矛盾，在官僚地主阶级内部还有进步集团与腐朽集团之间的矛盾。明中叶以后，在一部分地主兼工商业者中，出现了资本主义倾向，他们与正统地主阶级有矛盾。在民族矛盾尖锐的年代，地主阶级内部分化为抵抗派和投降派。上述斗争受着地主与农民两大对抗阶级之间斗争的制约和影响，表现得错综复杂，往往进行得十分激烈。哲学战线上的斗争，就是各个时期阶级斗争（包括地主阶级内部的斗争）或明或暗的表现。

有一种说法，封建社会中期以后，中小地主阶级进步，大地主阶级反动。这种说法不能认为是全面的、正确的。一般地说，中小地主阶级没有特权，又受到大地主阶级的压抑，在豪强兼并剧烈的时代，当农民的土地被兼并罄尽的时候，他们也就成了被兼并的对象，容易对特权阶层的腐败政治产生不满，主张革新。但大地主阶级内部，甚至在当权派里，也同样会出现革新集团，他们从本阶级长远的和根本的利益出发，主张革除弊政陋习，整顿封建纲纪，实施轻徭薄赋，推行开明政治，以图挽救社会危机，稳定封建秩序。不能把这类主张，都归属到中小地主阶级身上。唐朝的永贞革新，宋朝的王安石变法，都是一部分官僚地主阶级当权派主动发起的，并得到了皇帝的支持。认为中小地主阶级产生唯物论，大地主阶级产生唯心论，这不能被认为是一个普遍适用的公式。

一般地说，唯物主义哲学与进步阶级相联系，唯心主义哲学与反动阶级相联系。这只是“一般地说”，而不能绝对化，绝不能在唯物论与进步、唯心论与反动之间画等号。那会得出十分荒谬可笑的结论。前若干年，我们的哲学史界确曾有过这种荒唐的说法。应当看到，唯物与唯心是哲学概念，表示认识路线上两种世界观的对立；进步与反动是政治概念，是对政治行为所做的肯定与否定的评价。两者有时一致，有时不一致。历史资料表明，错误的理论并不总是起反动作用。地主阶级在上升时期，可以同时采用唯物论和唯心论作为自己的宇宙观和理论武器。如先秦的孟子的唯心论和荀子的唯物论都不失为进步的哲学理论；西汉董仲舒的唯心论，就其社会作用而言，有进步的一面。地主阶级在没落时期，其统治集团多采用唯心论和宗教，但其中的进步势力和派别，有的主张唯心论和宗教，有的则主张唯物论和无神论。例如李贽和王夫之同为进步思想家，一个相信陆王心学和佛教，一个主张唯物论和无神论。在封建社会里，中国历代农民阶级举行起义时，往往披上宗教的外衣。如东汉末年黄巾起义、宋朝方腊起义、清朝太平天国起义和义和团运动，都是打着宗教的旗号发动的。当然，唯心论和宗教毕竟不是真理而是谬误，当它们作为反动阶级或集团的思想武器时，能够大显身手，顺理成章地发挥其反动社会作用；而当它们被进步的阶级或势力利用时，它的积极社会作用是相当有限的和为时短暂的，它的消极影响在当时或不久就显露出来，最后不得不把革命事业断送。

（三）中国古代哲学发展中的地区性和多种文化的融合过程

哲学思想和学术流派都是在特定的社会环境中产生的，不同的国家和地区有不同的社会环境，这就给哲学思想带来了国别的、民族的、地域的特点。这是哲学不同于自然科学的地方。欧洲近代哲学史，给我们提供了有益的借鉴。法德毗邻，鸡犬相闻；英法相望，一衣带水。英、法、德三国的哲学同属近代资产阶级哲学范畴，但英、法、德三国哲学却各有自己的面貌，这是因为三国的经济结构、新旧力量对比、文化传统等组成的社会历史条件之间有一定差异。

春秋战国时期，华夏民族的活动范围西从渭水流域，东至黄河下游，南到长江中下游流域，北到蓟辽，地域相当广阔。哲学上出现众多学派，呈现百家争鸣。这固然反映了不同阶级不同阶层的利益和要求，同时也与各家所在地区文化传统有关。当时有四个文化区，分别产生了四种文化类型，即邹鲁文化、荆楚文化、三晋文化、燕齐文化。

邹鲁文化对西周传统文化继承得最多。尤其是鲁国，为周公子伯禽封国，保存了丰富的西周文物典籍[①]。鲁文化对周朝的宗法制度采取肯定和维护的态度。鲁国是儒家的发源地，儒家的经典《诗》《书》《礼》《乐》，都是西周数百年文化积累形成的。

楚文化发生在江汉流域，它受西周传统文化的影响较小，有自己独特的风格，对中原文化持批判态度。在思想方面，《楚辞》《老子》及后来受《老子》影响的庄周[②]，都带有楚文化的鲜明特征，即偏重探讨世界万物的构成、起源，人与自然的关系，人在自然界中的地位，对于自然事物歌颂备至。老庄哲学对于人伦日用、政治生活，采取轻蔑的态度，视社会生活为桎梏，认为它破坏了朴素的自然。所以

---

① 公元前540年，晋国韩宣子到鲁国访问，看到鲁国丰富的文物典籍，惊叹道："周礼尽在鲁矣。"见《左传·昭公二年》。

② 庄周是宋人。《楚辞》《老子》对庄子的影响甚深，故应归为楚文化型。

荀子说："庄子蔽于天而不知人。"荆楚文化的遗风，至西汉时期的《淮南子》犹可辨认。刘安和他的门客的活动地区仍在当年的楚境。

三晋文化指韩、赵、魏一带的文化。三晋处于四战之地，地理条件不如邻近大国，缺少天然屏障和回旋余地。为了在激烈斗争中求得生存和发展，这些国家对内注意改革、练兵、储粮，对外则随时权衡国际交往的利弊，利用矛盾，争取外援。法家吴起、商鞅、韩非等，纵横家苏秦、张仪等，虽然其中有些人后来在三晋以外受到重用，但他们最初都萌发于这一地区，这是形势逼出来的。名家公孙龙为赵人。惠施学说流传于梁（魏）、宋间。荀况的思想兼有儒法两家的特点，与他曾受过三晋学风影响有关。秦国是后起的诸侯国，其地虽为姬周故乡，但平王东迁以后，文化重心随之东移，秦陇反呈空虚，所以秦的文化长期落后，缺乏自己的传统，没有实行严格的宗法制。秦孝公以后，主要受三晋文化影响，可以归到三晋文化类型。

燕齐文化发轫于齐国稷下，后转输于燕。齐国的周礼传统不如鲁国深固，而军功新贵的势力又不如三晋强，它产生的管仲学派，对旧有的宗法制采取半保留半否定的态度，主张把法治和礼治结合起来。稷下学宫，人才辈出，以道家的势力较大。邹衍的阴阳五行学说，后来盛行于燕齐。西汉董仲舒生活在燕齐方士、道家最流行的地域，他的学说明显受到燕齐文化的影响。

秦汉以后，全国政治上统一，统治者也在努力使思想文化得到统一，车同轨，书同文，行同伦。但由于封建经济是自给自足的自然经济，由于中国地域辽阔广大，有千山万水相阻隔，加上各地文化传统具有保守性，思想文化上的地区差异性仍然长期存在着。在国家分裂、地方封建势力割据称雄的时代，文化上的地区差异性就更加突出。

三国时，魏、蜀、吴各有自己一大批文人学士。荆州地区集中了不少文学家、经学家。刘备、诸葛亮以荆州人才为基础，夺取了四川。王弼先人王业、王粲都在荆州，如果追溯魏晋玄学思想渊源，可以上溯到荆州学派。

南北朝时，政治、经济上的分裂，使南北两地文化上的差别扩大，学术上形成迥然不同的风格。北方的门阀士族为了在少数民族中保持其封建宗法特权，主要是保持其经济特权，他们着力利用儒家传统，宣扬封建宗法道德来维系人心，于是汉儒的经学在北方得到重视。南方门阀士族不像北方处于少数民族贵族统治之下，他们享有足够的政治、经济、文化及社会地位的特权，他们才有条件尚清谈、擅名理、好庄老。北方文化比南方落后，世俗地主阶级的学风，也影响到僧侣地主阶级。因而北方佛教十分注意禅定，强调宗教实践，对于佛学理论上的发挥不甚在意。南方佛教则偏重佛教理论的探究，与唯心主义玄学清谈相配合，为门阀士族特权制度服务。例如般若学与贵无论相呼应，涅槃佛性学说为门阀士族特权做辩护。南北文化的地区性，一直影响到书法艺术，南方尚飘逸、洒脱，北方多端庄、凝重。

隋唐时期，南北统一，文化融合的趋势随之加强。但学术的地区性差别并未泯除。就拿门户林立的佛教宗派来说，它们之间的不同，既表现在经典、教义与师承传授关系上，也表现在学派的地区性上。如禅宗分为南北两宗，南宗主顿悟，北宗倡渐修，也与南朝重义解、北方重禅定的传统有关。

宋以后，儒教垄断了文化，地区性的特点进一步减弱。凡与正统思想不合的新见解，往往受到限制，甚至遭到扼杀。但是细加考察，一些具有全国影响的学派都有自己活动的中心地区或根据地。就宋代理学而言，有濂、洛、关、闽等学派，分别以江西、关中、洛阳和福建为本学派学术活动的中心。此外，还有永嘉、永康等学派。辽金学术与江南赵宋传统也有差别。北宋苏氏父子在理学上亦自成一家，号称“蜀学”。明朝则有王守仁学派的分化，有浙中和江右、泰州学派等。这些学派的学说是全国性学术思潮的组成部分，同时又各有自己的特色。

明中叶以后，中国有了资本主义萌芽，社会内部滋生着一种破坏封建桎梏的新生力量。明末清初之际，阶级矛盾和民族矛盾加剧，学术思想趋于活跃。黄宗羲的民主思想的提出，复社知识分子集会结社活动，与他们生活、活动的江浙地区有着深切的关系。那里工商业发达，有手工业工场的存在，受着东林党人的巨大影响。王夫之与黄宗羲同时，两人思想却很不相同，除了两人所受教育、家庭等原因，生活环境不同也是一个重要原因。王夫之生活在湖南，又到过两广，直接接触到当时湘黔原始氏族社会生活，因此他不相信儒家关于尧舜禹三代盛世之说，提出了今胜于古的进步历史观[①]。

过去讲哲学史，哲学发展的地区性是常常被忽视的一个环节。为了把具体问题具体分析的原则贯彻到底，在哲学史研究中，不仅要注意哲学家的阶级性、时代性、地区性，也还要分析哲学家个人经历、性格特征给哲学理论形态带来的个性差异。这些问题如不注意，

① 王夫之认为唐虞三代并不高明，那时“国小而君多”，“暴君横取，无异于今川广之土司，吸龁其部民”。见《读通鉴论》卷二十。

就把哲学史写成千篇一律、千人一面。

既要看到哲学史上地区性的差异，而哲学的融合过程也同样值得注意。中国向来是众多民族混居杂处的国家。殷朝、周朝的诸侯，虽然各自为政，但都拥戴一个共主，是大国中的小国，彼此间有密切的经济文化联系，在黄河、长江流域，形成大范围内的华夏民族共同体。春秋战国时期，各诸侯国由奴隶社会相继过渡到封建社会，各国之间既进行着政治和军事上的激烈争夺，又进行着经济和文化上频繁的交流，并向着统一合并的方向发展。最后由秦国统一了天下。秦王朝由于压迫剥削过甚，激化了与农民的矛盾，不久即被农民起义所推翻。汉朝总结亡秦的经验教训，重建和巩固了全国范围内地主阶级的中央集权，中国从此进入了较稳定的全国统一的时代。政治上的统一，促进了兄弟民族之间经济的往来、文化的交流；民族之间的通婚，加强了民族之间的融合。

在学术思想的发展上，也表现为不断融合的过程，唯物论和唯心论的发展都是这样。荀况的哲学是先秦各种唯物主义哲学的总结，其中既有邹鲁文化，也有三晋文化、燕齐文化及荆楚文化。《吕氏春秋》一书，集合众家之长，儒、墨、道、法、名、阴阳各家，兼而有之。汉初《淮南子》也是一部以老庄为主的综合诸家的著作。董仲舒号称醇儒，其实他的儒术并不醇正，是燕齐方士与儒学的混合物。董仲舒融合各家，用神学驾驭哲学，使两汉经学具有中古经院哲学的特色。西汉以后，表面上看只有儒家被尊崇，实际上在儒家这面旗帜下对许多别家的思想都有所吸收。王充的哲学，是继荀子之后对唯物论的第二次大的总结，他对于先秦《老子》《管子》《荀子》《韩非子》中的积极成分都有所吸收，同时对汉以来扬雄、桓谭的思想也有直接的继承和发挥。

魏晋时期，儒家独尊的局面暂时被打破，佛教、道教大量流行。儒、释、道三家互有斗争，又互相渗透、吸收、融合，三家都在起着变化。从三国时起，汉译佛经就增加了某些儒家的传统观念[①]。尔后，儒、释两家在义理上彼此调和、融通的做法，更加盛行。东晋慧远，在佛学内部调和大小乘之间的矛盾，在世俗哲学上则调和儒学与玄学的歧异，在儒佛关系上融合在世与出世的矛盾。南北朝时，梁武帝儒佛兼信。儒家讲的“三纲五常”成为佛教的善恶标准。

隋唐以后，儒、释、道三教合流的趋势相当明显。唐朝由政府明令禁佛、道两教互相攻击，三教都得到朝廷的大力支持，三教在内容上由互相诋毁而变成互相补充。

宋代理学创始者周敦颐，他的《太极图说》显然来自道士陈抟。朱熹与道教的关系也很深，他曾大力钻研过《参同契》《阴符经》等道教经典。宋明理学是儒、释、道三教在理论上相结合的产物，只是以“三纲五常”为核心罢了。

王夫之的哲学是封建时代唯物主义哲学的最高成就，他集前人之大成，系统地总结了我国古代朴素唯物论和辩证法，吸收了各方面学术研究的优秀成果，在这个基础上，他才能够使自己的哲学有较全面的创新，代表了前资本主义社会人们认识世界一般规律的最高水平。

---

① 吴支谦译《太子瑞应本起经》卷上：“佛言：至于昔者定光佛兴世……寿尽又升第七梵天，为梵天王。如果上作天帝，下为圣王，……及其变化，随时而现：或为圣帝，或作儒林之宗、国师道士。”与康孟详译《修行本起经》相较，自“寿尽又升梵天”以下，两译本相同，只是没有“或为圣帝，或作儒林之宗、国师道士”。可见这几句话是译者为了调和佛儒而故意增加的。

以上只是举例说明，中华民族的文化是各时代、各民族、各地区人民共同创造的。中国历史上重要的哲学家、思想家都善于吸收前人和同时代人的学术思想，经过消化，形成新的理论体系。经过不断的汇合、积累，逐渐形成中华民族独立的文化传统，它有较深厚的根基、较持久的影响力。当然，唯物主义哲学的融合与唯心主义哲学的融合不同。前者是融合科学的、积极的成分，使真理得到发展，后者是融合非科学的、消极的成分，给谬误保持了地盘。我们应当对这种文化融合的过程做深入的研究，总结出规律性的东西来。

（四）详细地占有历史资料，认真地进行审查和鉴别

对于中国哲学史的研究工作来说，从实际出发，就是从真实的中国哲学史史料出发。所以研究工作的第一步是全面地搜集资料，去伪存真，确定时代和作者。资料根据不充分就难免陷于空谈和武断，使用错误的资料，同样也得不出正确的结论。

搜集资料即使不能“竭泽而渔”，而基本的和主要的事实则不能漏掉。这些资料便是我们用以做出论断的依据，我们要尊重它，使自己的观点与之相一致；我们反对那种为了适应主观的需要去剪裁历史事实，取其一点，不及其余。有许多学术上的争论，是由于不能全面地处理资料，而是片面地引用资料引起的。历史上没有纯而不杂的哲学家，其思想资料里不同程度地存在着互相矛盾的部分，倘若我们的研究工作者各取所需，根据观点去找资料，那么持相反论点的双方，都可以从中找到自己所需要的资料，当然也都不能正视对方所掌握的资料，而结论则都不免陷入片面性。例如《老子》《墨子》《庄子》，它们的思想体系内部有矛盾，我们若各持一端，这笔墨官司一万年也打不清。正确的态度应当是，对资料要有一个全面的观点，承认矛盾的客观存在，历史地说明这种矛盾出现的原因及其发展趋向。情况是多种多样的。唯物主义成分和唯心主义成分在一个哲学家的头脑中同时并存，这是极常见的现象。有的“大醇而小疵”，基本倾向（或唯物，或唯心）很清楚，有的在这个领域唯物，在那个领域唯心，有的本身观点模糊不清，或者一个学派的早期后期有变化，对此都不应忽略。

有些古代哲学著作不出于同一作者之手，也不是同一时代的产物，需要分开来处理。《墨子》一书，历史上学者们长期把它当作墨翟所作。根据近人的研究，我们把它分为墨子哲学和后期墨家，一个在战国初期，一个在战国中后期，这样更符合古代历史的实际。《庄子》一书也有类似的问题，若不加区别，一律作为庄周的思想，许多矛盾不好解决。我们根据古人的记载，把它分为庄周的哲学和后期庄学。这样，《庄子》书中进步性和保守性的矛盾、唯物主义体系和唯心主义体系的矛盾，也就迎刃而解了。《庄子》书中两种思想的矛盾，不同于《老子》，不是思想本身含混不清，而是存在着两种不同的论证体系，只能说明它分别出于不同时代作者之手。还有《周易》，过去把它当作一部不可分的完整著作，其实，《易经》部分属于殷周之际，《易传》部分属于战国后期，时代相距甚远。《管子》一书并不是管仲亲著，已为学者们公认，其中哪些保存了管仲的思想，哪些属于后来的管学，我们研究得还不够，但也谨慎地做了一些鉴别剔除工作，我们认为，其中大部分应看作是战国时期齐管仲学派的集体著作。学术界经常提到先秦的“思孟学派”，我们做了一些考证，认为资料不足，“思孟学派”的存在无法得到证实。

也有些资料，写成文字的时间较迟，但有关事件发生的时代甚早。

如早期的宗教、神话、传说，文字流传时期多在汉魏间。我们结合民俗学、少数民族社会调查，考古发掘资料，均可证明其事出有源，不为无据，我们也审慎地、有选择地加以使用。我们对原始社会人类思维的描述，就是以这样的资料为根据的。

辨别资料的真伪，是治哲学史必然遇到的问题。在封建时代，经书是圣人留下来的，敢怀疑的人不多。直到清代，才对《尚书》的真伪开展广泛的讨论。“五四”以后，古史辨派的学者在清人考据的基础上，进一步打破旧传统的迷古，提出更大胆的怀疑，为清除封建时代对古史的歪曲和偏见，重新用科学的眼光审查古史资料的真伪，开辟了道路。这一历史功绩，不容抹杀。今天有了更多的考古资料，看来他们当初为了“矫枉”，有时难免有“过正”的地方，不该怀疑的也怀疑起来。

解放后，我们不仅有了科学的世界观和方法论，而且得到了逐年增多的大批出土文物，其数量之多，超过以往任何时代。这就为中国哲学史史料的辨伪工作创造了更有利的条件。例如过去有人怀疑《孙膑兵法》传世，现在在同一墓地发现了《孙武兵法》和《孙膑兵法》，问题便迎刃而解；有了马王堆出土的帛书，对于黄老之学的面貌，我们就更清楚了。对于文物考古的新发现、新成果，中国哲学史工作者要给予关心，把能够采用的及时吸收进来。当然，我们并不把中国哲学史研究上今后出现重大新突破的希望，寄托在新资料的发现上，而要花大力气研究在历史上发生过重大影响的学派和学说。

有些著作假托古人，如能找到真凭实据，把它作伪的时代搞清楚，那么它就可以从伪书变为该时代的真实资料。如东晋的《列子》，前人不把它看作战国时期的列子的思想，因而说它是伪书，但用它来说明魏晋时期的一种思潮，则是可用的和有价值的。在这个意义上说，它一点也不伪。如果我们能善于利用科学手段来处理历史资料，把有用的资料放在它应当被放置的地位，那就有一天会做到人无弃人、物无弃物、书无伪书。当然这是一个长期努力的方向。

四、发扬优良传统，批判封建主义

中国有将近四千年有文字可考的历史，中华民族在长期封建社会中，创造了灿烂的封建文化。中国哲学史是中国文化的重要组成部分，它的内容十分丰富，有许多优良传统值得我们继承发扬。

中华民族善于吸收、消融外来文化，从不照搬照抄。外来文化到了中国，不改变成为中国的样子，就不能立足，因为我华夏文化有深厚的历史的政治、经济根基，形成了独特的民族性格。中国哲学史不仅是国内各民族文化思想的融合结晶，而且也以外来的哲学思想丰富自己的体系内容，像汉魏以后对佛教的吸收和消化，到宋代理学糅合儒、释、道三教思想，成为最完备的儒教哲学体系，佛教经过中国改造又传播到亚洲各邻国，各邻国封建社会时代也大多采用中国的儒家学说。中国哲学史在构成东方世界文明以及影响世界文化的作用中做出了应有的贡献。

中国历史上出现了许多伟大的哲学家和许多博学的学者，如春秋时期的孔子、老子，他们约与古印度的释迦牟尼同时，而早于古希腊的苏格拉底，他们的著述不但成为中华民族的财富，也是世界文化财富。

战国时期的墨子、孟子、庄子、荀子、韩非子等人，他们的学问造诣，可与欧亚任何民族古圣先哲相媲美。至于汉朝以后出现的大哲学家，像董仲舒、王充、王弼、向秀、郭象、范缜、韩愈、柳宗元、玄奘、惠能、王安石、张载、程颢、程颐、朱熹、陆九渊、陈亮、王守仁、王廷相、王夫之、黄宗羲、戴震等，其人物之多，理论造诣之博大精微，更是外国（包括东西方）中世纪无法比拟的。只是到了明中期以后，由于儒教的消极作用抑制了中华民族的生机，统治者切断正常的中外交流，以“天朝”大国故步自封，压制资本主义因素的萌发，当西方已迅速步入资本主义时代，它仍然停滞于封建社会，这样便逐渐落后了。我国近代史上也出现了洪秀全、康有为、严复、谭嗣同、章炳麟、孙中山等大思想家，他们是我国近代最早向西方寻求救国救民真理的先进的代表人物。尽管中国近代社会缺乏西方近代资产阶级哲学发生发展的条件，但是他们作为中国微弱的资本主义因素代表，毕竟将中国哲学发展到一个新阶段，为辛亥革命的胜利准备了思想条件，也为后来的“五四”新文化运动铺了路基，他们的历史功绩是不可磨灭的。

随着社会主义祖国的强大，中国已进入现代世界文化大国之林，旧中国那样长期闭关自守的局面已被打破。我们要面向世界，要无愧于中华民族的光荣历史，对人类做出较大的贡献。我们如果能够写出一部较为科学的中国哲学发展史，能够对中华民族的认识史有所揭示，将是我们的最大光荣，也是我们应尽的责任。随着我国国际地位的提高，中外文化交流将推动我们进一步总结经验，发扬优点，吸取外国哲学思想的长处，创造未来的精神文明。

中华民族在长期封建社会中创造了灿烂的封建文化。如何剔除其糟粕，批判地吸收其优良传统，在新的历史条件下予以发扬光大，这是我们的责任。

中华民族的文化，贯通古今数千年，有文字记载的历史连绵不断，越来越翔实。中国哲学史的著作更是十分丰富，给后人留下了可资依据的大量的思想资料。从春秋战国到近代“五四”，使我们对历史上思想发展有一个连绵不断的线索，我们这个传统是值得自豪的。

中国哲学史每一个时代都有它的独特的表现形式和中心思想议题。争论的中心随着人类认识深化而不断创新、前进，有因有革，从而使得中国哲学发展史显得绚丽多彩，既有继承，又有发展，哲学范畴内容不断地得到丰富。这一优良传统给中国哲学史提供了广阔的思想资料来源。

我国自古是个多民族的国家，各民族之间交往频繁。民族交往中随时吸取其他民族的长处，以弥补各自民族的短处，这是民族之间的常规。但是在人民真正当家做主以前，广大劳动人民（人民的主体）没有权利，主宰国家和民族关系的是各个民族中的贵族特权上层人物，他们是剥削阶级的代表，难免要扩大疆土，掳掠人民。因此，在中国历史上除了民族之间的交往和融合，也不断发生战争争夺现象。一般地讲，民族之间的战争，掠夺的一方是非正义的，被掠夺的一方，即受害者，如果进行自卫，应当认为是正义的。把历史事件放在当时的历史条件下来评判，古代的民族战争的正义性和非正义性不应含混过去，因为那是当时的大事，它直接影响着有关民族兴衰和当时人民群众的切身利益。中国古代历史上有许多哲学家的新思想往往是在民族矛盾的激发下产生的。这样的进步的思想家，在汉族和其他兄弟民族中都有。维护正义，反对外来民族侵略压迫构成中华民族的爱国主义的精神传统，一直成为中华民族对内融合兄弟民族的长处，对外抗拒侵略的精神支柱。特别到了近代，这种爱国主义精神传统更具有非凡的意义。

在近代，中华民族为了摆脱帝国主义侵略、奴役的处境，民族解放的斗争，成了推动人民觉醒、奋发图强的巨大动力，而先进的中国人为了向西方寻找真理，揭开了中国现代化的序幕，在曲折的道路上摸索前进，最后终于找到了马克思主义这个真理。有了爱国主义的好传统，才使得我们有可能一次又一次地挣脱灾难深重的境地，才能有繁荣富强的今天。也正是有了爱国主义的好传统，才使得中华民族中的优秀的思想家得到鼓舞和力量，抛弃旧成见，钻研当时的新问题，提出了有新意的哲学问题。

中华民族各族劳动人民又具有反压迫、反剥削的好传统，从先秦到近代，这种传统一直未断。号召人们向往无拘无束的生活，有老子的小国寡民的理想，有庄子的歌颂无君的思想，直到洪秀全的《天朝田亩制度》和康有为的《大同书》，有过各种反剥削、反压迫的思想。这种思想成了经常的反抗儒家正统思想的促进剂，它有时是儒家明显的对立面，也有时作为儒家思想的必要补充，因而形成了中国特有的空想的大同理想。

数千年的中国历史表明中国的无神论思想和唯物主义思想十分丰富。这是由于中国封建社会得到了充分的发展，封建社会的生产力发挥到这个社会形态可能到达的最高水平。在封建社会中，神学当权，宗教神学笼罩了一切学术领域。唯物主义和无神论在中国的存在，当然也受到中国宗教思想的限制，但是，中国的封建生产关系与生产力的关系有较协调的一面，因而生产、经济、文化都有突出的进展。科学技术与文化是发生唯物主义和无神论的土壤。而唯物主义和无神论的进展又必然限制了宗教神学的辖区。这又是中国哲学史的一个好传统。由于不断得到科学和无神论的理性源泉的灌溉，中国的封建哲学才不致显得像欧洲中世纪经院哲学那么枯燥、独断、反理性。

中国哲学史上的辩证法传统也是世界上封建社会中少有的。辩证法的传统在我国有两大思想体系：一是以老子为代表的贵柔体系，一是以《周易》为代表的刚健体系。这两大体系经历数千年交相融摄，不断丰富中国哲学的辩证法内容，从而使中国古代的辩证法思想达到了朴素辩证法的高峰。辩证法作为一种思想方法和世界观，它不但表现在哲学上，它已渗透到生产和生活的各个领域，如医学辨证施治的理论、军事学的指导思想、农业生产上的因地制宜，不但形成了中国医学、兵法、农学的独特体系，而且对世界文化宝库也做出了应有的贡献。

当然，我们也应看到，中国古代的朴素唯物主义和朴素辩证法思想毕竟是近代科学以前的产物，它们的水平也是近代科学以前的水平，缺乏科学实验的可靠基础，而带有极大的臆测性、直观性。它们不但与马克思主义哲学的辩证唯物主义不可同日而语，与法国的机械唯物主义和德国古典哲学家黑格尔的造诣也差着一个历史阶段，是不能相比的。

学习中国哲学史，继承发扬祖国优秀的哲学遗产，可以提高我们的民族自信心。马克思主义若不与中华民族的优秀文化传统相结合，社会主义的精神文明便不可能真正建立起来。我们必须反对民族文化虚无主义，反对那种看不起祖国文化的崇洋思想，但是我们亦不主张排斥外来文化的国粹主义。我们继承封建文化的优秀成果，并不继承封建主义，而且要把批判封建主义作为中国哲学史研究的重要内容之一。

从战国到鸦片战争两千多年，中国是封建社会。鸦片战争后，中国进入半封建半殖民地社会。由于中国民族资产阶级的软弱性，旧民主主义革命没有能够完成反帝反封建的任务。在中国无产阶级领导下，新民主主义革命取得成功。但因为中国资本主义极不发达，封建残余势力十分强大，肃清其影响，不是轻而易举的。“文化大革命”带来的十年浩劫，正是残余封建主义不甘心灭亡，与社会主义进行的一场生死搏斗。秦汉以后的中国，长期处于大一统局面下，与欧洲中世纪分散割据的封建格局很不一样。中国历代封建统治者不断从政治制度、思想体系方面，加强中央集权的统治力量，维系大一统的局面。

为封建制度服务的各种思想体系，也与这个制度密切配合，形成了具有中国特点的封建社会的意识形态。在唐以前封建社会还处于上升阶段，这时政治结构、意识形态着眼于封建宗法制度的加强。随着宗法制度的加强，中央集权也日益强化，皇帝个人及皇室集团的权力也跟着加强起来。中央集权从秦汉到明清，变得越来越集中。这种权力集中的过程反映了封建制度由发展到腐朽的过程。由于中国封建社会有了一套维持统治的重点，即着眼于加强皇帝个人的权力，用皇权的绝对性来维持封建统治，这样便由前期的着重维护封建宗法制度，转到后期着重维护皇帝个人的权力。由于皇权的加强，贵戚、宦官等等腐朽力量依附于皇帝独裁权力的周围，于是造成封建社会政治的腐败和黑暗。

封建的意识形态与封建制度的发展密切关联，有以下几个特点：

第一，封建时代地主阶级的思想，尤其是那些占统治地位的哲学思想，都积极维护封建宗法制度，为封建的“三纲五常”提供理论根据，因而打上浓厚的封建主义的印记。关于封建制度的“三纲”说，在先秦诸子如荀子、韩非已经提出，但在那时仅仅属于理论主张，并没有形成严整的制度。到了汉朝，地主阶级利用它掌握的政权以行政手段来推行“三纲”准则，提拔那些认真贯彻“三纲”的人做官，从一家一户到全国都推行“家长制”，奖励孝道，提倡以孝治天下，这就使得维护封建宗法制度的“三纲”思想的贯彻得到物质保证，比先秦时期着重于讲道理要有效多了。宋元以后，把《大学》这本书定为国家的教科书，这本书讲的是修身、齐家、治国、平天下，把封建的个体自然经济的思想体系哲理化，向全国灌输，以维护封建的“三纲”。皇帝集中体现了封建国家的权力意志，因此，“君为臣纲”便成为“三纲”之首，成为纲中之纲。中国封建社会占统治地位的哲学思想都具有明显的维护皇权的特点。宋代的理学家们提出以“天理”为宇宙的精神本体，所谓“天理”就是把“三纲五常”扩展为宇宙的根本规律。理学把纲常名教抬高到神圣不可侵犯的“天理”地位，而宣扬“存天理，灭人欲”的僧侣主义说教。从汉到宋是儒教的发展和最后完成，儒学成为儒教，渗透到社会各个机体，成为套在人民身上的沉重枷锁。

封建主义哲学的认识论，不像近代哲学那样，以明确的方式对主体与外界的关系进行探讨。中国封建时代的哲学认识论，特别是儒教说的认识过程，只是为了指示人们通过人伦日用的实践以达到神秘主义的本体。认识论只是达到封建伦理、自我人格完善的手段。虽然它也讲了许多庞大的宇宙结构的“天理”“太极”等玄远的观念，而落脚点还在于如何更好地实践事父事君的义务，宋儒把它叫作“践形”“尽性”。一般是被用来作为维护封建纲常道德的手段。它把道德作为认识的标准。理学家提倡的“主敬”“惩忿窒欲”，即变相的“原罪”说。所谓“存天理，灭人欲”的宗教修身方法严重地阻碍了哲学思辨的道路，以信仰主义代替了理性思考，生活中一切疑问，都要在“四书五经”中寻求答案。

封建主义哲学宣扬帝王、“圣人”是历史的推动者，这本来是历史唯物主义出现以前人类认识的通病。这里要提出的是中国哲学史上这种唯心史观有其特殊表现。中国封建社会越到后期，它的自我保护的机制越完备，君主中央集权越强大。理论上的“圣人”，具体化为当时的君主。以“天理”至上去论证君主至上，以“天理”无谬误去论证君主无谬误。

中国哲学史的研究范围绝大部分是封建时代的意识形态，这些意识形态当然是有着进步与落后、唯物与唯心之分。过去我们在研究中坚持哲学史的党性原则，一般注意了赞扬进步的、唯物的，批判落后的、唯心的，但是忽视了具体分析和批判这些意识形态中的封建主义的糟粕。“四人帮”炮制的“法家进步、儒家反动”的公式就是钻了我们工作中这个空子，他们以赞扬法家为名，贩卖封建专制主义的私货。现在看得很清楚，阻碍我国社会主义发展的，除了资本主义，还有大量的封建主义东西。过去由于没有认清中国的这个历史特点，往往在批资本主义的口号下给封建主义留下了后路，甚至错误地把封建主义的东西当作社会主义的东西予以肯定。我们从事中国哲学史的研究，应该自觉地把批判封建主义的任务担负起来。

中国哲学史是中华民族的认识史，它展示出中国哲学与宗教的斗争中发展前进的历程，展示出人类抽象思维从低级向高级的发展，以及人类的认识是如何由浅入深、从片面向更多的方面扩展的。它也展示，哲学压缩了宗教的辖区，而宗教则不断地改变着自己的形式以维护它的阵地。中国哲学史用事实说明儒教形成后，给中华民族带来的苦难，直到今天，人们还不得不背着因袭的重担，不适应现代化的步伐。

哲学史作为认识史，无疑地将为人们提供可贵的借鉴。看到前人如何克服错误，我们从中受到启发；看到后人重犯前人已经犯过的错误，我们从中得到警惕。百年前恩格斯就指出，训练思维能力，迄今为止，还没有比学习哲学史更有效的方法。今天看来，它仍然是颠扑不破的真理。

历史传统悠久，文化积累深厚，这是我们国家的特点，但特点并非尽是优点。正如鲁迅批判的所谓“国粹主义”者们，好比一个人头上长了个赘疣，对这个人来说可以说是“粹”，但这又有什么值得保存的价值呢？如果我们对遗产不善于区别什么是精华，什么是糟粕，就可能把赘疣当成“国粹”，可能把缺点、弱点当成了优点，被死人拖住活人前进的脚步，这是我们要警惕和要避免的。

哲学史是哲学发展的历史*

——《中国哲学史》（四卷本）2003 年修订版绪论

中国是世界上少数几个文明古国之一，有文字可考的历史至少五千年。中国哲学源远流长，有将近三千年的发展历史。它记录了伟大的中华民族在漫长的岁月里改变世界、认识世界的艰难曲折的历程，集中了中华民族的智慧。中华民族远在两千年前就有了成系统的哲学体系，这是我们可以引以为自豪的。

一、哲学史的性质和任务

哲学史是哲学发展的历史。这门学科不同于自然科学和社会科学等涉及专一门类的具体学科，它是一门关于世界观的学问，所涉及的领域是人类对自然、社会和思维的一般规律的认识。自然观是各个历史时期人们对自然界发生、发展规律的认识；对社会历史发生、发展的认识是社会历史观；对思维规律的认识即逻辑学和认识

---

* 据《中国哲学史》，人民出版社，2003年7月版。

论。将这几方面综合概括起来，哲学史的研究对象就是整个人类认识前进的历史。哲学发生、发展的前提是要有相当发达的生产力水平，相当丰富的科学技术知识，相当丰富的社会历史经验，是人类思维进行高度概括的结果。哲学反映了一个民族抽象思维的最高水平。哲学史上的重要人物和重要学派，都曾经走在当时人类认识世界的前列，体现了当时社会历史的思想高度，将当时人们的认识推进到一个新水平。

人类认识是不断发展、不断深化的，在各个认识领域中总有先进与保守、正确与错误的矛盾和斗争。一般说来，唯物主义能比较正确地反映客观实际，尽管唯物主义也不可避免地要受历史和阶级的局限；唯心主义不能正确地反映客观实际，但唯心主义有其认识论和阶级的根源，也是人类认识前进的运动中的一个必然环节，从而表现了认识过程的复杂性和曲折性。唯心主义对唯物主义提出的难题，淬砺、锻炼了唯物主义，促进了人类认识的发展和深化。从这个意义上说，哲学史是唯物主义和唯心主义相互斗争、影响的历史。

二、中国哲学史的特点

哲学史在不同的国家和地区，表现形式是不一样的。中国社会历史的特点决定了中国哲学史的特点。

中国社会历史的特点主要有这样几个：第一，奴隶制度不典型；封建制度发展充分而完备，维持得长久、稳定；近代资本主义力量软弱，始终没有达到成熟阶段。第二，始自奴隶社会的宗法制度，在封建社会更完备，一直延续到近代，成为联结社会生活的最重要的纽带。第三，中央集权下的多民族的大一统国家结构形成得早、统一时间长，是历史主流，分裂不能持久。第四，封建社会中的中央集权与自给自足的小农自然经济之间的矛盾长期存在。第五，农民起义次数多、规模大，封建统治集团积累了较丰富的统治经验。

中国社会历史的特点给中国哲学史带来如下特点：

第一，封建社会的哲学历史最漫长。从世界范围看，希腊、罗马的奴隶制哲学最具典型；欧洲资本主义制度具有典型性，资产阶级哲学最发达。中国有文字记载的历史绝大部分在封建社会。中国哲学发生于奴隶社会，但主要发展过程在封建社会，最典型、最丰富、最系统，是中国哲学史的重点。

第二，神学化了的儒学占有极大优势。中国封建社会是宗法制社会，适合中国封建社会历史特点的宗教神学即儒教在社会意识形态中占统治地位。孔子创立的儒家系统在先秦只是一种政治伦理哲学。因为它有助于维护君父的统治基础，巩固宗法专制的等级地位，自汉代开始被推崇为占统治地位的意识形态。历代封建统治者及思想家们不断对其加工改造。孔子被塑造成崇拜的偶像，儒家经典神圣化。到了宋代，儒教吸收佛教、道教的宗教训练方法，终于成为体大思精的宗教神学体系。它对于巩固封建制度、稳定社会秩序，起了十分重要的作用。

第三，有光辉的唯物主义和辩证法传统。朴素唯物论和辩证法思想是中国哲学史的精华，达到了古代的最高水平。中国古代社会生活起伏多变，积累了大量社会斗争的经验教训；自然科学（如天文、医学等）起步早、成就高，曾长期保持世界领先地位；封建社会意识形态各部门如文学、史学、艺术等发展充分，提供了大量思想资料和古典文献。以上这些条件都为中国古代朴素唯物主义和辩证法思想创造了条件。

三、中国哲学史的研究方法

我国以科学的方法研究中国哲学史的历史并不长。封建社会的哲学史名著（如《明儒学案》等），不能从“经学”中分化出来，不能触及“经学”的禁区。近代以来一批学者用资产阶级观点研究中国哲学史，冲破古代“经学”的禁锢，比封建时代的哲学史有所前进，但由于缺少历史唯物主义的指导，还不能真正阐明中国哲学史发展的规律。只有把历史唯物主义的基本原理与中国哲学发展的实际相结合，才能从纷繁复杂的现象中揭示事物的本质和发展规律。

在学习中国哲学史的过程中应注意这样几个问题：

第一，从历史发展的角度，以具体问题具体分析的原则研究哲学史中的问题。历史唯物主义要求我们把中国哲学史研究放到一定的具体历史范围之内，努力还原其本来的历史面目。孔子是春秋末的思想家，汉以后被封建统治者塑造为“孔圣人”，使孔子穿上后代的时装。又如，“五四”以来，中国文化与西方文化广泛接触，学术界曾经生搬硬套地依照西方哲学史的模式来写中国哲学史。这些都是忽视了古代与现代、中国与西方的各个不同的历史条件和特点，也就脱离了历史的真实性，破坏了历史的科学性。只有运用具体问题具体分析的原则，考察哲学家以及哲学流派的阶级性、时代性和地区性，才能弄清中国哲学史的本来面目。

第二，进行具体的阶级分析。中国哲学史是要对古代哲学思想进行全面、具体的分析，揭示其社会属性和时代特征，而阶级分析是历史唯物主义观察社会、认识历史的主要方法。中国哲学史上的思想斗争，实际上就是各个历史时期阶级斗争（包括地主阶级内部的斗争）或明或暗的表现。但是阶级分析不能简单化、公式化，比如，封建社会经历了上升、停滞和没落几个重大阶段，地主阶级也从朝气蓬勃的进步阶级转化为腐朽没落的阶级。与此相适应，封建意识形态也经历了很多变化。

第三，注意中国古代哲学发展的地区性和多种文化的融合过程。哲学思想和学术流派是在特定社会环境中产生的，所以带有国别、民族、地域的特点。春秋战国时期，哲学上众多流派百家争鸣。秦汉以后，全国政治上统一，但由于小农经济的生产形式、各地文化传统的保守性以及地方封建割据势力称雄，思想文化上的地区差异仍长期存在。同时，中国哲学史的发展也是相互影响、不断融合的过程，表现在国家地区之间（如佛教传入对中国文化的影响）、民族之间（汉族和少数民族），以及各种哲学思想流派之间（如唯物主义和唯心主义）。中华民族的文化是各时代、各民族、各地区人民共同创造的。中国历史上重要的哲学家和思想家都善于吸收前人和同时代人的学术思想，经过消化形成新的理论体系。经过不断汇合、积累，逐渐形成中华民族独立的文化传统。

第四，充分占有历史资料，认真鉴别和分析。就中国哲学史研究工作而言，从实际出发，就是从真实的哲学史料出发，做到材料与观点相统一。全面搜集资料，去伪存真，确定时代和作者，是研究工作的第一步。过去认为《周易》是不可分的完整著作，其实《易经》部分属于殷周之际，《易传》成于战国后期。东晋的《列子》虽不能代表战国时期列子的思想，但可以作为研究魏晋思想的资料。从上可知，资料根据不充分，难免陷于空谈和武断；使用错误的资料，得不出正确的结论。

作为一部用于教学的参考书，讲的是一些比较基本、简明的知识，受授课时间的限制，不允许对某一方面的问题多做发挥，但本书所讲授的内容是我们认为一个大学生所应该具备的基础知识，要求能够认真学习、掌握。同时，书中的观点也力求稳妥，学术界争论大的问题，则尽量避免采用。

中国哲学史是中国文化的精华部分，是中华民族的认识史。它展示出中国哲学与神学在斗争中发展前进的历程，展示出人类抽象思维从低级向高级、人类认识由浅入深的发展历程。学习祖国优秀的哲学遗产，可以提高我们的民族自信心。中华民族在长期的封建社会中，创造了灿烂的封建文化。我们要批判地继承封建文化的优秀成果，剔除其封建主义的糟粕。在新的历史条件下，将中国哲学予以发扬光大，创造未来的精神文明，是我们的责任。

秦汉哲学概论*

——《中国哲学发展史（秦汉）》前言

《中国哲学发展史（秦汉）》，上起秦始皇统一中国前夕，下讫东汉的灭亡。我们把这一时期的哲学不称“两汉哲学”而称为“秦汉哲学”，觉得这样更能反映历史的实际。秦始皇建立了中国历史上第一个多民族的封建统一国家，创立了大一统的封建专制体制。秦朝国祚短促，保存下来的思想资料不多。汉承秦制，从经济结构到政治体制，都沿袭秦朝，只是它改进了统治方式，使大一统的封建政权得以稳定。由于汉人的偏见和政治上的需要，他们口头上力图与暴秦划清界限，似乎汉朝的成功都是一反秦人之道。事实上，秦汉两朝有区别，但区别不像汉人所说的那样大，秦汉之间的继承关系是主要的。秦汉两朝开创了支配中国两千多年大一统的政治格局。此后，统一成为主流，被认为是正常的。中华民族的凝聚力，在秦汉奠定了基础。

西汉、东汉中间夹着一个短命的王莽政权。它是西汉社会矛盾激化的产物。王莽政权与秦政权都只维持了十几年，但秦朝为后来的历史开创了新局面，王莽政权不过是两汉之间的一幕插曲。

---

* 据《中国哲学发展史（秦汉）》，人民出版社，1985年2月版。

秦汉四百多年间出现了三次农民大起义。农民起义不但影响了中国历史发展的面貌，也影响着哲学发展的面貌。封建社会的主要矛盾是地主与农民的矛盾。早在战国时期，有远见的思想家已经预感到这个问题的重要性。荀子曾警告统治者说："君者舟也，庶人者水也，水则载舟，水则覆舟。"（《荀子·王制》）庶人的威力究竟有多大，当时的地主阶级还没有充分领教过，也没有深刻的认识。秦王朝的统治者只看到压迫人民给它带来的利益，万万没有想到它会被起义农民的锄头所埋葬。汉朝顺应农民起义的大浪潮，夺取了政权，才真正认识到农民的威力。汉初君臣们共同总结亡秦的教训，制定了以黄老思想为主导的政策。

第二次农民大起义发生在西汉之末和王莽政权时期。第三次农民大起义发生在东汉桓灵时期。这两次农民大起义在政治上、哲学上都有所反映。忽略了农民革命的作用，秦汉四百年间的哲学发展就讲不清楚。这种作用有时是哲学家明确地讲出来的，虽然有的哲学家没有直接讲到，但他们讲的平治天下，最终目的还是防止农民造反，巩固封建统治。

秦汉哲学发展可分为三个阶段。

第一阶段是为统一封建帝国探索、准备统治思想的时期。从《吕氏春秋》起，黄老思想、陆贾、贾谊、司马迁等人的哲学都属于这一阶段，历时百年。《吕氏春秋》出现在第一次农民起义以前，其余各家都在第一次农民大起义之后，因而，它们的哲学思想各自表现出时代的痕迹。

第二阶段，从西汉武帝独尊儒术到东汉章帝白虎观会议，历时二百年，这是汉朝统治思想确立和巩固的阶段。汉武帝以儒家统一各家，由官方制定神学经学为思想统治的武器。通常所说的两汉经学统治，就是指的这一阶段。西汉末年经学形成三大支派，一是今文经学，二是古文经学，三是纬书经学。东汉政权建立于农民起义之后，政府看到神学经学对政治统一的作用，为了消除三派经学的分歧，有必要建立统一的经学体系。《白虎通》一书是由皇帝出面制定的儒家经典的标准答案，只能信奉，不能怀疑。神学经学获得绝对权威，它也从此僵化了。

与此同时，社会上还有一股在野派的思潮，这股思潮的代表人物站在清醒的现实主义立场，用唯物主义与无神论批判神学经学。扬雄、桓谭、王充做出了可贵的贡献。他们的言论官方不支持，不能得到推广，但他们的学说抑制了反理性主义、独断主义，盲目服从、人云亦云的倾向，使哲学思想的内容趋于务实、清新。

第三个发展阶段为东汉末年的批判思潮。东汉中央政权的基本支柱是分布在全国各地的豪强大族。他们通过察举制度享有入仕特权，出现了累世公侯的一些家族。豪族之间又互相援引、誉扬，在各级政权中形成了盘根错节的关系网。他们凭借出身而居高位，实际上有一些是鄙劣无用之才。东汉皇室家族，出现了不少短命的皇帝。幼主当政，不得不由青年母后代管，青年母后只好援引自己娘家兄弟来协助管理国政，即史书上所谓外戚干政。小皇帝长大，便联合宦官驱逐外戚，大权又落在宦官手中。这样反复循环，造成中央政权的极不稳定。官吏无能，皇帝昏庸，朝廷政局不稳定，老百姓生活极端困苦，终于爆发了黄巾起义。这次起义，虽被豪强大族武力镇压下去，但社会矛盾迄未消除，中央政权名存实亡。皇帝的绝对权威已经动摇。神学经学已不再能挽救当时的社会危机。地主阶级中的有识之士，为了恢复封建秩序，消除社会弊端，缓和阶级矛盾，提出了种种方案，他们批判的锋芒指向神学经学，指向现实政治，指向社会风气，形成批判思潮。王符、荀悦、仲长统等人应时而起。东汉末年的批判思潮为后来魏晋玄学准备了思想条件。

秦汉之际，宗教神学占据当时思想统治地位，笼罩着、影响着哲学，这是秦汉哲学的特征之一。

春秋战国时期的哲学，逐渐摆脱西周以来的天命神学的控制，当时列国纷争，诸侯割据，地上王权力量不能集中，天上神权也受到削弱。春秋战国时期，唯物论和无神论思想相当活跃，神权已在动摇。秦汉统一后，地上王权不断巩固，统治者要起用神权以求配合，这时，宗教神学得到重建[①]，统治者利用神权来巩固其政治统一。建立神学经学，提倡天人合一的神学目的论，对当时的西汉政治统一起了配合作用。

在封建社会的历史条件下，人们无法摆脱宗教异己力量的控制，这是可以理解的。但宗教的蒙昧主义、反理性主义、反科学的神学世界观给哲学发展的不利影响决不可低估。像王充那样的杰出的无神论者，反谶纬迷信，却相信符瑞。

秦汉时期的哲学家，殚其智力，探求天道、人事规律。举凡天地构成、人物化生、社会结构、政治治乱、人性善恶、命运祸福等问题，都引起他们深切关注。他们往往没有把神学、哲学、科学三

---

① 据《史记·封禅书》，汉武帝时，认为五帝（青、黄、赤、白、黑）之神代表五方，在五帝之上还应树立一个总管五帝的神，称为“太一”之神。“太一”与“上帝”是一是二还需研究，但武帝立“太一”与“罢黜百家，独尊儒术”的措施同时出现，当非偶然。

者的关系分析清楚，分别给以适当地位。三者时有混淆，造成互相干扰。从人类认识的总进程看，秦汉哲学基本上讲的是关于宇宙构成的认识之学，魏晋玄学则为本体论。由宇宙构成论发展到本体论的过程，也正是秦汉哲学到魏晋玄学所经历的过程，它是符合人类认识的逻辑发展的。治哲学者每喜先秦哲学之创新及魏晋玄学之空灵，或不甚喜秦汉哲学之滞重。事实上由先秦到魏晋必经历秦汉哲学这个阶段。不经蝶蛹之蠕蠕，何来蝶舞之蹁跹？此不可不察。

本卷撰写人（按姓氏笔画为序）有孔繁、任继愈、牟钟鉴、李申、余敦康、钟肇鹏、韩敬同志。

魏晋南北朝哲学概论*

——《中国哲学发展史（魏晋南北朝）》绪论

魏晋南北朝这一历史阶段的年代断限为从曹丕称帝（220年）到陈朝灭亡（589年），历时三百六十九年[①]。这是秦以后，我国政局分裂持续时间最久的一段时期。中间西晋曾有过短暂的统一，不久发生了“八王之乱”，此后国无宁日，长期陷于政治纷争、民族纠葛之中。三百六十九年中，只有三十五年是统一的。旧史家称这段时期为乱世。也有的史学家出于传统种族偏见，只承认南方政权为正统，贬斥北方政权僭号。这类偏见长期影响着人们对南北朝的历史做如实的评价。

从中华民族的发展、成长、壮大的全过程来考察，在有文字记载的五千年中，这中间近四百年长期分裂，不能看成民族的不幸，而应当为这一段历史欢呼、赞叹。我们认为这是中华民族一次更新时期，它为后来的隋唐盛世积蓄力量，准备条件；它为后来的文化

---

* 据《中国哲学发展史（魏晋南北朝）》，人民出版社，1988年4月版。

① 哲学发展的分期不同于历史上朝代的断限那样严格按年月划分，不能刀砍斧截似的齐整。按历史朝代分期只表示大体的时限，有的思想可以较早，也可以较迟，不能看死了。

高潮奠立基础。中国哲学史如果对这一段落研究不好，此后一千多年的文化高峰将无从说起。

再从历史发展的客观形势看，魏晋南北朝这一特定阶段，不是碰巧了出现的，用王弼的话说，“物无妄然，必由其理”。

秦汉奠定了封建大一统的格局，并持续了两千多年。两千多年贯穿着一对基本矛盾：从经济结构看，中国封建社会是小农经济，一家一户为生产单位，小农经济的本性是分散的、封闭的自然经济；从政治结构看，中国封建社会的管理机构是大一统的封建集权制。要统一，必须集中管理，而极端分散又是小农经济的特性。政治上的高度集中与经济上的极端分散有矛盾。集中过了头，影响了小农经济的生存，政治就不稳定；中央失去控制，过度分散，也不利于小农经济的发展。中国地主阶级在两汉时期，由于中央腐败，集中统治失控，造成军阀割据，三国鼎立，出现了地方分散的豪强势力。西晋短暂的统一，并不能扭转地方割据势力发展趋势——门阀士族抬头。这也是地主阶级发展中不可避免的过程。

再从思想发展史的趋势看，两汉的神学经学随着汉政权的衰落失势而失效，于是出现反映门阀士族地主阶级世界观的玄学。

从人类认识史的角度考察，由汉代的宇宙构成论到玄学的本体论，标志着哲学思想的进步。

魏晋南北朝近四百年的哲学发展史可以分为三阶段：第一阶段为玄学时期；第二阶段为玄学与佛教般若学时期；第三阶段为佛教经学形成时期。

玄学阶段时间不长，极盛时期在正始年间，晋室南渡，玄学思想也带到江南，这时已经与佛教般若学合流。东晋后期，直到南北朝结束，都是佛教经学形成时期。由于玄学的产生在中国哲学史上起着划时代的作用，本书阐述玄学的篇章较多。过去的中国哲学史只讲玄学，对儒教的经学、道教的思想，尤其是佛教思想阐述得不够。

还要指出，中国佛教思想经历几百年的传播与中国传统文化相融合，已成为中国封建社会上层建筑的一部分。佛教哲学思想不应再被看作外来文化，它是中国文化的一部分。佛教哲学与当时中国社会、历史文化息息相关。佛教经学所涉及的问题，是接着中国哲学史讲的，应当看作是中国哲学史的一部分，而不是中国哲学史以外的体系。

南北朝时期形成佛教经学是接着魏晋玄学讲的，它沿着玄学开创的道路继续发展。

东晋以后，佛教传播较从前更加广泛，经过晋、南北朝僧众的翻译，汉译佛经基本上完成了介绍外来佛教著作的任务。中国人的著作比重增加，先后创立了许多学派，为后来隋唐佛教宗派奠定了基础。

这一时期佛教作为宗教哲学讨论的中心问题是佛性问题。佛教界关心的佛性论，实际上就是人世间人性论的屈光折射。佛性论（心性论）提出并受到思想界的普遍关注，它标志着玄学本体论向纵深的发展，由本体论进而探讨心性论，是中华民族认识史上的深化。

南北朝时期，社会上流行的主要佛教经典有《维摩诘经》《法华经》《涅槃经》《华严经》，流行的主要佛教经论有《摄大乘论》《十地经论》《大乘起信论》，表面上众说纷纭，但中心问题不出心性论范围。它涉及众生有无成佛的可能；人性是善是恶，如果是善，恶从何来，如果是恶，通过什么途径使人弃恶向善；成佛有无捷径；有无“佛国净土”，“佛国净土”在心性之外还是在心性之内，等等。这些众多的关于心性论的问题被提出来了，却没有一个令人满意的答案。因为有些问题是佛教自己制造出来的假问题，他们当然无法做出正确的回答。也有些问题受历史的局限，当时任何人也回答不出。总之，当时关于心性论这个范围提出的许多问题，可以促使后人进一步去思考，去寻求答案，这在人类认识史上是一个进步。

从魏晋到南北朝，佛教学派众多，著作丰富，思想活跃，形成了与儒家经学并立的佛教经学。它以出世的姿态积极为封建王朝服务。我们不用佛教说明历史，而是用历史说明佛教。

民族融合与文化交流，两者互相促进。南北朝初期，南北双方对峙，民族矛盾占主要地位。如桓温、刘裕北伐时，曾得到中原地区群众的欢迎，即可说明民族矛盾是主要的，北方群众怀念中原地区的旧主人。随着文化的交流，更确切地说，由于社会发展的内在动力，中国封建文化的凝聚力，把北方少数民族迅速带进了封建社会。因为封建制比奴隶制先进，奴隶制向封建制过渡是不可抗拒的趋势。这个转折点的标志是北魏孝文帝迁都洛阳，大量接受华夏文化，禁胡语、胡服，改汉姓，学习儒家典籍，建立封建宗法制的政权管理体制。南朝梁武帝时，南北朝的对峙，已由民族政权的对立转化为南北政权的对立。南方、北方文人学者有了往来，双方互相收受政治避难者，民族成见已不占重要地位。佛教僧团在南北双方的传教活动，也对促进南北融合起了积极作用。

伟大的中华民族，经历了魏晋南北朝三百七十年的磨炼，变得比过去更加成熟了，哲学抽象思维的水平更加提高了。中国哲学发展史比过去更加璀璨夺目。这是在新的历史条件下涌现的新成果。这里所说的新的历史条件和新成果，可以从以下四个方面来考察，即民族大融合、地区大开发、文化大交流、思想大开放。这四个方面的变革，其深度和广度都远远超过了以前任何时期。后来隋唐社会及其哲学思想就是沿着魏晋南北朝所走的道路继续前进的。

一、民族大融合

中国是个多民族的国家，中华民族是多民族长期交融形成的伟大民族。我国历史上有过五次民族大融合[①]。第一次在春秋战国时期。当时不但边远地区有少数民族，中原地区也有不少插花地带华夷杂处[②]。

第二次民族大融合在魏晋南北朝时期。这一次的民族融合所达到的深度和广度已远超过了春秋战国时期。因为这一次的融合，持续时间很长，近四百年，涉及范围极广，几乎包括了中国长江、黄河、辽河、漠北广大区域。这次民族融合方式也更为复杂多样。有以汉族为主，吸收少数民族文化的；也有以少数民族为主，适当吸收汉族文化的；有通过和平方式交融的；有通过战争掠夺、征服方式强力融合的。当时战争频繁而惨烈，以强力把各族人民组织在一

---

① 第一次在春秋战国，第二次在魏晋南北朝，第三次在10世纪到12世纪的宋、辽、金、西夏及早期蒙古，第四次在元朝，第五次在清朝。

② 见《中国哲学发展史（先秦）》，人民出版社，1983年10月版，第6页。

起[①]。也正是由于这种民族间不幸的战争，使得被奴役的少数民族之间增加了同情与了解。因为古代的社会是封闭型的，只有通过经济交流和战争，才可能打开封闭型的生活。当然，这是在不正常的条件下的融合，为此付出了极高的代价。更多的情况下的融合是通过经常的、正常的经济交往、文化交流产生的。

从五胡十六国开始，北方各民族如匈奴、鲜卑、羯、氐、羌、卢水胡各族先后主持政权，长期杂居，文化、生活甚至语言也互相影响，逐渐封建化，多民族进一步融合成为中华民族的一部分[②]。当时的姓氏中，如元氏、长孙氏、独孤氏、呼延氏已完全与汉族相忘于江湖。直接采取汉族姓氏的也很多。隋唐的皇室、贵族也是汉族与少数民族的混血后裔。

南北朝对峙时期，南北双方各成体系，但在南北朝各自内部，民族间的融合相当成功。南方的山越，三国时居住深山，到了南朝梁陈时期，他们走出深山，活跃在会稽一带，事实表明已与汉族融

① 北方统治者作战时，“每以骑战，驱夏人（汉人）为肉篱”（《通典·边防典》）。魏太武帝在公元451年攻宋盱眙城，曾说：“吾今所遣斗兵，尽非我国人，城东北是丁零与胡，南是三秦氐、羌。设使丁零死者，正可减常山、赵郡贼；胡死，正减并州贼；氐、羌死，正减关中贼。卿若杀丁零、胡，无不利。”（《宋书·臧质传》）这是拓跋氏欺凌其他少数民族的自供。

② 西晋永嘉以后，民族迁徙有多次。公元318年，氐、羌、胡、羯归于石勒者十余万落，徙处河北郡县。公元320年，刘曜徙巴、氐部落二十余万口于长安。公元329年，石勒灭刘曜，徙氐、羌十五万落于河北。

公元332年，石虎徙秦、雍民及氐、羌十余万户于关东，使氐族部落酋长苻洪为流民都督，居枋头；羌族部落酋长姚弋仲为西羌大都督，率部族数万，移居清河之滠头。

冉闵消灭石赵政权后，欲驱各少数民族势力于赵、魏地区之外，令诸氐、羌、胡、蛮数百万各还本土。魏末晋初，少数民族归附内地的最高数目是“八百七十余万口”（《晋书·文帝纪》）。这八百七十万口进入中原地区的，当不在少数。

合。蛮族，活动在江汉间。有豫州蛮，活动在江汉一带；荆州蛮，活动在荆襄一带；五溪蛮，活动在常德一带。蛮族上层也接受了封建文化，接受朝廷官职，设立郡县，他们居住在荆、襄、汝、颍，多种民族长期杂处，互通婚姻，也逐渐融为中华民族的一部分。还有傒人、俚人活动地区多在广西、广东；僚族活动地区多在广西、贵州，爨族在云南东部，也不同程度地接受了封建文化。

南方各少数民族互相影响、互相融合，加速封建化，在二百多年间，走完了社会正常发展要上千年才能走完的进程。

民族大融合，是魏晋南北朝哲学发展的一个极为重要的社会基础。长时期的各民族互相学习、取长补短，从而丰富了中华民族文化，它为后来隋唐统一，形成封建文化高峰，奠定了基础。

二、地区大开发

西晋统治时期短暂，东晋以后，形成了南北割据的形势。

南方从东晋起，有了近百年来的安定局面，农业有了很大的发展，江南地区“一岁或稔，则数郡忘饥”[①]。

生产发展，首先表现为地区的开发。太湖流域、鄱阳湖流域、洞庭湖流域，都成为粮食基地。原来采用粗放的耕作方法，发展为积粪养田[②]，并大规模兴修水利，建立堰闸，扩大了灌溉面积，小的可溉田两百顷，大的可达一二千顷以上。当时利用南方水源丰富的

① 《宋书·孔季恭等传论》。

② 积粪肥与烧草木灰肥田的方法同时存在，庾信有“穿渠引水碓，烧棘起山田”，徐陵有“烧田云色暗”。耕种技术，南方落后于北方。

优势，围湖造田，不忧水旱，可保高产丰收。江南的农业生产，比三国以前有了极大的发展。

南朝的手工业和商业，较东吴时有极大的发展。刘宋以后，江南兴起织锦业，江南地区发展了木棉和草棉的织布业。江南制盐、冶铁、采煤、造纸、漆器、瓷器、造海船及国际商业。建康（今南京）为南朝历代国都所在，梁时城中二十八万户，出现了百万以上人口的大城市。广州成为当时东方国际贸易港口，活跃了经济，交流了文化。三国时期，几乎不通用铸钱，南朝由于商品交换的需要，铸钱多次，有钱币多种。这也是经济繁荣、生产发达的一个标志。

北朝自从拓跋氏接受封建制度以来，挟其塞外少数民族清新刚健之朝气，寓兵于农，建立了府兵制，把战斗编制与生产组织结合起来，合耕战为一体。北方的生产得到迅速发展。就封建性的主要生产项目农业而论，北朝不但懂得施粪肥，还懂得粪肥熟化，制造厩肥。还积累了农作物禾本科与豆科轮作的经验。北方的统治者也不像南朝的贵族那样腐败，脱离生产，而是采取了一系列促进生产发展的措施。北魏的著名科学家贾思勰利用当时已达到的科学知识，总结经验，写成《齐民要术》这部名著，对全世界的农业发展史做出了贡献。随着地区开发、文化交流，地理知识也较前丰富，郦道元的《水经注》也是不朽的地理著作，为人类精神文明积累了财富。

当时天文、历法等学科与农业相伴而发展起来。农业工具、酿造业、手工纺织，不仅比秦汉有显著的发展，其生产的质和量也超过了南朝[①]。北方也建立了大都市，如洛阳城，大小佛寺达千余处；

① “自淮以北，万匹为市；从江以南，千斛为货。”（《宋书·周朗传》）北朝的纺织业，南朝的粮食生产，各有优势。

河北邺城，自曹魏以来不断扩建，规模也十分宏伟；北周的都城西安，也成为关中的中心，隋、唐两朝利用它的基础建为国都。

北朝的生产技术科学胜过南朝，南朝的抽象推导科学，如数学，胜过北朝。

三、国内国际文化大交流

汉代通西域，打开了欧亚交往的大门，当时对外交往只限于欧亚之间的来往。那时东临大海，只知道海上有“仙山”，秦始皇遣徐福等千人赴海上求仙，去而不返，所谓蓬莱诸岛只能停留在若明若暗的传说阶段。北方为大漠所限，而北方民族与中原民族处在对立的立场，相互了解得也不够。南方荒蛮，交趾以南，中外交往不多，因而对南方的知识也很贫乏。

魏晋南北朝时期，对外交往范围扩大了。北方民族进入中原，成为中原主人，对北方辽阔地域，不再是隔绝状态，而使北方、东北方内外连成一片。对海东、南洋地区也建立了定向联系，商旅不避风涛，利用季候风定期往来[①]。除了昔年丝绸之路，又从巴蜀通向西域，开辟了一条几乎与河西走廊并行的道路，这是南朝时期通往西域的主要通道。它不经过河西走廊，而是经益州达吐谷浑，不但成为南朝与西域交往的大道，连北魏有时也避开阳关、玉门关，经

① 当时海上航船大者长二十余丈（四五十公尺），高出水面二丈，载六七百人，载重达千吨。其中扶南国海船，长二十至四十公尺，大者载百人。

益州、吐谷浑去西域[①]。

魏晋南北朝时期，中国与国外交往，陆上交通有东北、西北、西方，海上交通有海东、日本、南海几个方面。

西域交往的国家有焉耆、龟兹、于阗、渴盘陁、疏勒、乌孙，这些国家有的从曹魏、西晋、前凉、前秦、姚秦、北魏、北周互派使者通问，贡方物，派王子到洛阳学习。名僧竺法护、鸠摩罗什等人，建立学派，凉州成了佛教的重要基地。

在东北及北方，有勿吉族、挹娄与曹魏、西晋、北魏、北齐有过多次使臣来往，互赠方物。室韦，在东魏与北齐时期，也遣使来聘，互赠方物。契丹族，常到平城、洛阳聘问，多达三十余次，北齐时也有六次。库莫奚，到平城、洛阳三十余次，北齐时到邺城五次。柔然，与北魏多年为敌，但积极与南朝交好，公元 464 年，与齐武帝萧赜通问，要南朝派医生和锦工，要学习指南车及漏刻造法。高车，为匈奴的一支，与汉族联合，共同反抗北魏的民族压迫。

在西方有鄯善，曹魏赠方物，东晋法显经鄯善西行去印度。伊吾（今哈密），曾并入北魏版图。高昌（吐鲁番县）麹氏王朝，北魏明帝正光（520—524 年）年间，向北魏求借“五经”和诸史，并请国子助教刘燮为博士到高昌讲学，汉地的《毛诗》《论语》《孝经》，历代子、史、集，在高昌流传。近年来考古发现有《毛诗》《尚书》《孝经》等残片，说明文化交流的密切。汉文也曾用作官方文书，“文字亦同华夏”[②]，“言语与华略同”[③]。发现高昌国汉文墓志，也证实

① 根据唐长孺：《魏晋南北朝史论拾遗》，中华书局，1983年版。

② 《北史·高昌传》。

③ 《南史·高昌传》。

历史记载不虚。民间用语则用胡语[1]。据近来的地下文物考古发现，在吐鲁番阿斯塔那5、6世纪时期，墓葬群中发现当地民族，妇女着丝织右衽上衣，下系裙襦，埋在同一墓中的汉人男子头上盘发辫。男子胡服，妇女汉装，说明文化交流的实际状况。他们崇拜胡天神，也信佛教。高昌及西域诸国曾在中国与西域佛教传播中起过桥梁作用。

海东各国与中国建立经常联系的有高句丽、百济、新罗、日本邪马台与大和国。高句丽在后赵、前燕、前秦、后燕、北燕、北朝、南朝，都有往来，江南东晋聘问近三十次，国都平壤设太学，讲授"五经""三史"（《史记》《汉书》《东观汉记》）、《三国志》《晋阳春》。高句丽把中国文化介绍到百济、新罗、日本。百济曾从西晋始，先后多次聘问洛阳、邺城、长安，与我国南方的东晋、梁、陈有十一次聘问。从东晋传入佛教，建有僧尼寺塔，百济采用宋何承天制的元嘉历。梁武帝时，表请《毛诗》博士、《涅槃》等经义，求工匠、画师[2]。新罗在西晋，南朝梁、陈有四次使节，北齐时也有二次来邺城。日本在曹魏时到洛阳聘问；晋武帝时，从中国取《论语》及工匠植桑技术。

魏晋南北朝对西域及五天竺也有了比过去更多的交往。西域各国有大宛、者舌、悉万斤、忸密、粟特、大月氏、哌达汗国、波斯萨桑王朝，北魏时各国有使到平城、洛阳聘问，赠方物。有的国家经历北魏、西魏、北周，聘问三十余次。与南朝也有过多次聘问。最远的西方国家大秦，东吴及西晋时到过洛阳。北方王朝先与西罗马，后与东罗马有过交往。

---

① 《北史·高昌传》。

② 《梁书·诸夷传·东夷》。

对印度五天竺各国也有了更详尽的了解。东晋法显到过华氏城（今 Patña）住过三年之久。笈多王朝于苻坚时，到长安聘问，赠火浣布；宋文帝、梁武帝、陈宣帝时，不断有天竺使者聘问（南朝称笈多王朝为中天竺，北朝称笈多王朝为南天竺）；也曾有五次到洛阳聘问北魏。北天竺犍陀罗国（都城富楼沙城，在今巴基斯坦白沙瓦）曾遣使到洛阳。乌苌国、尼婆罗（今尼泊尔）、锡兰岛（今斯里兰卡）都与北朝、南朝有过直接交往，东晋时赠玉佛像，宋文帝时赠佛像、象牙，梁时有定期航行商舶。

南海各国，有占婆，又称林邑，在今越南南部；扶南国，在今柬埔寨境；金邻、顿逊、狼牙修，在今泰国南部。这些国家与东吴、西晋、东晋、宋、齐、梁、陈都有往来。槃皇国（马来西亚境内）、丹丹国（马来西亚南部）、婆婆国（沙捞越或文莱境内）、诃罗单（今爪哇岛）、干陀利（苏门答腊岛山巨港）、婆利国（巴厘岛），这些岛国在宋、梁、陈诸王朝，先后十余次来往，有佛教僧尼寺多处，我国名僧法显在干陀利停住五个月。

魏晋南北朝的文化大交流，表现在许多方面。商业的往来，贸易上互通有无，带动了文化交流，中国的“五经”、史传、佛教的经传律论，成为国内各族间和国际文化交流的主要媒介。其中佛教文化显然起着更重要的作用。

四、思想大开放

佛教传入中国后，最早时期与方术、道术相结合，互相附会。

它自己的个性还不被认识，佛教自身也未具备充分发展的条件。东晋南北朝时期，佛教得到极大的发展机会，佛教创始人释迦牟尼的地位得与孔子并列，上至帝王将相，下到市井乡里，都受到佛教的熏陶。孔子儒家的教化与佛教的因果报应劝善宣传，都在于加强封建纲常名教，特别是宗教思想深入到各个阶层。

佛教在魏晋南北朝时期，由于长期传播，佛教的思想在广大人民心目中，已不被看作外国人的宗教，而是看作自己民族可以接受的宗教。南北朝的佛教造像，也表现出佛已是中国化了的偶像，不大像外国人，更像中国人。佛教的宗教宣传，三世因果报应的民间故事、传说所反映的情况表明佛教的宗教宣传是成功的。鲁迅《中国小说史略》说：

> 释氏辅教之书，《隋志》著录九家[①]，在子部及史部。今惟颜之推《冤魂志》存，引经史以证报应，已开混合儒释之端矣，而余则俱佚。遗文之可考见者，有宋刘义庆《宣验记》、齐王琰《冥

---

① 《隋书·经籍志》存佚共三十六种，大部散佚。它们是刘义庆《宣验记》十三卷，傅亮《应验记》一卷，王琰《冥祥记》十卷，魏文帝《列异传》三卷，王延秀《感应传》八卷，袁王寿《古异传》三卷，戴祚《甄异传》三卷，祖冲之《述异记》十卷，刘敬叔《说苑》十卷，《续异苑》十卷，干宝《搜神记》三十卷，陶潜《搜神后记》十卷，荀氏《灵鬼志》三卷，祖台之《志怪》二卷，孔氏《志怪》四卷，刘之遴《神录》五卷，无疑《齐谐记》七卷，吴均《续齐谐记》一卷，刘义庆《幽明录》二十卷，王曼颖《补续冥祥记》一卷，郭氏《汉武洞冥记》一卷，陆琼《嘉瑞记》三卷，《祥瑞记》三卷，许善心《符瑞记》十卷，《灵异录》十卷，《灵异记》十卷，萧绎《研神记》十卷，侯君素《旌异记》十五卷，刘质《近异录》二卷，谢氏《鬼神列传》一卷，殖氏《志怪记》三卷，王劭《舍利感应记》三卷，《真应记》十卷，《周氏冥通记》一卷，颜之推《集灵记》二十卷，颜之推《冤魂志》三卷。

祥记》、隋颜之推《集灵记》、侯白《旌异记》四种。大抵记经像之显效，明应验之实有，以震耸世俗，使生敬信之心。

这种现象，说明儒释两家的融合，已不再看成生硬的比附，颜之推信奉儒学，引儒家史传以证报应不虚。《高僧传》是佛教著作，为证明三世因果，也大量采撷儒家史传材料。佛教的三世因果报应已深入人心，从士大夫到老百姓都已自然地接受了这种观点。佛教经学与儒家“六经”已相互容纳、相互配合。佛教是政府认可的辅助王化的工具之一，寺院的经济来源得到政府的资助（如免役、免税），与政府的上层贵族、王公大人享有同样的特权；佛教寺院建筑、经典翻译由政府资助，列为国家的正常开支。佛教徒有僧官，与国家的官吏一样，受政府的管辖，推行政府的政令。佛教经典虽然没有用来作为开科取士的教科书（因为他们不直接讲治国平天下的方略），但佛教经典的教条受到皇帝及门阀士族的重视。中间不断有排佛的争论，也有过短暂的毁灭佛教的举动，但为时甚暂，旋废旋兴，废佛后的佛教活动比废佛前更为炽烈。

因此，我们对魏晋南北朝佛教的地位，特别对佛教经学的地位和作用不可低估。当时的士大夫一方面读儒书，一方面读佛书，两者的影响都很深远。我们中国哲学发展史研究的是时代思潮。一个时代的思潮反映的是该时代普遍流行的社会风气。学术流派可以独立门户，时代思潮是一面时代的镜子，妍媸毕现。因而魏晋南北朝时期的佛教经典及其主要代表人物的思想要给以适当的地位。

魏晋南北朝时期的儒家经学，是官方肯定的维护封建宗法制度的经典依据，魏晋南北朝佛家经学同样是官方肯定的、维护封建宗法制度的经典依据。所不同者，一在方内，一在方外；一在治世立法，一在治心修身。正如慧远在《答桓太尉书》中所说："如令一夫全德，则道洽六亲，泽流天下，虽不处王侯之位，固已协契皇极，大庇生民矣。"从慧远开始，结束了从东汉以来佛教主要依附《老子》《庄子》的历史，转向了与儒家结合的轨道。[1]

魏晋南北朝时期的经学可以分为两大支系，一是儒家经学，一是佛教经学。儒家经学通过儒家经典阐释直接为门阀地主阶级的统治秩序做论证；佛教经学则从方外立场，在世界观、心性论、心身修养方面为门阀地主阶级的统治秩序做论证。

从社会条件看，魏晋南北朝具备了宗教滋生、蔓延的土壤和气候，佛教和道教都是在这一时期得到很大的发展。由于汉末三国之初，黄巾起义与当时的民间流行的道教有关，封建统治者们对道教还有戒心，觉得利用道教不甚安全。当道教经过改造，形成上层道教，教义鲜明地维护纲常名教以后，统治者便对道教加以支持和利用，于是出现像北魏天师道那样的官方道教。道教与佛教采取互相排斥立场。道教排斥佛教的理由之一，说佛教是夷狄之道，不是中国的宗教。道教狭隘的种族偏见，在多民族大规模相互融合的潮流中，不会受到欢迎。特别从"五胡十六国"以来，在北方少数民族贵族专权的社会环境下，后赵皇帝石虎曾公开倡言，"佛是戎神，所应兼奉"。像石虎的观点颇有代表性，是针对汉族中的"夷夏论"而提出的。汉族的佛教信徒又进一步指出，大道不分夷夏，求道不应为地域、种族所限。佛教经典的教义的确没有宣扬过民族的、国家的观念，倒是更多的情况下讲了废除种族成见，在佛教宗教王国里众生一律平等。佛教的教义在某种意义上，对于团结我国少数民族，

① 《中国佛教史》第二卷第三章第五节，中国社会科学出版社，1985年11月版。

促进文化交流，推进民族和洽方面起过一定的积极作用。这一优点，则是道教所缺少的。

习惯看法，往往认为魏晋南北朝的思想就是玄学。事实并非完全这样。因为魏晋玄学流行于魏晋之际，它的兴盛时期不过几十年。东晋以后，玄学仍有影响，但逐渐衰退。魏晋以后的社会条件变了，人们对玄学的兴趣也发生了变化。

魏晋南北朝这一段历史约为三百七十年，魏晋玄学流行、鼎盛时期约为四十年，以后还有一些影响，那是玄学的余波。其余的约三百年的时间，佛教思潮占了主流。而过去我们的学术界没有把佛教思想放到应当放置的地位上，因而魏晋南北朝这漫长的后一段哲学思想显得如“架漏过时，牵补度日”，有些空荡荡的，给人们的印象由魏晋一下子跳到了隋唐。

历史不曾停顿，人类认识不曾停顿。哲学思想发展当然也不曾停滞不前。魏晋南北朝这一段哲学思想，南北朝时期的佛教哲学，对后来隋唐佛教的宗派建立，起着直接的影响。这是本书特别强调的。

魏晋南北朝时期的思想大解放，是对东汉以来的神学经学说的。

神学经学以天意附会人事，把一些本来明确的科学概念，附会为天意。汉代神学经学的出现，在当时可以说是事出有因，为了巩固封建大一统的汉王朝，在思想上建造一种无所不包的神学体系，这是可以理解的。一个极度分散的小农经济的封建大国，如果不在政治上极度加强统一，就很难维持大一统的国家。从小生产、小农经济的本性来说，他们不要求有过多的政治干预；但由于小农经济本身的脆弱，经不起天灾人祸的摧残，他们又自发地要求上面有一个开明的、仁慈的皇帝为民做主。东汉以后，中央集权的格局被打破了，晋以后，长期陷于分散割据的坞堡经济，江南江北的大姓、士族自身有经济、军事、社会声望的实力，他们无需有更强大的中央集权政府。如果真正有了这样的中央政府，它将要求直接控制属下的个体农民，对门阀士族不利。

政治形式发生了变革，中央集权的封建大一统王朝不复存在，与那种政治要求相适应的思想统一也没有存在的必要。所谓思想解放，只是说从汉代绝对统一、定于一尊的神学经学中解放出来。忠、孝从来是我国封建宗法社会的两大思想支柱，魏晋南北朝时期，这两大支柱的“忠”退到第二位，“孝”被推到第一位。因为门阀士族所需要的一切，不必向国君乞讨，士族自己就可以创造；相反，国君的统治地位能否稳固，还得靠地方上门阀大姓的支持。这就不难理解南北朝时期，国君不断更换，而门阀士族并不热心于殉国赴难，往往充当新王朝登基的赞礼官。

对汉代神学经学的解放，并不等于从封建宗法制度下解放出来。封建宗法社会必需的社会秩序还是不能打破，维护封建社会的纲常名教，仍然是所有地主阶级要共同遵守的教条。

即使有这样的局限，魏晋南北朝思想解放的业绩还是不能低估，约略说起，可有以下数端：

第一，神学经学从此结束。三国以后人说经，具有理性主义的精神。

第二，从认识过程看，两汉的宇宙论关心于宇宙构成，魏晋玄学则进入本体论，关心于宇宙万物之所以然。

第三，打破儒家一尊的地位，老、庄等经典著作的地位可与孔子并列，学术思想比较活跃。

第四，打破中华传统文化独霸地位，外来佛教经过中国思想家的改造，佛教哲学、佛教宗教成为中国传统文化的一部分。

第五，打破天人感应神学目的论，神秘主义消退，理性主义占了上风。

第六，科学发达，生产进步。

以上六点综合考察，可以看出魏晋南北朝是我国思想史空前解放的伟大时代，其根本契机是中央集权的削弱，不再干预那些本来管不了又管不好的过度统一，文化专制主义为殊途同归、兼容并包的文化政策所代替。

*　*　*

本卷佛教经学部分与任继愈主编的《中国佛教史》(第三卷，中国社会科学出版社出版)内容有交叉，重点有所不同，可互相参照。有关历史事实方面，曾吸取王仲荦《魏晋南北朝史》及唐长孺《魏晋南北朝史论》，不再一一注明。刘苏同志担任了一部分抄写工作和核对原文工作。

论魏晋南北朝社会思潮的交融*

从事中国哲学史的研究，不难发现魏晋南北朝时期的哲学，上不同于秦汉，下不同于隋唐宋明。魏晋时期的玄学思想在中国哲学史上的地位，越来越被重视，这是可喜的现象。同时不能不指出，学术界对南北朝时期的中国哲学的发展注意似乎不够。从时间上看，魏晋哲学（即玄学）的发展、流行，约在魏晋政权更替之际，为时不过五十年。东晋时期，已不完全是玄学当令，佛教的思想深受儒教、玄学的影响，又有它独特的时代色彩。

魏晋玄学的主要代表人物，早期的如何晏、王弼，较后的如郭象等人的哲学体系及运用的范畴，看不出他们与佛教思想有什么瓜葛，事实上当时佛教已十分流行，只是没影响到玄学内部。相反，魏晋时期佛教的翻译及著作却不免带有玄学的影子，有些佛教独特的概念、范畴，往往用当时人们所熟知的玄学的概念、范畴去理解，并用这种理解向中国介绍。

东晋朝廷偏安江南，后来与东晋相衔接的南朝四代的主要思潮，呈现为玄学、佛教、道教与儒教思想混合交融的形势。

---

* 据《任继愈学术论著自选集》。原载《中国文化与中国哲学》，东方出版社，1986年12月版。

与东晋相对峙的“五胡十六国”及后来北方建立的北朝与南方学风不同，它具有中国北方学派和少数民族的特色，佛教、儒教的成分较重，玄学、道教的色彩较南朝稍淡。即历史上所说的北学繁芜、南学简要。繁芜，是指它玄学成分少，而汉儒解经影响大；简要，是指玄学影响大，汉儒解经的影响少。若进一步细分，还可以举出更多的南北差异。如果从魏晋南北朝这段历史四百年的中国哲学发展全局来看，这四百年间也有它的共同特点。因为这一时期，中国属于“乱世”，而不算“治世”。秦汉以来，中华民族已奠定了大一统的政治格局，大家已确认统一是正常的，分裂是不正常的。东晋及南朝有作为的几个统治者多利用恢复中原为号召，往往得到朝野的拥护。北方有为的统治者也认为不统一全国，不算真正的帝王大业。苻坚淝水之战大败而归，以致亡国。如果摆脱成败论功过的旧观念，苻坚统一全国的指导思想，符合中华民族秦汉以来的传统观念。中国应当统一，至于应当由谁来统一，要看民心向背、国势强弱，不是皇帝及贵族们的主观愿望所能决定的。

总之，魏晋南北朝虽属乱世，乱世也要有政府，也要建立适应乱世的统治秩序，否则人们一天也活不下去。因此，魏晋南北朝时期哲学社会思潮能在“乱世”这个总格局下面做文章。相对于全国大一统的盛世，我们称这一时期为“乱世”。

这个长期分裂近四百年的“乱世”，放在整个中国历史发展的长河中，它有哪些特点？简单地说，概括为“交融”时期，有五个方面的特点可说：

第一，汉代经学的变革；第二，多民族社会制度、生产方式的交融；第三，宗教思想弥漫；第四，多民族文化与多宗教文化的交融；第五，国际文化与中华文化的交融。

一、汉代经学的变革

神学经学经历了汉末的政治混乱，已失去了它的神性的光辉。经学的训诂章句之学，作为一种纯学术，已流为烦琐，作为统治之术，更是缓不济急。魏晋经学演变趋势，在太学的讲习中已有所反映。它不满足于汉代传统讲述方式。高贵乡公曹髦，幸太学，与众博士论经学。先论《易》。曹问：

> “圣人幽赞神明，仰观俯察，始作八卦，后圣重之为六十四，立爻以极数，凡斯太义，罔有不备，而夏有《连山》，殷有《归藏》，周曰《周易》，《易》之书，其故何也？”易学博士淳于俊对曰：“包羲因燧皇之图而制八卦，神农演之为六十四，黄帝、尧、舜通其变，三代随时，质文各繇其事。故《易》者，变易也，名曰《连山》，似山出内（云）气，连天地也；《归藏》者，万事莫不归藏于其中也。”帝又曰：“若使包羲因燧皇而作《易》，孔子何以不云燧人氏没，包羲氏作乎？”俊不能答。帝又问曰：“孔子作彖、象，郑玄作注，虽圣贤不同，其所释经义一也。今彖、象不与经文相连，而注连之，何也？”俊对曰：“郑玄合彖、象于经者，欲使学者寻省易了也。”帝曰：“若郑玄合之，于学诚便，则孔子曷为不合以了学者乎？”俊对曰：“孔子恐其与文王相乱，是以不合，此圣人以不合为谦。”帝曰：“若圣人以不合为谦，则郑玄何独不谦邪？”俊对曰：“古

义弘深，圣问奥远，非臣所能详尽。”帝又问曰：“系辞云‘黄帝、尧、舜垂衣裳而天下治’，此包羲、神农之世为无衣裳。但圣人化天下，何殊异尔邪？”俊对曰：“三皇之时，人寡而禽兽众，故取其羽皮而天下用足，及至黄帝，人众而禽兽寡，是以作为衣裳以济时变也。”帝又问：“乾为天，而复为金，为玉，为老马，与细物并邪？”俊对曰：“圣人取象，或远或近，近取诸物，远则天地。”

讲《易》毕，复命讲《尚书》。帝问曰：“郑玄曰‘稽古同天，言尧同于天也’。王肃云‘尧顺考古道而行之’。二义不同，何者为是？”博士庾峻对曰：“先儒所执，各有乖异，臣不足以定之。然《洪范》称‘三人占，从二人之言’。贾、马及肃皆以为‘顺考古道’。以《洪范》言之，肃义为长。”帝曰：“仲尼言‘唯天为大，唯尧则之’。尧之大美，在乎则天；顺考古道，非其至也。今发篇开义以明圣德，而舍其大，更称其细，岂作者之意邪？”峻对曰：“臣奉遵师说，未喻大义，至于折中，裁之圣思。”次及四岳举鲧，帝又问曰：“夫大人者，与天地合其德，与日月合其明，思无不周，明无不照，今王肃云‘尧意不能明鲧，是以试用’。如此，圣人之明有所未尽邪？”峻对曰：“虽圣人之弘，犹有所未尽，故禹曰‘知人则哲，惟帝难之’。然卒能改授圣贤，缉熙庶绩，亦所以成圣也。”帝曰：“夫有始有卒，其唯圣人。若不能始，何以为圣？其言‘惟帝难之’，然卒能改授，盖谓知人，圣人所难，非不尽之言也。《经》云：‘知人则哲，能官人。’若尧疑鲧，试之九年，官人失叙，何得谓之圣哲？”峻对曰：“臣窃观经传，圣人行事不能无失，是以尧失之四凶，周公失之二叔，仲尼失之宰予。”帝曰：“尧之任鲧，九载无成，汨陈五行，民用昏垫。至于仲尼失之宰予，言行之间，轻重不同也。至于周公、管、蔡之事，亦《尚书》所载，皆博士所当通也。”竣对曰：“此皆先贤所疑，非臣寡见所能究论。”次及“有鲧在下曰虞舜”，帝问曰：“当尧之时，洪水为害，四凶在朝，宜速登贤圣济斯民之时也。舜年在既立，圣德光明，而久不进用，何也？”峻对曰：“尧咨嗟求贤，欲逊己位，岳曰‘否德忝帝位’。尧复使岳扬举仄陋，然后荐舜。荐舜之本，实由于尧，此盖圣人欲尽众心也。”帝曰：“尧既闻舜而不登用，又时忠臣亦不进达，乃使岳扬仄陋而后荐举，非急于用圣恤民之谓也。”峻对曰：“非臣愚见所能逮及。”

于是复命讲《礼记》。帝问曰：“‘太上立德，其次务施报’。为治何由而教化各异，皆修何政而能致于立德，施而不报乎？”博士马照对曰：“太上立德，谓三皇五帝之世以德化民，其次报施，谓三王之世以礼为治也。”帝曰：“二者致化薄厚不同，将主有优劣邪？时使之然乎？”照对曰：“诚由时有朴文，故化有薄厚也。”[①]

曹髦当政时，社会上已出现了玄学思潮，这股思潮已冲决长期定于一尊的神学经学传统。当时国家教育机构（太学）思想比较保守，对新生事物（如玄学）还不能接受，皇帝曹髦（高贵乡公）也不属于代表新思潮的人物。尽管如此，从曹髦和太学博士们的问答讲论中，已看出传统经学已经失去它的统治优势，对数百年沿袭下来的师承、家法的旧经义，提出了疑问。

① 《三国志》卷四，中华书局，1959年12月版，第135-138页。

东汉末年中央政权堕落，失去权威性。当初被描绘得十分神圣的天子皇权在人民的眼里已经破产，名不符实的现象十分普遍。从当政者的言行到社会风气、取士的标准，政府所提倡的和它实际所干的，完全不对号，社会出现了一股对传统价值的怀疑与批判思潮[①]。批判思潮的兴起，已经标志着玄学萌发酝酿阶段。对旧的社会失去信任，新的社会应当是一种什么形态，思想体系如何，还提不出一套完整的方案。总之，人们认为，从政治制度到道德标准，从宇宙论到人生观，非改变不可，旧章程无法维持下去了。

二、多民族的社会制度、生产方式的交融

我们编写《中国哲学发展史》（秦汉卷）已经指出，中国秦汉开始，开创了我国多民族大一统的新局面。今天全国人口占绝大多数的汉族，是秦汉以后，逐渐发展壮大的。如果追溯这个汉族的起源，可发现它不是从来就存在的单一的民族。号称“汉族”的民族，它是春秋战国以来，以中原文化为中心的华夏族发展的结果。华夏族也不是单一的民族，它是以华夏文化为中心长期形成的民族共同体。华夏族有共同文化语言文字，共同的经济生活，共同的心理状态。其中血统的联系，对汉族倒不占主要地位。

魏晋南北朝，是中华民族以空前规模进行大融合的时期。西晋统治集团内部混战，引起“五胡十六国”在北方连年混战。战争无疑给人民带来了灾难。同时战争迫使人民进行大规模的流动。民族

① 《中国哲学发展史（秦汉卷）· 东汉末年的社会批判思潮》。

大迁移又促使民族间的婚姻关系变得复杂起来，从而打破了在族内近亲繁衍的常规。由于民族的不断交流融合，北方少数民族在汉族影响下，加速了生活方式到生产方式的变革，处在奴隶制前期的一些民族，吸收了汉族先进文化（封建制社会对奴隶社会以至部落社会，无疑是先进的），按常规需要千百年的社会变革，在短短的几十年内就完成了，它们很快进入封建社会。少数民族以它本身固有的青春朝气，佐以先进的社会制度，它会开创意想不到的新局面。落后的蛮族在欧洲建立了生气勃勃的罗马文化，我国南北朝时期的历史发展与西欧的罗马文化有某些近似。北朝的生产发展、国家财力都超过南朝，后来以北方人力物力为基础的隋朝轻而易举地征服了南朝，为隋唐大一统的新局面打下基础。

南方各民族也有不同程度的融合。上层贵族，有南方土著顾、陆、张、朱等大姓与南渡后的北方大族王、谢、郗等士族结为联盟；南方少数民族也在大量开发生产的过程中有了新的交融。

经过了南北朝近四百年的民族融合，中华民族内部增加了新内容，以华夏文化为中心的汉族文化浸润了当时的各民族，各民族也以吸收中华文化为荣。如北魏的迁都、文化改革、改易姓氏，又给中华民族输进新鲜血液。

民族间的融合过程，在当时并不是自觉进行的，历史往往以它独有的“诡恢”通过某些偶然事件完成了必然的使命。南北朝的战乱，无疑给人民带来了深重的灾难，灾难的背后，却伴随着新的成果——中华民族壮大了，社会发展的步伐加快了，为下一步大一统创造了条件。

三、宗教思想弥漫

中国的土生土长的宗教，在秦汉以前为巫术。汉末政治黑暗，社会混乱，朝野上下充斥着一种不安定的意识，在今存的东汉古诗中有不少反映。地主阶级中，有表现仕途失意、异乡漂泊的，有咏叹光阴易逝、伤悼自己地位卑下的，有表达人生有常、寿命有限的。在东汉古诗中有大量失志、伤时作品流行。

社会不安定的局面，黄巾起义后，汉王朝名存实亡；到魏晋时期，社会危机日益严重，西晋“八王之乱”，不但老百姓遭受战争灾难，上层贵族也朝不保夕。现实社会的动乱，给宗教活动提供了滋生的土壤。中国的道教就是在这个社会条件下加快发展起来的。外来的佛教早在西汉末、东汉初就传入内地，但影响仅限于皇室及上层贵族。魏晋以后，佛教、道教风靡全国，南北朝时，佛教更加发展。梁武帝时，“天下户口几亡其半”（这里的“天下”只是指梁朝境内）。北朝佛教发展的迅猛更甚于南朝[①]。《洛阳伽蓝记》所述塔庙建筑的宏伟壮丽，不难想见佛教在当时的势力。北周灭北齐，齐旧境内寺院4万余所，僧尼200多万；周武帝建德三年（574年）和建德六年（577年）两次下令禁断佛道两教，焚经毁寺，没收寺院财产，强令300万僧尼还俗（按当时禁断佛道两教的政策，其

① 参看《魏书·释老志》。

中也当有道教）、归乡编户[1]。这样庞大的僧徒，在全部人口所占比例之高，可以说是空前的。

魏晋南北朝佛教信徒与佛经译著几乎同步增长。凡是印度及西域佛教经典中已有的，中国都有相应汉译本。佛教小乘、大乘、空宗、有宗、史传、目录、戒律、经论都有代表性的译著。南朝刘宋以后，译事停滞（也是趋于饱和），转向著述。此后佛教典籍中，译述的比重下降，著述的比重上升。著名僧人不再是外国的翻译家，而是中国的佛教思想家。这时期的道教，既有为上层王公贵族养生、修炼的著作，也有为下层民众设置的符水及祈禳的巫术。因而得到上层的重视和下层的支持。北方有寇谦之建立了进一步为上层服务的道教流派，南方道教有葛洪、陆修静、陶弘景等人为代表的南方流派。南方道教更多地从理论上融合玄、佛、儒的思想，构造体系。“三洞”“四辅”的道教经典分类方法，反映了南方道教各流派综合整理、总结的实况。

佛道两教虽然都宣传出世，但都力图为当时的门阀士族地主政权服务，从出家人的立场强化儒家纲常名教思想。

魏晋南北朝时期佛教道教反映了各宗教内部许多流派的理论的分歧，同时也反映了各类宗教为封建统治者服务的基本教义，如忍让、禁欲、苦行、服从等奴化人性的教条。有利用宗教掩护农民起义的活动，也有政府内部的不同集团的武装斗争。其中成员有道教信徒，那是政治斗争，与宗教信仰没有必然联系。

---

① 这次对佛教的打击甚于唐武宗会昌五年（845年）的废佛运动。会昌废佛，拆寺四千六百所、兰若四万所，僧尼还俗者二十六万零五百人。

四、多民族文化与多宗教文化的交融

中国古代社会的基本支柱是封建宗法制，纲常名教是它的核心。封建宗法思想的代表是孔子为首的儒家。南北朝时期，北方少数民族过去不曾接触华夏封建文化，生产方式还处在前封建主义阶段。佛教本来是外来宗教，在少数民族地区，佛教因果报应宣传比儒家思想更容易被接受，“佛是戎神，正所奉祀”。佛教对协调我国多民族的关系，促进北方民族间的交往，曾起过积极作用。

但文化在人类社会生活中是个有机体，与民族的发展密不可分。宗教文化与民族文化有时一致，有时不尽一致。民族不断发展，生产方式不断前进。北方少数民族很快进入封建社会，在中原地区执政后，又不得不与当地汉族门阀士族发生联系，争取得到他们的合作与支持，才能维持中原地区的长治久安局面。从“五胡十六国”到北朝各代，事实上形成了汉族与少数民族的地主阶级的联合政权。南北朝的后期，政府设施、官制建置更多采用中国传统的《周官》。《周官》真伪学术界有争议，但当时的少数民族容纳了北方汉族门阀士族的建议，并付诸实行，则是事实。

外来宗教到了中国，要做一些改变，以求适应新的环境[①]。南北朝后期的佛教也不同于汉魏初期的佛教，同时南北双方佛教也会相

---

① 参看任继愈主编:《中国佛教史》第一卷，中国社会科学出版社，1985年6月版。

互影响。佛教与道教的长期争辩也促进双方交流、融合。佛道两教又同为门阀地主阶级服务，因而不能不受儒家文化的影响。出家人本来不应参与政治活动，可是东晋庐山慧远为儒家讲《丧服经》；陶弘景身在山中，随时备政府咨询，号称“山中宰相”。这些交融只是形迹上的、政治上的。更深刻的多民族的文化与多宗教的文化的交融表现在哲学思想内部。

宗教之间的交互影响，随处可见。南北朝时期出现了大批“伪经”，如《须弥四域经》称伏羲、女娲为佛二弟子，两个显化菩萨。《洁静法行经》称佛遣二弟子，震旦教化。儒童菩萨，彼称孔子；光净菩萨，彼称颜渊；摩诃迦叶，彼称老子。《老子化胡经》则把释迦当成老子西出关教化的弟子。这两类都是抬高自己的宗教地位，贬低其他宗教地位的伪经。又如《提谓波利经》，流行于北方，以“五戒”“五常”“五行”“五星”“五方”“五色”“五味”“五脏”相配伍。这正说明汉代的阴阳五行的宇宙论框架在玄学流行的南方逐渐消逝、北方保留的汉代经学传统观念较多。讲到佛教的“八关斋”与《礼记》的《月令》相结合，认为积善功德可以“增寿益算”。增寿益算之说来自道教《太平经》及《抱朴子》[①]，还有一些宣扬儒家忠孝的伪佛经，如《佛说父母恩重经》等。

如果做更进一步的发掘，还可以发现，佛教、道教经典中某些概念范畴的作用、含义，已经不限于佛教、道教内部，它已渗透到中国哲学内部，实际上改变着中国哲学内容。佛教得到了儒教的支持而扩大了势力范围，儒教得到佛教的渗透而增加了它们的抽

① 《抱朴子·微旨》:“天地有司过之神，随人所犯轻重，以夺其算。”

象思维的深度。例如北朝流行的经论中有《十地经论》（世亲）和《摄大乘论》（无著），这两者都是印度大乘后期的作品。《十地经》原为《华严经·十地品》（鸠摩罗什译）。该经把成佛的过程分成十个阶段，一个阶段为一地（等级）。“十地”是由低级到高级进行精神修养的层次。《十地经》有“三界虚妄，但是一心作”。《十地经论》对此“一心”提出了解释，认为造作三界的这个心（“一心”）即阿赖耶识，这是一种不灭永存的精神实体。这个实体是“净”，它就是成佛的根据，要扶持它；这个实体是“染”，它就是成佛的障碍，要消除它。而《摄大乘论》讲“无尘唯识”，讨论的也是成佛的途径和世界构成的最后根源的问题。佛教中一派认为这个“识”是第八“识”（阿赖耶识），是染污的根源；另一派则认为这个“识”是阿摩罗识（唯一净识，又称第九识）。这些问题是深入探讨涅槃佛性问题引发出的新问题。它涉及一个根本问题：佛性是善，是真，那么罪恶从何而起？人性是善，恶从何来？佛教这个外来宗教关于佛性的辨析，直接联系到中国哲学史的人性论，而且把中国哲学史上讲了近千年的人性论深化了。后来的佛教华严宗，倾向于自性清净；法相唯识所讲的阿赖耶缘起，则认为第八识与生俱来，它是万恶之源，必须消灭它才能成佛。

佛教把得到最高精神境界叫作“成佛”。中国古代哲学把得到最高精神境界叫作“成圣”。名称不同，宗旨没有什么两样。

中国哲学史研究者，比较注意佛教思想与中国哲学思想关系。不少人指出，宋儒的月印万川、理一分殊的说法导源华严，心性之学来自禅宗，都言之有据，毋庸多说。朱子攻击陆九渊，说陆子近禅；陆子也说朱子近道教。陆朱两家都讲天理，讲心、性、情。宋儒关于人性论最重要的范畴是“天命之性”与“气质之性”。朱子称自从张载提出了“气质之性”与“天命之性”，才使儒门论性之说趋于完备。“论性不论气不备”，“论气不论性不明”。“气质之性”之说，于儒家经典无任何根据，但一切正统宋儒学者，对此完全接受，并有所发挥。把它和尧、舜、禹相传的“十六字真传”同样奉为至理名言。

我们可以说儒佛两教的互相渗透，有的有形迹可寻，有的无形迹可寻。有形迹可寻的容易看出儒家与二氏的凭据，无形迹可寻的真赃实犯不容易被人捉住。上面所举的例子，“气质之性”这一重要范畴出现后，立即完全为儒家所接受。这也就说明儒佛思想的交融已是水到渠成，双方心照不宣。

此外，如关于儒佛、儒道之间的类似情况还多，这里不必一一列举。

五、国际文化与中华文化的交融

一种外来文化与本土文化接触后，由于主客观的条件不同，产生的结果往往很不相同。文化不是抽象的，更不是无根的。文化必具有民族性，也必具有地区性。文化还具有继承性，没有从天而降的文化。

中华民族秦汉以前，是在中国内部范围内进行广泛的、长期的交流而形成华夏文化。秦汉以后，由丝绸之路沟通了中西文化。

先是经济的、商业的和政治的需要，逐渐打开了对外开放的门户。中国当时是个高度发达的封建大国。经济发达，物产丰盛，文化悠久而开明，远出于四邻之上，中华民族以自己的悠久灿烂文化而自豪。当时，我们主要来往借助于陆上的丝绸之路。佛教发源于东方文明古国，有它自己产生发达的社会历史背景。中国与当时西方文化接触后，经历了一个长期融合的过程。两种不同来源的文化相接触，有三种可能：一是如本土文化先进，外来文化落后，两相接触，落后的一方往往被先进文化的一方消融；二是外来文化先进，本土文化落后，外来文化引进后，很少本土文化不被外来文化消融的；三是双方文化先进程度大致相当，两种文化接触后，经长期激荡、摩擦，造成相互渗透、相互吸收的情况。佛教传入中国，略相当于第三种情况，又不全同于上述第三种情况。因为中国传统文化是中国封建宗法制度下长期积累的产物。它根深叶茂、枝干扶疏，对外来文化无所畏惧，信手拈来无所容心，以我为主吸收其所当吸收以为我所用。因此，佛教文化传入中国后，中国传统文化对佛教文化不是闭门不纳，而是对它进行改造，以求其适应中国封建宗法制度。而佛教文化也有它的深厚根基，要把它改造得完全适合中国的需要，并非轻而易举。

我们可以说，佛教传入中国二千年的历史，也就是佛教不断改变它的精神面貌以期适应中国封建宗法社会制度的历史。先经过翻译介绍，然后中国人自己阐释发挥，有些发挥在印度有某些经典根据，也有些中国佛教著作与印度传统佛教全不相干，完全是自己的创造。历史表明，完全创造的流派，其影响反而胜过有外来经典依据的流派。佛教毕竟是一种体大思深的宗教思想体系，虽屡经改造，但仍能维持自己的门户不使隳灭。我们也曾看到进入古代中国的还有其他宗教，却被中国传统文化逐渐消融，最后归于消失的也不少。

再以佛教文化为例。东方哲学、东方宗教与古希腊传统迥异。即以认识论为例，认识论都是探讨主体与客体关系的学科。这是共同的。但认识方式、思维方式，都不得不受言语、民族的文化传统制约。同样讲到“认识”，在西方感性认识、理性认识的分辨层次井然，心内主客之间也界划分明，西方的道德、感情、感受之类与认识能力有分明的界限。东方的“认识”论，包括中国的、佛教的哲学理论所涉及的认识，像佛教所讲的“识”，就它具有分别辨析的作用来说，它有着认识论的共性。任何哲学流派的认识论，涉及主客观关系，都承认有分别、辨析才有认识作用。但佛教的识（包括大乘后期提出的八识）的对象，不止限于识别主体外物、感知的精神活动。它的“识”的内容丰富得多，佛教的识，绝不限于观察、反映的活动，它还包括痛痒之感、苦乐之情、善恶价值判断、行为追求，是对宇宙、对人生、对社会的总判断。如果说这也是认识论，这个认识论既包括西方传统哲学所公认认识论的内容，又有西方传统哲学认识所包不尽的内容，如道德观念、美的欣赏品鉴、宗教情操体会，都是属于“识”所涉及的范围。它是一种广义的、整体性、综合性的直观“体认”过程。这种“识”包括心的作用，也包括思想感情的作用，也包括道德修养自我判断和自我体验。这种特点，把宗教修养、宗教世界观，很自然地与哲学融为一体，佛教、儒教（宋明理学）浑然一体，不易划分，其症结也在这里。

综上所述，魏晋南北朝时期各种思潮和文化的交融在中华民族的认识史上占有十分重要的地位，它承上启下，一方面继承维护了从先秦到两汉长期积淀而成的民族文化传统，同时也在广泛的交融中汲取了多方面的营养，扩大了视野，丰富了内容。隋、唐、宋、明以后中国哲学史所出现的新面貌，如果不追溯到这一段历史，是无从理解的。

隋唐哲学概论*

——《中国哲学发展史（隋唐）》绪论

中国历史号称“盛世”的时代，首推汉唐。唐朝的成就比汉朝更为辉煌。

秦汉以后，中国封建社会的基本格局是中央政权高度集中与地方小农经济极端分散的矛盾统一。大一统的封建政权需要高度集中，不集中就无从有效地行使政府职能。因为中国地广人众，民族关系复杂，没有一个绝对权威的中央政府统一指挥、协调各方面的关系，大一统的封建王朝就不能存在。中国封建社会的主要生产者是个体农民、手工业者，个体生产者极端分散，以一家一户为生产单位，生产能力低下，产品除了供一家一户消费，所余无几，更缺乏抵御自然灾害的能力，因而需要一个强有力的政府的庇护。至于抵御外来侵略势力、兴办全国范围的水利工程，更不是一家一户的小生产者办得到的。因此，中国历史上广大劳动人民一方面受着严重剥削，一方面又不得不安于被强制安排的命运。这是中国汉朝以后长期存在的国情——中央高度集中与小农经济极端分散的一对矛盾。

历史上出现的太平盛世的特点是统一的政治与分散的经济协

* 据《中国哲学发展史（隋唐）》，人民出版社，1994年5月版。

调得比较好的时期。史书记载的汉代“文景之治”，唐代“贞观之治”“武周之治”“开元之治”，都是小农经济得以正常发展，政府统一职能得以正常发挥的时期。还要指出，即使所谓太平盛世，偶发性农民反叛、局部地区的水旱灾荒、政治上的腐败和黑暗也从未断绝过，只是从主流方面看，比较健康，坏人坏事不占主流而已。在阶级对立的古代封建社会条件下，十全十美的太平盛世是不存在的。唐太宗即位之初，亲眼看到一个强大的隋朝，几年之内就被农民推翻，因而有所警惕，对农民不敢任意剥削。太宗晚年，看到天下太平，又萌发了地主阶级的剥削本性，却说“百姓无事则骄逸，劳役则易使”[①]。武则天当政时期，善于用人，号称盛唐治世，到她老年怠政，弄臣张易之之弟“昌仪为洛阳令，请属无不从。尝早朝，有选人姓薛，以金五十两并状，邀其马而赂之。昌仪受金，至朝堂，以状授天官侍郎张锡。数日，锡失其状，以问昌仪。昌仪骂曰：‘不了事人！我亦不记，但姓薛者即与之。’锡惧，退，索在铨姓薛者六十余人，悉留注官”[②]。玄宗也是唐中兴君主，他在位时间很长，重用李林甫、杨国忠，把政治搞乱，历史有记载，这里从略。从一些小事也可以见其昏庸：“玄宗……后得源乾曜，亟用之。谓高力士曰：‘若知吾进乾曜遽乎？吾以其貌言似萧至忠。’”[③]武则天时，大量封官，也大量诛杀官吏，其危害还小。玄宗天宝年以后，官吏只增不减，冗员充斥，不可收拾。太平盛世尚有黑暗面，遇到乱世，百姓的

① 〔唐〕魏徵：《论慎终》，《贞观政要》。

② 《资治通鉴》卷二〇六，中华书局，1956年6月版，第6547页。

③ 《新唐书》卷一二三，中华书局，1975年2月版，第4373页。

遭遇是十分悲惨的[①]。

如何使政治上的高度统一与经济的极端分散这一对矛盾协调得好，就成为秦汉以后直到鸦片战争以前中国政治、哲学、宗教关心的总课题。隋唐时期的哲学思潮（三教鼎立的局面）只是在漫长道路中的一段。从三教鼎立佛教为首，到三教融合儒教为主，是唐宋哲学发展的总脉络。

隋唐的中央集权

隋唐以后，中央政权的总趋势为加强中央集权，隋唐时期又有其特点。

隋朝统治时间不长，从灭陈、统一全国算起，不过二十二年。时间虽短，却也提供了有益的经验，完成了它的历史任务，第二次建成了大一统的政权。

南北朝长期不能统一，有三个因素：一是民族隔阂。中原民族与北方少数民族的生活习惯、文化生活、语言都不同。经过几百年的长期交往，矛盾逐渐减少，相互增加了了解。南朝梁武帝时，南北双方的民族矛盾逐渐退居次要地位，国家政权之间的对立突出出来。二是南北双方经济、文化、政治发展不平衡。开始时，南方政

① 战乱时期，“民避乱皆入深山，筑栅自保，农事俱废。长安城中斗米直三十缗。贼卖人于官军以为粮，官军或执山寨之民鬻之。人直数百缗，以肥瘠论价”。（《资治通鉴》卷二五四，中华书局，1956年6月版，第8268页。）同书又载，秦宗权的军队车后载盐尸，以充军粮。

权文化、经济、政治比北方先进，北方政权刚从奴隶制进入封建制，相对落后。南北朝后期，北方很快赶上南方，甚至某些方面超过南方。三是南北双方都没有统一对方的力量，谁也吃不掉谁。中间有过统一的企图，都未成功[①]。到了隋初，双方条件起了变化，南北文化、政治、经济发展逐渐接近，民族矛盾趋于消融，北方具备了统一南方的力量，隋灭陈，几乎没有费很大力气，顺利地取得了成功。

隋朝与唐朝的关系，很像秦朝与汉朝的关系。史称“汉承秦制”，同样也可以说“唐承隋制”。秦朝没有来得及实现的一些措施，汉朝把它继续完成了。隋唐两代的因革关系也类似秦汉间的因革关系[②]。唐朝的政治制度基本上沿袭着隋朝的格局，表现在以下几个方面：

第一，打击门阀士族的经济势力。隋文帝“大索貌阅”，清理全国户籍，把门阀士族占有的劳动力（佃客、部曲）清理出来，农民归国家直接控制，直接对国家负担纳租税、供劳役的义务，使农民感到当佃客、依附门阀士族不如当自由农民得的好处多。“为浮客（依附门阀士族），被强家收大半之赋；为编氓（编入国家户籍），奉公上，蒙轻减之征。”[③]隋朝规定，每户农民授露田八十亩、永业田二十亩，妇人得露田四十亩，奴婢同平民一样分得露田和永业田。地广人稀的地区，可以满足这一分配方案。唐朝继承隋朝这一制度，在更大范围内推广，在边远地区也得到贯彻。近年新

① 淝水之战，北方企图统一南方；桓温、刘裕北伐，企图统一北方。

② 隋朝把地方官用人权收归中央政府：“大小之官，悉由吏部，纤介之迹，皆属考功（考功侍郎主管官吏评核）。”（《资治通鉴》卷一八〇，中华书局，1956年6月版，第5629页；《隋书》卷七十五《刘炫传》，中华书局，1973年8月版，第1721页。）

③ 《通典》卷七。

疆吐鲁番阿斯塔纳墓葬中，发现唐开元三年（715年）西州营名籍，与内地府兵制同。柳中县户籍残卷记载高昌（西州）实行了均田制，其受田、退田与口分田与内地相同[①]。农民有自己的小块土地，人身依附关系有所松弛，对发展小农经济有利。也应看到隋唐统治遍及大江南北，有地多人少的地区，也有人多地少的地区，在内地，特别是在大城市附近繁华地区，难以做到。总之，均田制的推行，从物质利益上调动了农民生产的积极性，对于打击门阀士族的特权起了决定性的作用。

也要看到，南北朝门阀士族的势力逐渐衰退，但又兴起了新的世俗地主和僧侣地主，他们占有广大土地，土地兼并造成了新的无地、少地农民。这种新的地主不同于门阀士族地主，他们没有门阀士族的超经济特权，不能保证几百年不败落的特权优势。士族的社会势力还很强大，还要在政治上继续予以打击。

第二，打击门阀士族的政治势力。唐朝继隋朝之后，大力推行科举取士的制度。这是由中央政府根据实际需要，制定的选拔人才、任用官吏的制度。用考试取代推荐，扩大了选拔人才的范围，使全国较多的人才有参加政府的机会。唐太宗命重修《氏族志》，用意在于提高开国以来新贵族的社会地位。负责编辑的大臣呈送的稿本，仍以山东崔民干为第一等，太宗很不满意，命抑崔氏为第三等。随着新贵族的出现（他们多由科举出身），科举出身的比门荫出身的更受到社会的尊重，人们以科第出身为荣，不从科第出身，则引为终身遗憾[②]。

① 《吐鲁番县阿斯塔纳—哈拉和卓古墓群清理简报》，《文物》1972年第2期。

② 李德裕由贵族门荫入仕，做到宰相，因他不由科第，引为遗憾。他当政时极力拔擢重用科第出身的士人。李德裕遭到贬谪，放逐到海南岛崖州，时人有诗云："八百孤寒齐下泪，一时南望李崖州。"

高宗时，薛元超本是北方大姓，以父荫袭爵，后擢宰相，他却因“不以进士擢第”感到莫大遗憾。唐宗室子弟李洞，因屡次考试不第，曾赋诗云：“公道此时如不得，昭陵恸哭一生休。”唐宣宗当了皇帝也羡慕进士名义，自题“乡贡进士李道隆”以自慰。

几百年的社会习尚并不是马上彻底改变的，也有把门第看得较重的，这种怀旧的人任何时代都难免，但已不是主流[①]。科举制度给唐朝选拔了不少人才，如元结、白居易、独孤及、梁肃、韩愈、柳冕等，都是一时之选，得到了社会的承认。唐代任用官吏不仅看文章诗赋，还要考核处理政务的能力。取士任官有四条标准：身、言、书、判[②]。“身”取其体貌丰伟，“言”取其言词辩正，“书”取其楷法遒美，“判”取其文理优长。如果够录取条件的人数较多，大家相去不远，则先德行，德均以才，才均以劳。任何时代，任用官吏都以忠实可靠为第一标准。政府定出标准，执行者能否完全照办，这是另外问题，但唐朝的科举制度从组织上扩大了统治基础，团结了大批才俊之士，把他们拉进了统治集团，巩固了中央集权的力量，增加了知识分子拥护中央政府的向心力[③]。有时做得过了限度，产生了不好的结果。如武则天当政时，为了打击太宗时期的旧官僚势力，大力提拔新进的、拥护武则天的人，定了很多考试科目，如“材堪经邦科”“道侔伊吕科”“下笔万言科”“不求闻达科”“贤良方正科”“博学宏词科”等。科举过滥，并不能达到

---

① 宣宗时，“万寿公主，上（宣宗）爱女，钟爱独异，将下嫁，命择郎婿。郑颢，相门子，……时婚卢氏。宰臣白敏中奏选尚主。颢衔之”（《东观奏记》卷上）。

② 《新唐书·选举志》。

③ 科举制度一直延续到清末，可见它对中国封建社会的巩固起了作用。

选拔人才的要求，引起了社会的不满。民间编成歌谣，讽刺选拔不当："补阙连车载，拾遗平斗量。欔椎侍御史，碗脱校书郎。"[1]

第三，强化中央集权的权力。唐朝为了强化中央集权，建立了六部分权的中央政府体制。六部的权力集中到皇帝手中。中央把全国的行政事务由六个部门掌管：吏部、礼部、兵部、刑部、度支、工部。后代王朝名称有时改变，但分工及职能未变，一直沿用到清朝末年[2]。中央政府设尚书、中书、门下三省。三省在政府机构中的地位是平行的、平等的，三省有互相制约的作用。实际上尚书省掌管着行政实权，权力最大，它主管六部[3]。

为了强化中央集权，皇帝要掌握军队。越是天下大乱，皇帝对掌握军权的将帅越不放心，于是派出宦官代表皇帝出任监军，监视出征的将帅，干预军队的调动、指挥。由于对地方军队不敢信赖[4]，开始建立皇家直属军队——左右神策军，并规定左右神策军不相统属，都由皇帝直接掌握。当时为了稳定中央政权、震慑地方割据势力，这个设计也算周密，实际运用的效果并不成功。陆贽曾指出由皇帝派宦官监军造成的危害：

---

① 《全唐诗》，中华书局，1960年4月版，第9942页。

② 鸦片战争后，列强入侵，不同于过去接待四方邻国朝贡的往来关系，原来的六部都难以应付与列强的不平等交往，才增加了专门办外交的部门。

③ 史书说，唐太宗当皇帝以前曾担任过尚书令，此后尚书令不再设置。这种解释不符合事实。唐太宗也当过中书令，但后来并未废置中书令。主要原因是皇帝要更多地过问六部的行政事务，多一个尚书令，对强化皇帝的集权不便。这是出于中央高度集权的需要，不能用"避讳"来解释。

④ 唐朝郭子仪、李光弼屡立战功，屡次起用，屡次罢免，原因是朝廷对他们带领的地方部队朔方军不信任。

所谓措置失当者，戍卒不隶于守臣，守臣不总于元帅。至有一城之将，一旅之兵，各降中使监临，皆承别诏委任。分镇亘千里之地，莫相率从；缘边列十万之师，不设谋主。每有寇至，方从中覆，比蒙征发赴援，寇已获胜罢归。土蕃之比中国，众寡不敌，工拙不侔，然而彼攻有余，我守不足。盖彼之号令由将，而我之节制在朝；彼之兵众合并，而我之部分离析故也。①

从用兵的成败、战争的效果看，陆贽所列举的事实无可争辩。但陆贽不明白为了维护大一统的封建王朝，中央政府需要高度集中。由此可以看出集中统一的要求与所收到的客观效果，没有协调得好，以致事与愿违。

唐朝中央集权的政策，在政权所能达到的地区，贯彻得比较好。如均田制度，推广到新疆，政府的诏令，直到唐末，离唐亡国不到二十年，还能达到海南岛②。维护大一统的有效统治，还要有善于运用权力的人和机构。如果遇上皇帝本人昏庸无能，或者性格上弱点较多，高度集中的权力势必被盗用，宦官集团应运而生。

唐朝建国后制定的政策是维护高度的中央集权，权力集中到皇帝。宦官与皇帝朝夕相处，有的小皇帝是在宦官的照料下长大的，宦官最能吃透皇帝的偏好、习性和弱点。名义上皇帝在指挥宦官，皇帝在发号施令，实际上，在很多情况下，出主意的是宦官。又由于

---

① 《资治通鉴》卷二三四，中华书局，1956年6月版，第7534页。

② “南中小郡多无缁流，每宣德音，须假作僧道陪位。唐昭宗即位，柳韬为容广宣告使。敕文到，下属州。崖州自来无僧，皆临事差摄。宣时，有一假僧不伏排位。太守王弘夫怪而问之。僧曰：‘役次未当，差遣编并，去岁已曾摄文宣王，今年又差作和尚。’”（高怿《群居解颐》，参《岭表录异》,《太平广记》卷四八三。）

皇帝在位的时间有时比宦官要短，皇帝在位只管一代，宦官在宫廷内形成一种政治集团，有的宦官在宫内掌权长达好几十年，比皇帝在位的年限长得多[①]。宦官本来用作皇帝的心腹，后来反而成了皇帝的异己力量，皇帝不能利用宦官，宦官却能操纵皇帝，史称宦官之祸。

宦官参与政府机要，开始于唐玄宗重用高力士。肃宗时宦官李辅国专权，拥立肃宗，后来李辅国杀死张皇后，肃宗惊吓而死。代宗、德宗均重用宦官。顺宗被宦官迫胁让位。宪宗遭宦官忌恨，一夕暴死，死因不明。宪宗子敬宗已朝见过百官，被杀死。文宗、武宗、宣宗、懿宗、僖宗、昭宗，直到唐朝灭亡，皇帝都没有摆脱宦官的包围和操纵[②]。

> （唐文宗）坐思政殿，召当直学士周墀，赐之酒，因问曰："朕可方前代何主？"对曰："陛下尧舜之主也。"上曰："朕岂敢比尧舜，所以问卿者，何如周赧、汉献耳？"墀惊曰："彼亡国之主，岂可比圣德？"上曰："赧、献受制于强诸侯，今朕受制于家奴。以此言之，朕殆不如。"因泣下沾襟，墀伏地流涕，自是不复视朝。[③]

---

① 大宦官仇士良权力过大，唐武宗让他致仕（退休），他的党徒送他离开皇宫，回到私宅。仇士良教导他的党徒说："天子不可令闲，常宜以奢靡娱其耳目，使日新月盛，无暇更及他事，然后吾辈可以得志。慎勿使之读书，亲近儒生。彼见前代兴亡，心知忧惧，则吾辈疏斥矣。"（《资治通鉴》卷二四七，中华书局，1956年6月版，第7985页。）

② 中国历史上发生过三次宦官之祸，第一次在东汉，第二次在唐朝，第三次在明朝。祸害一次比一次严重。因为从汉到明，中央权力越来越集中，皇帝权力大，宦官权力也随之膨胀。

③ 《资治通鉴》卷二四六，中华书局，1956年6月版，第7941–7942页。

加强中央集权这一总趋势符合中国封建社会的国情。如何使这个权力正常发挥，不产生副作用，要靠长期的探索，使其机制逐步完善，历史上所发生的失误，为后人提供了有益的借鉴。

隋唐小农经济的发展

政治上的高度统一，经济上的极端分散，是隋唐不同于南北朝的根本点。

政治上的高度统一，要有强大的国力，在古代农业为主的封建制度下，要保持强大的国力，必须发展小农经济。南北朝门阀士族统治下，小农经济得不到充分发展，束缚了生产力。隋唐建国后，使广大农民从严重的人身依附下解放出来，是一大进步，这一趋势也是符合社会发展的总趋势的。为了使小农经济得到发展，隋唐统治者都制定了一些轻徭薄赋、爱惜民力的政策和措施，并收到了实效。经济繁荣和人口增殖是明显的证据。据历史记载，东汉人口最多时曾达到五千万，唐玄宗时，人口也达到了五千万。

隋唐两朝打击门阀士族势力，适应了小农经济的要求，农民富足，国力也随之增强。隋朝统辖范围，南到印度支那的南部，605年建立林邑郡；608—609年，北方击败吐浑，置河源、西海二郡（今青海省）。西边置鄯善、且末二郡（今新疆），还派兵泛海登流求（今台湾）。唐朝肯定隋朝的强盛，说隋朝“统一寰宇，甲兵强盛，三十余年，风行万里，威动殊俗”[①]。

① 〔唐〕魏徵《贞观政要·论君道》。

隋朝国库储藏丰富，为前朝所不及。统一中国后，二十年间，增加了大量物资储备。“西京太仓，东京含嘉仓、洛口仓，华州永丰仓，陕州太原仓，贮米多者千万，少者数万石。天下义仓，又皆充满。京都及并州库，布帛各数千万。”[①]炀帝时，起义军占领洛口仓，开洛口仓散米，“就食者近百万口，……织荆筐淘米，洛水两岸，望之皆如白沙”[②]。李渊镇守太原，粮米可支十年。隋设在西京长安府库，到贞观年间犹未用尽[③]。

国家统一，政治稳定，人口也有了急剧增长。据杜佑《通典》《隋书·地理志》、《通鉴》卷二一七《唐玄宗纪》综计，隋大业中有户八百九十万七千五百四十六，口四千六百零一万九千九百五十六；唐天宝十三年（754年），唐有户九百零六万九千一百五十四，口五千二百八十八万零四百八十八。在地广人稀的古代，人口是生产力的主要代表方面之一，人力也是财力。中国历史上人口第一次达到五千万是在东汉，第二次达到这个数字则在唐朝。直到清朝以前，中国人口没有超过唐朝。今天中国人口增长至十一亿之多，成为沉重的负担。古代情况不同于今日，人口众多，是国力强大的标志。唐玄宗时的人口达到五千万，不只是唐玄宗的政绩，那是在武则天政绩基础上继续发展的结果。[④]

---

① 《通典》卷七《食货·丁中》。

② 《资治通鉴》卷一八六，中华书局，1956年6月版，第5808页。

③ 《旧唐书》卷六四《巢王元吉传》，《贞观政要》卷六，马周《论奢纵》疏。

④ 中国史家重男轻女，承认武周政绩的不多，歌颂“开元之治”者史不绝书，这是不公平的。武周之后，为唐王朝留下了开元盛世；开元之后，给唐朝造成了分裂、割据的残局，直到唐亡。武则天与唐玄宗政绩优劣、才能高低，显而易见。

唐王朝鉴于隋朝由强大走向灭亡，引以为戒，适应小农经济的要求，减轻农民的负担，抑制南北朝以来门阀士族势力，由国家直接控制土地和劳力。这一政策是隋朝政策的继续，并取得了一定的成功。

唐王朝辖区内政令得以贯彻执行。如均田制，结合耕战，又使耕者有其田，这本是个理想。在隋末连年兵灾之后，土地荒废，人口减少，这一制度给小农经济带来了生机。在强大的中央政府保护下，农民得以安居乐业，给后来的繁荣昌盛打下了基础。

唐朝为了贯彻政令统一，建立了比较完善的驿站制度。[①]舟船车马，遍及全国。驿站交通系统以长安、洛阳为中心，向四方辐射，远达边境四裔，结成了统一的交通网络。完善的驿站制度和设施，极大地促进了国内政治、经济、文化的发展。

开元盛时，天下水陆驿一千六百三十九所，根据交通流量大小，置船马，水驿船二至四只，陆驿马八至七十五匹，都亭驿有逾百匹者。驿与驿之间，近者不到三十里，远者八十里以上，平均四十多里。全国驿道共约六万五千里。官家驿站主要是为了传递文书、接送官员。据李肇《国史补记》载，渑池道中，一次前车出了故障，交通阻塞，后队车旅铃铎数千，罗拥不能行。据《通典》卷七："东至宋（今商丘）、汴（今开封），西至岐州，夹路列店肆待客，酒馔丰溢。每店届有驴赁客乘。倏忽数十里，谓之驿驴。"驿站交通网可直通边疆。据《沙州都府图经》："瓜、伊间，大碛道九百里，中间置十驿。"半数驿距在八十里以上。民间有商营驿站，寺院也在交通要道开旅店。"乃宅寺关口，用接远宾，故行旅

① 参看严耕望：《唐代交通图考》，"中央研究院"历史语言研究所，1985年5月版。

赖之。”[①]驿站还可为私人传递信件。“久客多枉友朋书，素书一月凡一束。”[②]

唐代交通发达也为国际经济、文化交流提供了便利。东到日本，这是来往最频繁的海上通道。取道陆路，经朝鲜半岛，也成为另一条通道。唐代的交通西域，更是为人所习知的。

陆路交通，有时受沿途各国的政治与战争的影响，不能保证绝对畅通，且驼、马运载消耗物力较大，运载货物数量受到限制。海上运输，载运量大，节约运力，且不受沿途各国政治影响，唐朝中期以后，海上丝绸之路逐渐成为更重要的东西方的通道。

由于唐代航海、造船工艺的先进，世界地理知识的增加，由长安、洛阳通向西方，开辟了海上丝绸之路。远洋航船利用罗盘，掌握季候风的规律，海洋通道可延伸到很远的地区。最西可以到达拂菻（Farang，今 Istanbul，当时为东罗马都城）。通向东南亚的交通更为便利，与尸利佛哲（三佛齐 Śri Vijaya，今苏门答腊之 Palembang）、狮子国（Simhala，今 Sri Lanka）来往都很频繁。玄宗时的册封为王的邻近诸国有三十八个国族，大多在三边之外。[③]

应当指出，小农经济的社会，不止是生产方式或制度受小农经济的制约，其思想意识也无不打上小农经济的烙印。所谓小农意识，不限于农民，地主阶级，以至地主阶级的最高代表如帝王，也难免有小农意识。史称隋文帝性节俭，虽身为帝王，仍未脱小农意识。

① 《续僧传·法琳传》。

② 〔唐〕杜甫《暮秋枉裴道州手札，率尔遣兴，寄近呈苏涣侍御》。

③ 受唐册封者，高祖时有高丽、百济、新罗，太宗时增加突厥、西突厥、薛延陀、吐蕃、吐谷浑诸族国，玄宗时又增加龟兹。

王夫之批评隋文帝，说：

> 俭于德曰俭，俭于财曰吝。俭、吝二者迹同而实异，不可不察也。吝于财而文之曰俭，是谓贪人。谚曰：“大俭之后，必生奢男。”贪吝之报也。……隋文帝之俭，非俭也，吝也，不共其德而徒厚其财也。富有四海，求盈不厌，侈其多藏，重毒天下，为恶之大而已矣。[①]

隋朝的家业给第二代皇帝炀帝毁败。唐得天下，深知农民的要求不可忽视，农业生产不能停顿。指出隋朝“穷兵黩武，百姓不堪，遂至于灭亡”[②]，唐太宗教训群臣：“甲兵武备诚不可缺，然炀帝甲兵岂不足邪？卒亡天下。若公等尽力使百姓又安，此乃朕之甲兵也。”[③]

小农经济社会，农民自然有小农意识，地主阶级、帝王贵族也不能不受小农意识的支配。隋文帝好聚敛，流于吝；隋炀帝肆意享乐，迷醉于低级的生活刺激，流于奢靡。吝和奢都是地主阶级中小农意识缺陷的集中表现。唐初诸帝怵于隋亡的教训，不敢放纵，过了几年安静太平日子，贪图享乐、拒谏饰非的毛病就出现了。唐太宗统治的后期，不喜欢听挑毛病的话，服用长生药，五十多岁即死去。武则天晚年，怠于政事。唐玄宗后期，认为天下已经太平，委政于李林甫、杨国忠、高力士，自己醉生梦死地混日子。唐代帝王中服长生药致死的有六人[④]。

---

① 《读通鉴论》卷十九，岳麓书社，1988年6月版，第715页。

② 《贞观政要》卷一。

③ 《资治通鉴》卷一九三。

④ 太宗、宪宗、穆宗、敬宗、武宗、宣宗。

小农意识，一般表现为目光短浅、急功近利。财富保存在国库还不放心，认为不是自己的，非要把财富堆放在自己身边才感到是自己的，把地方奉献单独储藏，谓之“左藏”。宫廷用品，命宦官到市场上强购，象征性地给几文钱，这种掠夺式的交易谓之“宫市”[①]。小农意识最大的特点是经不起富，耐不得贫。贫则怨天尤人；富则纵情声色，贪图口腹的快意。由于文化素质的低下，思想境界不高，有了权势之后，以为满足口腹之欲就是幸福。世俗贵族如此，出家的佛教、道教所描绘的极乐世界和神仙洞天的生活享受也多属于耳目口腹的满足。[②]唐朝皇帝也和其他朝代皇帝一样，好的少，庸劣的占多数。这不是皇帝的过错，而是小农经济社会封建宗法世袭制的普遍现象。

隋唐的民族关系

唐朝是强盛的多民族的封建大国，它处理民族关系，比历代王朝较为平等。因为隋、唐两个王朝的皇帝及贵族都不是纯汉族，如唐太宗李世民自称李耳后裔，奉老子为远祖，其实，他至少是个混血儿。祖母窦氏、母独孤氏、后长孙氏都是鲜卑人。唐朝统治阶层对汉族以外的少数民族不甚歧视。唐太宗自称他对全国百姓一视同仁，这是符合实际的。秦汉以后，与中原地区发生纠纷的民族多来自北方，唐朝对待北方各民族的政策比较妥善。西北等部族，与唐

① 白居易的新乐府《卖炭翁》就是讽刺皇帝纵容宦官压价强购市上农民物品的。

② 今天保留下来的隋唐壁画描绘的神仙、佛祖世界多属此类。

关系其深。贞观二十年（646年）平定薛延陀之后，太宗至灵州，“敕勒诸部俟斤遣使相继诣灵州者数千人，咸云：‘愿得天至尊为奴等天可汗，子子孙孙常为天至尊奴，死无所恨。’”[①]开元二十九年（741年），石国上表称“奴自千（先）代以来，于国忠赤”，并称唐为“天可汗”（“可汗”称号只限于北方回纥、突厥等族，其他边境邻国不称国王为可汗）。安史乱后，代宗永泰元年（765年），仆固怀恩引回纥入侵，见郭子仪时，仍称唐代宗为“天可汗”。唐末国势衰落，北方还有些少数民族对唐王朝怀有感情。沙陀部赐姓李氏，李克用称“仆经事两朝，受恩三代，位叨将相，籍系宗支”[②]。克用之子李存勖灭后梁，称帝，定国号曰“唐”，立宗庙时，并为唐高祖、唐太宗等立七庙。

唐太宗自述成功之道五，其一为“自古皆贵中华，贱夷狄，朕独爱之如一，故其种落皆依朕如父母”[③]。唐盛时，自我约束，不主张无限扩张。

> 康国求内附。上曰：“前代帝王好招来绝域，以求服远之名，无益于用而糜敝百姓。今康国内附，傥有急难，于义不得不救。师行万里，岂不疲劳！劳百姓以取虚名，朕不为也。”遂不受。[④]

唐朝科举取士，文人考明经、进士科的，不分种族都可以进入仕途，有的参加中央政府。[⑤]武将也同样有上进的机会。唐代番将有国

① 《资治通鉴》卷一九八，中华书局，1956年6月版，第6274页。

② 《报西川王建书》，《全唐文》卷一〇三。

③ 《资治通鉴》卷一九八，中华书局，1956年6月版，第6247页。

④ 《资治通鉴》卷一九三，中华书局，1956年6月版，第6091页。

⑤ 冯承钧：《唐代华化蕃胡考》，《东方杂志》第27卷第17号。

族可考者二千五百三十六人，有姓名可考者七百七十六人。[①]乾陵前所列石像六十余尊，像背刻有衔名，其中可考者，番臣三十五人。[②]

唐朝作为一个多民族的大国，有各族基本平等的民族政策，收到了很好的效果，并得到各民族的拥护和支持。归纳起来，有四点前所未有的措施：第一，不强迫其同化；第二，不掠取俘虏分散为奴婢；第三，不使杂处，不强迫通婚；第四，宗教信仰自由，民族风俗得到尊重。

唐代以它的高度文化、富裕生活吸引了国外来华经商或留学者，愿定居长安、不愿返回故乡的，人数甚多。[③]

> 李泌知胡客留长安久者，或四十余年，皆有妻子，买田宅，举质取利，安居不欲归。……凡得四千人，……有不愿归，当于鸿胪自陈，授以职位，给俸禄为唐臣。……胡客无一人愿归者。[④]

唐朝以它先进的文化影响到近邻。如唐对南诏文化的影响：

> 韦皋在西川，开青溪道以通群蛮，使由蜀入贡。又选群蛮子弟聚之成都，教以书数，欲以慰悦羁縻之，业成则去，复以他子弟继之。如是五十年，群蛮子弟学于成都者殆以千数。[⑤]
>
> （南诏）礼晋右将军王羲之为圣人。[⑥]

---

① 参见章群：《唐番将研究》，台北联经出版事业公司，1990年11月版，第38−95页。

② 《乾陵石人像及其衔名的研究》，《文物集刊》1980年第2期。

③ 日本学者阿倍仲麻吕，汉名晁衡，考取中国科举，做了官，与大诗人李白成了好朋友，传为中日文化交流的佳话。

④ 《资治通鉴》卷二三二，中华书局，1956年6月版，第7493页。

⑤ 《资治通鉴》卷二四九，中华书局，1956年6月版，第8078页。

⑥ 《南诏野史》上。

又如开元末，皮罗阁为云南王，“皮罗阁之子阁罗凤抗唐时，攻下隽州，俘西泸令郑回，使之教其子弟，后竟任清平官”[①]。皮罗阁之孙凤伽异曾入朝宿卫数年，有大臣多人在成都学习。唐初文成公主到吐蕃，带去大批工匠艺人。太和三年（829年）南诏攻成都，俘去工匠、女工，学会织绫罗技术。[②]

唐朝的对外开放，敢于、乐于接受汉族以外文化及生活方式，引起一些保守思想人士的牢骚。

> 今北胡与京师杂处，娶妻生子，长安中少年有胡心。吾子视首饰靴服之制不与向同，得非物妖乎？[③]

文化交流本来会产生相互影响，保守者视为“物妖”，实为正常情况。民族文化交流融合的趋势是不可扼制的。

唐代文明之所以达到较高水准，还在于它善于吸收外来文化，有利的，好用的，随手拿来为我所用。如音乐、舞蹈、乐器，很多是引进的。在大量交流的影响下，才出现了灿烂的唐文化。中国好的传统，文化典籍，都成为与邻国交流的赠品。[④]高宗时，派养蚕、制酒、磨舂、

---

① 《新唐书》卷二二二上。清平官六人，即宰相。下设六曹长，相当六部尚书；大将军十二人，似唐十二大将军。出镇称节度，有功可授清平官（向达《蛮书校注》卷九）。

② 《旧唐书》卷一九四上。

③ 陈鸿：《东城老父传》。

④ 这种敞开大门的行为，也曾引起有保守思想的人的反对：“窃为突厥、吐蕃、契丹等，往因入贡，并叨殊奖，或执戟丹墀，策名武秩；或拽居黄门，服改毡裘。词兼中夏，明习汉法。目睹朝章，睹衣冠之仪，知经国之要，窥成败于国史，察安危于古今……”（薛登《请止四夷入侍疏》，《全唐文》卷二八一）

造币、墨工去吐蕃。武后时，招待吐蕃使臣“观看中国音乐”[①]。玄宗时，规定“蕃客入朝，并向国子监，令观礼教”[②]。开元十九年（731 年）命抄写《毛诗》《礼记》《左传》《文选》等赐嫁给吐蕃的金城公主。又写给渤海国《唐礼》《三国志》《晋书》等（《唐会要》“蕃夷请经史”条）。唐朝与东邻日本、新罗的文化交流，儒家经典、佛教各派的传播，史不绝书，已为众所周知的常识，中外史籍记载详备，此不赘述。

隋唐的社会思潮

仅在政治上取得统一，并不能保证国家的长治久安，还要建立思想上的统一。隋朝统治时间较短，只是在政治上建立大一统的机制，其余的任务由唐朝来完成。

隋唐继承了南北朝长期分裂的格局，思想领域没有一种权威的、大一统的完整体系。南北朝几百年间，在社会上流行的不是一种思想体系，而是三种并存的思想体系——佛教、道教、儒教。三教各有特点，它们相互补充，却不能互相代替，成为当时社会流行的主要思想。

隋唐统一后，即有意识地使三教融合，当时有识之士也看到三教合一的必要性。如隋朝的王通，即有会通三教的尝试。三教内部也有各自会通本宗不同流派，建立统一体系的企图。

佛教在南北朝时期，由于政治的阻隔，形成南北不同的流派。

① 《旧唐书》卷一九六。

② 《唐大诏令集》卷一二八。

隋唐佛教各宗派都在各自的流派范围内调和、融汇南北不同的思想倾向，建立统一的宗派。如天台宗建立于隋朝，盛行于唐朝，曾致力于发展南方的思辨传统与北方的禅定传统，建立了定慧双修的天台止观体系。禅宗起源于北方嵩洛一带，本来重禅行，不重义解，唐代禅宗结合禅行与义解，形成了融汇南北禅法的新宗派，湖北黄梅弘忍是唐代禅宗的代表。

儒家经典在汉代有各派传承世系，自有家法。两汉经学的基本体系为神学经学。南北朝长期分裂后，南北经学受玄学影响，从神学经学蜕变为玄学经学。对《易》的解释，离开象数转向义理。其义理又偏重以《老子》解《周易》，以玄学解《论语》。北朝解经保有马融、郑玄的传统。马郑经学偏重名物训诂，脱离古今文师承，与神学经学面貌不同。

隋唐统一后，国家为了统一经学思想，由政府编辑了《五经正义》，兼采南北朝经学的成说，定为国家开科取士的标准教材。

三教之中，道教在唐朝受到空前的恩宠。东汉时，道教与佛教同时被当作神仙，在宫中立祠奉祀，桓帝在宫中“立黄老浮屠之祠”。南北朝时道教经过改造，受到官方重视，成了与佛教同等地位的宗教。由于道教发展起步较迟，势力及影响均不及佛教。南北朝的道教也有南方重义理、北方重实践（宗教实践）的倾向。唐朝皇室奉李耳为远祖，唐太宗崇道抑佛，唐玄宗对道教大力提倡，全国道观总计一千六百八十七所①，并搜集、编辑道教全集，称为《一切道经》。玄宗自注老子《道德经》，颁发到全国各地的道教宫观，供学者学

① 道观、寺院数目都是指政府承认的，是记录在政府档案的，不包括民间私立的小庙、小道观。

习。道教自身的发展，也体现了南北统一、南北融合的新形势。

儒、佛、道三教都在各自的领域内协调、统一、融合南北朝长期分裂的学术思想。三教之间也分别做出了自己的贡献。唐王朝对三教的态度，有时抬高某一宗教，有时打击某一宗教，但唐朝的宗教政策是一贯的，对三教都要利用，认为三教都是劝人尽忠尽孝、奉公守法，对国家统治秩序有利。国家每逢遇到重大节日或隆重庆典，即诏三教推派代表，在宫廷开展辩论。代表三教参加辩论的都是当时三教中最有影响的人物。[①]

三教合一是隋唐时代思潮发展的总趋势。由于三教除了共同为唐王朝的统治帮忙，还有各自的观点和团体的利益。三教之间有一致处，也有互相对立的地方。对高度集中的大国来说，三教长期分立，不能满足国家的客观需要，有时会造成思想上的混乱。比如儒家一致认为隋炀帝是个败坏伦理纲常、荒淫无道的昏君，他与历史上的亡国之君夏桀、殷纣不相上下。由于隋炀帝信奉佛教，支持佛教的发展，佛教徒对隋炀帝另有评价，为他辩护，引经据典，指出炀帝的行为与世俗罪恶性质不同，炀帝的弑父、篡乱，是前世夙因造成的，是佛教有意安排用来教化世人，使人皈依佛教的。

> 世谓炀帝禀戒学慧，而弑父代立，何智者（智顗）不预鉴耶？然能借阇王之事以比决之，则此滞自销。故观经书释之，则有二义：一者事属前因，由彼宿怨，来为父子。故阿阇世云："来生怨。"二者大权现逆，非同俗间恶逆之比。故佛言："阇王昔于毗婆尸佛发菩提心，未尝堕于地狱。"[②]

---

① 白居易、李荣等儒教、道教的代表发言人，参加过多次三教辩论。

② 《佛祖统纪》卷三十九。

《佛祖统纪》是天台一派的著作。天台宗的创始人智顗曾得到炀帝的支持、鼓励。炀帝为太子时即与智顗相结纳，为杨广授“菩萨戒”。杨广即位后，天台宗更受到皇家的政治庇护，成为隋唐诸宗派中最早建立的有势力的宗派。

隋唐的三教关系

三教鼎立是唐代哲学界的总形势。三教的势力并不相等，三教中佛教的社会影响最大，其次是道教，儒教影响最小。佛教社会影响大，主要有三方面的优势。

第一，寺院经济的优势。佛教寺院经济，从南北朝以来逐渐壮大。仅以河南嵩山少林寺为例，它拥有庄园几十处、土地上百顷，拥有寺户、碾硙等。[①] 天下众多大寺院，情况与此大致相同，不再多举。寺院占有劳动力，享有免交赋税租调的特权。当寺院佃户，可以不充当政府的劳役、兵役。寺院经济发展到与国家争利的地步[②]，国家不得不以强力限制。会昌废佛[③]，使寺院经济受到打击[④]，在此

① 参见《皇唐嵩岳少林寺碑》;《文苑英华》卷八五八，李邕《嵩岳寺碑》。

② “今道人私度者几数十万。其中高户多丁。黠商大贾，诡作台符，羼名伪度。且国计军防，并仰丁口。今丁皆出家，兵悉入道，征行租赋，何以备之。”(《新唐书》卷一二三《李峤传》，中华书局，1975年2月版第4370页）

③ 会昌五年（845年），政府下令废佛，没收良田数千万亩，奴婢十五万人，僧尼还俗二十六万五百人。

④ 会昌废佛前，日本留学僧人圆仁（793—864年）等来华。会昌废佛期间他看到寺院经济破坏后僧人的穷困情况。他说：“天下僧尼尽令还俗。乍作俗形，无衣可着，无物可吃，艰穷至甚，冻饿不彻，便入乡村，劫夺人物，触处甚多。州县捉获者皆是还俗僧。”(《入唐求法巡礼行记》卷四）废佛前后的生活形成鲜明的对比。

以前，寺院财富充足，超过一般地主阶级。佛教寺院利用雄厚财力，兴办社会福利事业，有悲田养病坊，灾年施药施粥。会昌后，由政府接管。但救济不及时，且有贪污，政府又把它交还寺院经管。“兼差有道行僧人专勾当。”[①]佛教寺院还兴办旅店，供商旅住宿。废佛以后，毁掉的寺院，由于客观需要，政府下令恢复。宣宗时，“其诸县有户口繁盛，商旅辐辏，愿依香火，以济津梁。亦任量事，各置一院。……其山谷险难，道途危苦，羸车重负，须暂憩留，亦任依旧基，却置兰若”[②]。

第二，普及宣传的文化优势。寺院除具有特殊的政治、经济待遇（免税、免役等特权），还具有文化优势。一个寺院等于一座图书馆，一般清寒士人多借寺院读书。

寺院除拥有高层次的有文化的僧人主持讲经、译经事业，对广大佛教信徒多采取一般通俗宣传的方式，如用说故事（俗讲）、映幻灯，吸引听众。佛教通俗宣传有极大的吸引力，上层贵族妇女，一般市民，都是俗讲的热心听众。从敦煌变文所保存的材料，可以推知当年的宣传盛况。[③]

佛教宣传，还善于借助音乐节奏，配合讲经内容。[④]利用当时民间小调乐谱形式，填充以佛教出世内容，使之便于记诵传唱。敦煌写本佛书中发现以“五更转”宣扬佛教者多种。[⑤]

---

① 〔唐〕唐懿宗李漼：《疾愈推恩敕》，《全唐文》卷八四。

② 《唐会要》卷四八《议释教下》。

③ 向达：《唐代俗讲考》。

④ 参看《净土五会念佛略法事仪赞》，敦煌遗书中存有中、下两卷。

⑤ 神会的《顿见境》五首：“一更初，涅槃城里见真如，妄想是空非有实，不言为有不言无。非垢净，离空虚，莫作意，入无余，了性即知当解脱，何劳端坐作工夫。……五更分，净体由来无我人，黑白见知而不染，遮莫青黄寂不论。了了见，的知真，随无相，离缘因，一切时中常解脱，共俗和光不染尘。”（《敦煌歌辞总编》，上海古籍出版社版，第1424页）

宗教的发展，没有上层统治者的支持，不能推广，并享有特权合法地位；没有下层广大群众为基础，也难以取得重大社会影响。佛、道二教都注意这两个方面，所以能长久流传，超过儒教。

第三，理论体系的优势——相当完整的心性论。本卷《佛教编》有重点讲述，这里从略。

道教在皇族大力支持提倡下，也比南北朝时有较大发展，宫观之盛丽，仅次于佛教。本卷《道教编》有专章。

只有儒教，典籍整理尚停留在结集水平，提出创见的极少，不像佛、道二教成立宗派，建成理论体系。儒教经学不振，甚于南北朝。汉儒尊孔子、周公，唐人尊佛，重禅师。中唐以后，社会随处充斥着佛教徒与诗人。到了五代时期，天下大乱，政治失去中心，为中央集权在理论上做论证的儒教自然软弱无力。儒教寺院——文庙也日趋败落。晚唐诗人罗隐《谒文宣庙》诗云：

晚来乘兴谒先师，松柏凄凄人不知。
九仞萧墙堆瓦砾，三间茅殿走狐狸。
雨淋状似悲麟泣，露滴还同叹凤悲。
傥使小儒名稍立，岂教吾道受栖迟。[1]

仅仅从哲学思想体系而论，三教中佛教最为完整，它提出了中国哲学发展中的核心问题。但它是出世的世界观，不能直接为大一统的封建王朝服务。因为政治上的高度统一，要贯彻忠君原则，为

① 罗隐又有《代文宣王答》诗云："三教之中儒最尊，止戈为武武尊文。吾今尚自披蓑笠，你等何须读典坟。释氏宝楼侵碧汉，道家宫殿拂青云。若教颜闵英灵在，终不羞他李老君。"（《全唐诗》卷六五七，中华书局版，第7551页）

适应小农经济一家一户的家庭生产方式，要讲孝父母的原则。佛教在这一关键处输了一着。儒家如何吸取佛、道两教的长处（心性论），以充实自己的体系，从而引发出宋代哲学。

唐代的政治、经济、文学、艺术、科技以及国际文化交流的规模，均超过汉朝，在当时国际，其地位遥遥领先。唯独唐代的哲学思想体系，学术界一般认为似不及汉朝的博大完整。治中国哲学史者对上述现象不免困惑。

传统看法，以儒家为正脉嫡传，治哲学史者不惜以浓墨重彩介绍韩愈、李翱、柳宗元、刘禹锡几位大思想家。韩、柳等人不失为第一流人物，但完全靠他们来支撑唐朝的盛大局面，毕竟显得单薄。

我们现在打破传统习惯，不抱儒家为正统的偏见，按历史实际情况考察隋唐哲学思潮，儒家以外还有佛、道两家。佛、道两家的社会影响及理论造诣均超过儒家。佛经、道经的数量也多于儒经。佛、道两家，特别是佛教，在哲学理论上更有其独到处。

魏晋玄学把中国哲学从元气自然论推进到本体论的阶段，南北朝时期，中国哲学已由本体论发展为心性论。这一认识过程体现了人类认识规律。汉代哲学致力于宇宙万物生成的探索，魏晋玄学进而探索世界的本体。由本体论再进一步探索，即进入心性论的领域。隋唐佛教讨论的心性问题，其范围至广，钻研功力也极深。它涉及人类心理活动、感觉经验、道德观、认识论（认识能力、认识限度、认识的真实性等）、社会观、本体论、宗教实践（修养方法）等诸多方面，都有创造性的见解。隋唐哲学最突出的贡献在于把心性论研究推向新的高度。

> 荆公王安石问文定张方平曰："孔子去世百年，生孟子。后绝无人，或有之而非醇儒。"方平曰："岂为无人，亦有过孟子者。"安石曰："何人？"方平曰："马祖、汾阳、雪峰、岩头、丹霞、云门。"安石意未解。方平曰："儒门淡泊，收拾不住，皆归释氏。"安石欣然叹服。后以语张商英。（商英）抚几赏之曰："至哉此论也！"①

张方平服膺佛教禅宗，王安石是儒门信徒，也信仰佛教，他们有共同语言。张方平列举的一批胜过孟子的圣贤，都是禅宗大师，如果把佛教其他宗派的大师和道教学者都列举出来，唐朝的哲学界实在是一个群星灿烂的时代，比过去任何一个朝代都丰富、充实。张方平说"儒门淡泊，收拾不住"，道出了问题的关键。唐朝儒家哲学确实还没有进入时代思潮的主旋律——心性论——的大合唱。当时哲学界普遍关心的心性论这一领域，儒教还没有取得多少发言权。所谓"儒门淡泊"，指的是缺少哲学味道。②

哲学史从汉魏到隋唐，好比沿着一条大河航行的船，航行到隋唐这一段，主河道忽然出现三条。沿着一条走下去，势必遗漏其余两条。因此，根据实际情况，按照三教并立的状况，本卷分为《儒教编》《道教编》《佛教编》和《会通编》。这样安排，可以如实反映三教并立的实际情况，又指出三教趋于会通的总趋势，为下面宋元卷做准备。

---

① 《辅教篇·广原教》。

② "淡泊"不是淡泊以明志，不热衷追求富贵名利的意思。

《中国哲学史》（四卷本）1963 年初版前言*

本书是大学哲学系中国哲学史教科书之一，为了使用方便，做以下几点说明。

本书所叙述的中国哲学的历史，上起古代奴隶制社会，下讫五四运动以前。

关于我国古代奴隶制和封建制的历史分期，本书采取春秋时期奴隶制开始解体，战国初期封建制正式确立的说法。

本书是按照我国社会发展的历史阶段分篇叙述的。奴隶制社会的哲学为一篇；由于我国封建社会时期比较长，哲学思想内容丰富，为了讲授方便，把这一社会历史时期分为六个段落（战国、两汉、魏晋南北朝、隋唐、宋元明、清到鸦片战争），每一段落为一篇；近代半殖民地半封建社会的哲学为一篇。教师可根据实际情况对各篇章节自行增补或删减。

全书分为四个分册，先秦为第一分册，汉到魏晋南北朝为第二分册，隋唐到鸦片战争前为第三分册，鸦片战争到五四运动前为第四分册。

对于我国少数民族的哲学思想，我们研究得很不够，关于这一

---

* 据《中国哲学史》，人民出版社，1963年7月版。

方面的叙述只好暂缺。将来研究成果增多时，再补足这一缺点。

本书是 1961 年夏开始着手编写的。参加编写工作的有中国科学院哲学研究所、北京大学哲学系中国哲学史教研室、中国人民大学哲学系中国哲学史教研室等单位的部分同志。他们是（按姓氏笔画为序）王明、尹明、孔繁、邓艾民、卢育三、石峻、任继愈、汤一介、孙长江、吴则虞、李焰、杨宪邦、容肇祖等。北京大学庄印和楼宇烈同志也参加了一部分工作。

本书初稿征求了学术界一部分专家学者、外地有关院校的教师、北京几个大学试用本书的教师和同学的意见。我们非常感谢他们提出的许多宝贵意见，根据这些意见我们进行了初步的修改。由于时间短促和编者学识、理论水平的限制，书中疏漏和错误一定难免。希望读者对本书多提意见，以便今后进一步修改和提高。

编者

1962 年 12 月

《中国哲学史》（四卷本）1964 年再版说明*

本书是大学哲学系中国哲学史教科书之一，为了使用方便，作以下几点说明。

本书所叙述的中国哲学的历史，上起古代奴隶制社会，下迄五四运动以前。

关于我国古代奴隶制和封建制的历史分期，本书采取春秋时期奴隶制开始解体，战国初期封建制正式确立的说法。

本书是按照我国社会发展的历史阶段分篇叙述的。奴隶制社会的哲学为一篇；由于我国封建社会时期比较长，哲学思想内容丰富，为了讲授方便，把这一社会历史时期分为六个段落（战国、两汉、魏晋南北朝、隋唐、宋元明、清到鸦片战争），每一段落为一篇；近代半殖民地半封建社会的哲学为一篇。

根据几年来试用的经验，这本教材内容多了些，一般是讲不完的。为了使同学学得好，有些章可以整章地略去不讲，也可以把某些章进行合并讲授。比如商周时期的第一、二章可以合并，第三章可并入第四章讲授；战国时期的第四章也可以不讲。汉代，如果时间不够，只讲董仲舒与王充两章，其余章节附在这两章的前后提到，也可以。

* 据《中国哲学史》，人民出版社，1964年9月第2版。

对佛教哲学，教师也可根据学生的具体情况，进行删减。比如隋唐时期的佛教哲学，也可以只讲禅宗一派。至于其他部分，教师可根据教学时数、学生基础去适当安排。有些章节尽管课堂上未必讲到，但有助于说明哲学思想发展的线索，可备参考。教科书详备一些，使教师有所选择，也是有好处的。

全书分为四个分册，先秦为第一分册，汉到魏晋南北朝为第二分册，隋唐到明为第三分册，清到五四运动前为第四分册。

对于我国少数民族的哲学思想，我们研究得很不够，关于这一方面的叙述只好暂缺。将来研究成果增多时，再补足这一缺点。

本书是 1961 年夏开始着手编写的。参加编写工作的有中国科学院哲学研究所、北京大学哲学系中国哲学史教研室、中国人民大学哲学系中国哲学史教研室等单位的部分同志。

本书初稿征求了学术界一部分专家学者、外地有关院校的教师、北京几个大学试用本书的教师和同学的意见。我们非常感谢他们提供的许多宝贵意见，根据这些意见我们进行了初步的修改。由于时间短促和编者学识、理论水平的限制，书中疏漏和错误一定难免。希望读者对本书多提意见，以便今后进一步修改和提高。

编者

1964 年 6 月

《中国哲学史》（四卷本）1979 年再版说明*

本书出版以来曾经收到广大读者和哲学史工作者许多宝贵的批评和建议，特别是无产阶级“文化大革命”以来，经过对伟大领袖毛主席有关哲学史研究指示的再学习，我们深深感到书中有些论点不够确切，甚至有错误，需要做认真的修改工作。1972 年，毛主席号召要读几本哲学史，为了响应毛主席的号召，我们在此书的基础上修改编写了《中国哲学史简编》，并计划着手进行本书的全面修改工作。但是因为万恶的“四人帮”出于篡党夺权的反革命目的，破坏伟大领袖毛主席关于“批林批孔”的战略部署，篡改毛主席的指示，大搞为帮所用的影射史学，致使本书的修改工作也受到干扰，未能顺利进行下去。目前由于时间和人力一时尚难安排妥善，因此，尚不能进行全面的修改工作。故此次再版仍照原版印出，仅作为读者学习中国哲学史的参考材料。

本书第四册（清代至近代）是 1973 年编写的，作为对第一、二、三册的继续和补齐。

本书对前三册中某些不确切的、错误的观点有所纠正。例如编者改变了原来认为老子思想是唯物主义的看法，我们改写了关于《老

* 据《中国哲学史》，人民出版社，1979年3月第3版。

子》一章。近年来地下出土文物提供了过去不能解决的哲学史研究资料，使我们纠正了由于资料不足而做出的不正确的结论，我们增加了《孙膑兵法》一章。马王堆出土了帛书，我们增加了汉初《黄老哲学》一章。以上这些改动由于来不及全面改动，作为附录，分别附在有关各分册的最后，供参考。

本书出版后，经历了“文化大革命”，又遭到了“四人帮”对哲学史的捣乱破坏，把本来已基本澄清的一些问题又搞乱了。我们重新写了绪论，对中国哲学史的一些重大问题，澄清混乱，阐明了我们的观点。

本书第一、二、三册（商代至明代）是在 1961 年至 1964 年编写的。当时参加编写工作的有中国科学院哲学研究所、北京大学哲学系中国哲学史教研室、中国人民大学哲学系中国哲学史教研室三个单位部分同志。

参加第四卷及绪论及增加的章节编写工作的有（按姓氏笔画为序）孔繁、汝信、任继愈、李泽厚、杜继文、余敦康、林英、周继旨、钟肇鹏、阎韬、楼宇烈同志。刘苏同志负担了抄写、校对工作。

《中国哲学史》（四卷本）1984年再版说明*

60年代初，三年困难的经济状况还在恢复中，党中央就提出了一个宏伟的计划，要建设大学文科教材。在中宣部和教育部主持下，成立了专门机构，集中全国人力，开始着手编写文、史、哲、经、法、语文诸学科的教材，共二百余种。《中国哲学史》教科书就是其中的一种。为了密切配合教科书，解决参考资料的困难，同时编辑了《教学参考资料》（从先秦开始到隋唐，已由中华书局出版）。北京大学哲学系有孔繁、邓艾民、卢育三、任继愈、汤一介、庄印、楼宇烈同志参加，中国人民大学哲学系有尹明、石峻、孙长江、李焰、杨宪邦同志参加，中国科学院哲学研究所有王明、容肇祖、吴则虞同志参加。大家用了一年的工夫，完成了初稿，1962年到1963年留下少数人做最后定稿工作。作为教材，要求观点大体妥当、知识可靠、文字简明。学术界有争议的问题，不要写进教科书，以求教材的相对稳定。这部教材基本上是按照这个要求去做的。

我们的书第一卷出版时，第二卷已定稿。第二卷出版时，第三卷已定稿。第三卷、第四卷也是这样办的。编好一卷先出一卷，好

* 据《中国哲学史》，人民出版社，1984年版。

处是可为各大学早日提供教材，缓和了教材紧张状况。现在，《中国哲学史》这门课程有了多种教材，呈现了百家争鸣的繁荣景象，这部四卷本教科书作为众多教材中的一种，供教师们选择。面对学术界的大好形势，我们感到十分高兴。

于1973年，我们编写《中国哲学史简编》时，对第四卷做了一次修订。从60年代初到70年代末，十多年间，人事变化也不小。参加第四卷编写工作的，除原先编写工作的孔繁、任继愈、楼宇烈，还有汝信、李泽厚、杜继文、余敦康、林英、周继旨、钟肇鹏、阎韬诸同志。刘苏同志负担抄写、校对工作。

《中国哲学史》（四卷本）2003年修订版说明*

本书出版迄今已有三十多年，最初参加撰写者（按姓氏笔画为序）有王明、尹明、孔繁、邓艾民、卢育三、石峻、任继愈、汤一介、孙长江、吴则虞、李焰、杨宪邦、容肇祖共十三人，楼宇烈、庄印也参加了部分工作。这十五位同志是从三个单位——北京大学、人民大学、中国科学院哲学研究所选拔集中起来的。初稿撰成后，参加撰写的十几位同志各回原单位。阎韬、周继旨两同志参加了本书第四卷部分撰写工作。人员来自不同单位，学术观点不尽相同，学风文风各异，给定稿工作带来不少困难。本书原稿不必做重大改动，基本可用的约占三分之一；原稿要重写的约占三分之一；原稿修改后可用的约占三分之一。

本书编写力求做到内容繁简适合教学需要，观点明确，文风朴质，能反映国内学术水平，不出知识性的错误。主编负责改稿、统稿、定稿。

参加1997年修订工作的有李申、任继愈。

本书除撰稿人，从事誊清、核对引文、编制索引的还有刘苏、赵小营两同志。

---

* 据《中国哲学史》，人民出版社，2003年7月版。

人民出版社对此书从出版到多次重印，给予了积极协助。责任编辑先后有刘元彦、金春峰、王粤三位同志。刘已退休，金已出国，王粤同志对本书负责时限最长，尽力最多。这里向他们一并致谢。

《中国哲学史简编》再版的话*

本书于1973年在原《中国哲学史》（四卷本）教科书的基础上缩编而成，故取名为“简编”。当时编写原则，试图着重于介绍中国哲学史上哲学体系或流派的思想内容，力求从认识发展史的角度对中国哲学史的发展规律有所体现。因而我们的重点是写哲学思想，以与政治思想史加以区别。对历史上的哲学思想、体系或流派力图予以符合历史实际的评价，因而不去借古喻今，避免不适当地拔高或苛求古人。但因当时正处于“十年浩劫”期间，上述编写原则与“四人帮”的影射史学的潮流不符而招致猜忌。某大学哲学系的分部曾被授意，在系内开会批判；也有人要求在社会上公开批判，甚至还牵连到出版社的编辑同志。“四人帮”粉碎后，我和几位编写者才结束了担惊受怕的日子。经过党的十一届三中全会和六中全会方针路线的贯彻，我国科学研究各个领域呈现出蓬勃发展的新气象。有好几本新撰写的《中国哲学史》先后问世。“百家争鸣、百花齐放”的新局面已经展现。看到哲学界的兴旺景象，我们十分高兴、欣慰。值此时机，人民出版社应读者的需要决定再版本书，对我们也是很大鼓励。

---

* 据《中国哲学史简编》，人民出版社，1984年10月版。

为了对广大读者负责，我们对《简编》进行了某些改动。本书由于写作于“四人帮”横行时期，受到某些“左”倾的影响，有些上纲上线过头的提法在此次重印之前做了修改。关于孔子、孟子两节，受当时“批孔”气氛干扰，否定的评价过多，违碍史实，此次再版时作者恢复原《中国哲学史》（四卷本）教科书中之孔子、孟子两章的写法。随着中国哲学史研究的不断深入，作者对某些问题的看法也不断有所发展以至改变，此次再版时，对个别章节如老子一节则经重新写过。此外，本书原来的绪论和跋所总结的某些规律性的提法，亦随着研究的深入，认为还需要进一步加以探讨，此次没有收录。作者认为，中国哲学史研究的深入开展，不断总结经验教训，纠正错误，只要坚定不移地遵循马克思主义辩证唯物主义和历史唯物主义的指导，中国哲学史的研究工作一定能够不断完善、不断前进，为祖国的“四化”贡献力量。此书出版后，不断收到广大读者的来信，提出宝贵的意见，指出书中的失误，有的我们也吸收进去。这次再版问世，希望哲学史界同志及广大读者给予批评和指正。

编写《中国哲学史》（四卷本）的一点体会*

《中国哲学史》（四卷本）是一部集体编写的教材，从第一卷出版到现在已经二十多年了。二十年来，风风雨雨，至今这部书仍能得到教育界同行的承认，对于编者是最大的安慰。回顾编写的过程，有以下几点体会：

第一，必须有高度的社会责任感，保证教科书的质量。

教科书是教授青年的，稍不注意，将误人子弟。大家对此都有这样的责任感，这对于编好书至关重要。

第二，主编要亲自“组阁”。

教科书的好坏决定于编者的观点、方法。为保证质量，必须由主编亲自“组阁”，选择编者。本书编写之初，曾由上级领导部门指定过一些人。人多不一定好办事。后来真正参加编写和最后定稿的，主要是主编选定的少数编者。

第三，对编者严格要求。

这个编书组多是青年助教及讲师。对于青年同志要提出严格要求。从文稿的书写到标点符号的运用都要规范化，力求培养一种严肃求实的学风。我们这样做了，不仅保证了书的质量，而且通过编书，

* 本文系2012年8月2日李申根据原稿整理而成。

还培养了一批人。有些当时的青年同志，现在都成了教学、科研的骨干，有的成了博士生导师。

第四，要有科学态度。

要保证教科书的质量，最重要的是要有科学态度。政治气候的变化、学术风气的波动是任何时代、任何文明国家都免不了的事情。风气的波动，有波峰，有波谷，但科学必须相对稳定。学术研究应该随时代前进，但新出现的行时的东西，不一定代表正确的方向。在这种情况下，不仅要求编者要有能力识别是非，也要求编者有勇气坚持真理，不应随风倒。比如写董仲舒这一章，唯心论和形而上学，董仲舒兼而有之。我们指出，董的学说对于巩固统一的汉帝国还是有积极作用的。这几年，有的同志在研究汉代思想时，看到我们的书，以为当时这样说是不容易的。

第五，每个编者都要有整体观念。

编书比写文章难。一篇论文只要言之成理即可，但一部书必须前后左右照应。我们要求每一个编者，不仅要熟悉自己负责的那一部分，而且要了解全书的基本线索。写书过程中，我们经常进行讨论，随时统一编者对重大问题的意见。

第六，编者的观点必须基本一致。

每个编者都有自己的学术观点，但共同编书，观点不能大相径庭。因此，主编在选择编者时，除了其他素质，学术观点的基本一致是必要条件。

第七，主编要尊重编者的意见，但不能迁就。

在编写过程中，我们鼓励每个编者充分发表意见，在不碍总体构思的前提下，充分发挥自己的创造性。主编要充分尊重编者的意见。

但主编的责任是对全书负责，对于有争议的问题，可以找另外的机会开展讨论、争鸣。在教科书（编写组）内部，要观点明确，主编应有权做出裁决。

写成的稿件大致有三类：有的稍加修改即可用，有的一半可用，有的要推倒重来。这些地方，主编不姑息迁就。这都是为了保证书的质量。

不具备上述条件，就写不好书。

第八，边写边出，鼓舞士气。

写书之初，有两种设想：一是待全部成书后，一次出齐；一是写一本，出一本。一般说来，两种方法均可。但此书当时是应教学急需，所以采取写完一册，出版一册。现在看来，这种做法是好的。它的优点是可以满足教学的需要，而且不断见到成果，鼓舞士气，也可防止旷日持久，士气低落。

本书的编写始于 60 年代，到 1979 年第四卷出版，前后用了十几年时间。现在看来，还有不少缺点，主要是过分强调唯物和唯心的两军对垒，忽视了中国哲学的历史发展，有简单化的倾向。再者，本书是教科书，只能采用公认的观点，有些地方主编者不能畅所欲言。目前我们在编《中国哲学发展史》，旨在揭示中国哲学的历史发展。四卷本的一些缺点，希望能在《发展史》中得到纠正。